四川省志

Sichuan Shengzhi

畜牧志

1986—2005

【第五十卷】

四川省地方志编纂委员会 编

方志出版社
Publishing House of Local Records

图书在版编目（CIP）数据

四川省志. 畜牧志 ：1986—2005 / 四川省地方志编纂委员会编. — 北京 ：方志出版社，2019.5
ISBN 978-7-5144-3753-9

Ⅰ. ①四… Ⅱ. ①四… Ⅲ. ①四川—地方志②畜牧业—概况—四川—1986-2005 Ⅳ. ①K297.1

中国版本图书馆CIP数据核字(2019)第132976号

四川省志·畜牧志（1986—2005）

编　　者：四川省地方志编纂委员会
责任编辑：董　琳

出 版 者：方志出版社
地址　北京市朝阳区潘家园东里 9 号（国家方志馆4层）
邮编　100021
网址　http: //www.fzph.org
发　　行：方志出版社图书经销中心
电话（010）67110500
经　　销：各地新华书店
印　　刷：成都现代印务有限公司
设计制作：成都龙腾天下文化传播有限公司

开　　本：889×1194　　1/16
彩插印张：2
正文印张：19.5
字　　数：530千字
版　　次：2019年 5 月第 1 版　　2019年 5 月第 1 次印刷
印　　数：0001～2000 册

ISBN　978-7-5144-3753-9　　定价：257.00 元

领导关怀 LINGDAO GUANHUAI

20世纪80年代中期，中共四川省委书记杨汝岱（右一）在四川农村座谈，了解畜牧生产情况

20世纪90年代初期，中共四川省委副书记李伯勇（左三）考察川西北草场

1994年3月，中共四川省委书记谢世杰（左）参观四川首届畜牧食品博览会

1994年，全国生猪生产现场会在成都市召开。农业部畜牧兽医司司长贾幼陵（中），四川省人民政府副省长张中伟（右四）、刘昌杰（左三），中共成都市委副书记陶武先（右三）出席会议

1995 年，四川省人民政府副省长张中伟（左七）在全省农区畜牧工作现场会上参观秸秆氨化育牛

1994 年，四川省人民政府副省长徐世群（左四）参观“四川对外开放国际研讨暨投资洽谈会”的四川畜牧业展位

畜牧产业 XUMU CHANYE

1996 年，四川省畜牧兽医研究所育成优良新品系“四川白猪Ⅰ系”，具有产仔多、母性强等特点

2000 年，四川利用生物发酵床技术建设的养猪场

2000 年，四川工厂化养猪厂的仔猪保育舍

2004 年，四川规模化推广商品猪外三元杂交。图为外三元杂交的优质肉猪

2005 年，绵阳市三台县国家级重点种畜场——灵兴种畜场

2005 年，乐山市井研县工厂化养猪场

20 世纪 90 年代，四川推广架子牛快速育肥技术

20 世纪 90 年代，四川开展西门塔尔改良牦牛试验

1999 年，四川家畜冷冻精液中心站增设四川种牛繁育中心，生产的冻精除满足四川省需求外，还销往陕西、新疆、西藏等 20 多个省（自治区）

2004 年，阿坝州红原县麦洼牦牛选育场

2004 年，四川成功选育中国西门塔尔牛种，标志着该牛种在中国南方选育成功

2004 年，四川新希望乳业有限公司现代化奶牛挤奶作业线

1995 年 1 月，国家科委、农业部重点科技攻关计划“48—50 支纱半细毛羊新品系品种培育”通过验收，该新品种被命名为“凉山半细毛羊”

1997 年 6 月，凉山州半细毛羊选育场

1997 年，四川牧民驱除羊体外寄生虫

1998 年，农业部和四川省科学技术委员会“南江黄羊选育与利用”项目通过验收，“南江黄羊”是中国第一个肉用山羊品种

2003 年，阿坝州红原县藏系绵羊原种场

2003 年，四川举办首届山羊节，评选优质种羊

1996 年，四川工厂化养禽孵化车间的技术人员进行检蛋消毒

20 世纪 90 年代，宜宾市兴文县山地乌骨鸡原种场利用桑园饲养乌骨鸡

1998 年，成都市温江县利用虫、草饲养优质肉鸡

2000 年，乐山市集约化养鸡场

20 世纪 90 年代，绵阳市樱桃谷肉鸭集约化饲养场

1996 年，乐山市利用河沟集约化养鸭

1999 年，四川培育的天府肉鸭新品系

2001 年，四川农业大学培育的天府肉鹅新品系

2005 年，绵阳梓潼县集约化饲养朗德鹅群，生产鹅肥肝

2000 年，四川省草原所在新津建立四川省獭兔原种场

2001 年，四川省獭兔原种场召开全省首届獭兔比赛。图为养兔专家评选种兔

2002 年，四川标准化种兔舍

2002 年，四川规模化养兔场

1999 年，四川省畜牧兽医研究院培育的齐兴肉兔新品种

2000 年，四川草原所培育的白獭兔新品种

20 世纪 90 年代，四川高寒牧区组织人工喷洒灭虫剂

20 世纪 90 年代，四川蜂农在高原地区养蜂

1998 年，四川召开农区人工种草现场会

2000 年，四川利用丘陵开展人工种草、草粮轮作

2005 年，四川高寒牧区草原利用直升机飞播灭虫

2005 年，四川高寒牧区机械化收割牧草

2005 年，四川省草原科学研究院在阿坝州建立国家牧草种子研发基地

2005 年，四川省开展全国草原普法宣传月活动。图为在阿坝州举行的宣传月开幕式

科研与检疫防疫 KEYAN YU JIANYI FANGYI

20 世纪 90 年代前期，四川省畜牧兽医学院在重庆市荣昌县开展社会化畜牧兽医科技咨询

20 世纪 90 年代，四川科技人员进行荧光验胚

20 世纪 90 年代，四川动物防疫人员为仔猪注射猪三联疫苗

20 世纪 90 年代，四川高原地区动物防疫人员为牦牛注射防疫药

20 世纪 90 年代，四川动物防疫人员上门为养兔农户提供社会防疫服务

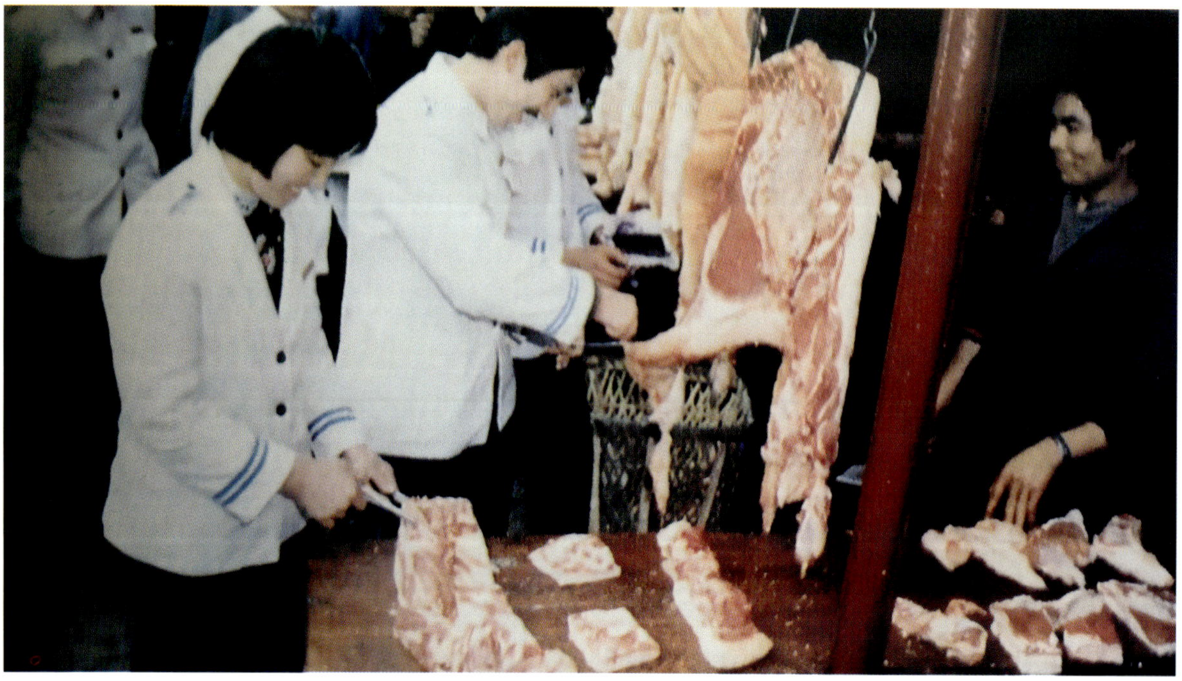

20 世纪 90 年代，四川兽医防疫检疫人员对零售猪肉进行市场检疫

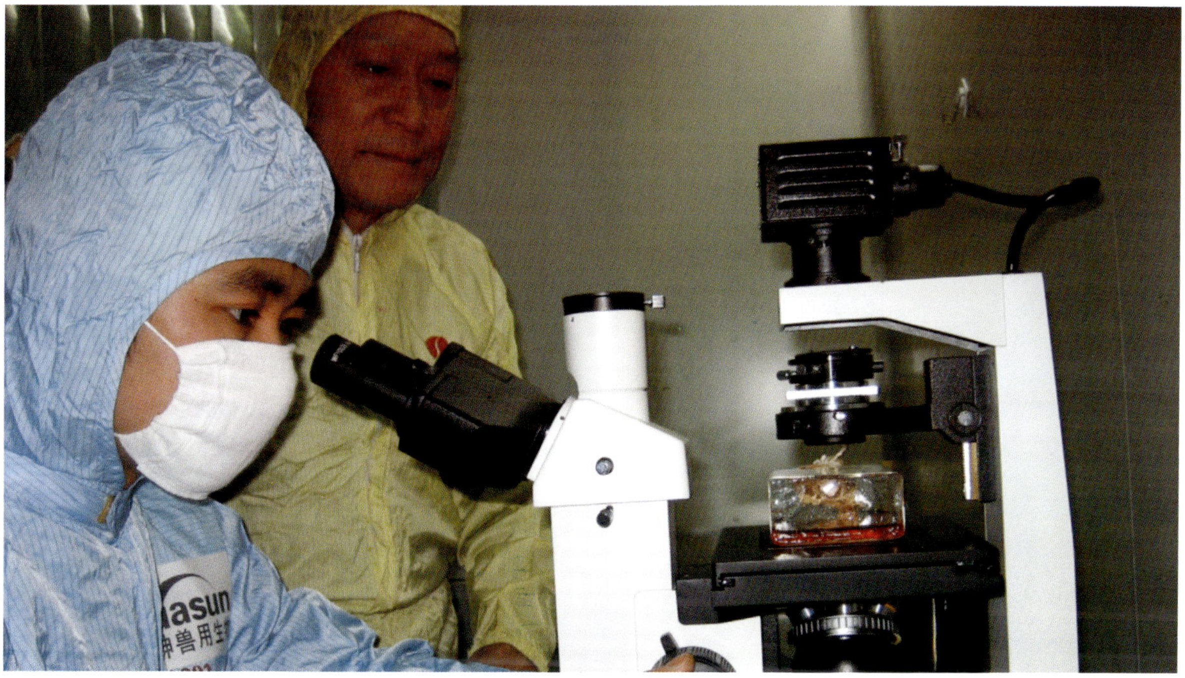

2002 年，四川兽药监察人员对兽药进行添加剂检测

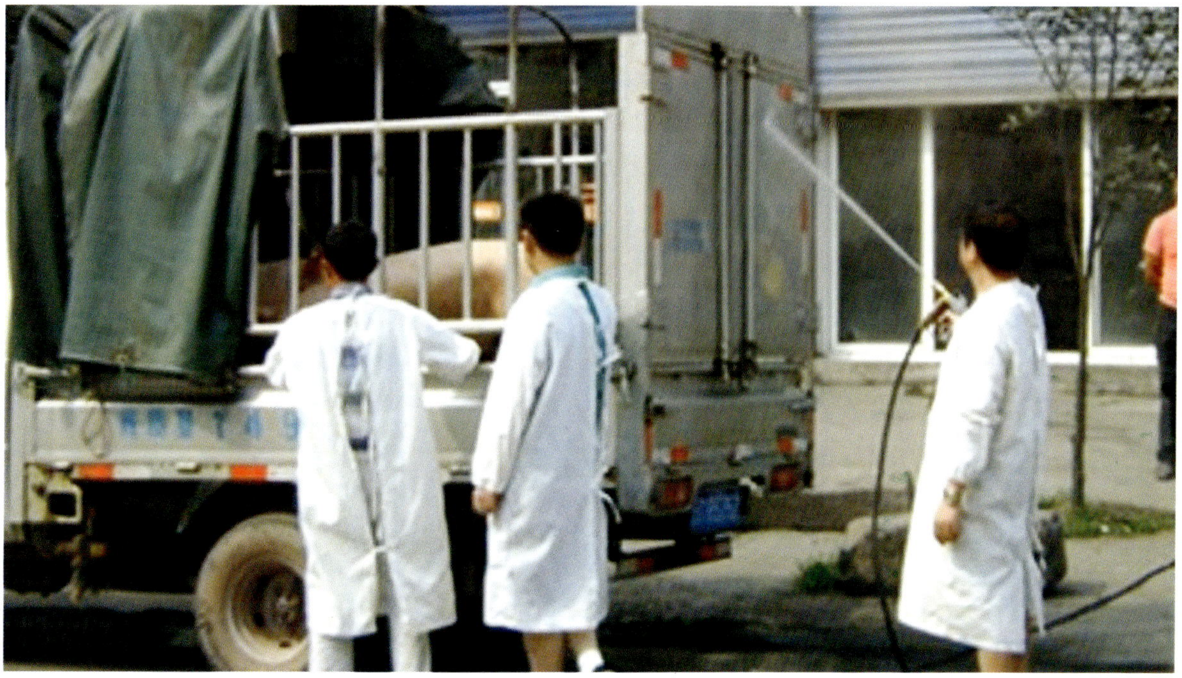

2004 年，四川动物检疫人员对运输牲畜进行消毒检疫

生产加工 SHENGCHAN JIAGONG

1992年，四川希望饲料公司扩展成立的希望集团，是中国第一家由国家工商局批准的私营企业集团

20世纪90年代，四川现代化饲料分装车间

20 世纪 90 年代，四川现代化饲料车间控制室

20 世纪 90 年代，广元市剑阁县兔毛加工车间

2005 年，四川年禽肉产量 189.77 万吨。图为家禽屠宰加工车间

2005 年，四川年猪肉产量 657.07 万吨。图为猪屠宰加工车间

《四川省志（1986—2005）》
审核委员会成员

《四川省志（1986—2005）》
总编、副总编

总　　编　陈建春

副 总 编　赵　行　邓　瑜　陶利辉　熊　倩
张兆法　高伟明　朱艳林　牛　淼

《四川省志·畜牧志（1986—2005）》
责任总编、责任编辑

责任总编　王友平

责任编辑　李海毅

《四川省志·畜牧志（1986—2005）》
编纂委员会

编纂领导小组成员

组　　长	杨昌明			
副 组 长	但其明	黄从文		
成　　员	祝　钧	兰明建	宾军宜	舒　军
	程兴洋	向伯先	傅昌秀	张安福
	唐良美	李才旺	邢文渊	

编纂领导小组办公室

主　　任	黄从文		
成　　员	黄昌祥	王教勋	罗长荣

《四川省志·畜牧志（1986—2005）》
初评审查组

组　　长	杨昌明			
成　　员	祝　钧	兰明建	宾军宜	舒　军
	程兴洋	傅昌秀	张安福	唐良美
	李才旺	邢文渊		

《四川省志·畜牧志（1986—2005）》
编辑室

主　　　编	但其明	宾军宜		
副　主　编	王教勋	黄昌祥	罗长荣	黄从文
编　　　辑	陈　婷	傅建勇	余冠中	郭志星
参加撰写人员	钱　亮	郑昭阳	李宗明	黄　毅
	杨　平	洪方树	刘德荣	黄洪春
	陈　锦	李素莲	李　云	关云秀
	李元华	田　楠	何　良	

《四川省志（1986—2005）》
凡　　例

一、本书编纂工作以马克思列宁主义、毛泽东思想、邓小平理论、“三个代表”重要思想、科学发展观、习近平新时代中国特色社会主义思想为指导，坚持辩证唯物主义和历史唯物主义的立场、观点和方法，全面客观地记述四川省行政区域内自然、政治、经济、文化和社会的历史与现状。

二、本书系中华人民共和国成立后首部《四川省志》续编，总名《四川省志（1986—2005）》，由总类、大事纪述、专志、人物、市（州）概况、附录共93卷构成。各分卷名称为《四川省志·××志（1986—2005）》或《四川省志·××志》（后者为特色志志名），设中英文目录。

三、本书上限一般起自1986年，下限一般截至2005年。对前志未设之分卷或篇章从事物发端写起；对前志漏载、误载的某些事项进行补载、更正；对前志记载后变化不大的某些事项进行简要复载；升格详载具有地方特色的某些事项。

四、本书记述的地域范围以1986—2005年四川省行政区划为准。

五、本书采用述、记、志、传、图、表、录等体裁，以志为主。

六、本书总类卷设序言、凡例、总述、卷目等，为各卷之首，全书之纲。关于自然环境、建置沿革、经济与社会历史发展状况等基本省情在总述中作简要复载或反映。各专志（分卷）根据社会分工和学科分类的实际，按“以类相从”或“突出地方特色”的原则设立，以篇、章、节横分类别，节、目以下纵述史实，立足反映四川省行政区域某一事物（事业、行业）断限期内历史与现状的全貌。人物志卷采用传、录、表诸种表述形式，坚持“生不立传”原则，在世人物的突出事迹以事系人载入相关分卷。人物传统一收入人物志。本书大事记以编年体为主，辅以纪事本末体。为完整记述一些重要事物，保存有价值史料，有些分卷设置了专记。

七、本书使用规范的现代语体文记述，行文严谨、朴实、简洁、流畅。使用规范汉字，用词概念准确，符合现代汉语语法规范。使用的标点符号、数字、计量单位等均按国家规定的统一标准书写。

八、本书使用公元纪年，各卷正文（除引文外）采用第三人称表述；行文涉及机构、会议、文件、职衔、地名等，均按当时称谓；除涉及人名、地名、纪年和简称等项采用括注外，其余采用页下脚注。

九、本书资料来源于文献、档案、报刊、书摘、口碑及实地调查等，所用资料均经各修志部门考证、核实。各分卷数据一般采用省统计局公布的数据，省统计局缺乏的，采用有关部门正式提供的数据。

十、各分卷图片分为前置图片和随文插图，随文插图和表格均以篇为单位依次排序编号；所用地图均以省测绘局审定的为准。

十一、各分卷需要特别说明的事项，均在各分卷的《编辑说明》中注明。

《四川省志·畜牧志（1986—2005）》编辑说明

一、本志是《四川省志·农业志》（1840—1985年）中“畜牧篇”以及《四川省畜牧志》（四川科技出版社1998年5月版）的续志，主要记述1986—2005年四川省畜牧兽医事业发展的历史。对于1986年前的重大事项在《四川省志·农业志》和《四川省畜牧志》中有遗漏的进行适当补充，但一律不下延。

二、本志的记述地域以四川省行政区划为准，1997年前包括今重庆市。

三、本志收入的数据主要来自四川省统计局历年公布的资料，其他数据由四川省畜牧食品局提供。

四、本志的图片主要由部分市（州）畜牧食品（农牧）局、局机关及直属单位提供。

目　　录

第三篇　饲料饲草生产与监管

第四篇　兽医兽药

第五篇　科技教育

第六篇 畜牧经济

第七篇 机构沿革与职能

Contents

概　述

四川省位于中国西南地区、地处长江上游，中部为四川盆地，盆周为丘陵、山地，西部为川西高原。1986年，全省面积56万平方公里，人口10319万人，其中农业人口7497万人。1997年重庆被设为中央直辖市后，全省面积48.5万平方公里。2005年，全省总人口8750万人，其中农业人口6628万人。

四川省地处亚热带，气候温和湿润。2005年，全省共有耕地5859.1万亩，草原面积3.13亿亩，饲草饲料林地资源丰富，适宜畜牧业发展。气候、地势、地貌类型复杂多样、差异明显、区域性强，形成了农区、牧区、半农半牧区等多种畜牧业类区，饲养畜禽涵盖猪、牛（奶牛、牦牛）、羊（绵羊、山羊）、禽、兔、蜂等主要品种。

四川省是畜牧业大省，也是全国主要的畜禽品种资源区和重要的畜产品生产基地。四川独有的内江猪、四川白鹅、九龙牦牛、建昌鸭被列入首批国家级畜禽遗传资源保护名录。1986—2005年，生猪和水禽存出栏、肉兔出栏、蜜蜂存栏及肉类产量均保持全国第一。2005年，全省出栏生猪、水禽、肉兔分别达8817.3万头、57665.3万只（羽）、14123.9万只，存栏蜜蜂131.4万箱，分别占全国的11.61%、14.48%、34.54%、11.9%；肉类产量955.8万吨，占全国的10.58%；畜牧业产值1230亿元，居全国首位，占全国畜牧业总产值的9.24%，占全省农业总产值的50.1%，比1986年增长22.68个百分点，对农民增收贡献率为28.6%。

生猪产业是四川省畜牧业中比重最大、群众基础最深厚的传统优势产业，素有“川猪安天下”美誉。四川养猪条件兼具中国南北方之长，与北方地区相比，四川气候温和，全年适宜生猪生长；与南方地区相比，劳动力资源富足，农户养殖成本比较优势明显。1986—2005年，四川生猪连续20年快速增长，出栏量由3550.8万头增加到8817.3万头，年均增长7.4%；猪肉产量657.1万吨，占全省肉类总产量的68.7%，占全国猪肉总产量的11.5%。2005年，四川外销猪肉87万吨，占全国省际猪肉贸易总量的1/3，是北京市、天津市、上海市、广东省等地传统“菜篮子”采供地；出口以猪肉为主的肉类产品13.85万吨，创汇2.16亿美元，占全省出口创汇总额近1/9，是出口创汇最多的大宗农产品之一，肉类产品远销俄罗斯、吉尔吉斯斯坦、韩国、新加坡等国家和中国香港、澳门地区。

川西北高原牧区既是长江、黄河上游重要的生态屏障，又是全国五大牧区之一。全省草原面积3.13亿亩，占省域面积的43%，其中2.45亿亩草原集中联片分布在青藏高原东南缘，长江、黄河上游和源头，分别涵养长江、黄河径流量的46.8%、8.21%。四川是全国最大的彝区、第二大藏区和唯一的羌区，畜牧生产以放牧牦牛、绵羊为主。1986年前后，四川牧区采用施肥、灌水、封育、补播等技术提高产草量；1990年，加强草地经营承包管理，颁发草地使用证。1994年，四川启动以“牧民有住房、牲畜有棚圈、草地有围栏、冬春有贮草”为主要建设内容的“人草畜”三配套建设试点，促进草原生态和牧民生产有机统一。2003年，四川在全国首批启动退牧还草工程。到

2005年，在18个牧区县完成退牧还草建设5040万亩，任务完成率全国第一，工程区内植被盖度、牧草高度、牧草产量大幅提高，草原涵养水源、保持水土功能显著增强，牧民收入明显增加。2005年，四川牧区牦牛存栏436.48万头，占全国的31.2%。

随着畜禽生产规模发展壮大，四川畜禽产品加工和饲料、兽药等相关产业得到长足发展。2005年，全省以生猪屠宰加工为主的肉食品加工企业1000余家，其中，规模以上加工企业290家，年加工肉类120余万吨。遂宁高金、资阳四海和河南双汇、江苏雨润、山东金锣等省内外大型肉食品加工企业应运而生。2005年，全省有饲料企业944家，产量504万吨，产值172亿元，其中生猪饲料产量居全国第一。2005年，全省有55家兽药企业通过GMP验收，兽药企业年产值12亿余元，名列全国前茅。

四川畜牧业经过20年的持续稳定发展，实现了由家庭副业向农村支柱产业的跨越，托起了农业经济的半边天。在20年间，四川畜牧业经历了3个发展阶段。

第一阶段，20世纪80年代，以商品化、专业化为主要特征的开放搞活阶段。1985年，国家取消生猪禽蛋派购制度，放开畜产品价格，调动了养殖户的积极性。1988年，国家实施“菜篮子”工程，下达四川商品瘦肉型猪基地县建设项目；同年，四川省人民政府（以下简称“省政府”）发布《关于扶持生猪生产改进生猪购销政策的通知》，鼓励千家万户养猪，帮助农民实施专业化生产。1987—1989年，全省广泛推广猪经济杂交和仔猪補饲；改熟饲为生饲，改自然配种为人工授精，改单一饲料为配合饲料，改喂大肥猪为适时屠宰，改单一防疫为综合防疫（以下简称“双推五改”）。科学养猪综合技术及良种杂交肉鸭技术、成都黄羽肉鸡生产配套技术等，坚持培育地方品种和引入品种杂交相结合，提高养殖出栏率、商品率和经济效益。在体制改革、政策扶持和技术推广的共同推动下，四川畜牧业生产呈现蓬勃发展势头。农民群众积极发展商品性庭院养殖，畜禽产品商品化率不断提高，畜牧业逐步成为农户脱贫致富的重要途径，涌现出一大批畜禽饲养专业户。1990年，全省各类畜禽养殖专业户达480万户，畜牧业产值占全省农业总产值比重由1985年的27.42%上升为32.43%，猪肉产量395.9万吨，占肉类总产量的89.4%，不仅结束了全省猪肉长期定量供应的局面，而且年均外调肉猪800余万头，成为全国生猪主产省，为保障全国猪肉供给作出重要贡献。

第二阶段，20世纪90年代，以良种化、规模化为主要特征的稳定增长阶段。1990—2000年，全省广泛推广商品肉猪生产、肉牛短期育肥、淘汰役牛短期育肥、奶牛增产、肉用山羊增产、半细毛羊增产、商品肉兔、建川杂种鸭养殖、四川白鹅增产、种草养鹅增产、良种肉鸭等系列综合配套技术，大力推进畜禽品种改良，建设畜禽良繁体系，畜牧业生产水平显著提高。在市场机制和科技进步的推动和促进下，四川畜牧业步入持续、稳定发展新阶段。1997年，省政府印发《关于加快畜牧产业化把我省建成畜牧业强省的通知》，加大财政投入力度，建设畜牧龙头企业、生猪良繁、节粮畜禽、牧区开发四大工程。1999年开始，四川实施畜牧业增收计划，动员1万余名畜牧科技人员下乡到户，推广生猪、肉羊、半细毛羊、肉牛、禽兔养殖和种草养畜6项综合配套技术，提高主要畜禽品种养殖水平，实现项目区110个县农户畜牧业增收过百元。2000年，全省建成113个瘦肉商品猪基地县、22个肉牛基地县、10个山羊板皮基地县。2004年，有肉鸡父母代鸡场184个、68个水禽基地、10个半细毛羊基地、7个养蜂基地。全省以“公司+农户”为主要经营形式的畜牧产业化组织快速发展，畜牧龙头企业大量涌现，养殖专业合作组织方兴未艾。1998年，四川新希望农业股份有限公司在深圳A股上市，为全省首个、全国首批畜牧业上市公司。

第三阶段，进入21世纪，以标准化、产业化为主要特征的发展提高阶段。2000年以来，四川畜牧业抓住国家实施西部大开发战略等历史机遇，面对畜禽产品日益激烈的国内外市场竞争压力和禽流感、口蹄疫等重大动物疫病的复杂形势，以调整优化畜牧业结构、发展产业化抵御市场风险，以转变生产方式、推进标准化养殖提升发展品质。省政府出台《关于转变畜牧业生产方式加快建设现代化畜牧业强省的意见》，以改良品种、改善环境、改变管理、改革流通为抓手，广泛推广生猪、肉牛、肉羊、獭兔、肉鸭、蜜蜂生产及农区种草养畜增产配套技术，推进区域化布局、规模化养殖、标准化生产、产业化经营。全省畜禽养殖开始从农户散养为主转向散养与规模化饲养并存。2005年，全省年出栏生猪5头以上的饲养量占出栏总量的30%，出栏50头以上的规模场和专业大户达106943个，建成无公害畜产品生产基地362个，认证无公害畜产品217个。产业化经营带动主体发展壮大，全省发展畜牧龙头企业1000余家，其中，国家级龙头企业11家，农村专业合作经济组织1300余个，直接带动近800万户农户，建成9处国家级畜产品定点批发市场。

四川畜牧业20年发展历程，呈现出显著的规律性特点。

第一，生猪生产和价格周期性波动加剧。1985—2005年，中国生猪生产呈现出增长型波动状态，生猪价格随之波动。四川省与全国大体一致，生猪生产经历了1985年、1988年、1994年、1997年、2004年5次价格年环比涨跌幅超过10%的大幅波动。受供求关系和生猪生产周期自身特点的影响，生猪生产和价格的“恢复—高峰—回落”波动周期约为3—6年，并有波幅增大、波期缩短的趋势。生猪生产和价格的剧烈波动，对产业发展、农民增收、市场供给造成严重影响。把握其周期性波动规律，科学制定扶持政策，建立完善风险防范机制，降低市场风险，对于促进生猪业持续、健康发展具有重要意义。

第二，动物疫病防控直接关乎畜牧业兴衰。1986—2005年，四川曾发生和流行的动物疫病有86种，其中，口蹄疫、禽流感、猪II型链球菌病、狂犬病等人畜共患病38种。1986—1989年，四川发生猪瘟疫情，发病735.5万头，死亡548万头；1984—1989年，开县等7个县6年内因狂犬病死亡1320人；2005年，四川发生猪II型链球菌病疫情，发生人感染猪链球菌病例204例，其中死亡38例。每一次重大动物疫情，不仅对产业发展造成沉重打击，而且危及人民生命和财产安全。因此，畜牧业成败在防疫，畜禽养殖越发展，疫病防控越重要，必须把重大动物疫病防控贯穿于畜牧业发展的始终。

第三，畜牧业对科技进步的依存度越来越高。1986—2005年，四川组织畜禽新品种（品系）培育、疫病防治等畜牧科技攻关283项，获国家和省部级奖励314项，其中，国家级科技进步奖、星火奖8项，多项成果填补国内空白，科技对畜牧业发展的贡献率达50%。以良种良法为核心的每一项关键领域重大科技的突破与应用，都极大地推动了畜牧生产水平的提高。在经济全球化的背景下，实现畜牧业现代化更依赖于科技进步。

第四，政策扶持成为促进畜牧业发展的基本手段。1985—1986年、2004—2005年，中央4个“一号文件”以扩大市场调节力度、突出农业国民经济基础地位、促进农民增收、提高农业综合生产能力为主题，对农村改革和农牧业发展作出战略部署，四川结合实际制定贯彻意见。中共四川省委、四川省人民政府先后制定《关于扶持生猪改进生猪购销政策的通知》《关于加快畜牧产业化把我省建成畜牧业强省的通知》《关于加强牧区畜牧业工作的意见》《关于转变畜牧业生产方式加快建设现代化畜牧业强省的意见》《关于实施畜牧业增收计划的通知》等一系列扶持政策。2005年，国务院出台《关于推进兽医管理体制改革的意见》，为推进县乡村基层防疫体系建设提供了政策支撑。20年四川畜牧业发展的历程表明：始终把畜牧业作为解决四川“三农”问题的着力点，始终把畜牧业作为推进全省现代农业发展的突破口，始终在政策措施上毫不动摇地扶持仍处于“弱势”产业的畜牧业，对四川现代畜牧业的发展方向、发展规模、发展水平将具有决定性影响。

经过20年的发展，四川畜牧业进入一个新的阶段并站在新的起点，但也面临一系列新的矛盾和问题。生产方式落后、农户散养仍是主要形式，人畜混居现象突出，饲养管理粗放，养殖环境较差；增长方式以数量增长的粗放模式为主，产业结构相对单一，“一猪独大”问题突出，畜产品质量和养殖效益不高；基层防疫体系机构不全、队伍不稳、经费短缺，重大动物疫病防控形势严峻；畜产品质量安全监管法律法规滞后，基层监管体系薄弱，技术手段落后，畜产品安全隐患较多；养殖户科学文化素质差，组织化程度较低，抗疫病和市场风险能力弱；养殖污染增加，草原超载过牧，畜牧业发展与生态环境保护的矛盾加剧；加工流通发展滞后，缺少精深加工的拳头产品。

四川在未来畜牧业发展中，要围绕布局区域化、养殖规模化、生产标准化、经营产业化、服务社会化的目标，加快转变发展方式，加大政策扶持力度，着力构建良繁体系完整、饲料生产安全、养殖过程受控、疫病防控高效、加工物流配套的现代畜牧业产业体系。

第一篇 畜禽生产

四川省气候温和，雨量充沛，饲草长青，青绿饲料资源丰富，畜禽生产自然环境条件优越，且畜禽生产历史悠久。平原、丘陵区素以养殖生猪、水禽闻名，加之养殖密度高、分布平衡，因而川猪之多冠于全国。四川畜禽品种资源十分丰富，20年来，通过持续引入国外优良品种改造地方品种，开展生产、科研、院校的“三牧合作”，培育出了一批新品种（品系），生产性能进一步提高。

1988年，国家实施“菜篮子”工程，在农业部和财政部支持下，四川省分批建成商品瘦肉型猪基地县113个，同时建成一批禽蛋肉、兔肉、山羊肉、水禽生产基地县。同年，世界银行国际农业发展基金贷款分批列项援助四川发展草食家畜，项目包括雅安地区、黔江地区、攀西地区、秦巴山区等。

1991年，农业部启动《四川草地——城市农业系统开发示范项目》，建成以牛、羊生产为主的合作牧场，奶牛场及开发中心。同期，四川肉兔存栏数跃居全国前列。

1992年，《四川省种畜种禽管理试行办法》出台，之后《四川省良种登记办法》《四川省种猪场内测定试行办法》开始实施，强化了种畜禽技术和法制管理。四川提出“八龙兴牧”的畜牧业发展战略，强调“舞好牛、羊、兔、鹅、猪、鸡、鸭、蜂八条龙”，全面提升畜牧业发展水平。

1997年，四川省人民政（以下简称省政府）府发布《关于加快畜牧业产业化把我省建成畜牧业强省的通知》，加强龙头企业、生猪良繁、节粮畜禽等三项工程建设。

1998 年，面对生猪生产下滑、购销市场疲软、养猪亏损的状况，四川及时规范生猪税费征收管理，减轻生产者、经营者负担，促进市场流通，稳定生猪生产。

1999 年，全省实施畜牧业增收计划，动员 5000 名科技人员下乡到户，推广优质商品猪、肉羊、半细毛羊、肉牛、禽兔和种草养畜等 6 项综合配套技术。5 年间，项目区内生猪、肉牛、肉羊、家禽、奶牛发展加快，人均年收入每年增长 100 元以上。同年，完成四川省畜禽品种资源多样性补充调查，共汇总记载 35 个品种（品群），并对《四川省家畜家禽品种志》中的 38 个品种进行信息动态调查、分析，把四川畜禽品种资源划分为生态、珍稀、特殊经济性状、高繁殖力、优良肉用、优良蛋用、优良役用、优良毛皮用等 8 个品种类。

2003 年，经过对资源优势和区域优势的整合，初步形成六大专业化生产区域：一是牧区牦牛生产区域，二是川中丘陵区肉羊生产区域，三是川东和川北肉牛生产区域，四是乐山—成都—绵阳奶牛生产区域，五是攀西半细毛羊、黑山羊生产区域，六是成都平原、盆中丘陵瘦肉型猪、禽、兔、蜂产品生产区域。同年，四川省畜牧高科技园区在大邑县韩场镇开建，四川省畜牧业协会成立。全省建成生猪（含仔猪）商品生产基地县 90 个，肉猪出栏 7490.28 万头，牛出栏 310.04 万头，羊出栏 1984.23 万只，兔出栏 10587.21 万只，禽出栏 97886.22 万只。

2005 年，省政府发布《关于转变畜牧业生产方式，加快建设现代化畜牧业强省的意见》。四川畜禽业按照资源分布、区域优势分为 4 个产业带，包括成都平原地区畜牧高新技术产业示范区，共 21 个县（市、区）；盆周山区优质草食牲畜生产区，共 32 个县（市、区）；川西北高原绿色生态畜产品生产区，共 31 个县；川西南丘陵区外向型优质畜产品生产区共 14 县，总共 98 个县。

第一章　养猪生产

第一节　养猪生产发展状况

一、基地建设

1986年，四川生猪收购由派购改为合同订购，奖售饲料粮改成折价付款。1988年，省政府发布《关于扶持生猪生产改进生猪购销政策的通知》鼓励千家万户养猪，帮助农民实行专业化生产，稳定以粮换生猪的政策，激发了农民养猪积极性，全年以粮换购生猪1000万头。

1988—1989年，农业部下达四川省商品瘦肉型猪基地县建设项目，项目建设范围包括郫县、简阳、德阳市市中区、新津、广汉、威远、广安、仁寿、绵竹、三台、彭县共11个县（市、区）。

1991年起，农业部和财政部使用饲料粮或“议转平”资金分别下达四川省商品瘦肉型猪基地县建设项目（包括续建项目），同时下达三大服务体系基地建设、猪肉加工项目基地建设、出口优质商品猪基地县建设等项目。1991年，建设基地县19个，包括续建基地县7个；1992年，共建基地县25个；1994年，共建基地县31个，包括续建基地县11个；1995年，共建基地县30个，包括续建基地县18个；此外财政部使用农财资金下达基地县建设项目，1991—1996年，共建基地县13个。截至1996年，四川省共建成商品瘦肉型猪基地县113个，基地县项目建设完成后，出栏率达120%；1995年，基地县出栏生猪6695万头，商品率达78%；支援外省肉猪近2000万头，全国产肉十强县中四川位居前四位。

1993年，四川省利用“议转平”资金，在成都、乐山、德阳、绵阳、内江、南充、凉山等地建成11个存栏500头母猪和年出栏1万头商品猪的祖代种猪场，对乐山、绵阳、万县、凉山、德阳、南充、自贡等地种猪场和3所科研院校种猪场进行了扩建或技术改造，并支持省原种猪场由国外引种、建立四川省种猪性能测定站。其间，财政部安排副食品风险基金，对省原种猪场和绵阳、乐山等地种猪场进行技术改造。

2003年，四川省继续强化生猪基地县建设，全省建成仔猪生产基地县2个，商品猪生产基地县88个，其中列入全国商品猪生产基地县35个。当年出栏生猪7450万头，基地建设县出栏生猪DLY（杜长大三元杂交）商品肉猪717.14万头。2004年，推广以DLY三元杂交技术为主要内容的生产技术，并在内江猪产区建立品种保护资源场，划定保护区。

2005年，四川省年出栏商品肉猪50头以上的养殖场（户）已有10余万个（户），猪肉产供销一体化的龙头企业达74家，其中国家级龙头企业11家。同年，资阳市在生猪产业发展方面创造了“6+1”经营模式，即金融机构、担保公司、饲料企业、种畜场、肉食品加工厂和养殖户加上保险公司，共同合作，建立分散饲养条件下的标准化养殖模式，使养殖户能最大限度规避风险，并获取更多效益，形成了特色鲜明的经营模式，受到国家和省级有关部门的充分肯定。

二、养猪技术推广

1987—1989 年，按照四川省畜牧局的安排部署，相关的生产、科研、院校等单位，在广汉、简阳等四县示范推广科学养猪综合配套技术成功。之后分期分批在全省 148 个县大面积推广，组织成都、重庆、乐山、南充、内江、绵阳、德阳、宜宾、自贡、达县、雅安、遂宁等市（地）参加，推广“双推五改”综合配套技术。主要技术包括经济杂交、仔猪补饲、人工授精、配合饲料、生饲、新法育肥及适时屠宰等。推广区内科学补饲 156.9 万窝，推广配合饲料 262 万吨，肉猪出栏率提高 11.1%，新增经济效益 3.78 亿元。

1989 年，四川农业大学和四川省畜牧兽医研究所、四川省养猪研究所在简阳、德阳、新津、郫县等地成功推广瘦肉猪开发应用技术。之后，四川省畜禽繁育改良总站在广汉、仁寿等 8 县开展商品瘦肉猪生产配套技术推广，四川省养猪研究所在简阳进行瘦肉猪生产与加工技术开发推广。

1991 年，四川在养猪技术方面进行广泛的示范推广，主要包括猪低精量人工授精规模化，农村养猪平衡饲养技术，蕉藕饲料开发及微机饲料配方等。

1996 年，四川省畜牧兽医研究所、四川农业大学等科研机构对猪场瘦肉猪规模化、产业化生产技术进行研究与示范。

2000 年，乐山、资阳、德阳等市（地）进行优质瘦肉猪或良种猪增产（高产）配套技术推广，以及 DLY 生产配套技术推广。之后，全省畜牧科技助农增收计划增加优质商品猪生产综合配套技术项目。

第二节　猪种资源与利用

一、品种资源

1987 年，四川省猪品种资源调查结果，确定有 7 个地方优良猪品种，分别是：川西平原地区的成华猪，盆地内丘陵区的内江猪、荣昌猪、雅河猪，盆地边缘山区和高山峡谷区的盆周山地猪、凉山猪，海拔 3000 米以上高原和高山峡谷区的藏猪。之后，四川省畜牧兽医研究所、四川省养猪研究所、四川农业大学等单位开展了内江猪、荣昌猪、成华猪及雅南猪的种质特性测定，包括肉质研究、适应能力观测等 7 个专题研究。

1995 年，四川省养猪研究所、四川农业大学等单位合作，在四川省养猪研究所猪场育成荣昌猪瘦肉型品系，命名为“新荣昌猪Ⅰ系”（专门化母系）。品种基本保持荣昌猪的良好肉质和外貌特征，其中经产母猪产仔数平均在 12 头以上，90 公斤体重育肥猪屠宰胴体瘦肉率达 54% 以上，当年在 5 市、县推广种猪 2300 余头，累计生产优质商品瘦肉猪 6 万余头。四川省畜牧兽医研究所采用太湖猪品种杂交育种和继代选育，育成“四川白猪Ⅰ系”（专门化母系），具有产仔多、母性强等特点，原产地成都，品系扩繁至德阳、绵阳、乐山等市，群体数量有 7000 余头。累计推广种猪 6900 余头，生产优质商品杂交猪 12 万余头。同年，省财政拨专款 300 万元，在四川省畜牧兽医研究所兴建四川省种猪性能测定中心，1997 年 4 月起，省内 10 个重点种猪场开展种猪性能测定工作，当年测定种公猪 39 头，其中长白猪 15 头、大约克夏猪 18 头、杜洛克猪 6 头，发现 1 头长白猪含有氟烷应激基因。2000 年，四川开展种猪场内测定和良种登记试点，参加单位有省原种猪场及绵阳、乐山、内江、德阳种猪场。申请种猪 1725 头，核准良种猪 629 头，由四川省种猪管理委员会发出布告。2004 年，四川 6 个重点种猪场 1697 头种猪参加测定，采用种猪遗传性能评估系统评估核定 1062 头为良种猪。2005 年有 5 个种猪场 1383 头种猪参加测定，核定良种猪 680 头。连续测定表明，国外三大品种背厚的膘度下降，但种猪生产性能的遗传进展相对较慢，原因是各场选配方法和测定技术需要改进。1997 年到 2005 年已开展集中测定 18 期，举办种猪拍卖、展示会 5 期，共拍卖优秀种公猪 92 头，议价销售合格公猪 608 头，最高竞价每头 1. 2 万元，实现了优质优价，推动了种猪选育工作。

1999 年，全国畜牧兽医总站下达开展畜禽品种资源多样性补充调查工作。此项工作由四川省畜禽繁育改良总站主持，全省市、州畜牧局参加，历时 5 年完成《四川省畜禽品种资源多样性补充调查报告》，确定了 6 个地方优良猪种：一是南充黑猪，产地在南充市嘉陵区等 8 个县（区），群体数量达 26 万余头；二是达县碑庙猪，产于以达县碑庙乡为中心的 80 多个乡，为肉脂兼用型地方品种，耐粗饲，早熟易肥，但前期生长缓慢；三是三台北路猪（又称花园猪），产于三台县花园乡等涪江流域的 5 个乡，产仔多、母性强，群体数量大，基础母猪达 2. 5 万头；四是柳嘉猪，产于宜宾县柳嘉镇等 8 个乡镇，群体数量有 2 万余头；五是桠叉猪（又称老山猪），产于宜宾市珙县等长江南岸 8 个县，群体数量有 13 万头，适应山区条件，耐粗抗病，肉质细嫩；六是青峪猪，产于通江县青峪镇等 10 个乡镇及万源市竹涪等 3 个乡镇，群体数量 2 万头左右，属山地型品种，耐寒耐粗，皮薄肉嫩，沉积脂肪多。

2005 年，四川省从国外引入繁育、推广的优良猪种共有三大品种，包括大约克夏猪、长白猪和杜洛克猪。大约克夏猪是著名瘦肉型猪，全身白色、头中等大小，面部微凹，耳适中直立，胸宽深适度，肋骨拱张良好，背腰较长，臀宽长，后躯发育良好，腹线平直、四肢高而结实，英系适合作杂交父本。具有生长快、饲料利用率高、适应性强的优点。日增重 800 克以上。长白猪因其体型特长，毛被全白而得名，头较长，颜面直、嘴长、耳大前倾、背毛全白，体格较大，体侧长深，腹线平直紧凑，肢体较高，后躯丰富充实，皮薄骨细，平均日增重 800 克以上，生产中主要用于第一父本或母本。杜洛克猪是著名的瘦肉型品种，大型猪种，头中等大，颜面微凹，耳中等长，向前稍下垂，被毛红棕色，体躯深广，背腰较宽，肌肉丰满，肢体粗长，日增重 800 克左右，台系杜洛克猪瘦肉率达 67% 以上，但产仔数较低。生产速度快、饲料转化率高，抗逆性强，因其产仔少、泌乳力差，不宜作杂交母本，多作三元杂交的终端父本。

二、良种猪繁育体系

1987 年，四川省种猪生产以国营企业为主，全省有 19 家国营种猪（畜）场生产种猪，包括重庆市种猪场、四川省养猪研究所种猪场及内江、自贡、乐山、宜宾、达县、南充、绵阳、德阳等场。主要生产由国外引入品种，包括长白、大约克、杜洛克；部分场担负本地优良品种的保种选育和供种，如荣昌猪、内江猪、成华猪、雅河猪等。

1988 年，四川省生猪大面积杂交改良开展，种猪的品质和数量要求提高。在农业部支持下，投资 3500 万元，在温江县选址建设四川省原种猪场。该猪场占地 211 亩，年生产种猪和商品猪 3. 5 万头。经济体制改革后成立四川正原猪业有限公司，企业内部分设“种猪性能测定站”“猪人工授精中心”等。

1995年，加拿大与四川省合作在内江建立“中加瘦肉型猪繁育总场”，前期引入长白、约克夏种猪200头，扩繁后供应四川省其他种猪场及养猪户。同时，分为川西北片、川东片共7县，分级培训先进养猪技术和市场营销知识等。

1996年，四川商品猪生产由推广二元杂交发展到推广三元杂交。同时，全省推广猪人工授精技术，良种公猪利用率提高，一次情期受胎率达85%以上。

2000年前后，四川省部分国营种猪场先后改制，民营种猪企业迅速壮大。乐山市种畜场改制为四川省乐山牧源种畜科技有限公司，并迁新址。四川蓝雁畜牧科技发展有限公司，拥有8条养殖扩繁生产线和10条育肥生产线，年产PIC（加拿大五系配套系）祖代、父母代种猪0.5万头，其他父母代猪1万头、商品仔猪100万头。德阳市纯种猪繁育场、达州宏源养殖场、四川省德福隆猪业科技示范园、宜宾君富良种猪养殖有限公司、四川隆生集团种猪场、成都富达养殖有限公司等民营种猪企业的出现，使四川生猪良种推广的步伐大大加快。

2001年，正原猪业有限公司饲养的长白、大约克夏、杜洛克品种拥有9个品系，种猪2万余头，除在省内销售，还销往广东、广西、湖南、湖北等9个省（自治区）。

2004年，四川省饲养配套系种猪的种猪场达112个，饲养国外优良种猪的种猪场有464个，饲养能繁母猪存栏分别达8969头和4653头。全省建成标准化猪人工授精站2672个，并在7个重点种猪场实施了种猪性能测定和现代遗传评估。

2005年，四川省猪三元杂交面已达58.5%。

第二章 养牛生产

第一节 养牛生产发展状况

一、肉用牛生产发展状况

1986年，伴随着免耕法的推广，役用牛需求量大减，四川养牛生产由役用方向转向兼用或乳用方向。当年，全省养牛头数960.41万头，其中黄牛305.96万头、水牛280.26万头、牦（犏）牛370.89万头、奶牛3.3万头。

1988年，四川建成集国外优良种牛冷冻精液生产、贮藏和颗粒、细管冻精配种于一体的配套生产网络。其中，主要有四川省冷冻精液中心站和绵阳、达县、乐山地区冻精站；甘孜、阿坝、凉山及广元、万县、涪陵等液氮站；黄（水、牦）牛改良县建立大批冷配输精点，形成黄（水、牦）牛杂交改良全面推开的局面，推动了商品牛基地县建设，养牛生产由追求数量发展转为追求质量、效益提高。

1990年，四川先后在达县、涪陵、广元等地区建成12个商品牛生产基地县，当年出栏育肥肉牛1.7万头。

1992年开始，四川省贯彻国务院办公厅、农业部关于“秸秆养畜，过腹还田，发展农区养畜”的指示，在宣汉、叙永、汉源等10个商品牛基地县推广秸秆氨化饲料，涉及102个乡的8754家农户，共推广氨化秸秆1638吨，带动周边30个县秸秆养牛21万余头，新增牛肉总产值达7142万元。2000年，国家在天全、富顺、简阳3县（市）投资建设秸秆养畜示范县，主要发展氨化秸秆养羊。此间，雅安市有7县实施秸秆氨化养畜项目，成为国家级示范区，累计处理秸秆达100万吨。至2005年，全省建成国家级秸秆养牛（羊）示范县18个。

1997年，四川省畜禽繁育改良总站组织宣汉、汉源、中江、平昌、剑阁等县示范、推广细管冻精配种技术获成功，细管冻精配种受胎率提高9个百分点。

1998年，峨边、珙县、石棉、通江、万源等19个县（市）参加《牛品种改良综合技术应用推广》项目，建立冷配站（点）78个，采用包括细管冻精在内的冻配技术，淘汰劣种公牛。同时，在省内14个县实施“优质肉牛生产综合配套技术推广项目”，项目区建成育肥牛示范村（社）和示范户生产优质肉牛。同年，四川省杂交改良牛已有15.85万头。

2000年，全省出栏牛达220.91万头，肉牛品质显著提高，胴体重明显增加。

2000—2004年，全省实施四川省优质肉牛良繁体系建设项目，先后建设了48个项目县、项目区。2005年，出栏优质肉牛128314头，有力地推动了全省肉牛生产发展。

四川牦牛主要分布在甘孜、阿坝两州，共28个县，其次在凉山、雅安、绵阳等市（州）的18个县呈点状分布。杂交改良历史上沿用“土种黄牛×牦母牛生产犏牛”，20世纪70年代改为黑白花牛×牦母牛一代，产奶量提高2倍以上；20世纪90年代推广“黑白花牛×土种黄牛”或“西门塔尔牛×土种黄牛”，选择其中优良杂种公牛，经培育作种公牛，改良牦牛效果明显：生长快，肉质好，适应性好，性情温驯，产奶量高达659公斤（第一胎泌乳期183天）。

2003年，四川新增杂交牛25.07万头，出栏商品牛突破300万元大关。2004年，肉牛改良体系进一步完善，建成小型种牛场52个，能繁母牛达5676头。黄牛主产区内70个县，均建成黄牛改良中心，设人工授精站点1845个。同时，在成都、绵阳、眉山等地建成集约化优质奶牛小区28个。

2005年，四川省出栏各种商品牛达366.79万头，除满足省内鲜销市场，为牛肉制品企业提供充足原料外，部分销往外省。

二、奶牛生产发展状况

1986年，四川省奶牛生产开始由国营奶牛场为主，转变为“国营、集体、个人一起上”，当年成都市郊农户养奶牛已有3000头以上。1993年，全省存栏奶牛4.64万头，产奶量达28.3万吨。由于部分国营奶牛场连年亏损，1994年，全省奶牛存栏减少8000多头，存栏奶牛降为3.87万头，产奶量27.9万吨。1995年，四川省阳坪种牛场、四川省畜禽繁育改良总站共同实施以场带户、发展农户养奶牛项目，历时5年完成，在9个乡镇发展213户农户，饲养奶牛600头，累计生产商品奶6000余吨，产值700余万元，农户收入200多万元。

1997年，四川省中、小城市奶业发展迅速，绵阳市乳品站、绵阳乳制品公司、江油亨达公司、雅安市农工商实业有限公司等民营乳品生产企业相继出现。

1999年，四川省奶牛协会更名为四川省奶业协会，挂靠单位为四川省农场管理局。同年，四川省乳品加工企业已有30余家，分布于全省各大、中城市，分属于农业、畜牧、轻工、乡镇及个体等行业部门，以农牧系统为主。生产乳制品包括灭菌奶、花色奶、酸奶、奶粉、冰淇淋等数十种，但未有一种产品进入国内名牌之列。由于原料不足，各类乳制品年产量仅5万吨，每年还需购进国外或省外的奶粉、乳清粉5000吨。

2001年，洪雅县采取种草补贴、贷款贴息、实行奶牛保险业务等扶持政策，大力发展奶牛产业，建设奶牛小区27个，人工种草14.5万亩，奶牛存栏15820头，年产鲜奶16265吨，奶牛业纯收入2710万元。同年，国家质量监督检验检疫总站对牌号样品的净含量、杂质度、酸度进行测试，四川省乳品企业生产的华西、菊乐品牌达标。四川省菊乐食品有限公司自1996年转向乳品生产，2001年建成菊乐生态养殖园，采用隔热钢板建牛舍，使用瑞典机械化挤奶设备，工厂化处理粪尿，2003年通过质量体系认证。同年，公司已在成都市10区（县）建有生产基地，在成都、雅安设有加工厂，在省内20个市（州）拥有3000余个销售网点。

2002年，成都市奶牛存栏2.69万头，其中产奶牛1.73万头，牛奶产量8.4万吨，成年牛头平产奶量4855公斤，菊乐、奶奇乐、旺林等乳制品加工企业建成无公害奶业生产基地。2002年，“四川省学生饮用奶领导小组”成立。2003年，省畜牧食品局发布《四川省实施国家“学生饮用奶计划”管理办法》，在成都市率先推行学生饮用奶。

2003年，眉山市建设规范化的奶牛公寓，开创了四川省农民发展现代化奶业之路，奶牛存栏增加2.5万头、新增鲜奶5.9万吨。

2005 年，四川省乳品加工企业已达 50 余家，主要分布在成都、绵阳、乐山一线，乳品加工能力大幅提升，但仍面临原料奶供应不足的问题。

第二节 牛种资源与利用

1987 年，经四川省畜禽品种资源调查，确认牛品种共 8 个，其中，地方黄牛品种 4 个，包括宣汉黄牛、三江黄牛、峨边花牛、川南山地黄牛；地方水牛品种 2 个，包括德昌水牛、涪陵水牛；地方牦牛品种 2 个，包括九龙牦牛、麦洼牦牛。此外，尚有培育品种 1 个，即四川黑白花奶牛。引入品种包括西门塔尔牛、荷斯坦奶牛、摩拉水牛，但群体数量较小，未列入专著。西门塔尔牛原产瑞士，四川引入德系、奥系居多，属大型兼用品种，体表肌肉群明显，臀部肌肉充实呈圆形，成年公牛体重 1000—1300 公斤、母牛体重 650—800 公斤。其产肉、产乳性能均好，平均产乳量为 4074—4099 公斤、乳脂率 3.9%—4.06%；日增重高。具有较好的耐热、耐寒和耐粗性，适应性强。改良地方黄牛品种的效果好，西杂一代 1.5 周岁左右，经 90 日育肥，日增重达 1050 公斤。

1987 年，雅安、汉源及宣汉、梓潼等地开展了以冷配为主的黄牛改良，西本一代牛全期泌乳量较本地黄牛增加 4 倍。同年，全国高产奶牛场（户）评比，四川省 18 个场（户）入选，重庆市沙坪坝刘伯荣奶牛场的 20 头成年母牛年均产奶 7292 公斤获一等奖。四川省奶牛协会进行黑白花奶牛标准登记，入选品种牛 671 头，良种牛 218 头。

1989 年，四川省标准计量管理局发布牛冷冻精液地方标准。

1990 年，四川省阳坪种牛场进行西门塔尔牛核心群选育，群体平均产奶量 5500 公斤以上，培育出高产个体 77 号牛五胎产奶量 8460 公斤，获全国冠军。蒙贝利亚 3 号牛，三胎产奶量达 8500 公斤。1986—1993 年，该场共繁育纯种种牛 1300 余头，销往全国 12 个省（直辖市）。1993—1998 年四川省草原研究所开展牦牛三元杂交技术研究，应用半农半牧区黄牛改良生产的杂交一代公牛，利用其可育性，选择培育优良个体，引入牧区与牦牛自然交配，获后代产奶量比牦牛提高 2.68 倍的成绩。

1998 年，四川彭州海昌生态农业有限责任公司由澳大利亚引入 1290 头肉用良种牛，品种包括安格斯、海福特、夏洛来、利木赞、墨累灰等。同年，彭州海昌肉牛原种场获准建立，成为国内规模最大的肉牛良种繁育基地。

1999 年，四川省家畜冷冻精液中心站增设四川省种牛繁育中心，饲养西门塔尔牛、蒙贝利亚牛、利木赞牛、荷斯坦牛和摩拉牛等品种，生产的冻精除供应四川省需要外，还销往新疆、西藏等 20 多个省（自治区）。同年，四川省开展畜禽品种资源补充调查，确认牛品种 5 个，包括宜宾水牛、甘孜藏黄牛、凉山黄牛、平武黄牛及木里牦牛。宜宾水牛属沼泽型役用地方品种，产于宜宾县及邻近县，群体数量 21.4 万头，被毛以青灰色为主，体型较小，善于耕作梯田，适应各种饲养管理方式。甘孜藏黄牛分为役用、兼用及奶用 3 种类型，分布于甘孜州的 18 个县，群体数量 38 万头，毛色较杂、毛短而密、体型较小，役用型体格偏大；奶用型泌乳期 6 个月，产奶量 250 公斤，产肉性能较低，适应性极强，耐粗放饲养。凉山黄牛产于凉山州及攀枝花市各县、区，群体数量 69 万头，属小型役肉兼用型，毛色多种，体小灵活，角形多样，役用强、产肉性能一般，耐粗饲、抗病力强。平武黄牛主产于平武县及毗邻县，群体数量 1.2 万头，属役肉兼用型，被毛以黄色、黄红色为主，毛细而皮薄。木里牦牛产于凉山州木里县及毗邻县，属役、乳、肉兼用型，群体数量6.5万头，被毛纯黑或白花色两种，行动敏捷，母牛合群性好，母性强，一个泌乳期产奶量407.4公斤，役用功能为驮物行走，据西南民族学院测定：该品种血糖高于其他牦牛品种，血清总蛋白则低于其他牦牛品种。

1992年起，四川省畜牧兽医研究所、四川省畜禽繁育改良总站在宣汉县参与建设云蒙山合作牧场，初步育成四川乳肉兼用牛的山地类群。1992年之后，牧区牦牛改良因支持经费减少，杂交改良数量稍减，红原县冻配存栏犏母牛1.5万头，其中荷犏牛0.3万头。2000年，四川省牦牛改良主要在阿坝州、甘孜州的四县进行，此间，西南民族学院完成《九龙牦牛选育研究》，四川省草原研究所完成麦洼牦牛选育的多项研究。2001年，四川在红原县试验用娟姗牛细管冻精配种牦牛，有效提高了受胎率，降低了难产率。2002年以后，在阿坝州、甘孜州其他县推广，娟姗犏牛第一胎184天产奶量661.60公斤，为牦牛的三倍多。

2002年，四川乳肉兼用牛与外省育成牛群共同由农业部命名为中国西门塔尔牛品种，之后被四川省科学技术厅列入四川乳肉兼用牛选育项目。该品种以西门塔尔牛作父本，宣汉黄牛为母本，并导入荷斯坦牛血缘，毛色以黄白花为主，适应于高温、高湿的农区条件。2005年，四川乳肉兼用牛的群体数量为3万头，基础母牛群0.5万头，平均产奶量达4360.7公斤，最高个体产奶量8556公斤，乳脂率4.15%，品种除供应省内，还销往上海、河南等5省（直辖市）。同年，四川省畜禽繁育改良总站与甘孜州家畜改良站、九龙县畜牧局等单位合作成立九龙牦牛选育协作组，按照《九龙牦牛品种标准》和选育方案，进行保种选育。组建核心群和选育群2000余头，划定洪坝等7乡为选育区，规模为4.3万头。经数年选育，九龙牦牛体格和生产性能明显提高，九龙牦牛良种繁育场成为四川省重点畜禽品种资源场。

2003年，四川省草原研究所完成麦洼牦牛选育及群体选育工作，以龙日种畜场为中心建立四川省牦牛原种场，在中心产区麦洼乡、色地乡引入麦洼牦牛4000头，建选育核心群2个，共260头；扩繁群26个，共3740头。划留草场5万亩，并建设圈舍、放牧围栏、贮草房等设施，开始进行保种选育和麦洼牦牛奶肉新品系培育工作。

2004年，四川省畜牧科学研究院、四川省阳坪种牛场参加的中国西门塔尔牛新品种选育工作获成功，标志着西门塔尔牛在中国南方选育成功。

2005年，四川省牧区8县和半农半牧区4县开展牦牛杂交改良，人工授精繁殖率平均为32.5%，而娟姗牛细管冻精配种受胎率提高5个百分点以上，全省配种4.82万头。全省已有种间杂交和品种间杂交牛存栏11.2万头。

第三章　养羊生产

第一节　养羊生产发展状况

1986年，全省羊存栏859.9万只，其中山羊存栏520.75万只，绵羊存栏339.15万只。1987年，国家计划经济委员会、国家对外贸易经济委员会、农业部、商业部、外贸部共同下达出口山羊板皮基地县建设项目，四川省丰都、武隆、酉阳、开县、云阳、巫溪、富顺、巴中、南江、合江等10个县参加该项目。

1989年开始，四川省畜牧兽医研究所进行四川铜羊（即成都麻羊）生产性能选育和肉用山羊两改一防技术推广，四川省畜禽繁育改良总站进行肉用山羊增产配套技术推广，四川农业大学进行奶山羊生产性能测定，四川省草原研究所、凉山州畜牧兽医研究所、涪陵地区畜牧局分别进行绵羊方面的饲养选育推广。

1990年，全省羊存栏946.96万只，其中山羊存栏599.73万只，绵羊存栏347.23万只。

1995年前后，四川省各地引入、培育十余个山羊品种（类群）进行选育推广，同时大面积推广以南江黄羊、波尔山羊为主的杂交改良、饲养技术，山羊存栏和出栏量增加，平均胴体重达到16.25公斤。到2002年，山羊出栏率和胴体重比1995年分别提高71.52个百分点和4公斤，全省山羊存栏达1361.91万只，出栏1582.28万只，羊肉产量25.73万吨。

1996年，四川省畜牧食品局实施畜牧科技增收计划，四川省畜禽繁育改良总站组织全省14个县（市、区）实施优质肉羊生产综合配套技术推广项目，采取杂交改良、肥育补饲、驱虫防疫及圈舍改造等措施，发展肉羊示范户5700户，新增肉羊出栏57.53万只，新增总产值10335万元。同年，四川省参加国家“948”项目①：其中《引进波尔肉用山羊，加速我国山羊产业化进程》，由四川省畜禽繁育改良总站主持，四川省畜牧兽医研究所、四川农业大学及波尔山羊种羊场和简阳市、仁寿县等12个县（市、区）参与，历时四年，项目区累计出栏山羊1041.72万只，新增出栏肉羊169.41万只，推广波尔山羊种羊624只，生产冻精3万粒，项目区平均出栏率达155%。同时，兴办山羊销售市场，羊肉加工厂，出现一批“协会+农户”“公司（场）+农户”的产业化生产模式。

2001年，自贡市畜牧局与有关单位合作，研发出《电脑养羊专家系统》，采用人工智能与知识表达的方法，建立专家知识库、规则库和数据库，利用计算机模拟专家智能指导用户科学养羊，受到好评。

2002年，四川养羊生产商品率大幅增加，羊出栏数达1704.58万只。

---

① 1994年8月国家决定在1995—2000年间，安排1亿美元，引进国际先进农业科学技术项目。

2003年，全省年出栏50只以上的肉羊养殖场（户）达2.8万个，全省出栏肉羊量前八名的市（州）分别是资阳、南充、自贡、凉山、达州、绵阳、成都、乐山，占全省的64.08%。

2004年，四川省肉山羊业产业化发展步伐加快，出现了四川正东农牧集团有限责任公司、简阳市大地生态发展有限公司、简阳大哥大牧业有限公司、四川格瑞现代农业发展股份有限公司以及资阳大业育种生物工程有限责任公司等一批肉羊生产一体化龙头企业。

2005年，全省羊出栏数2546.2万只，存栏数2140.24万只。四川省养羊生产分布情况：绵羊分布在甘孜、阿坝、凉山三州和雅安、乐山、攀枝花等市的52个县，山羊分布在四川省177个县；拥有绵羊品种6个，山羊品种13个。

20年来，全省开展国家和部、省级养羊科技攻关和技术推广项目20余个。初步形成南江黄羊、大型黑山羊、肥羔型黑山羊、凉山半细毛羊、草地型藏羊及波尔山羊等6大肉羊产区。

第二节　羊种资源与利用

1986年，四川省地方山羊品种为6个，包括四川铜羊（即成都麻羊）、建昌黑山羊、川东白山羊、藏山羊和古蔺马羊、板角山羊；地方绵羊品种1个，即藏系绵羊，按其性状分为三个类型，即高原型、山谷型和山地型。绵羊引入品种初期为新疆细毛羊、美利奴羊等细毛羊品种，后期为茨盖羊、边区莱斯特羊、罗姆尼羊及林肯羊等半细毛羊品种。

1987年，四川省种羊生产以国营种畜场为主、绵羊为主，主要分布在三州，如凉山州的鸟科场、七里坝场、螺髻山场；甘孜州的昌台场、乾宁场；阿坝州的辖曼场、阿木柯河场；仅有达川地区的北极种畜场、火天岗种畜场生产本地山羊或改良羊。同年，国家下达48—50支纱半细毛羊新品系培育攻关项目由凉山州畜牧局、四川农业大学、四川省畜牧兽医研究所共同在昭觉、布拖、会东等县实施。培育试验在七场五站一所六乡范围开展，1990年培育出等级羊1.58万只，其中一级羊3108只，各项指标均达要求。

1990年，农业部和四川省科学技术委员会下达《南江黄羊选育与利用》项目，南江县畜牧局等单位采取边培育边推广的方式，发展南江黄羊纯繁群，规模达2万余只，向省内外推广种羊6750只。1998年，南江黄羊被农业部命名为中国第一个肉用山羊新品种，具有努比羊、四川铜羊、金堂黑羊和南江本地山羊4个品种的优良特性。2002年，《南江黄羊新品系选育研究》列入国家“863”计划（1986年3月，中共中央、国务院批准执行的国家高技术研究发展计划的简称），研究列入国家高新技术产业发展项目。2003年，四川省大巴山南坡的15个县（市、区），拥有纯种和杂种羊达850万只，全国共有26个省（自治区、直辖市）的170余县引入南江黄羊。2005年，国务院总理温家宝视察南江县时，指出“南江黄羊是亿万农民致富的希望”“一定要依托科学研究和推广，把南江黄羊产业做大做强”。

1996年，四川省实施国家“948”项目，引入波尔山羊品种，建立了四川省波尔山羊合作种羊场、成都波尔山羊种羊场、四川省民族生物投资有限公司种羊场等3个种羊场，在全省广泛推广以波尔山羊为终端父本的二元或三元杂交，提高商品肉山羊的品质。此间，四川省动物生物技术研究中心在我省多个种羊场开展波尔山羊生产性胚胎移植工作，采用超数排卵、胚胎移植等技术，加快四川省波尔山羊纯繁进度，满足肉用山羊杂交改良需要。波尔山羊为世界著名肉用山羊品种，体格高大，四肢粗短，成年公羊平均体重达100公斤以上，前期生长发育快，日增重250克以上，繁殖率高，性温驯，群居舍饲良好。

1999年，四川省开展畜禽品种资源补充调查，确认南江黄羊、凉山半细毛羊、雅安奶山羊、简阳大耳羊、北川白山羊、江安黑山羊、美姑巴普山羊、南充黑山羊、白玉黑山羊、丹巴黑绵羊等10个羊品种。南江黄羊主产于南江县及毗邻县区、广元市朝天区等地，群体数量52万只，采用多品种杂交育成，被毛黄色、体格高大，产肉性能良好，板皮品质优良，适应各种生态条件饲养；凉山半细毛羊产于凉山州昭觉等17县，群体数量11万只，其中能繁母羊4.5万只，采用多品种杂交育成，被毛白色，羊毛细度以48—50支纱为主，属粗档半细毛，产毛量好，产肉性能佳；简阳大耳羊产于简阳市老君乡等17个乡镇，群体数量4.4万只，其中能繁母羊2.9万只，由努比羊和成都麻羊杂交选育而成，被毛以黄褐色和黑色为主，耳宽而长，体型高大，四肢稍高，产仔数多，产肉性能好；雅安奶山羊主产于雅安市12个乡镇，群体数量1.7万余只，其中能繁母羊1.1万只，被毛白色，结构匀称，体格高大，278天泌乳量达691.7公斤；北川白山羊主产于北川县漩坪等7个乡镇及毗邻9乡，群体数量3.3万只，其中能繁母羊1.9万只，属长期封闭选育而成的地方品种，被毛以纯白色为主、四肢骨骼粗实、肌肉丰满、胸围发育良好、产肉性能高；丹巴黑绵羊产于甘孜州丹巴县的大渡河及其支流地区，群体数量14.5万只，属草地型藏绵羊类型，被毛黑色，皮肤浅乌黑色，体格矮小、羔毛呈环状弯曲，二月龄羔皮品质最佳；江安黑山羊主产于江安县四面山等地及邻近3县(市)，群体数量1万余只，其中能繁母羊5600只，被毛黑色，以其板皮致密，薄而富弹性著称，为土种长期选育形成的地方品种；美姑巴普山羊产于美姑县巴普一带，育成史短，且群体数量较少，毛色较杂，调查发现其产羔率平均高达250%，经产母羊以产双羔和三羔为主；白玉黑山羊产于白玉县4乡镇及毗邻地区，长期自然选择驯化而成，群体数量13.5万只，其中能繁母羊6万余只，被毛纯黑色、少数为白色额毛，体格较小，属肉毛（绒）兼用型的山谷型藏山羊；南充黑山羊产于南充市嘉陵等3区及邻近地区，自然选育而成，群体数量10.8万只，其中能繁母羊6.3万只，被毛纯黑色，体型较小，适应性较强，繁殖性能较好，生长快，肉质好，羔羊成活率高。

2001年，四川省农区养羊生产蓬勃发展，先后培育出金堂黑山羊、乐至黑山羊、自贡黑山羊等地方优质肉羊品种资源。2004年，南江黄羊高繁品系培育成功并命名，四川山羊品种资源更加丰富，品质显著提高。

第四章 养禽生产

第一节 养禽生产发展状况

1986年，四川省家禽存栏13267.49万只，其中鸡9864.2万只，鸭2631.14万只，鹅772.15万只。

1987年，四川省初步确定68个水禽养殖重点县。1991—1995年期间，中央划拨“议转平”资金扶持规模经营，发展水禽生产重点乡、村（户），健全水禽良繁体系，推广稻鸭共栖、补饲颗粒料、网上平养、肉鸭育肥、预防鸭瘟和小鹅瘟等技术，提高水禽养殖技术水平，乐山市畜牧站完成《大面积推广良种肉鸭配套技术》，重庆市农牧渔业局完成《良种鸭配套增产技术》。初步改变了四川省以稻田放牧为主，出栏以春水鸭和秋水鸭为主的传统养鸭模式，出现了小群多批次放牧养殖模式。

1989年，四川省新津县率先引入法国、朝鲜的良种鹌鹑进行繁殖推广，全县专业养殖户达4500户，全县养殖鹌鹑达169万只。与重庆市一家食品加工企业合资建鹌鹑蛋加工厂，年产量达1200吨，销往省外并出口苏联。新津县被称为“世界鹌鹑大王”和“世界鹌鹑蛋大王”。

1990年，四川省先后完成多项生产技术推广项目：包括“建川杂交鸭养殖技术开发”“鸭、鹅活拔羽绒技术推广”“中型白羽杂交肉鸭及配套技术”等，有力地提高了农户科学养鸭水平，增加了农户养鸭经济效益。

1992年，全省在雅安、宜宾等17个市（地、州）分两批建设父母代种鸡场，并以场带户饲养商品代蛋鸡。

1994年，四川家禽存栏2.4亿只，出栏4.03亿只，其中水禽出栏1.96亿只，占全国水禽出栏总数的1/5，出现了大江科技、天霸养殖、四川农友、内江金鑫、圣迪乐村、大永发、双流县水禽生产经营联合社、四川绵樱鸭业有限公司、成都克里莫育种有限公司等一批民营养禽生产企业。

1997年，四川省畜禽繁育改良总站、重庆市畜牧公司、四川省畜牧兽医研究所等单位先后完成养鸡、养鸭方面的综合配套技术推广项目。

2000年，全省家禽出栏7.4亿只，居全国第4位，其中鸡、鸭、鹅出栏数量分别为3.76亿只、2.83亿只和0.81亿只，鸭和鹅出栏量均居全国第一，分别占全国出栏数的19%和18%。人均占有禽肉、禽蛋量较1990年增长近3倍。

2001年，全省家禽出栏8.1亿只，禽肉产量达125万吨，禽蛋产量达115.2万吨，由于鸡蛋和快大型仔鸭过剩，增长速度放慢，递增率为4%。市场竞争加剧，导致家禽业生产出现集饲料加工、育种繁殖、饲养生产、产品加工和销售服务为一体的龙头企业。

2004年，四川鹅存栏4511万只，出栏数达1.3亿只，出栏百万只以上的县有21个，出现了广安朗德鹅业公司等一批养鹅生产龙头企业。同年，全省出栏鸭3.9亿只，鸭肉产量54.4万吨，水禽出栏和产肉量已占禽肉产量近一半。四川水禽生产主要分布于岷江、长江、沱江、嘉陵江等水网发达地区，其中肉鸭集中产于成都、达州、南充、宜宾、德阳、眉山、绵阳、泸州、乐山等市，养鹅生产主要分布在成都、眉山、绵阳、德阳、达州、南充、资阳、广安等市。全省有广汉、隆昌两个大型禽苗交易市场，年交易量分别为1.5亿只和1.2亿只，多数交易到省外市场。

2005年，四川省畜禽繁育改良总站在双流、南溪、广汉等地实施“四川白鹅反季节繁殖技术研究与示范”项目，采用人工控制温度、光照、饲料、强制换羽等技术措施，打破种鹅繁殖季节性和商品仔鹅生产季节性，更好满足市场需求。

第二节 禽种资源与利用

1986年，四川省畜禽品种资源调查确认地方鸡品种6个，包括彭县黄鸡、峨眉黑鸡、藏鸡、旧院黑鸡、金阳丝毛鸡和米易鸡；地方鸭品种2个，包括建昌鸭和四川麻鸭；地方鹅品种2个，包括四川白鹅和钢鹅。

1987年，四川家禽种禽生产已有一定规模，以国营种畜场生产为主，重要的生产场有成都市种畜场、重庆市种畜场、西昌市种鸭场等，主要生产星杂579、罗斯、京白Ⅲ系、AA肉鸡、红波罗肉鸡、建昌鸭等品种；四川省原种鸡场于同年在成都东郊建成，拥有祖代、父母代鸡场各1个，饲养品种为宝万斯尼拉、海兰灰、罗曼褐等。

1990年，四川省优良配套系蛋（肉）鸡父母代鸡场已有64个，出现了成都华容牧工商联合公司、成都鸿翔、成都雄峰、大江科技等一批现代化种鸡企业，主要生产伊莎、罗曼、罗斯等品种，年供应种雏（蛋）32.2万羽（枚），基本满足商品鸡生产的供种需要。

1992年，中英合资四川绵英种鸭有限公司在绵阳建成，饲养樱桃谷SM21型祖代种鸭、父母代种鸭近4万只，并向省外供种。樱桃谷鸭又称樱桃谷肉鸭，体形硕大，体躯呈长方形，公鸭头大，颈粗短。成年鸭全身羽毛白色，喙橙黄色，胫蹼橘红色。早期生产极为迅速，商品代7周龄体重达3.0—3.3公斤，樱桃谷超级肉鸭（改进型）商品代47日龄活重达3.4公斤，父母代种鸭26周龄开产，40周龄产蛋220枚左右，蛋重80—85克，蛋壳为白色。

1995年，四川省原种水禽场建成，饲养天府肉鸭祖代和父母代5000只，次年引入法国克里莫公司的番鸭配套系4000只。此间，四川山地乌骨鸡原种场在兴文县建成，饲养3个羽系种鸡3000只。

1997年，成都克里莫雄蜂育种有限公司由法国引入四系配套奥白星63型祖代种鸭，生产规模250万只左右。

1999年，四川省开展畜禽品种资源补充调查，确认地方禽品种7个，培育品种（系）2个。其中，兴文乌骨鸡产于兴文县及邻近4个县，长期闭锁繁育而成，群体数量220万只，全身黑羽为主，散放6月龄出栏，笼养4月龄出栏，生长快、产肉多，乌骨乌肉、肉药兼用、鲜嫩味香；沐川乌骨黑鸡产于沐川县23个乡镇，形成已久，群体数量15万只，羽毛黝黑，全身皮肤、肉、骨、内脏乌黑，体重和产蛋量较好；石棉草科鸡产于石棉县草科、田湾及邻近6个乡，群体数量18万只，体型浑圆，体格硕大结实，红色单冠，母鸡羽色有6种之多，觅食力强，贮脂力强，肉质细嫩鲜美，性成熟较晚；泸宁鸡产于冕宁县泸宁、里庄及邻近山丘台阶地，长期选育而成，群体数量6万只。公鸡黄麻色居多，母鸡有4种羽色，多为单冠，体型丰满浑圆，胸、腿肌发达，肉质鲜美，耐粗饲，觅食力和抗病力强；凉山崖鹰鸡产于美姑县、雷波县的苏咯等11个乡镇，封闭选育而成，群体数量50万只，公鸡主羽红色，母鸡以深鹧鸪色居多，多有胫羽，体高而重，肉用性能好，觅食能力强；天府肉鸭属育成配套系，利用引进种和地方良种选育而成，包括父本品系和母本品系各3个，其中父系具有早期生长快、饲料转化率高的特点，母系具有产蛋多的特点，品种已推广到国内的9省、市，在四川的集约化肉鸭市场占绝对地位；南溪白鹅产于南溪县及邻近，长期土种选育而成，群体数量145.3万只，全身羽毛洁白，公鹅体型大，头颈较粗，母鹅头清秀，颈细长，产蛋量高且蛋大，生长速度快，绒羽多；开江白鹅产于开江县的宝塔等6个乡镇及邻近地区，长期选育而成，群体数量6万只，全身白色，体型中等，母鹅头清秀，颈细长，腹部稍下坠，早期生长快，屠宰率高，产蛋量中等，羽绒品质优良；巴巴褐壳蛋鸡属育成配套系，由四川省原种鸡场利用引入祖代配套系鸡种，经回交制种和继代选育而成，四系配套群体有6000只，父母代有4万套，繁殖性能好，商品鸡产蛋量高，耗料和制种成本低，且自别雌雄准确率高。

2001年，四川农业大学利用四川白鹅优良基因，导入朗德鹅血缘，回交育种育成天府肉鹅配套系，包括父系、母系及配套系，拥有35个家系2500只，具有繁殖性能强、商品鹅生长速度快、生产性能优良等特点，已推广到省内和12个省（直辖市），表现出较好杂交效果和适应性、抗病力。

2002年，四川中力家禽育种有限责任公司与四川农业大学合作，引入丽佳肉鸭为素材、回交选育育成金丽肉鸭配套系。育成新品系共四系，组装2个配套组合，核心群数量9740只，全鸭上市体重2公斤左右，瘦肉率高。

2003年，遂宁颐康实业有限公司采用当地土鸡品种进行外观基因纯合及家系选育，育成地方优质型新品系——颐康鸡，群体数量8.6万只，体型中等，公鸡体羽为红色，尾羽黑色，母鸡为黄麻色，均以慢羽为主，销往全国26个省（直辖市）。

2004年，全省有蛋鸡祖代场1个，父母代场79个；肉鸡祖代场2个，父母代场70个；肉鸭祖代场4个，父母代场184个；肉鹅祖代场2个，父母代场142个。全省年产父母代蛋种鸡25万套，商品蛋鸡苗1250万只；父母代肉种鸡150万套，商品肉鸡苗1.2亿只；父母代肉鸭8000组，商品肉鸭苗1.5亿只，家禽良种面已达75.4%。

2005年，四川大恒家禽育种有限公司与四川省畜牧科学研究院合作育成大恒肉鸡品种，包括5个品系，由四川山地乌骨鸡、草科鸡、旧院黑鸡及广东省清远、石歧土鸡等培育而成，群体数量核心群2400只，体重较大，繁育性能良好，适应性和抗逆性、抗病性较强，已推广到全国14个省（直辖市），数量达5000万只。

第五章　养兔生产

第一节　养兔生产发展状况

1986 年，全省兔存栏 1612. 35 万只，出栏量 1719. 73 万只，其中长毛兔存栏 503. 67 万只。

1987 年，全省兔存栏 1242 万只，出栏 2100. 49 万只，兔肉产量 2. 6 万吨，其中冻兔产量 5981 吨。

1990 年，全省兔存栏 1303. 25 万只，出栏 2083. 25 万只，受国际兔毛价格跌落的影响，长毛兔存栏减至 212 万只，产区主要集中在石柱、荥经、苍溪等县。四川农业大学、四川省畜牧兽医研究所等单位，在成都、宜宾、乐山、德阳等地（市）的 20 个县完成“四川商品肉兔配套技术开发”项目，推广加利福尼亚兔、比利时兔和新西兰白兔等品种及综合技术，带动了全省肉兔产业发展。

1991 年，石柱县利用国际农业发展基金项目，大力发展养兔产业，全县存栏长毛兔 151. 3 万只，兔毛产量 515 吨，引入国外设备建成兔毛纺织厂 1 座，加工兔毛纱。同年，四川农业大学畜牧系在安岳县进行“西德长毛兔改良本地长毛兔推广试验”，使长毛兔体重增加，年剪毛量达 400—500 克，毛品质改善，之后在雅安、苍溪、内江、万县、达县等地推广。

1997 年，四川省草原研究所实施“獭兔综合开发利用项目”，通过建立专业种兔场（户）供种，发展商品生产户 1000 余家，再从生产户回收獭兔皮进行加工，制作兔皮产品。

1999 年，仪陇县獭兔存栏和出栏突破 10 万只，养殖獭兔农户 2000 余家，通过实施圈舍改造、品种更新，改善饲养技术，向规模化养殖方向发展。

2000 年，全省年出栏商品肉兔超过 5000 万只，其中优质商品肉兔占四成，兔肉产量达 6. 84 万吨，在乐山、自贡、眉山、成都、宜宾、内江、德阳等地市初步形成肉兔规模化养殖区域，出现了四川哈哥兔业有限公司、四川省天元兔业科技有限责任公司等一批“公司+农户”模式的公司或专业协会。

2001 年，四川省獭兔存栏数量已达 30 余万只，分布在全省 50 多个县，主要产区有仪陇、元坝、南部及简阳、资中等地。

2002 年，四川省双流县三星镇建立养兔协会，联养户达 1500 余户，存栏母兔达 2. 2 万只，采取家兔园林野养方式创立云崖兔品牌。

2003 年，四川省大邑县任旭平将发展 10 余年的养兔协会，创建成四川省旭平兔业有限公司，在部分县、市拥有一批二级商品兔场，年出栏商品兔达 200 多万只，公司本部年出栏 25 万只，年加工兔肉松（干）达 50 吨、冻鲜兔产品 120 吨。

2005 年，全省兔肉产量已达 21. 1 万吨。

第二节 兔种资源与利用

1987 年，四川省畜禽品种资源调查确认地方兔品种 1 个——四川白兔，属皮肉兼用型，主产于成都及邻近地区，分布区域较广，体型小，生长慢，产肉力差，但适应性、抗病力强，成活率较高。

1986—1989 年，四川省外贸公司由西德引入齐卡肉兔曾祖代兔 70 只，此为中国首个引入的配套系；齐卡肉兔属配套系，由德国巨型兔（G）、齐卡新西兰白兔（IV）和德国白兔（Z）3 个品种品系组成。德国巨型兔属大型肉兔品种，体躯大而丰满，成年兔体重 5.5—7.0 公斤，生长发育快，但饲料消耗大，主要用作杂交父本。齐卡新西兰白兔属较大型肉兔，体型呈砖块形，成年体重 5.0 公斤，主要用作父母代系制种的双亲。德国白兔属杂交合成的专门化品系，是中型兔，适应性强，早期生长发育快，繁殖力强，主要用作父母代母系兔的杂交父本，成年体重 3.5—4.0 公斤。三系杂交商品代肉兔 70 日龄体重 2.2 公斤。四川农村普遍采用德国巨型白兔或父母代（GN）公兔作父本，生产商品肉兔。四川省粮油进出口公司和夹江冻兔厂引入加利福尼亚兔、新西兰白兔、丹麦白兔和日本大耳白兔等品种饲养于乐山地区农科所种兔场；美国小母牛协会引入加利福尼亚兔 120 只，新西兰白兔 80 只，赠送给大邑县任旭平等专业户养殖；西德北威州州长赠送力克斯兔和比利时兔各 10 只给叙永县；四川省牧工商公司和四川省出口商品基地公司，引入三批德系安哥拉兔共 600 余只，饲养在雅安、荥经、安岳、阆中和四川省畜牧兽医研究所种兔场，为全省纯繁供应长毛种兔。

1992—1998 年，青川县利用国际农发基金项目由美国引入百余只力克斯兔；四川省草原研究所种兔场由德国引入 55 只力克斯兔；德国艾佰特基金会赠送给四川省畜牧兽医研究所 26 只侏儒型观赏兔，因饲养管理技术问题，未能扩繁成功；四川省草原研究所由国家“948 项目办”支持引入德系獭兔 51 只。

1999 年，四川省畜禽品种资源补充调查确认，雅荥长毛兔属选育品种，产区分布在雅安市的荥经等 6 县，群体数量 35 万只，能繁母兔 7.6 万只，由德系长毛兔扩繁选育而成，头型略长，额毛稀少，体型较大，被毛白色，密度大，成年公、母兔分别达 3.98 公斤和 4.04 公斤，年产毛量 800 克以上，适应性、抗病力强，耐粗饲。同年，四川省畜牧兽医研究所采用德国白兔与四川白兔应用级进杂交、群体继代方法，育成齐兴兔（新品系 A 兔），被毛白色，红眼、生长发育快、易配怀、高产、哺育能力好，成年公、母兔体重分别为 3.6 公斤和 3.5 公斤，拥有核心群和基础群 3285 只。与齐卡父系公兔或德国巨型白兔作两系或三系配套生产商品肉兔，产仔多，早期增重快，产肉性能好，推广到全国 20 余个省市。

2000 年，四川省商品兔饲养管理进一步规范，专业户均采用标准笼位、自动饮水器、悬挂食槽及镀锌冷拉丝笼门等标准化设备，选取良种兔，使用草粉颗粒饲料及种优质牧草进行饲喂，极大地提高了幼兔成活率和商品兔生产性能。同年，四川省草原研究所引入美系和德系獭兔、杂交育成四川白獭兔品种，被毛白色、浓密、平整，头型中等，生长速度快，繁殖性能强，毛皮质量好，成年公、母兔体重 3.5 公斤以上，商品兔 5 月龄体重 2.75 公斤以上，绒毛丰厚、无旋毛或突出针毛。此间，四川省獭兔原种场建成，拥有标准笼位 7200 个，共有被色和品系 7 个，基础母兔 500 余只，年供种兔 5000 只，与各地合作建成二级场 13 个，基础母兔 3500 只。

2003年，随着四川省兔业生产发展，一批专业养殖企业应运而生，由四川省畜牧科学研究院种兔场改制而成四川齐卡兔业有限公司种兔场，拥有齐卡配套兔、哈白兔、美系獭兔、加利福尼亚兔等13个品种，先后向国内20个省市推广种兔40余万只；四川省旭平兔业有限责任公司饲养优良品种7个，基础母兔2800只，累计出售种兔和商品兔80余万只，远销至朝鲜、泰国等地。

2005年，浙江省民营企业在成都建立欣欣兔业有限公司饲养巨高毛兔、美系獭兔、齐卡兔及新西兰肉兔等品种，基础母兔3800只，并在广元市苍溪县建肉兔种兔场，基础母兔达2000只。此外，尚有四川农业大学种兔场、井研旭升种兔场等，生产优良种兔，供应生产。

第六章　养蜂生产

第一节　养蜂生产发展状况

20世纪80年代中期，四川省养蜂生产多为副业或兼业，饲养规模小，成本低，收入少，养蜂区域主要分布在盆周山区和丘陵山区，户养10—50箱，平均每群收入在50—100元间。

1986年，四川省根据农牧渔业部颁布的《养蜂管理暂行规定》，制发了《四川省蜜蜂运输服务管理办法》和《关于加强蜜蜂检疫工作的通知》等相关文件，进一步规范四川省养蜂生产。同年，四川省养蜂管理站主持的四川蜜源植物资源调查表明：全省蜜源植物共有250余种，面积达450万公顷，盆地丘陵地区有豆类作物、油菜、玉米、棉花、油桐、柑橘等；成都平原及各大江河沿岸有油菜、兰花苕子、紫云英、蚕豆等，尤以成都平原之油菜，面积大、泌蜜多著名；西部高原、山地和大凉山一带有荞麦、野坝子瑞苓草等。蜜源丰富，除满足本省蜜蜂放养外，每年吸引外省约50万群放养。成都市双流县建成蜂业生产基地，生产优质蜂蜜和蜂王浆，对外出口。

1989年，四川省饲养蜂群109万群，年产蜂蜜1.8万吨，蜂王浆100吨，全省蜂业产值超过亿元大关。同年，四川省养蜂管理站完成引种王浆蜂王种，在7个县、市开展定地和大、小转地产浆试验成功并推广，王浆、蜂蜜、花粉均增产，早春繁殖力提高。

1990年，四川省养蜂管理站在眉山县开展“蜂王浆优质高产技术推广”，主要推广意本杂交种8000群，创利100万元。

1991年，成都、德阳、眉山等地蜂产品集散市场形成，华西养蜂开发部、眉山养蜂服务部、成都市蜂业公司等流通服务组织应运而生，四川乐山天然营养针剂厂、四川省养蜂学会实验蜂厂、资阳蜂药蜂具厂、川长福中港合资蜂花粉开发公司等蜂产品加工企业兴起，生产产品包括蜜啤酒、蜂蜜格瓦斯、王浆酒、花粉蜜、蜂蜜酒、王浆制剂及化妆品等。同年，四川省养蜂管理站依据四川盆地蜜源集中、蜂群密度大和生产上转地的实际，提出四川共有川南、川西、川北、川东及甘孜、阿坝、凉山等5条境内转地放蜂路线和6条出川转地放蜂路线，并指明了当地主要蜜源。“养蜂综合高产技术”“蜂王浆优质高产配套技术”“多箱体取成熟蜜”等先进养蜂技术在全省主要养蜂大县推广，蜂产品增产明显。

1992年，四川省畜牧兽医研究所经多年研究创造早春快速养殖法，采用“两密两稀”的技术管理方法，饲养中补充蛋白质饲料和巢内保温等措施，提高产量。四川农业大学研究提高中蜂生产力，年产蜂蜜提高10倍以上，获国家两项专利，并推广到全国和东南亚国家。

1995年，四川省（含重庆市）饲养蜂群135万群，生产蜂蜜达1.89万吨。

1996年，四川省（不含重庆市）饲养蜂群90万群，生产蜂蜜1.9万吨，蜂王浆484吨，花粉

1020吨。

1997年，全省饲养蜂群93万群，生产蜂蜜1.99万吨，蜂王浆400吨，花粉700吨。

1998年，四川蜂产品出口创汇达2000多万美元。

1999年，《蜜浆双高产技术》在双流、彭州、眉山、崇州等地推广，平均箱单产蜂蜜提高30公斤，蜂王浆提高0.5公斤，四县新增产值910.5万元。

2000年前后，四川省蜂产业进一步拓展，广汉制药厂、乐山天然营养剂厂、成都市蜂产品公司、眉山县蜂业联营公司、德阳市蜂产品加工厂等蜂产品加工厂家，生产口服液、蜂王浆冻干粉、口服胶囊出口到日本、东南亚各国；大邑晋原、成都永丰堂、内江杨氏蜜蜂园、成都健生堂等蜂产品生产企业，生产的特种蜜、高原蜜、药物蜜等产品批量进入超市；四川青神机械厂、四川养蜂学会蜂具厂、成都金牛巢础厂、资阳蜂具蜂药厂等蜂具企业蓬勃发展，生产中蜂标准箱、摇蜜机、蜂箱、巢框、隔篱、花粉收集器等各种蜂具，并销售至国内数省及东南亚国家。

2001年，四川省饲养蜂群96万群，生产蜂蜜3万吨，蜂王浆440吨，蜂花粉750吨，产值达2.4亿元。

2002年，全省养蜂104万群，占到全国蜂群14.5%，生产蜂蜜3.4万吨，蜂王浆450吨，蜂花粉780吨，饲养单群蜂年纯收入达450万元。

2003年，四川省养蜂管理站更名为四川省蜂业管理站，并增设“四川省蜂产品质量检验中心”。同年，实施蜂产品优质高产项目，进行改盲目追花夺蜜为有计划转地放蜂、改南繁为就地越冬繁殖、改喂一种饲料为两种饲料喂养、改卧式蜂箱为标准继箱养蜂、改劣种旧法为良种良法养蜂等“五项改革”，4年新增产蜂蜜7700余吨，蜂花粉83吨，蜂王浆186吨。

2004年，四川省蜂业管理站在邛崃、绵竹等9市（县、区）完成蜂产品优质高产配套技术推广项目，采用引入良种蜂、冬春快速繁殖技术、中蜂科学饲养、蜜浆优高技术、病虫害防治等技术，年推广蜂群9.3万群，累计24.5万群，经济效益达4000余万元。此间，天龙实业、高水天微、长寿宝等公司高科技蜂产品加工企业出现，主要生产保健品和美容化妆品原料等；成都冯氏蜂产品有限公司按照GMP（药品生产质量管理规范）制药企业要求建成蜂产品加工车间，顺利通过无公害、绿色、有机食品认证。

2005年，四川省饲养蜂群115万群，其中中蜂35万群、西蜂80万群，占全国蜂群数量16.9%，年生产蜂蜜3.7万吨，蜂王浆480吨，蜂花粉850吨，蜂业产值（按流通收购价计）3.35亿元。眉山市东坡区位列全国养蜂大县第2位，饲养蜜蜂13.36万群，蜂业产值达8300万元。南宝蜂产品有限公司年出口蜂蜜1万吨，鲜蜂王浆100吨以上，成为四川省出口龙头企业之一。四川省饲养西方蜜蜂多为专业户，采用大转地生产方式，户饲养规模在100—200群，产品以蜂王浆为主，企业和农户均按无公害蜂产品标准生产，一些地方出现“公司+农户”运行机制。

第二节　蜂种资源与利用

1987年，全省种蜂生产主要依靠成都市蜜蜂原种场和彭水县种蜂场等国营蜂场，饲养、推广品种为意大利蜂。

1988年，四川省养蜂管理站引入10只高产浆王种蜂，在不同地域进行引种试验、获王浆高产技术经验后，大规模引入种蜂200余只，分在成都、乐山、绵阳、德阳、万县、内江等地的部分县推广，平均单个浆框一次取浆王达50—80克。

1991年，四川省养蜂学会、四川省养蜂管理站调查表明，西方蜜蜂（简称西蜂）自20世纪30年代开始引入四川，引入品种有意大利蜂、卡尼拉鄂蜂、美国的意大利蜂黄金种、喀蜂等，生产中使用品种以意大利蜂为主。意大利蜂主要分布在四川省平原和丘陵地区，性情温驯，蜂王产卵量高，工蜂育虫力强，分群性弱，易成大群，工作勤奋，采集力强，产蜡多，造脾快，保卫和清巢力强，宜于企业化养蜂，但有盗性强、越冬性和定向力差、飞行欠灵活等缺点。

四川省蜂种资源丰富，在四川西北部九环线内和凉山、攀枝花大山区内发现中蜂的优良品种主要有3个：大蜜蜂（又名喜马排蜂、俗名岩蜂），分布在凉山州金阳一带，筑巢于高海拔的岩隙，工蜂色黑、单脾、脾上部贮量达50公斤，中下部抚育后代，护巢性强；小蜜蜂分布在凉山、攀枝花一带，栖于海拔1900米之下的灌木杂草丛中，体小、巢脾小，上部为蜜分房，下部为卵虫房，护脾力强；阿坝中蜂已具有西方蜂种的特点，分布在大渡河流域的甘孜、阿坝地区及邛崃山区，认巢能力和抗病力强，性情温驯，能利用大宗蜜源，饲养管理操作方便，为中国蜂种资源宝贵素材。

第七章 养马（驴、骡）生产

第一节 养马（驴、骡）生产发展状况

1986年，四川饲养马属动物50万匹，其中马44万匹、驴2万头、骡4万匹。主要分布在高原牧区及部分山区，用作骑乘或驮挽之用。随着农村（牧区）经济体制改革，自留畜养殖政策放宽及牧区实行草场公有、牲畜私有的政策，调动了农（牧）民养马（驴、骡）的积极性，生产逐年有所发展。

1988年，四川开展马的多种经济用途试验开发，西南民族学院畜牧系进行了马肉和马皮开发新产品的研究，试制出马肉罐头、马皮茄克等，但未能形成规模生产投入市场。同时，又进行《安宁果下马特性及利用途径》的研究，在越西县建立矮马（体高100厘米以下）保种选育场，为儿童玩耍、竞赛观赏、实验等提供新产品，但未能成功推广到生产中。

1990年，四川养马51.9万匹，驴5.6万头，骡3.7万匹。随着四川公路建设发展，马匹作为运输工具逐渐被汽车、拖拉机替代，市场需求锐减，生产发展减缓。

1996年，全省养马61万匹，驴6万头，骡4万匹。此时，由于二滩电站工程建设需要，能驮运砂石、水泥、铁件穿越山林的马帮兴起，其骡子驮力大，驮重达150—200公斤，耐力强善走陡峭山路、成本低，除了在省内驮运建材、土特产之外，更远赴广东、福建、上海、甘肃、贵州等省市运送工程材料。

2005年，四川省马存栏88万匹，出栏2.3万匹；驴存栏8.76万头，出栏5507匹；骡存栏9.6万匹，出栏7149匹。

第二节 马（驴、骡）种资源与利用

1987年，四川省畜禽品种资源调查，确认地方马（驴、骡）品种4个，其中马3个，驴1个。其中，藏马（又名西康马），主要分布在甘孜州11个县和阿坝州9个县，体格大小各异，适应高原和高山地区，艰苦耐劳，持久力强，用途以乘驮为主；建昌马，分布在凉山州14个县及雅安地区2个县、攀枝花市1个县，体格短小精悍，机敏灵活，善爬山涉水、耐粗饲、适应性强、驮用性能好，被毛细短、皮肤薄；河曲马（又名唐克马），产于甘肃、青海、四川三省交界之黄河第一弯曲草地，四川产属一个分支，分布在阿坝州若尔盖县、阿坝县及相邻地区，是中国著名优良地方品种，体格高大，体质结实，胸部宽深，挽乘兼用，持久力、适应性强，耐粗饲，耐寒抗暑，特别适应高

寒地区；川驴，分布在四川西部地区，集中产区在巴塘、阿坝、会理等县，体小精悍，体质粗糙结实，性温驯，易管理，食量小，消化力强，耐粗饲，适应性好，用途广。

20世纪80年代，四川省停止了建昌马的杂交改良，引入的苏联优良马品种在西昌地区逐渐消失。高原地区的军马场移交地方，经营方向改作生产当地牦牛、绵羊品种。地方马品种选育仅在河曲马品种中进行，按照保种条例、选育方案及综合鉴定标准在四川省白河牧场和龙日种畜场开展。

1992年，四川农业大学董为德教授与凉山州畜牧局合作，调查测定建昌马产区马匹，制定出《建昌马标准》，并在凉山州和雅安地区推广。

1999年，四川省畜禽品种资源补充调查，确认地方马（驴、骡）品种3个，其中马1个，驴2个。麦洼马，分布在红原县色地、麦洼等4个乡镇，群体数量1.3万匹，能繁母马2900匹，毛色以青、粟色为主，体质结实，结构紧凑匀称，四肢较短而粗，腹围稍大，多复尻，耐粗放，适应性强，体高优于藏马和建昌马，不如河曲马，但体躯粗壮，肌肉发达，屠宰率高；阿坝驴，分布在阿坝县12个乡场，群体数量3400匹，能繁母驴1300匹。毛色以灰色为主，具有深色背线，鹰膀和虎斑，体质结实，耐粗饲，耐寒抗病，役用性能好，适应性较强，性情温驯，易于饲养管理；会理驴，分布在会理及邻县，群体数量3.1万匹，能繁母驴1.3万头，被毛以灰毛为主，粗糙结实，背腰平直，多斜尻，胸窄但较深，皮肤富弹性，毛被厚密，蹄质结实，体小精悍，体质粗糙结实，性温驯，易管理，食量小，繁殖力强，适应性良好。

2000年，四川出现迎合市场需求的马术运动，除少数民族节日搞赛马、马术表演外，成都、乐山等地已有马术俱乐部成立，其中，成都市西郊的和境、豪威马术俱乐部，引入澳大利亚、美国、英国等国的温血乘马，开展各类马术活动。

第八章 养犬生产

1986年，四川养犬主要用于农村看家护院，牧区防狼护羊或牧羊，肉犬和观赏犬较少。

20世纪80年代，受狂犬病疫情等因素影响，四川养犬生产波动起伏较大，据不完全统计，1985—1989年，全省年养犬数量分别为699万只、499万只、435万只和619万只、581万只。其中1987年四川发生大面积狂犬病流行，波及124个县，严重危害养犬生产。

1988年，成都、德阳等地开始出现养犬专业户，规模达数十只以上，主要品种为狮子犬、狼犬等观赏犬。

1991年，四川养犬种类逐渐增多，以中国狮子犬、哈巴犬、波皮犬等观赏犬为主，试验用犬、军警特种犬和肉用犬较少。四川生产经营的肉用犬多为淘汰的地方犬或杂交犬，经营者逢赶场或入户收购，犬肉以冬春消费为主。

2000年，随着人民生活水平的提高，饲养宠物犬成为城市居民重要的休闲娱乐活动，城市出现长年规模化的犬市，带动宠物医院、美容院以及宠物食品用具店等相关产业的发展。四川养殖玩赏犬品种增加，主要有吉娃娃犬、博美犬、蝴蝶犬、北京犬、西施犬和拉萨犬等，同时由国外、省外引入德国狼犬、贵宾犬、波皮犬等优良犬种。分布在四川甘孜、阿坝两州的藏獒，因其雄壮、粗犷、勇猛、忠于主人的特性，深受养殖者的喜爱，优良者高达数十万元1只。体小、活泼的贵宾犬因深受妇女、儿童的喜爱，成为城市养犬的主要品种之一。

2005年，中心城市随着居民增加，养犬数量也有所增多，据成都市统计，养犬数量超过50万只。

第二篇　草原保护建设与监管

四川省是草原资源大省，草原总面积3.13亿亩，其中可利用草原面积为2.65亿亩。天然草原2.45亿亩，集中分布在甘孜、阿坝、凉山3州，占全省草原面积的78.2%，系全国第五大牧区之一，习惯称为“川西北牧区”。牧区位于长江、黄河上游及其主要干流的源头，有流域面积100平方公里以上的河流760多条，平均总径流量分别占长江上游径流量的46.8%和黄河径流量的8.21%，是中华“水塔”的重要组成部分。草原是牧区绿色植被生态环境中最大的生态系统，发挥着涵养水源、保持水土等重要生态功能，是长江、黄河上游重要的生态屏障，在全国具有十分重要的生态战略地位。牧区海拔较高，地域辽阔，生物资源丰富，草地类型多样，是四川省草地畜牧业的重要基地，牦牛存栏量占全国的1/3，世界的1/4。在盆周山区及内地，还有6800多万亩零星草地（草山、草坡）分布。

1985—2005年20年间，全省草原保护建设与监管呈现出监督管理不断规范，草原保护建设不断加强，生态监测不断完善的特点。一是草原监督管理不断规范。1985—2005年，全省草原法律法规体系逐步完备，草原监理体系逐步完善，草原监督管理不断规范化、法制化。1985年，四川省制定《四川省〈中华人民共和国草原法〉实施细则（试行草案）》，把草场利用管理纳入法制轨道。1987年，甘孜州石渠县成立草原监理所，是四川省建立的第一个草原监理机构。1990年，《四川省〈中华人民共和国草原法〉实施细则》出台，牧区推行草地经营承包责任制，颁发草地使用证，运用法律、经济、行政手段，加强草原综合管理。1995年，《四川省草原承包办法》经省政府第43次常务会议通过，以省政府令第70号发布实施，2002年，省政府第86次会议再次予以修正。1994年，甘孜州草原监理站成立，与甘孜州草原工作站合署办公。1995年，凉山州草原监理站成立，与凉山州草原工作站合署办公。2001年，四川省草原监理站建立，负责全省草原建设项目的监督管理、草原环境生态监测、草原违法行为处置等。2003年，阿坝州草原监理站成立，与阿坝州草原站合署办公。1985—2005年间全省共建成草原监理站（所、股）44个，专（兼）职人员331人，草原监理体系逐步完善。2002年，《四川省草种管理办法》经省政府第78次常务会议通过，以省政府令第160号公布。2005年《四川省〈中华人民共和国草原法〉实施办法》经省人大常委会第17次会议通过。二是草原保护建设不断加强。1986年前后，四川牧区采用施肥、灌水、封育、补播等技术措施改良草地提高产草量。盆周山区加快草食家畜发展，推行人工种草、粮草轮作，扩大种草面积。1994年，在10个纯牧区县正式启动“人草畜”三配套建设。之后，进行“人草畜”三配套升级深化建设，共建“三配套”户8.17万户。为适应人工种草需要，牧草种子生产基地开始在阿坝、凉山及部分农区建立。1999—2002年，在畜牧科技助农增收行动中，实施种草养畜调结构项目，累计改良草地、人工种草、飞播牧草386.44万亩。2000—2002年，国家先后在22个县（区）实施国家天然草原植被恢复与建设工程，累计治理草原236.4万亩。2000年以来，农业部先后投资在四川建立川草1、2号老芒麦、红豆草、披碱草、黑麦草、高羊茅、鸭茅等国家级优良牧草种子繁殖基地，总面积达6万亩。同时，建设牧草种子收贮、加工等配套设施、设备，提高了种子生产能力和质量。2003—2005年，国家先后在18个牧区重点县实施国家天然草原退牧还草工程，累计完成禁牧、休牧草地围栏建设3840万亩。三是草原生态监测不断完善。1987年，四川省畜牧局主持完成四川草地资源调查研究工作。据调查，全省（含重庆市）草地毛面积3.38亿亩，可利用面积2.94亿亩。全国18种草地类中，四川省占11种，包括35组，126个型。四川草地划分为5个草地区和16个草地亚区，5个草地区分别是：川西北高原高寒草甸草地区、川西南山地草甸和灌丛草地区、四川盆地边缘山地灌草丛草地区、四川盆地灌草丛和农隙地草地区、川西高山山系高寒草甸草地区。1992年，甘孜州康定县在塔公区建成草原资源监测地面资料观测点，由省、州、县共同负责观测工作，取得样区的气候、土壤、植物、动物等方面资料，为遥感技术监测草原资源提供科学数据。1994年，甘孜州草原站设立鼠虫测报站，阿坝州若尔盖县设置鼠虫预测预报站，开展鼠虫测报专项工作。1997年，重庆划为直辖市后，四川省仍是全国五大牧区之一，草地总面积3.13亿亩，其中川西北草原面积2.45亿亩，盆周山地及盆中农隙、疏林草地面积6800万亩，全省可利用草地面积2.65亿亩。2001年，经农业部批准，建成“四川省草原动态监测站”，挂靠四川省草原工作总站负责全省草原资源与生态的动态监测工作，同时建成石渠、康定、红原、松潘、布拖5个国家级固定监测点。2003年，成立由中国科学院、四川省资源研究所等单位专家参加的四川省草原资源与生态动态监测专家组。1985—2005年，全省草原生态环境“局部改善，总体恶化”的趋势尚未得到根本遏制。草原退化、沙化、板结化、水土流失严重。草原鼠虫草害危害严重。天然草原超载过牧问题十分突出。据2005年四川省草原资源与生态监测报告显示，全省鼠虫害危害面积5557.15万亩、草原毒害草面积5711.88万亩、沙化草原面积306万亩。全省实际载畜量10668.65万羊单位，平均超载14.04%；其中三州实际载畜量4435.17万羊单位，平均超载49.83%。与1985年比，天然草原鲜草可食产量平均减少27.51公斤/亩，下降幅度9.33%；天然草原植被高度平均下降17.13厘米，降低36.29%；天然草原植被盖度平均上升3.83个百分点；天然草地载畜能力减少357.8万羊单位，减少9.56%。

第一章　草地资源与监测

第一节　天然草地资源

一、草地资源调查与区划

1987 年，四川省畜牧局主持完成四川草地资源调查研究工作。14 个单位的 233 名科技人员参加，共举办培训班 68 期，受训人员达 2250 人，内外业工作人员达 4000 人（次）；调查样地、样方 3.4 万余个；采集植物样本 11 万份，鉴定植物共 184 科、1144 属、3627 种；分析单株牧草样品 415 份，草群混合样品 120 份。完成《四川草地资源》专著，同时完成《四川省天然草地类型图》《四川省牲畜密度图》《四川省牲畜结构图》《四川省天然草地资源调查统计册》《四川省天然草地植物名录及营养成分》等 6 部图册。全省草地资源调查区划中，将四川草地划分为 5 个草地区和 16 个草地亚区，5 个草地区分别是：川西北高原高寒草甸草地区、川西南山地草甸和灌丛草地区、四川盆地边缘山地灌草丛草地区、四川盆地灌草丛和农隙地草地区、川西高山山系高寒草甸草地区。

1995 年，中国自然资源丛书编撰委员会与相关部门、科研院校合作，完成出版《中国自然资源四川卷》，把四川省的 218 个县划分为 8 个自然资源综合区。按照草地资源状况，划分为 4 个区域，包括川西北高原牧区、川西南山地区、盆周山区、川中丘陵区，前三区分别占有草场 2.05 亿亩、4000 多万亩和 1800 万亩。

1997 年，重庆被社为中央直辖市后，四川省仍是全国五大牧区之一，草地总面积 3.13 亿亩，其中川西北草原面积 2.45 亿亩，盆周山地及盆中农隙、疏林草地面积 6800 万亩，全省可利用草地面积 2.65 亿亩。

2001 年，四川省天然草地退化现状调查结果表明，草地受到干旱气候、超量伐林、鼠虫危害、垦植和挖掘野生资源、冬春草场严重超载过牧等多种因素影响，草地退化严重，川西北高原“三化”草地面积达 1.5 亿亩，包括鼠虫害草地、鼠荒地、沙化草地及退化草地等。

2002 年，四川省进行零星草地面积调查，据 19 个市（州）不完全统计，面积在 300 亩以下的零星草地有 5392 块，总面积 127 万亩；面积在 10 万亩以上的草地，主要分布在甘孜、阿坝、宜宾、乐山、绵阳等市（州）。

二、天然草地类型与植物资源

1987 年，四川草地资源调查结果表明，全国 18 种草地类中，四川省占 11 种，包括 35 组，126 个型。11 个种类分别是：高寒草甸草地类、高寒沼泽草地类、高寒灌丛草甸草地类、亚高山疏林草甸草地类、山地草甸草地类、山地疏林草丛草地类、山地灌木草丛草地类、山地草丛草地类、干旱河谷灌木草丛草地类、干热稀树草丛草地类、农隙地草地类。天然草地主要植物类群以禾本科牧草为主，豆科牧草次之；全省共有可利用饲用植物 102 科、422 属、1315 种，包括引进各类饲用植物有 16 科、49 属、98 种、232 个品种。

1994 年前后，四川省经国家农业部门审核批准新引进重要饲用植物种（品种）8 个。

1996 年，四川省按照农业部要求，开展三州主要牧草病害、有毒有害草种类分布及危害调查，草地有毒有害植物达 109 种，包括 28 科、58 属；主要有紫茎泽兰、一枝黄花、狼毒、黄花棘豆、毛莨、乌头、马先蒿、唐松草等；集中发生面积 1168.9 万亩，急需防除面积 762 万亩。

1997 年，甘孜州开展天然草地毒杂草分布、蔓延情况调查，汇编成《甘孜州主要毒杂草名录》，采集毒杂草植物标本 75 种、375 份。

2004 年，在川西北高寒牧区调查研究发现，主栽豆科牧草缺乏，天然草地豆科牧草虽有 17 属 80 余种，但在草地植物群落中所占比重仅为 3%—5%，且相当一部分还属有毒有害植物；调查中发现康定白三叶野生种有望培育成适栽品种。生产上推广以温带禾本科牧草为主，如川草 1、2 号老芒麦、康巴垂穗披碱草、无芒雀麦、中华羊茅、早熟禾等。

第二节　人工草地资源

一、牧草品种资源

1986 年，教授杜逸、周寿荣主持，四川省草原研究所、四川农业大学、四川省畜牧兽医研究所共同承担，四川省草原工作总站、西南民族学院、四川省养猪研究所、中国科学院成都生物研究所、凉山州及甘孜州畜牧兽医研究所、阿坝州草原工作站参加，收集 277 份品种材料，研究整理出16 科、49 属、98 种、232 个品种完成《四川牧草、饲料作物品种资源名录》（以下简称《名录》），《名录》分别记载品种的原名、品种名、品种来源、性状和适应区域、饲用价值、利用方式、栽培技术要点等内容，并根据四川省气候、生态环境特点，把四川省划成西部高原山地气候区和东部盆地副热带湿润气候区两大区域。

四川省栽培牧草品种资源情况如下。

（一）禾本科牧草类（共 18 属）

生产利用较多的雀麦属无芒雀麦、扁穗雀麦、多节雀麦；披碱草属的老芒麦、重穗披碱草；羊茅属的羊茅、紫羊茅、中华羊茅、苇状羊茅、牛尾草；早熟禾属的早熟禾、扁穗早熟禾、硬质早熟禾；黑麦草属的多年生黑麦草、多花黑麦草、杂种黑麦草；鸭茅属的鸡脚草、庐山鸭茅、康定鸭茅、二郎山鸭茅；燕麦属的红试 1、2 号燕麦、普格莜麦、松潘和木里野燕麦；虉草属的球茎草芦、草芦、热曲草芦；冰草属的沙生冰草；黍属的野粟子；高粱属的苏丹草；牛鞭草属的扁穗牛鞭草、雅安牛鞭草；狼尾草属的象草、隐狼尾草；雀稗属的两耳草、双穗雀稗；狗牙根属的岸杂 1 号；类蜀黍属的大刍草；稗属的无芒稗、毛稗等。

（二）豆科牧草类（共 5 属）

生产利用较多的有三叶草属的康定白三叶、巫山白三叶、巫溪红三叶；苜蓿属的紫花苜蓿、刺荚苜蓿；红豆草属的普通红豆草；草木樨属的康定白花草木樨；黄芪属的鹰咀紫云英；大翼豆属的大翼豆。

2000—2002 年，四川省草原工作总站主持，开展了广泛收集和保存四川省牧草种质资源的工作，并将合格种子入库。其中四川省畜牧科学研究院、四川省阳平种牛场收集入库 28 份。四川省草原工作总站收集地方种、栽培种及引进种共 99 份。经四川省牧草种子质量监测检验站测定，达到收集标准的有 82 份，经全国牧草种质资源保存利用中心测定，符合种子入库条件的有 32 份。

2003 年，四川省在洪雅县建成牧草种质资源圃 70 亩，包括无性材料保存区、牧草试验区、保种区、提纯复壮繁殖区等。开展无性繁殖草种资源调查，收集田间无性繁殖和有性繁殖种质材料共 800 份。同年，四川省开展农闲田种草情况调查，主要种植的牧草品种有一年生黑麦草、光叶紫花苕、紫云英、紫花苜蓿、燕麦、苏丹草、籽粒苋、饲用玉米、箭舌豌豆、小米草、苦荬菜、毛苕子、白三叶、红三叶、冬牧 70 黑麦等。

2005 年，四川省负责西南片区牧草种质资源收集，累计收集牧草种质资源材料 500 份，达到农艺性状评审标准上交入库的有 260 份。同时，四川长江草业研究中心的种质资源圃收集和田间保存无性繁殖材料 150 份、有性种质材料 600 余份。

二、人工草地资源

20 世纪 80 年代初，四川农业大学教授周寿荣在《川西北草地改良与利用》一书中指出：分布于三州的冲积平原、河岸阶地、谷地及盆地等湿度中等的亚高山平坝草甸草地是牧区的优良冬牧场和割草场。这类草地总面积约 3800 多万亩，占三州可利用草地面积的 15% 左右，其土层深厚、地势平坦，是牧区人工种草的理想场所。

2000 年，四川省人工草地资源除分布在三州牧区、半农半牧区外，农区利用农闲地、坡耕地、轮歇地、草山草坡人工种草 630 万亩。

2003 年，据农闲田种草调查，四川省农闲田可利用面积 1800 余万亩，主要包括冬闲田、夏秋闲田、果园绿地、四边地等；已利用种植面积 1135. 8 万亩，主要种植牧草品种有一年生黑麦草、光叶紫花苕、燕麦、紫云英、苏丹草、籽粒苋等，不仅为畜牧业提供优质青绿饲草，还加工成干草或草粉、牧草颗粒等。至 2005 年，四川省常用种植饲草种类达 46 种，其中豆科类作物 16 种，禾本科类作物 17 种，其他科类作物 13 种。

第二章　草原保护建设

第一节　天然草地保护

一、灭鼠治虫

1986年前，四川省在高寒牧区开展了鼠虫害初步调查，并进行生物技术防治鼠虫害、鼠虫害测报和鼠荒地治理试验。据甘孜州石渠县调查，全县鼠虫害草场面积达1176万亩，鼠虫害种类有高原鼠兔、喜马拉雅旱獭、高原鼢鼠、青海田鼠和草原红头毛虫等。

1988年，由四川省草原研究所和四川省草原工作总站主持，甘孜、阿坝、凉山3州草原站和13个县畜牧（农业）局参加，共同完成“川西北草地鼠害调查”，在四川省首次查清了川西北草地鼠害种类、分布面积、危害程度及天敌资源等，并进行了标本收集、图表绘制，提出了防治规划和技术措施。

1990年，四川大学草原鼠虫病害生物防治国家专业实验室，与意大利合作开展“草原生物防治工程”项目，在四川、青海草原推广应用草原毛虫核型多角体病毒杀虫剂400多万亩；在川西北草原推广应用A-肉毒梭菌毒素杀鼠剂300万亩以上；在四川、青海、内蒙古、宁夏等地大面积试验细菌灭蝗剂。1990—1996年，全省累计完成灭虫治鼠3700万亩。

1991—1995年，中央和省、州三级财政共投资725万元，按照“统一规划，突出重点，集中成片，综合治理，注重效益，灭治一片，巩固一片”的原则，开展灭鼠治虫，完成草地灭鼠治虫1655万亩，其中灭鼠1400万亩，治虫255万亩。为加强资金管理，制定出台《四川省草地灭鼠治虫补助资金管理办法》。草地灭鼠治虫工作做到了任务、资金、人员三到位，专款专用，层层签订合同，必要物资统筹，科学分配防治任务，降低了防治成本。据调查表明：鼠虫害面积甘孜州最大，阿坝州次之，主要分布在石渠、色达、德格、甘孜及阿坝、若尔盖、红原等7县，按照受害程度划分出重点防治、全面防治、控制性防治及暂缓防治等四区，确定了以生物防治为主的综合防治技术，在鼠荒地灭鼠后，实施补播、封育、施肥等技术措施，进行植被恢复。甘孜州利用当地红豆草资源，作药物载体，制饵粒灭鼠，灭效高于大麦和小麦。

1997年，在对外经济贸易部国际合作司等单位支持下，四川省草原工作总站与州、县草原站合作完成中德扶贫项目石渠县草地鼠害治理工程（I），收到良好效果。1997—2000年，四川省每年完成草地灭鼠治虫360—500万亩。

2001—2005年，四川省按照“分类指导、突出重点、集中成片、综合治理、注重效益”和“无鼠害建设与重点治理并举，灾害防治与草场建设相结合”两大原则，每年完成草原治虫灭鼠

650—850 万亩。2001 年，防治重点主要在石渠、德格、若尔盖等 3 个鼠虫重灾县及康定、道孚、炉霍、甘孜、红原、松潘、木里、盐源等 8 个无鼠害建设示范县。

2002 年，乡城、稻城、理塘等 3 县纳入了无鼠害建设示范县。此间，全省进行了草原毒鼠强药物专项整治工作和新型化学农药、生物灭鼠治虫药剂的筛选试验，C 型肉毒杀鼠剂、杀鼠灵、敌鼠钠盐水剂等确定为四川省常用杀鼠剂，经检验确定为安全有效。同年 7 月，按照中共四川省委“建设西部经济强省，构建长江上游绿色生态屏障”的要求，《中美草地生态与管理高级讲座》在成都举办，进行了草地畜牧业系统经济学、草地资源与生态保护治理模式以及四川主要牧草丰产栽培技术、鸭茅和白三叶草在亚热带地区的作用等 8 大专题的讲座。

2003 年，开展鼠荒地治理，重点治理区包括色达、德格、白玉、若尔盖、壤塘、阿坝等 6 县。同年，完成草地虫害情况调查，并针对危害状况提出了防治指标。其中，草原毛虫危害面积553. 5 万亩，主要受害地分布于甘孜、阿坝两州的 12 个县；蝗虫危害面积 594. 5 万亩，主要危害地在甘孜、阿坝、凉山 3 州的 11 个县。

2004 年，四川省 3 州共有 28 个县发生大面积虫害，受害面积达 1701 万亩，其中严重危害面积 423. 93 万亩。

2005 年，四川省在 3 州累计有 14 个县完成无鼠害示范区建设，4 个县在建设之中。此间，色达、阿坝两县结合退牧还草、鼠荒地及鼠虫害治理，开展高寒牧区科技示范园区项目建设，建立科技示范户，推广牧区实用先进技术。

二、毒害草防治

2000 年调查，四川省三州草地有毒有害植物主要分布在退化的高寒草甸和山地草丛中，主要有大戟、瑞香狼毒、醉马草、毒芹、翠雀、毛茛、茛菪、马桑、问荆、乌头、一枝黄花、天葵、马先蒿、打破碗碗花、白屈草等，多为伴生种，局部地段呈建群种分布，牲畜不慎采食将导致中毒，甚至死亡。基于环境保护和投资考虑，牧区草地毒杂草一般未进行化学灭除，个别牧户采取人工挖除。1998 年以来，四川省草原研究所研究提出采用低残毒选择性除草剂 2. 4-D 丁酯灭除草地双子叶毒草，灭效达 85% 以上。

紫茎泽兰是四川省草地和农田成片危害最严重的有毒有害植物，自云南省传入，沿公路、河流向东、向北传播，传播速度达每年 20—30 公里，入侵后造成牧草消失，牲畜采食困难、发病，粮食减产，林木减产。1995 年，凉山州的西昌、德昌等 5 县发现其危害，组织专业队和群众防除 46 万亩；1996 年已传入凉山州 7 县。1998 年，四川省畜牧食品局组织有关单位及凉山州、攀枝花市畜牧部门进行全面系统调查，摸清紫茎泽兰的分布区域、面积、生长规律、危害程度等情况，并绘制分布图，提出直接防治和综合开发利用相结合的防治措施，明确了“前堵后截，一齐行动，集中连片，综合防治，开发利用，注重效益”的防治原则。2002 年，紫茎泽兰已扩展到 6 个州（市）的 34 个县，分布面积 1297. 36 万亩，危害面积 1234. 06 万亩，新华社刊载《紫茎泽兰入侵四川攀西地区酿成生态灾难》等文，引起国家重视，防治工作全面启动。四川省在 3 个县（区）进行化学防治、人工清除、植被替代、建隔离带等方法的试验示范，四川大学生命科学院进行紫茎泽兰毒素开发生物杀虫剂相关试验。2003 年，完成人工清除 7. 8 万亩，并进行了化防药剂筛选，补播白三叶等 17 种牧草等替代试验。

三、围栏封育

1986年前，四川省天然草地保护的主要措施是草地围栏，采用就地取材的办法，使用草皮、石块、木桩等原料砌墙围封，建立“草库伦”（蒙古语，意为“草圈子”，草场围栏的一种形式）。若尔盖县热当坝草场等一些地方出现了铲草皮垒围栏，破坏草场植被的现象，造成挖掘之地数年寸草不生，沙石裸露。

1986年以来，牧区草地开始使用钢丝网围栏，1990年已推广到16个县，围栏草场25万亩。

1991—1995年，四川省利用农业部和省投资的育草基金、以工代赈等资金，在3州开展网围栏和生物围栏，对分区轮牧草地和冬春草场、家庭割草场进行封育，以保护草地。

2003年，针对川西北草原出现沼泽、洼地、高山湖泊干涸现象，四川省提出绿化全川任务。同年，启动“国家天然草原退牧还草工程建设”，在退化草地严重区修建围栏，实行禁牧、休牧，2003—2005在石渠、红原、阿坝、木里等18个县累计完成退牧还草3840万亩（包括禁牧和休牧草场），补播草场390万亩，投入资金约8.8亿元。据农业部监测报告，项目区植被盖度提高16个百分点，植被高度提高13厘米，平均每亩鲜草产量提高251公斤。

四、草原防火和雪灾防控

1991年起，继四川省草原防火办公室成立后，3州及各县先后成立草原防火办公室，分批配置了电台、灭火器械等装备，严格执行《草原防火条例》，制定了防火警戒期巡逻、监测、火情报告、火灾扑救、防火值班等工作制度。1993年，重点防火区各县组织防火队，进行防火宣传，实行生产用火申报和批准制，但多数县仍存在火灾监测和防火设备缺乏，防扑火手段落后等问题。1999—2000年，全省发生草原火灾32起，过火面积2400公顷，无重大草原火灾发生。2005年，全省已建成省和州级草原防火物资储备库4个，县级草原防火物资站1个，省草原防火指挥中心1个。四川省严格实行各级政府负责制，建立联防制度，做好火灾预防、补救处理及法律追责的措施。

1995年底至1996年初，甘孜州石渠、色达、德格、白玉等11个县，115个乡（镇），719200人遭受百年未遇雪灾和持续低温寒箱，极端气温达-41.5℃。造成55人死亡，冻伤（残）、雪盲有38279人，因灾死亡牲畜48.13万头（匹、只），其中2654户沦为无畜户，畜牧业基本设施严重破坏，直接经济损失34884万元。灾情发生后，受到中共中央、国务院和中共四川省省委、四川省人民政府极大关注。国务院及时派出工作组赴灾区慰问；国务院总理李鹏、副总理姜春云亲自询问灾情，听取汇报，中国四川省委、四川省人民政府组织实施空投救灾物资；中共省委书记谢世杰亲率“四大班子”及四川省军区、省直有关部门负责人组成慰问团；中共甘孜州委、甘孜州人民政府大力组织抗灾、救灾，提出“保人、保畜”指导思想，各部门以人力、物力、财力等方面，支援灾区抗灾，确保大灾无大疫，牲畜死亡降到最低，取得抗灾救灾胜利。

1995—2000年，阿坝州先后发生雪灾565次，其中重大雪灾有85次，受灾最重的金川县阿科里乡死亡牲畜2.11万头（匹、只）。2000年春，甘孜州4县连降暴雪，灾区“人草畜”三配套建设搞得好的牲畜死亡率降低，如理塘县扎嘎拉扎村。2001年，甘孜州15个县、170个乡发生雪灾，死亡牲畜26万余头（匹、只）。

第二节　人工草地建设

一、人工种草

1986年前，牧区开始进行天然草地改良试验，并推广施肥、灌水、封育、补播等系列配套技术，建立半人工草地。

1986年，四川牧区改良草地达260万亩，为建立人工草地积累了经验和教训。若尔盖县唐克地区翻耕草地，大面积种植甜菜、亚麻、油菜等，多数未成功，唯种植甘兰型油菜成功，并延续至今；红原县、若尔盖县采用开沟排水改造沼泽地，建人工草地或半人工草地，导致草地涵养水源能力下降，造成草地干旱、沙化的教训深刻；涪陵、万县、达县、雅安等农区、半农区进行农业结构调整，种植人工牧草；四川各地大力推广粮草轮作，1990年已达250万亩。

1990—1991年，在国家计划经济委员会、农业部支持下，四川在农区实施种草养畜的示范推广项目。省、地、县与国家自然资源综合考察委员会合作，完成“巫溪县红池坝综合开发项目”，以红三叶、鸭茅为主改建草场2万亩，并建设生物围栏、饲养草食家畜。同时，实施“草地—城市农业系统开发示范项目”建设，完成合作牧场、奶牛场、乳品加工厂及人工草场建设，并建立四川绿野草业综合开发中心。

1991—1994年，牧区开展多种方式的人工牧草种植，或在以冬圈、冬房为中心的围栏草地种草，或以户建打贮草基地，选择条件好的草地建商品草生产基地。

1994年，阿坝州建人工、半人工草地16.32万亩，甘孜州推广红豆草种植近万亩，凉山州出现以集团开发生产光叶紫苕商品干草的模式，以凉山州草原站为主体的集团年产草达700万公斤。1994年，全省累计建设人工草地600万亩，其中粮草轮作500万亩。

1995年，全省完成人工草地建设715万亩，人工种草实行“因地制宜，分类指导”的原则，牧区大抓户建饲草饲料基地，半牧区利用轮歇地、草山草坡种草，农区在冬闲地推广粮草轮作。凉山州推广轮作面积195万亩，其中光叶紫花苕75万亩，该州的盐源、喜德、普格三县利用以工代赈资金种草10.25万亩。甘孜州建立科技示范与经济实体于一体的试验基地——新都桥育肥场，开展种草育肥牛羊，批量出售商品畜。1996年之后，四川省农区种草发展迅猛，种草养畜综合配套技术在全省推广，经济效益明显，为农民广泛接受。1998年，全省完成飞播牧草、农区种草、草田轮作共929.5万亩。2000年，昭觉、甘孜、色达3县实施牧区开发示范工程，完成人工草地、改良草地、粮草轮作共11.4万亩。

2001年，天全县被列为退耕还草工程重点示范县，取得“种草先行、林间种草、林竹间种，互种互生、以短养长”的经验。四川省省长张中伟现场视察后，提出“一定要在成片的多年生牧草种植示范、推广上拿出样板，畜牧系统不仅要注意经济效益，更要注重生态效益。”2003年，全省120个县先后启动退耕还林还草试点工程，四川省草原工作总站等相关单位，针对不同地区的实际情况，提出相应的草种及品种、比例、播种量、栽培技术、利用方法共17种配套技术模式，供各地选择。同年，四川省完成人工种草、改良草地、飞播牧草累计保留面积4401.67万亩，当年新增种草面积1687.6万亩。全省保留面积中栽培牧草品种包括紫花苜蓿、白三叶、红三叶、多年生黑麦草及老芒麦、无芒雀麦、披碱草、红豆草、鸭茅等。其中，一年生牧草年播种面积达803万亩，重要的品种有饲用玉米、高丹草、一年生黑麦草、籽粒苋、紫云英、箭舌豌豆、燕麦等。

2005年，在若尔盖县、松潘县成功实施川西北高原飞播牧草试验，采用直升飞机、撒播器等工具，共完成播种披碱草、老芒麦4.1万亩。

二、退耕还草

1996年，国家提出治理环境生态策略，在25度以上坡耕地逐步实现退耕还林还草，四川省开始选点实施。2000年，省政府下达退耕还林还草任务300万亩。石棉县实施“国家南方草山草坡改良示范工程”，主要种植拉丁诺白三叶草，天然草地和人工草地牧草产量提高。同年，四川省财政厅、省扶贫开发办公室发出《关于在退耕还林还草区贫困县实施家庭牧场计划试点工作的通知》，大力推广种草养畜、暖季快速育肥、优质草场培育和利用等6项配套技术。

2001年，国务院西部开发办主持，国家八部委参加的退耕还林还草经验交流会在雅安召开，会议充分肯定了雅安“退耕还林、草业先行、草畜配套、粪尿还林、时空双补、主利共生”的工作经验。同年，国务院总理朱镕基视察雅安退耕还林还草现场，在看到天全县两路乡火烧坪成片林草种植和舍养山羊时，指出“这里干部念羊经，村、社打羊牌，农民发羊财，路子不错嘛”，充分肯定了雅安“国家要生态、地方要发展、农民要增收”的运作模式。2002年5月，国家主席江泽民在雅安及四川农业大学视察，指出“雅安生态环境真好，要加大宣传”；李岚清、李铁映等9位中央领导人相继视察雅安，肯定雅安市抓生态畜牧经济发展的成果。

第三节　天然草原恢复与建设

一、天然草原恢复与建设项目

1995年，四川省畜牧食品办公室向农业部提出建立“若尔盖沼泽草甸湿地保护区”，在红星、辖曼等五乡范围建湿地核心区，面积100万—150万亩，以维持草地生态平衡，保护草地生态环境。

1997年，国家投资建设“螺髻山—高山草地自然保护区”，项目区范围2240平方公里，其中草地面积238.67平方公里，主要保护亚热带草地植被垂直区系、珍稀动植物资源、古冰川及奇特景观。此间，省级有关部门作出规划，拟建自然保护区19个，其中省级2个，地级3个，县级14个。包括甘孜州的“长沙贡马高山草甸草地自然保护区”“格西沟亚高山草甸草地自然保护区”、凉山州的“黄茅埂高寒草丛草地自然保护区”等，这类项目建设有利于草地畜牧业可持续发展，保护了动植物种质基因资源和天敌，也保护了草地生态环境。

1998年，四川省科技顾问团农业组通过调查，提出建设“长江上游生态保护工程”项目，把长江中、上游地区实施退耕、恢复生态植被，列入水土保护治理工程，实行生物措施，走“林草结合、以草养畜、以畜养人、协调发展”的路子。

2000年始，石渠、松潘、普格等22个县（区）实施了国家天然草原恢复与建设项目23个。累计建设和治理草原236.4万亩。资金到位1746.3万元，占总投资的82.5%，其中中央投资1552万元、地方配套295.3万元、自筹资金1799万元。

2002年，四川省草原工作总站与四川省林业科技开发实业总公司联合成立四川省生态环境建设工程监理有限公司，主营生态环境建设工程及绿化工程的监理。四川省实施天然草原保护与建设项目，在天全、仁寿、大邑等县进行天然草地保护与建设科技支撑项目建设。

二、退牧还草工程

2003年，四川省牧区草原“三化”（即退化、沙化、鼠荒化）面积达1.6亿亩，甘孜、阿坝、凉山三州草原理论载畜量为2000万个羊单位，实际载畜量已达3325万个羊单位；甘孜、阿坝两州水土流失面积达11万平方公里，年流失水土3.6亿吨。同年，国务院西部开发办、农业部在全国部分省（区）启动退牧还草工程，四川省首批建设任务为1440万亩，其中禁牧780万亩，休牧660万亩。工程实施范围共16个县，其中阿坝州8个县，甘孜州8个县。工程核心内容是围栏建设，工程区内牧户饲料粮补助达2600.4万公斤，其中禁牧饲料粮补助2145万公斤，休牧饲料粮补助455.4万公斤。四川省畜牧食品局等部门相继制定《四川省退牧还草工程建设规划》《四川省天然草原退牧还草工程管理办法（试行）》《四川省退牧还草和禁牧舍饲陈化粮供应监管暂行办法》，使项目建设走向规范化管理。同年，在康定县选点建青藏高原东部河源退牧还草科技示范区，内容包括围栏、禁牧和休牧恢复草地植被，实行划破草皮，补播治理退化草地和暖棚舍、饲畜舍等。

2004年，四川省退牧还草工程建设任务1100万亩，其中禁牧300万亩，休牧800万亩。工程实施范围18个县，其中阿坝州和甘孜州各8个县，凉山州2个县。同年，四川省将退牧还草农牧户的饲料粮补助改为现金补助，三州每0.5公斤粮食补助0.55元。据农业部遥感抽样监测结果，工程区内草原植被平均盖度由69%提高到85%，提高16个百分点。牧草高度由16厘米增加到29厘米；每亩草地牧草产量从299.6公斤提高到550.7公斤，每10亩可增养一个羊单位的牲畜，每亩可减少泥沙流失量190公斤。红原县瓦切乡退牧还草40万亩，据测算年牧草增产9480万公斤，新增载畜量达5.2万个羊单位。工程区内草原涵养水源、保持水土、防沙固沙等生态功能明显增强，草原生产力不断提高，牧民收入明显增加。

2005年，四川省退牧还草工程建设1300万亩，其中禁牧300万亩，休牧1000万亩，补播390万亩，任务实施范围包括甘孜、阿坝、凉山3个州共18个县。截至2005年，任务完成率均居全国第一。

第四节　“人草畜”三配套建设

1990年前，四川牧区的畜牧经济发展较快，但存在“草原无主、放牧无界、使用无偿、建设无责、破坏无妨”的现象，牧民逐水草而居，牲畜逐水草而牧，草地退化加剧，生态环境堪忧，限制了牧区经济的持续健康发展。

1990年，甘孜州德格县玉隆乡推行草场有偿使用承包，并实行集中定居、分片轮牧的办法，收到良好效果，四川省副省长张中伟考察后指出：“牧业要发展，进行定居轮牧，才能改变牧民的生产、生活方式。”

1994年，省政府确定在红原、理塘两县进行以“人草畜”三配套建设为基础的社会经济综合改革试点，并将水、电、路和文化、教育、卫生、商贸、服务等方面的建设列入试点计划。

1995年，四川省召开第二次藏区工作会议，确定在10个纯牧区县各选一个乡开展“人草畜”

三配套建设综合试点，四川省牧区“人草畜”三配套建设工作在三州全面展开。甘孜州坚持以草场有偿承包经营责任制为基础，采取适当分散与相对集中相结合、个人投资与国家扶持相结合的方式，实行定居住房、牲畜棚圈、割草基地、围栏草场相配套的办法，建成牧民定居点913户，其中塑料暖棚养畜户20户。

1996年，甘孜州数县遭遇大雪灾，“人草畜”三配套建设乡牲畜死亡率大大低于其他乡镇，显示出牧区“人草畜”三配套建设在抗灾能力方面的优势。

1997年，甘孜州完成“人草畜”三配套建设1080户，其中新单项建设户2251户；16个县共建牧民定居住房191.8万平方米，保暖棚圈313.7万平方米，围栏改良草地94.1万亩，饲料基地15万亩。同年，阿坝州在8个县13个乡、镇（牧场）开展“人草畜”三配套建设，建设定居住房17万平方米，围栏草地12.05万亩，人工草地2.4万亩，牲畜棚圈19.5万平方米，贮草库4.88万平方米。

1998年，中共四川省委、四川省人民政府召开牧区工作会，下发《关于加强牧区畜牧业工作的意见》，强调牧区县和牧业比重大的半农半牧区县要抓好以“人草畜”三配套为中心内容的综合配套建设，完善草原承包，加强草原建设，加快产业化进程，搞活畜产品加工与流通，努力提高畜牧业科技水平。同年，牧区“人草畜”三配套现场经验交流会召开，中共甘孜、阿坝、凉山州委和州政府及中共石渠、若尔盖、德格、理塘、红原县委和县政府作汇报交流，之后四川省人民政府下发《关于在本世纪末基本完成牧区“人草畜”三配套建设任务的通知》，明确了指导思想、实施原则、实施计划任务及保障措施等，集中以工代赈、三州发展资金以及扶贫资金、生猪发展资金扶持“人草畜”三配套建设；省政府办公厅转发四川省畜牧食品局《关于加快牧区家庭牧场建设意见的通知》。

1999年，全省完成“人草畜”三配套建设17550户。

2000年，全省完成“人草畜”三配套建设66701户，其中阿坝州32797户，在牧区、半农半牧区的高山牧场分别采用分散式和集镇式建设，在若尔盖、红原、阿坝等县建成唐克、安曲等5个牧民新村，做到了“牧民有住房、牲畜有棚圈、草地有围栏、冬春有贮草”。

2001年，历经4年的“人草畜”三配套建设，累计投入资金27亿元（其中国家投入0.5亿元，省投入1.2亿元，牧民自筹25.3亿元），共完成按标准设计要求建设的“人草畜”三配套户8.17万户，建定居住房627.5万平方米，户均6.8平方米；牲畜棚圈1351.3万平方米，户平165.4平方米；围栏改良草地460万亩，户平56.3亩；饲草饲料基地49.8万亩，户平6.1亩。随着草场建设、管理、利用的科学化，抗御自然灾害能力和畜产品商品率大大提高，奶制品、牦牛肉制品企业迅猛发展，流通交易活跃，牧区经济发展加快，牧民收入稳定增长。

2002年，“人草畜”三配套建设基本完成后，针对其存在的问题和不足，省政府启动“人草畜”三配套升级深化项目。主要围绕解决牲畜“吃、住、病、种”的问题，投资6000万元，在饲草资源优越、改良畜种基础条件较好的半牧区县开展项目建设；要求每个羊单位应有1—2亩围栏改良草地，0.2亩割草基地，冬春畜平贮草100公斤以上；户平牲畜暖棚100平方米以上，成畜死亡率3%以下；开展畜种改良，提高牛、羊良种率，如利用西门塔尔牛、黑白花奶牛、娟姗牛改良本地黄（牦）牛4.2万头；利用茨盖羊、凉山半细毛羊改良绵羊52.3万只；利用南江黄羊、波尔山羊、金堂黑山羊改良山羊31万只。

第五节　农区种草

1986年前，四川省农区种植牧草、饲料作物，主要为解决养猪用的青粗饲料，品种单一，数量较少，多限于在养殖场或试验点进行。随着畜牧业结构调整，草食家畜养殖规模发展加快，良种良法、农区种草在不同类型畜牧业经济区推行。模拟飞播牧草、轮（间、套）作种草、种草与养畜同步发展，形成大面积成片人工种植草场，商品草生产开始进入农区草业领域。

一、牧草飞播与轮（间）作种草

1982年在凉山州飞播牧草成功后，农业部、四川省每年投资一定经费，选点开展牧草飞播，治理沙化、退化草地，并种草养畜。1989年，飞机播种牧草改成人工模拟飞播牧草。

1989年，茂县采用粮（果）草轮（间）作，种植优质豆科牧草箭舌豌豆达3.2万亩；喜德县利用冬闲地种光叶紫花苕3000亩，收割晒制后出售商品干草。

1990年，彭山、名山、秀山等县实施飞播牧草项目，轮作种草3000亩；古蔺、峨边、宝兴等县人工种草万余亩，全省开展种草养畜的项目县达12个。

1991年，巫溪县红池坝牧场建立南方新区种草养羊示范区，完成人工模拟飞播牧草2.04万亩，平均亩产鲜草850公斤，饲养绵羊4000余只。

1992年，云阳县获农业部飞播牧草先进县称号。总结飞播牧草实施以来的经验，四川省认真落实农业部发布的《飞播草场实施有偿长期分户承包责任制的规定》，解决了国家出钱种草、群众无偿使用，造成飞播草场超载过牧的问题。

1993年，完成飞播牧草5.5万亩，并与草畜商品生产相结合，在奉节、元坝种草养山羊，眉山、丹棱等四县种草养鹅；凉山州推广粮草轮作183.70万亩，主要种植光叶紫花苕；乐山市利用冬闲地种草88.82万亩。

1995年，四川省完成飞播牧草7.2万亩，凉山、乐山、雅安等地（市、州）大面积推广粮草轮作，乐山市推行“551”工程，雅安地区推行“五四三二一”工程，凉山州实施“双百万工程”。全省历时5年，累计完成粮草轮作种草527万亩，粮草轮作成为种草工作常态。

1997年，全省完成粮草轮作450万亩，飞播牧草4.5万亩。

1999年，飞播种草10万亩。

2000年，飞播种草13万亩。

2001年，国务院总理朱镕基视察天全县二郎山果木沟林草畜模式和四川农业大学径流观测场，批示“生态就是你们的资源，生态就是你们的摇钱树，生态就是你们的生命线，你们完全可能把生态优势变为经济优势”。

2003年，在梓潼县、峨眉山市飞播牧草11.2万亩。

2004年，全省飞播牧草保留面积137万亩，其中更新重播有20万亩。据抽测成苗率80%，植被覆盖度达86%，泥沙冲刷减少60%，洪水径流减少50%。

2005年，在草地沙化、退化严重的高寒牧区松潘、若尔盖两县，实施飞机作业播种牧草3.5万亩，有效改善了高海拔生态恶劣区草地的质量。

二、种草养畜

1986 年，四川在盆周丘陵山区选点种植人工牧草，示范推广奶牛、肉羊等节粮型草食家畜。但是某些示范点配套措施未跟上，出现第二年返耕种粮的现象。

1988 年，四川宣汉、雅安等 9 县接受国际农发基金低息贷款援助，建人工草场，发展奶牛、奶山羊、肉兔、长毛兔及肉山羊，收到良好效果。

1990 年，四川省草原工作总站先后组织 30 余个县推广种草养鹅项目，历时 5 年，累计种草 61.8 万亩，新增出栏肉鹅 1044.2 万只，效益高于种植粮经作物一倍。

1995 年，四川深入开展农耕制度改革，调节农业产业结构，由“粮经”二元结构（粮食作物兼作经济作物）转变为“粮经饲”三元结构（粮食作物兼作经济作物、饲草），发展水平位居中国南方省区前列，调查总结出四川农区种草的三种模式：盆中丘陵平坝区，城郊种草养奶牛类，冬闲田、四边地、果园地种草养鹅兔类；盆周山区，草山草坡种草养肉牛、肉羊；半农半牧区，冬闲地、轮歇地轮（间）作种草养畜。具体种植技术模式包括稻、草、稻轮作，果（林、桑）草间作，稻、草、麦（油菜）轮作，麦（油菜）草套作，玉米、草轮作及间隙地种草等六种。

1996 年，开展种草养畜系列配套技术推广，项目区两年新增种草 12.36 万亩，养殖肉鹅、肉牛、肉羊。

1998 年，马边、朝天、高坪等 8 县（区）、完成农业部下达的“种草养羊综合配套技术推广”项目，新增种草 7.44 万亩，新增出栏肉羊 18.87 万只。同年，四川省财政厅下达“四川省农区种草养畜综合示范项目”，由四川省草原工作总站和 8 个县参与，完成新增种草 12.36 万亩，新增养鹅 94.2 万只，肉兔 65 万只，奶牛 560 头；2000 年，该项目增加为 15 个县（市、区），完成种草 20 万亩，新增种草养畜收入 3.5 亿元，建成仁寿县团结乡、夹江县三洞镇的种草养畜综合配套技术示范园区。

1998 年底，四川省科技顾问团农业组在考察眉山、夹江、洪雅等市、县时，指出洪雅县依托四川省阳坪种牛场发展种草养奶牛、夹江县种植多花黑麦草养猪，取得了良好的经济、社会、生态效益，在四川省盆中盆周边缘地区颇具代表性，提出“关于发展种草养畜，加快农业结构调整的建议”，建议这类地区退耕种草应实行“林草结合，以草养畜，以畜养林，长短结合，协调发展。”副省长陈文光考察现场后指出：种草养畜是稳粮调结构，增收奔小康的重要途径之一。

2001 年，洪雅县 21 个乡镇人工种草 14 万亩，奶牛存栏 1.6 万头，日产鲜奶达 70 余吨，形成牧工贸一条龙，成为全省首批生态农业先进县之一。

2002 年，四川建设规模养殖的奶牛小区 38 个，出现了阳坪乳业集团、共发集团、美联集团等一批奶业龙头企业。苍溪县采取轮（间、套）作，种植青绿饲料 34.3 万亩，其中种优质牧草 12.8 万亩，存栏长毛兔 350 万只，年产兔毛 2500 吨。同年，全省继续实施“农区种草养畜综合配套技术推广项目”，项目区新增种草 16 万亩，累计种草 97.5 万亩，农民增收 8000 万元，人均增收 85 元。同时，全省实施“四川省农区种草养畜工程”，新增种草 103 万亩，增产牧草 450 万吨，分批次完成全年种草 803 万亩，农民增收 4.5 亿元。

2003 年，全省新增种草面积 105 万亩，累计种草 908 万亩，此间，完成“黑麦草—青贮玉米种植系统示范推广”、洪雅县种草养奶牛示范园区、丹棱县种草养肉牛示范场、彭山县种草养山羊科技示范园区等 13 个项目。

2005年，四川省农区种草养畜项目完成种草面积共183万亩，全省农区种草面积累计1038万亩，新增68万亩。

三、草坪建植

1996年，四川省草原工作总站引入20多种新草坪种子，进行引种、选种、繁育和推广，并开展部分区域试验，完成足球场、河畔等30个建植绿化草坪工程，共4万平方米，指导成都、乐山、攀枝花等地建植草坪5万平方米，培训各地技术人才2500人次。

1997年，四川省草原工作总站设立草坪科，开展四川省不同类型草坪建植技术、国外优良草坪草种在中国南过渡带（成都）引种适应性等多项研究，收集地方草坪资源20余份；完成建植工程10个共计10万平方米；建立草坪生产基地，销售地毯式草皮近1万平方米。

1998年，四川省草原工作总站开展销售园林机具、种子等业务，完成宜宾、双流等草坪工程8万平方米，指导建植绿化公路带40万平方米。

2000年，四川省草原工作总站草坪科进行"四川野生狗牙根种质特性研究"，西南民族大学进行"不同管理状态下草坪植被内杂草种群入侵与比率之比较"，四川农业大学进行"刈割高度对高羊茅、草地早熟禾混播草坪质量的影响"，四川省草原研究所等科研机构完成成都地区冷暖季型草坪草的引种适应性及评价。四川省草原工作总站在成都市龙泉驿区建成足球比赛场，面积达1万平方米，草坪质量优良，受到国家和省体育运动委员会的好评。

2005年，四川省草坪建设达1500万平方米，全省从事草坪种子生产、工程绿化的企业有100余家。

第三章　草地资源监督管理

第一节　草地资源管理

1985年，四川省制定《四川省〈中华人民共和国草原法〉实施细则（试行草案）》，把草场利用管理纳入法制轨道。

1986年，甘孜、阿坝、凉山3州相继开展了草场有偿承包责任制试点工作，石渠、若尔盖、昭觉等县按人畜的适当比例将草场承包到户或联户，初步解决草地“吃大锅饭”等问题。

1987年，甘孜州石渠县草原监理所成立，是四川省第一个草原监理机构。到1989年，石渠县共处理破坏和滥用草场案件14起，收取罚款、赔偿费8万余元，整治长期盘据在冬春牧场的“钉子户”48户。

1990年，四川省人大审议通过《四川省〈中华人民共和国草原法〉实施细则》，对草原所有权和使用权，草原的保护利用，草原建设以及惩罚、奖励等作出具体规定，强调在完善草场管理责任制基础上，运用法律、经济、行政手段，实行草原综合管理。甘孜、阿坝、凉山三州人民代表大会相继通过地方实施办法、条例，推行草场有偿承包责任制。甘孜州理塘、炉霍等15个县开展草地相关资料收集、整理、绘制，至1995年共完成2.8万户牧户1762.49万亩草场的划分，其中划留给单位、寺庙、公共使用草地398.68万亩，绘制图件205幅，发放草原所有证196本，使用证1136本，签订承包合同3.2万份。阿坝州马尔康、阿坝、理县开展发放草场使用证书的试点。

1991年，为解决草地畜牧业分户经营后开始出现的畜草矛盾、科技推广难、出栏率和商品率低等问题，经过试点，牧区新型的适度规模家庭牧场出现，以单户或联户经营方式，长期承包草地，养殖专业化畜群，采用优化的科学技术及经营管理方式，商品生产能力和经济效益较高。

1994年11月，经甘孜州编制委员会办公室批准，成立甘孜州草原监理站，与甘孜州草原工作站合署办公。

1995年，省人民政府43次常务会议通过《四川省草原承包办法》。12月，经凉山州编制委员会办公室批准，成立凉山州草原监理站，与凉山州草原工作站合署办公。

1997年，甘孜州在草原监理工作中，解决草场争议案39件，处理草地违法案12件。

2000年，四川省依据国家和省级相关草原法规，在主要的牧区建立州、县级草原监理机构，加强草原执法监理力度，依据相关法律法规处理草原纠纷、超载过牧、乱垦滥挖草原野生植物及占用草原采砂取石等严重破坏草场的行为。

2001年，经四川省机构编制委员会批准，建立四川省草原监理站，承担全省草原执法和监督管理工作。

2002年，省人民政府第78次、第86次常务会议分别通过《四川省草种管理试行办法》和《四川省草原承包办法（新修订）》两部地方草原配套法规。

2003年5月，经阿坝州编制委员会办公室批准，阿坝州草原监理站成立，与阿坝州草原站合署办公。

2004年，四川省南桠河流域水电开发有限责任公司因南桠河一期工程活动水电站建设需淹没库区草原，向冕宁县畜牧局提出征用库区草原的申请，后经凉山州畜牧局转报省畜牧食品局。经省草原监理站现场勘验，省畜牧食品局对四川南桠河流域水电开发有限责任公司征用草地进行了批复，同意其使用该草原，并由该公司对草原承包经营者给予补偿，向当地草原行政主管部门缴纳草原植被恢复费。

2005年，四川省人大常委会修订通过并施行《四川省〈中华人民共和国草原法〉实施办法》。截至2005年2月底，全省共建草原监理站（所、股）41个（省级1个，州级3个，县级37个），共有草原监理专兼职人员262人（专职61人，兼职201人）。

第二节 草地资源监测

1989年，石渠县在境内设置24个测报网点和样本地，开展测报工作。若尔盖县成立鼠虫害测报站，按照《高原鼠虫预测预报试行办法》，制定技术实施方案，开展测报工作。

1992年，若尔盖县草原站完成鼢鼠基础数据测定收集，并应用遥感技术监测和微机编程处理，实现中、短期预测预报。

1995年，四川省草原工作总站建立草地鼠虫灾害测报中心。

1996年，四川省草原工作总站和四川省气象科学研究所合作，采用极轨气象卫星资料及地物二向性反射分布特征等技术，识别草地鼠害区及危害程度，在若尔盖县进行对比实验，发现遥感技术与人工调查相差仅6%，并能节省大量的人力物力。

1997年，全省相继建立鼠虫害预测预报站共7个，其中省站1个、州站2个及石渠、若尔盖、红原、理塘等县级站4个，对草地鼠虫害监测面积达4000余万亩。

1999年，三州鼠虫危害监测情况资料表明：川西北草地鼠虫害发生面积4960万亩，其中达到防治指标的成灾面积有4360万亩；草原毛虫发生面积210万亩，呈下降趋势；草地蝗虫危害面积190万亩，灾害面积继续扩大。鼠害种类以高原鼠兔、高原鼢鼠为主，其次是田鼠、旱獭、地下害鼠；高原鼢鼠主要分布在若尔盖、石渠、炉霍、红原等县，高原鼠兔主要分布在石渠、色达、德格、甘孜等县。

2000年，全省开展鼠虫害预测预报工作，监测面积达6000万亩，占川西北草地可利用面积28.3%，牧区初步形成测报网络体系。

2001年，经农业部批准，“四川省草原动态监测站”建成，挂靠四川省草原工作总站，负责全省草原资源与生态的动态监测工作，同时建成石渠、康定、红原、松潘、布拖等5个国家级固定监测点。四川省草原工作总站采用遥感、全球定位系统、地理信息系统等技术，建成草原资源与生态信息定位、采集、传输、存贮、管理、分析和应用的监测网络，实现对草原资源、生态功能，各种灾害及草原生态建设工程的动态监测。各地测站调查和实测表明：草原虫灾发生的成片分布面积1640万亩，其中成灾面积840万亩，虫灾种类主要是草原毛虫和蝗虫。测报指出发生地点共14县（包括甘孜州石渠等7县，阿坝州红原等5县，凉山州盐源等2县），危害盛期在6月下旬至8月上旬，并据此提出了当年虫害防治的时间、范围、技术和物资准备、任务指标。

2002年，川西北草原鼠虫害发生面积5296万亩，成灾面积4429万亩。其中，虫害发生面积897万亩，成灾面积612万亩；鼠害发生面积4399万亩，成灾面积3817万亩，其中鼠荒地（俗称“黑土滩”）1660万亩。虫害中草原毛虫危害面积466万亩，草地蝗虫危害面积146万亩。鼠害中高原鼠兔危害面积2633万亩，高原鼢鼠危害面积763万亩，其他鼠类危害面积421万亩。四川省草原工作总站的监测中心与石渠等5个动态监测点完成“四川省草地资源动态监测”研究项目，采用地面调查、人机判读、图形编辑、资料图谱数据化、面积量算、数据集成及GIS数据库生成等方法，对全省草地监测点涉及草地资源进行监测，结果表明全省草地监测点涉及草地资源共21类，草地类11种，草地组20组。提出草地组中代表地点和牧草。

2003年，甘孜州测报站和理塘县测报站开展实地监测，成功预报了当年甘孜州南部地区草原蝗虫灾害发生的时间、虫龄高峰期密度、蝗虫种类、涉及地区范围、面积。四川省畜牧食品局组织有关专家对康定县、普格县和四川省阳坪种牛场实施的“国家天然草原植被恢复与建设”项目生态效益进行监测，并作出评价。由中国科学院、四川省资源研究所等单位专家参加的四川省草原资源与生态动态监测专家组成立，负责技术指导。

2004年，四川省各地测报站根据监测资料提出报告：“四川省三州去冬今春气候偏暖，加之进入4、5月份持续高温，由于往年防治经费少，防治面积较小，虫口残留基数偏大，预报当年草地蝗虫和草原毛虫发生面积和危害面积较2003年有所扩大。”报告提出虫害发生时期、密度、种类、面积等，并做出防治预警，为有效防治虫害提供依据。同年，四川省草原工作总站完成草地资源类型等级数字化图及7个县的草原资源图、10个县的300余个草地样方产草量测定，采集了遥感监测有关数据。同年，四川省完善草地鼠虫害预测预报网络体系，补充测报的基础设备，制定《四川省草原虫灾应急预防方案》，实现监测面积达8000万亩。

2005年，四川省畜牧食品局出台《四川省草原资源与生态动态监测实施方案》等相关制度。在石渠、康定、理塘、红原、松潘、旺苍、通江、布拖、越西9县及阿坝州建成10个资源与生态动态监测点，在康定、普格、仁寿建成3个水土流失监测点。同时，在原有的国家级草原资源与生态固定监测点的基础上，将理塘、旺苍、通江和越西县发展为国家级固定监测点，建立省级监测点26个。全省草地监测面积达8500万亩。完成甘孜、阿坝两州的退牧还草工程和草原鼠荒地野外调查的监测，监测报告指出：阿坝、若尔盖、红原、色达、甘孜等5县均已完成退牧还草工程建设，围栏工程区内草地植被平均盖度较区外提高17.94%，平均高度提高14.9厘米，产草量平均提高64.8%。全省完成11类、35个组的草地调查，共调查352个样地、749个样方，入户调查281户，同时对18个县的退牧还草工程开展生态效益监测。

第四章　牧草种子生产与监管

第一节　牧草种子生产

一、牧草种子生产与销售

1984—1985 年，四川省设立牧草种子周转金，用于改善牧草种子生产条件，但由于资金有限，种子生产面临水利灌溉设施差，靠天种草，遇灾减产，管护能力差等问题。

1992 年，阿坝州先后建成 4 个优良牧草繁殖基地，繁育牧草品种 7 个，其中适合牧区种植品种有无芒雀麦、披碱草等，适合农区、半农区种植有箭舌豌豆、马尔斯甜菜等，适合全州范围种植有一年生多花黑麦草、红豆草、美国燕麦等，基本满足全州建设打贮草基地、人工割草地以及半农半牧区的人工种草和粮草轮作的种子需要。

1993 年，阿坝州生产各类牧草种子 25 万公斤，其中一年生黑麦草种子销往仁寿、乐山、江津等地；凉山州生产牧草种子 193 万公斤，主要是光叶紫花苕、红豆草；甘孜州生产红豆草、燕麦1. 6 万公斤，三州各地开设牧草种子销售门市部。

1994 年，甘孜州草种产量达 2. 8 万公斤，组织调剂种子 3 万公斤，生产品种除红豆草、燕麦外，又增加箭舌豌豆、披碱草。

1995 年，全省生产牧草种子 250 万公斤，其中，光叶紫花苕 200 万公斤，多花黑麦草 10 万公斤，箭舌豌豆 5 万公斤。随着退耕还草、种草养畜的发展，种子需求量大增。

1997 年，四川省生产的多花黑麦草，因其籽粒饱满、发芽率高、生产性能好，销至陕西、山东、江西、云南、贵州等 9 省。

2000 年，全省生产牧草种子 500 万公斤，其中光叶紫花苕 450 万公斤，多花黑麦草 20 万公斤，苏丹草、串叶松香草、籽粒苋、苦荬菜等 20 万公斤。四川省草原研究所种草养獭兔、四川省阳坪种牛场种草养奶牛、成都大业集团公司的草产品、四川省草原工作总站草业科技服务部的草坪、牧草种子等种子产业化企业形成一定规模。其中，四川省草原工作总站草业科技服务部经营销售一年生或多年生禾本科、豆科牧草及其他牧草种子达 38 种，年销售种子 10 余万公斤。同年，四川省草原工作总站组织开展牧草种子病虫害调查，并提出防治办法，据调查，常见牧草虫害有蝗虫、地老虎、蛴螬、草原毛虫、黏虫、蝼蛄、金龟子等，常见牧草病害有锈病、褐斑病、白粉病、苗枯病、菌核病等。

2002 年，四川省草原工作总站将 1993 年建立的草业科技服务部改制成四川省金种燎原种业科技有限责任公司，成为集草种生产、销售、科研、服务于一体的草业科技企业，主要经营牧草及生态工程草种、草坪草种，开展园林及生物防护工程、草业科技咨询和培训等业务。

2003年，全省有种子田5.7万亩，无种子草场，生产品种较少，其中多年生黑麦草、鸭茅、红豆草、苇状羊茅等品种供不应求。全省牧草种子年生产量411万公斤，四川省自用量361万公斤，调出省外量为50万公斤。每年至少调入短缺品种15万公斤以上，始可满足需求，主要进口一年生黑麦草种子。同年，四川省金种燎原草业科技有限责任公司从德国进口牧草种子筛选加工设备，当年加工种子400吨，调剂全省牧草种子基地生产的牧草种子600吨，销售额突破千万元，成为四川省最大专业公司。

二、牧草种子基地

1986年前，四川牧草种子基地建设落后，生产能力小。之后10年间，先后建成一批牧草种子繁殖场（点、基地）、原种基地。

1997年，四川建成一批面积在100—600亩之间的牧草种子繁育试验基地。其中，四川省草原研究所在新津建立拟高粱种子场，古蔺县建斯特泼春大麦基地，巫溪、古蔺县建鸭茅基地，南坪县建无芒雀麦种子基地；种植面积较大的繁殖基地或原种基地有会东、剑阁、石柱、黔江、南江等县建成的多花黑麦草基地，巫溪、巫山等县建成的红三叶原种基地，普格、雷波、昭觉、会东、屏山等县建成的光叶紫花苕种子基地，甘孜、炉霍等县建成的红豆草、箭舌豌豆种子基地，若尔盖、红原、阿坝等县建成的老芒麦原种基地。

1999年，九寨沟县阿伯德多花黑麦草种子基地和宣汉县勒普多花黑麦草种子基地建成；朝天区建立赣选一号多花黑麦草种子基地及光叶紫花苕种子基地，以及优质牧草种子原种场1个、二级种子生产基地2个，种植面积达9.9万亩。四川按照《中华人民共和国种子法》，实行牧草种子的规范化生产和管理，加强种子基地建设和牧草种子质量监督检验，初步实现农区种草和牧区草地建设主要牧草种子自给自足，部分牧草种子销往省外市场。

2001年，四川省草原研究所，联合甘孜州畜科所和甘孜州草原站，在甘孜县、道孚县和乾宁种畜场建设红豆草和老芒麦种子基地建设共1万亩，于2005年项目建设完成验收合格。

2002年，四川省分别在广元市朝天区、石棉、汉源、宣汉等地建设黑麦草种子繁育基地，历时3年完成黑麦草种子繁育场、原种扩繁场及四县范围的商品种子生产基地建设，种植面积达2.45万亩。同时，制定并实施多花黑麦草、多年生黑麦草生产技术规程，以及基地项目管理办法、监理职责等，提高了优良牧草繁育建设管理水平，形成一套完整繁育体系。同年，四川高羊茅种子繁育基地列项开始建设，洪雅县被列为原种扩繁基地，眉山市东坡区、绵阳市涪城区、南充市高坪区及渠县为商品种子扩繁基地，种植面积共5000亩，并于3年后通过验收。

2003年，四川光叶紫花苕种子扩繁基地项目在凉山州的昭觉、布拖县和西昌市实施。

2004年，四川省草原研究所在红原县瓦切乡、四川省龙日种畜场分别建成川草1号、2号老芒麦种子繁殖基地共1.5万亩；在甘孜州甘孜县、乾宁种畜场和阿坝州茂县建成红豆草、披碱草种子繁殖基地2万亩，配套建立了牧草种子加工厂，播种、管理、收种全部实现机械化。

2005年，国家下达的高羊茅牧草种子基地项目通过省级验收，全省建成主栽草种繁殖基地面积已达10余万亩。

第二节　牧草引种与育种

一、牧草引种

1986年，四川省草原工作总站、四川省畜牧兽医研究所主持完成“四川省栽培当家品种区域试验”工作，共设置试验点33个，参试草种30个，选定12个牧草品种作为四川当家品种。涪陵、万县、达县等地在草山草坡人工种植牧草，引种试验草种30个，筛选适合栽培草种14个。1988年以来，4年间美国华盛顿州和荷兰种子咨询协会、德国艾伯特基金会分批赠送30个、50个、106个牧草品种，四川省选择72个试验点进行引种试验，筛选适栽品种和种植区域。

1988年，四川省草原研究所和四川省草原工作总站完成“川西北高原和盆周山区主要野生优良牧草的筛选驯化和栽培技术研究”，设置6个试验点，驯化野生牧草30种，筛选出适栽优良草种16种。

1990年，四川省畜牧兽医研究所引入德国黑麦草属牧草品种46个，在南江、成都作引种试验，选出7个首选品种，推广到南江、德阳等66个市、县，平均产草量提高40%以上。

1996年，甘孜州在丹巴、巴塘、甘孜、康定等县大面积推广箭舌豌豆、光叶紫花苕、聚合草等牧草品种。同时，组织12个县进行黑麦草试种观测和生产性试验，白玉、巴塘、理塘、九龙、新龙、炉霍、康定等7个县种植试验成功，牧草生长良好，产草量较高。

1997年，四川省畜牧兽医研究所在全省115县（市）和外省推广德日杂交萝卜品种，平均亩产达7568公斤，可作青饲料兼作蔬菜食用。

1998年，四川省从山西省引入普那菊苣、从新疆引入鲁梅克斯作引种试验。

1999年，四川省草原工作总站、甘孜州草原站在道孚县合作进行牧草选育试验，在数十个优良牧草品系材料中，筛选出抗寒、抗旱、高产性能材料13个，其中披碱草1个、鸭茅3个、紫花苜蓿9个。其中，紫花苜蓿最高产草量每亩达2710公斤，越冬率达90%以上。

2000年，四川由德国、美国引入高丹草，在德阳、眉山市洪雅等市县试种成功，每亩产草量达8000—12000公斤，适应性、抗病性、产草量高于杂交狼尾草，其营养成分与饲用玉米接近，被确定为四川农区推广的主栽品种之一。同年，四川省草原工作总站主持“退耕还草牧草品种组合”试验在广元、达州市和眉山市仁寿、洪雅县试验点进行牧草品种组合筛选试验，选出适合秋播品种50余个，其中多年生牧草品种6个，新引入品种6个；品种表现优异的阿伯德多花黑麦草，在仁寿每亩产草量7256公斤，在宣汉每亩产草量8227公斤；由丹麦、美国、德国引入多年生黑麦草12个品种、亩产草量在4750—5697公斤范围。高羊茅亩产鲜草4569—5020公斤。紫花苜蓿参试品种10个，亩产鲜草3600—5800公斤，能安全越夏越冬。鸭茅品种中，川东鸭茅在低水平追肥情况下，亩产8000公斤；皇竹草亩产8000公斤以上，且易种植，刈割次数多，但越冬性差。

2001年，四川省阳坪种牛场进行墨西哥玉米、籽粒苋、苏丹草、鲁梅克斯、小米草等品种生产性能测试。测试发现，由内蒙古引入的苏丹草产草量高，再生性强，草质柔软，营养价值高，建议生产上推广。

2002年，甘孜州畜牧业科研所在康定县采集到野生老芒麦原始材料，选择优良植株混合直播，经扩繁培育成20—48原种，于2004年育成新品系，植株高大，叶量多，草丛大，再生力强，与川草2号老芒麦作对比试验，表现优良。同年，四川农业大学草科系开展农区牧草混播技术研究，历时4年完成“宝兴鸭茅为主的混播技术”“牛鞭草为主的牧草混播技术”“扁穗牛鞭草+白三叶混播筛选”及“牛鞭草补播禾、豆牧草技术”“一年生牧草与饲料作物的季节轮作组合”等试验。同时，该系还进行了紫花苜蓿引种筛选，从12个品种中筛选出3个产量高且持久性较好的品种；引入50多个牧草品种在不同地理区域作比较试验，筛选出台畜2号杂交狼尾草、特高多花黑麦草、普拉菊苣、SAV96-1 鸍草等4个产草量高和抗病性好的品种。

2003年，四川省草原工作总站、四川省阳坪种牛场等单位合作，建成“四川长江草业研究中心”，拥有科研试验、品种繁育基地500亩及相关设施，进行种子生产技术研究、新品种培育等工作，完成扁穗牛鞭草丰产栽培技术试验，盆中地区亩产达4000—6000公斤，适合作奶牛青饲料。

2004年，凉山州雷波县畜牧局引入特瑞等4个紫花苜蓿品种作试验，确认均有推广利用价值，全县推广种植3000多亩。

2005年，四川农业大学和四川省草原科学研究院合作进行“川西北高原野生老芒麦居群穗部形态多样性研究”，对9个县13个地区的居群样本作遗传学分析，提出对其中遗传多样性高的居群进行保护，列入退耕还草、退牧还草工程的内容，免受外来物种入侵威胁。

二、牧草育种

1986年，四川省参加全国牧草育种委员会和牧草品种审定委员会工作，按照相关条例规定，对四川省内牧草品种进行登记、注册申报。

1987年，四川农业大学杜逸等在重庆市郊地带采集野生植物进行栽培选育，育成重高扁穗牛鞭草，亩产鲜草1200公斤，适于南方各省（自治区）的低温湿地种植。同年，四川农业大学杜逸等在广西壮族自治区采集野生扁穗牛鞭草，经多年驯化选育成广益扁穗牛鞭草，亩产鲜草9933公斤，适于海拔1500米以下的南方各省区种植。

1988年，四川省草原研究所盘朝邦等人从中国农业科学研究院畜牧研究所引入美国产原种，育成阿伯德多花黑麦草，产草量高，适于高原寒温气候区种植。

1990年，四川省草原研究所杨智永等人采集阿坝县当地老芒麦，用单株选择法，育成川草1号老芒麦品种，亩产干草量500—600公斤，适于川西北高原和山地温带气候区种植。

1991年，杨智永等人利用红原县当地老芒麦，用单株选择法育成川草2号老芒麦品种，产草量比川草1号老芒麦提高21.6%，利用年限延长1—2年，适应种植地区同川草1号，两者均属中熟品种。

1991年，四川省畜牧兽医研究所由瑞士植物研究所引入育种材料，经10年选育，育成勒普多花黑麦草品种，亩产鲜草6000—7000公斤，适宜四川盆地和长江、黄河流域省区种植。同年，四川省古蔺县畜牧局采用美国引入原种，育成斯波特大麦品种，亩产种籽512公斤，适应于四川、贵州中低海拔山区种植。四川省武隆县畜牧局采集当地野生种，经长期驯化育成涪陵十字马唐品种、亩产鲜草3000—4000公斤。

1994年，四川省草原工作总站和中国社会科学院合作，利用逸生种育成巫溪红三叶品种，亩产鲜草5640公斤。同年，四川省古蔺县畜牧局采集当地野生种育成古蔺鸭茅品种，亩产鲜草量3500公斤，适于四川盆周山区及川西北高原部分地区种植。

1995 年，四川省凉山州草原工作站王洪炯等人利用云南省引入材料，育成凉山光叶紫花苕品种，亩产鲜草量 3000 公斤，广泛适宜中国西南、西北、华北等山区种植。

1997 年，四川省雅安地区畜牧局培育出多花黑麦草新品系：YA97—2 和 YA97—17，通过省级鉴定。同年，雅安地区畜牧局与四川农业大学合作，育成川引拉丁诺白三叶品种，亩产鲜草 4000—5000 公斤，适于中国长江中上游多种地形区域种植。

2003 年，四川省草原工作总站、四川长江草业研究中心利用 20 世纪 80 年代引入的国外材料，育成长江 1 号苇状羊茅品种，亩产干草 566 公斤，适于四川眉山、广元、达州地区种植。同年，四川长江草业研究中心等单位利用达县草山草坡上采集的野生鸭茅育成川东鸭茅品种，亩产干草 1147 公斤，适于长江流域高温湿润的中低山区和平坝山区种植。

2004 年，四川农业大学、四川长江草业研究中心育成长江 2 号多花黑麦草品种，亩产干草 800 公斤，增产 12% 以上，适于长江中、上游的丘陵、平坝和山地温暖湿润地区种植。

第三节　牧草种子质量检验

1986 年，农业部根据西南片区种草业发展需要，批准在四川投资兴建四川牧草种子检验中心。1987 年，该中心获四川省编制委员会批准建立，主要承担牧草和草坪草种子质量监督检验、仲裁检验和委托检验等。1992 年和 2004 年该中心两次通过四川省质量技术监督局的计量认证，取得独立质量检验资格。

1987 年，四川省按照国际和国家有关种子检验技术规程，制定出《四川省牧草种子质量分级标准》，实验室检验包括田间检验、抽样、净度分析、发芽试验、生活力测定、水分及重量测定、健康测定、检验报告等多项实施细则，分级标准由四川省质量技术监督局 1989 年发布实施。分级标准品种包括多年生黑麦草、多花黑麦草、无芒雀麦、扁穗雀麦、老芒麦、苇状羊茅、冬牧 70 黑麦、白三叶、红三叶、光叶紫花苕等 17 个。1991—1993 年，四川牧草种子检验中心共检验来自美国和国内 12 个省（区）的 111 个牧草种子样品，含豆科、禾本科、菊科、苋科的 22 种属，代表种子批量 40 万公斤，多数为委托检验、测定，检测内容以发芽率为主。

1993 年，四川牧草种子检验中心对宣汉县多花黑麦草进行田间和室内检验，并进行了室内最适发芽温度试验和红豆草剥皮发芽试验的技术改进。同年，四川省在达川、万县、涪陵等地区开展盆周山区种草养畜项目时，发现国外进口白三叶、黑麦草种子未经质量检验，播种后造成近 10 万亩人工草场减产或无收，经济损失巨大。凉山州畜牧局由湖南省购回黑麦草 5 吨，经检验发芽率低，据此提出索赔，挽回了经济损失。

1995 年，省牧草种子检验中心完成委托牧草种子检验 50 批（次），代表种子量 7 万公斤，其中草坪草种子 29 批（次），包括美国、新西兰、加拿大等国进口种子，测定内容为发芽率、生活力、水份、净度、千粒重等。同年，在南坪、会东、宣汉、巫溪等 8 县进行优良牧草种子的室内检验，发现南坪县产阿伯德多花黑麦草品种退化，提出提纯复壮建议，第二年进行田间、室内的多项监督检验，已达到或超过国家一级种子标准。

1996 年，全省进行监督检查后，发现部分生产种子缺乏计划性、种子质量较差、筛选技术落后等情况，有关部门着手加强牧草种子监管。

1997 年，省牧草种子检验中心受托检验来自美国、新西兰、加拿大、丹麦等国和国内 5 省区的牧草种子共 9 个品种、23 批（次），代表种子量 10 万公斤。

1998 年，检验种子 25 批（次），代表种子量 5.15 万公斤。同时对多花黑麦草种子基地和鲁梅克斯 K-1 杂交酸模生产田进行田间抽样检验，检出不合格种子 3 批（次），并提出处理意见。

1999 年，四川省畜牧食品局发出文件，加强进口牧草种子、草坪种子的审核和计划管理，制定出审核程序、范围、质量检验和性状观测等具体措施。

2000 年，省牧草种子检验中心进行牧草种子室内检验 650 批（次），代表种子量 40 万公斤，创历史最高纪录，在国内同类站名列前茅。

2001 年，四川省牧草种子检验中心室内检验牧草种子 450 批（次），代表种子量 45 万公斤。修改制定“四川省种子质量分级标准”，增加草坪草类 33 个，加强对畜牧系统内企业的种子检验。同年，收集牧草种质资源材料 30 余份，合格送交农业部中心库入库保存 16 份。

2002 年，完成四川牧草种子检验中心实验室完善、改造与设备更新，检验样品 500 批（次），代表种子量 300 万公斤。同年，四川省人民政府颁布《四川省草种管理试行办法》，内容包括总则、种质资源管理与品种选育、品种审定、区试与推广、牧草种子生产与经营，牧草种子检验与检疫、奖励与处罚、附则。

2003 年，四川省畜牧食品局颁布《四川省草种经营登记备案管理办法》，明确了登记范围、遵守原则、经营条件、制度建立、登记手续、程序、有效期等内容。同年，发布《核发（四川省草种生产许可证）管理办法》，明确了办理范围、草种品种公告、生产企业必具条件、草种生产条件、制度、包装规格、质量监测、申报程序及材料、有效期、解释权等内容，加强了草种生产、经营方面的管理。

四川省志·畜牧志

第三篇 饲料饲草生产与监管

四川省气候温和、地形多样，除高原牧区外，其余地区农产品十分丰富。但因人口众多，以细粮生产为主，饲料资源有限。畜禽生产依靠农业提供大宗粮食及副产品，随着集约化畜牧生产的发展，饲料加工原料需求量增加，四川成为饲料粮消耗大省。据统计，1986—1988 年四川调入以玉米为主的粮食 36.8 亿公斤，同时调入大批豆类蛋白质饲料。四川酿酒业发达，1988 年，四川省干酒糟粉量产 100 万吨左右。因此，四川省开辟饲料资源的任务紧迫，20 世纪 80 年代，生产、科研单位开展多项研究和技术推广，在复合蛋白质、蚕沙、血粉、菌蛋白等方面取得成效。同时更加重视饲料工业的发展，建立机构，制定政策、法规条例，加强对饲料企业、市场和产品质量的管理监督，促进饲料工业的长足发展。到 1990 年，四川省有饲料企业 1661 家，年末双班能力 350 万吨，饲料产品产量 214.11 万吨。

20 世纪 90 年代，一大批大、中型饲料企业建成，内资企业以希望集团、通威集团为代表，外资企业以泰国正大集团为代表。饲料添加剂生产企业以龙蟒集团、四川畜科等为代表，生产的一批名牌饲料产品受到农民欢迎。大型著名企业开始步入西南、走出国门兴办饲料企业。企业内部的科技研发能力增强，为创新发展增添后续能力。此间四川饲料工业市场竞争加剧，小型企业不断淘汰。2000 年企业数降为 1245 家，双班产能力增加，年产饲料总量达 401 万吨。之后，饲料工业体系建设已趋完善，四川省饲料工业协会及其部分企业、法人代表，连续荣获国家和省级荣誉称号。科研开发和人才培养均出成果，四川省饲料工业保持着西部地区的龙头地位。

四川省饲草资源开发，在青贮、氨化方面成绩显著。饲料作物种植在聚合草、蕉藕、皇竹草、紫云英、光叶紫花苕等生产推广上获丰收。随着优良牧草在各地推广，人工种草喂畜禽逐步代替了一般饲料作物品种和天然饲草，干草和草粉颗粒为养殖户接受。

2005 年，四川饲料工业再上台阶。全省共有饲料和饲料添加剂企业 1241 家，工业饲料年总产量达 504 万吨，饲料工业总产值 173 亿元。四川饲料工业由作坊式加工，发展成机械化全自动生产和具有先进技术的现代工业，初步形成了适应四川省情的以加工工业为主体，饲料原料工业、饲料添加剂工业、饲料机械工业、饲料质量监测、饲料科研与技术推广相应发展的饲料工业体系，在助推四川省畜牧业发展中发挥了重要作用。

第一章 饲料工业

第一节 工业饲料生产

四川饲料工业生产始于20世纪70年代末，兴办之初由粮食系统、畜牧系统的国营单位领头。1979年9月，广汉县高坪粮站下属粮油加工厂建成四川省第一家机械加工的饲料生产小型企业——高坪饲料厂。四川肉猪和蛋鸡生产的快速发展，给饲料工业发展带来了极大机遇。在国家对饲料工业采取国家、集体、个人“大家办”的政策指引下，加之四川省大面积推广“双推五改”及“菜篮子工程”建设，各地畜牧部门争相发展饲料生产，新办饲料加工厂（点）遍地开花。此间，受经费投入等限制，饲料厂呈现规模小、设备简陋、产品单一的特点。

1987年，省人民政府批转省食品饲料工业领导小组《关于加快四川省饲料工业发展的意见》，对发展中的饲料加工工业提出“统一规划，合理布局，大、中、小型并举，以中、小型为主，调动各级各方面的积极性”的指导思想。1987年，全省加工添加剂预混料、浓缩饲料、混合饲料及配合饲料等各类饲料180万吨，其中畜牧系统生产各类饲料24.3万吨。1988年，畜牧系统生产饲料量增加到35.52万吨。

1989年，省人民政府转发四川饲料工业办公室和四川省饲料工业协会联合上报的《关于当前饲料工业发展中若干问题和意见的报告》，确定饲料工业采取“继续稳定发展，加快技术改造，大力开发资源，推行科技进步，调整产品结构，确保产品质量”的方针。1989年四川省新津县刘永好家族创建希望饲料公司，研制出中国第一个拥有自主知识产权的饲料产品，即希望牌1号乳猪颗粒饲料。随着经济体制改革的深化，国营和集体性质的饲料企业纷纷解体，四川省粮食、供销、畜牧系统的国营饲料厂先后转制，快速发展的饲料工业市场逐渐被私营企业占领。同时，饲料产品结构为适应畜牧业发展需求不断调整，其中猪饲料产品占79.5%，其次为水产饲料占14.9%，家禽饲料仅占5.6%。

1990年，全省饲料企业数1944家，年末双班生产能力475万吨，工业饲料总产量214万吨，工业产值11.4亿元。

1991年，峨眉电影制片厂拍摄完成《新崛起的饲料工业》，集中反映了四川新兴饲料工业发展壮大的历程，为中国第一部反映饲料工业题材的电视系列片。1992年，希望饲料公司扩展成立希望集团，是中国第一个由国家工商局批准的私营企业集团。同年，四川省原种猪场、香港屏山企业有限公司、广州市畜牧总公司合资在温江县兴建四川穗屏饲料有限公司，总投资3650万元，1994年建成年产配合饲料10万吨能力的大型饲料企业。

1993年，四川饲料加工机械制造行业迅速发展。全省制造饲料加工设备的厂家有12个，主要有四川畜牧机械厂、四川粮食机械厂、资中粮机厂、新都饲料机械厂等。四川畜牧机械厂改制后，发展成四川畜牧机械公司，生产各类饲料加工机械，特别是该厂自行研制的、自动化程度较高的万吨级饲料加工机械的成套设备，使全省饲料机械制造水平上了一个新台阶。新都饲料机械厂经过多年努力，可制造时产2—5吨的饲料颗粒机，成为四川省第一家制造中型饲料颗粒机的厂家。

1995年，全省饲料企业数1814家，双班生产能力787万吨，工业饲料总产量达381万吨，居全国第三位。饲料工业总产值73亿元。产品结构进一步调整，其中猪饲料所占比重有所下降，占67%；家禽饲料比重上升，占18%；水产饲料占9%，其他饲料占6%。

1996年，四川化工总厂与日本味之素株式会社合资建立的年产1万吨的饲料级赖氨酸生产厂——川化味之素有限公司，正式投产运行，填补了四川省无氨基酸生产企业的空白。川化味之素有限公司也是四川最早的中日合资企业。

1997年重庆市直辖后，四川工业饲料产量降至340万吨，居全国第七位。

2000年，全省饲料行业竞争加剧，饲料加工企业数降至775家，全省工业饲料401万吨，其中，配合饲料354万吨，浓缩饲料29.5万吨，添加剂预混料17.3万吨。饲料工业总产值106.5亿元。由于饲料企业之间相互压价以争夺市场份额，饲料产品的利润更加微薄，形成饲料总量增加，企业经济效益持续下滑的局面，饲料行业走入微利时期。饲料产品结构中家禽饲料比重大幅提高，在配合饲料中，猪饲料所占比重降至50%，家禽饲料比重提升到38%，水产饲料占11%，其他饲料仅占1%。“九五”期间，全省合理规划布局，鼓励和支持国家、集体、个人出资办饲料企业，积极创造条件，吸引外资来川投资兴业。到2000年，全省初步形成了以饲料加工业为主体，饲料原料工业、饲料机械工业、饲料添加剂工业以及饲料质量监测、饲料科研与技术开发为一体的较为完善的饲料工业体系。

21世纪后，四川饲料工业进入竞争时代，集团化、规模化成为发展方向。早期较为著名的，如南充岳池刘显合、绵阳安县刘定国等创办的老厂退位让市。四川省畜牧兽医研究院兴办的饲料添加剂总厂改制后成立四川省畜科饲料有限公司，形成集科研开发、生产经营、技术服务、进出口国际贸易为一体的科技型股份制企业，获“四川高新技术企业”“全国百强饲料企业”等称号。四川新希望集团发展为拥有93家独资或控股公司的企业，跃居四川民营企业第1位。以饲料工业为基础，拥有分布在华南、华中、西南、西北等地50余个厂家，生产饲料达200多万吨。同时，利用自身的技术、品牌和资金等优势、先后在越南、泰国、菲律宾等国建成饲料厂5家。通威股份有限公司从事饲料生产、主营水产饲料，并进行水产方面的研究和养殖生产，拥有多家饲料子公司，并在行业内率先通过ISO 9002国际质量体系认证。

2003年，省人民政府办公厅批转四川省畜牧食品局《关于贯彻落实促进饲料工业持续健康发展的若干意见》，四川饲料工业起点高、机制新、规模大、人才多，在全国名列前位，发展基础良好，发展意义重大。意见提出，四川要进一步推动全省饲料工业持续健康发展，必须要和调整产业结构、优化区域布局相结合；必须要和重点扶持及扶持三类企业相结合；必须要和科技成果转化及推广相结合；必须要和安全监管相结合。当年，四川饲料加工企业1020家，工业饲料总产量达452.6万吨，产值154亿元。饲料添加剂快速发展，其中饲料磷酸盐产量居全国第一，占全国产量的58.6%；饲料级赖氨酸产量居全国第二，占全国产量的近20%，涌现出一批新兴的明星添加剂企业，如四川川化味之素有限公司，赖氨酸年产量已达3万吨；成都大地饲料有限公司主营饲料调味素的研发和生产，除在本地建有企业分支，还在加拿大设有子公司。四川禾本生物工程有限公司生产酶制剂，拥有5000吨的酶类产品生产能力，产品销往多个国家和地区。

2004年，四川饲料企业规模化、集团化步伐加快，实力不断增强。全省饲料加工企业中年实产万吨以上企业达到55家，产量占全省饲料总产量的68%，年实产5万吨以上企业22家，产量占饲料总产量的51%，形成一批具影响、上规模、有效益的企业集团，如新希望集团、通威集团、华侨凤凰集团、龙蟒集团、三旺集团、巨星企业集团、成都蜀星饲料有限公司、隆生集团、正大集团等在全省乃至全国饲料行业中占据重要地位。2004年，省政府公告第六届四川名牌产品，饲料产品占8项。包括新希望集团的国雄牌猪、禽、鱼饲料，通威公司的通威牌鱼饲料，成都龙庆的龙庆牌饲料，金太阳公司的荣强牌预混饲料，铁骑力士公司的铁骑力士牌饲料，内江万千公司的万千牌饲料，精华企业的精华牌添加剂预混饲料，绵阳恒力通的恒力通亚牌预混饲料等。同年，通威集团的“通威牌”商标被国家工商行政管理总局商标局认定为“中国驰名商标”，成为中国饲料工业第二家获此称号的企业。

2005年，四川省饲料和饲料添加剂企业达1241家，工业饲料总产量达504.4万吨，饲料工业总产值为173亿元。年实产5万吨以上企业22家，10万吨产量企业14家，1万吨以上企业65家。饲料产品结构与全省畜禽养殖生产需求相适应，配合饲料中猪饲料占45.3%，家禽饲料占40.9%，水产饲料占11%，反刍动物饲料占1.4%。2005年，四川省工业饲料总产量已占西部地区12省市区饲料总产量的29%，继续保持西部地区的龙头地位。同年，四川省骨干饲料企业屡获殊荣。在中国饲料工业协会评选出的中国饲料企业30强中，四川新希望集团有限公司、通威股份有限公司、四川龙蟒集团有限责任公司上榜，四川新希望集团刘永好、通威股份有限公司刘汉元、华西希望集团陈育新、四川龙蟒集团李家权、四川省畜科饲料有限公司邝声耀5位企业家获全国优秀饲料创业企业家，获奖的企业和个人数均居全国第一。在中国饲料工业协会主持评选的“中国饲料行业信得过产品”中，四川省有25个产品获奖，其中包括四川川化味之素有限公司生产的饲料级L—赖氨酸盐酸盐；成都凤凰饲料有限公司生产的“凤凰牌”998、951、551乳猪配合饲料；成都正大有限公司生产的“威特牌”猪系列配合饲料；成都蜀星饲料有限公司生产的“创威牌”预处理饲料级硫酸铜、硫酸锌、硫酸亚铁等。同年，四川巨星集团的巨星商标申报“中国驰名商标”成功。新希望集团生产“国雄”牌猪饲料和通威公司生产的“通威”牌禽饲料荣登中国名牌榜。

“十五”期间，在市场竞争激烈的新形势下，为进一步做大做强企业，饲料企业纷纷投身产业化经营，不断延伸产业链条，积极探索与养殖户形成共赢的发展模式，取得显著成效。据统计，全省63家畜牧产业化省级重点企业中，饲料企业占27%，11家畜牧产业化国家级重点企业中，饲料企业占45%。探索出了多种成功的产业化模式，如企业主导型的通威模式、承包投资型的圣迪乐模式、科技驱动型的正大模式、结伙帮扶型的巨星模式等，它们各具特色，颇具创新，实现了企业发展和养殖受益的共赢局面。

第二节 饲料行业监管

20世纪80年代中期，四川开始重视饲料工业发展，将其作为一门新兴工业加以扶持。制定多种优惠政策，包括利润全留，3年内免征所得税，各级财政专项投资，银行贷款优惠等。1985年，全国饲料工作会议召开后，为进一步加强对饲料工业的领导，四川省成立以副省长为组长，有关厅局负责人为成员的“四川省饲料工业领导小组”。同年5月，“四川省兽药饲料监察所”成立，加强对饲料工业的领导及饲料产品、原料的质量监督管理工作。此间，四川饲料工业处于起步阶段，受各种条件所限，饲料品种以生产混合饲料及添加剂预混合饲料为主，市场出现小型企业生产的小包装之添加剂，内含赖氨酸、维生素、矿物质及药物等添加剂。部分农村赶场出现摆摊小贩，现场自配自销所谓的“瓢瓢药”，把产品成分分析证明复印件充作生产经营许可证等混乱情况。

1986年，四川省粮食局、四川省农牧厅畜牧局发出《关于菜、棉饼的安排及收购肥猪挂钩粮问题的通知》，以保证各地生产饲料用饼。同时，省农牧厅畜牧局针对饲料市场混乱状况，发出《关于严禁非法生产、销售饲料添加剂的通知》，四川省工商行政管理局发出《关于禁止非法生产销售饲料添加剂有关问题的补充通知》，四川各地相关部门加强检查、处理，使管理混乱、产品质量低劣的情况有所改善。

1987年2月，省政府决定在原饲料工业领导小组的基础上充实组成“四川省食品饲料工业领导小组”，下设饲料工业办公室四川省计划委员会分设后，省政府将该办公室划归省经济委员会管理，负责全省饲料工业的统筹、规划、协调工作。9月22日，省政府办公厅批复省食品饲料工业领导小组，同意成立四川省饲料工业协会。10月17日，召开第一届会员代表大会，通过《四川省饲料工业协会章程》《四川省饲料工业协会名誉会长　会长　副会长　秘书长　副秘书长　常务理事名单》《四川省饲料工业协会理事名单》。11月14日，省兽药饲料监察所对外使用四川省饲料产品质量监督检验站之名，承担全省饲料产品质量监督工作。

1988年，四川省兽药饲料监察所通过法定认证，建立四川省饲料标准化技术委员会，将饲料工业标准化纳入行业管理，并开展对饲料添加剂厂的复核审批，抽查饲料厂的产品质量共311家。同年，省技术监督部门在省粮食、畜牧部门、成都市技术监督局分别建立职能相同的3个饲料质量监测站。

1989年3月，四川省饲料工作总站成立，设办公室、饲料质量检测室、饲料卫生检测室、饲料生产开发科。负责全省农牧系统饲料的生产管理、质量监督检验和先进技术的开发。

1992年5月，省政府成立四川省畜牧食品办公室，将省饲料工业办公室划归四川省畜牧食品办公室管理。12月，省机构编制委员会《关于调整省畜牧食品办公室内部机构等问题的通知》明确，在省食品饲料工业领导小组的饲料工业办公室的基础上组建成立饲料工业处。饲料工业处职能为负责贯彻执行国家有关饲料工业的方针、政策；会同有关部门制定全省饲料工业的发展战略、规划和质量标准；指导全省饲料工业发展；归口管理全省的饲料工作，管理、保护饲料资源，搞好资源的综合开发和合理利用；协助组织全省饲料监测和质量检验工作。

1998年，为进一步规范四川省猪用浓缩饲料的生产，提高猪用浓缩饲料产品质量，省饲料工业办公室提出、省饲料标准化技术委员会起草全省强制性地方标准《猪用浓缩饲料》，经省质量技术监督局批准发布，标准编号为DB51/269—1997。该标准的发布实施规范了浓缩饲料生产，防止了以预混料冒充浓缩饲料的情况。

1998年，农业部饲料质量监督检验中心（成都）完成全国配合饲料统一检验的云、贵、川、藏4省（区）共167家企业，368批产品的抽样检验。该中心于1998—2001年，完成对西南片区及湖南、广西等省（区）的饲料添加剂质量跟踪检验，共200批（次）。此间对上海、山东、江苏、重庆、湖南、广西等省（区、市）送检的饲料和水的药物检验共24批。

1999年，是饲料行业的法制年。国务院发布饲料行业第一部行政法规《饲料和饲料添加剂管理条例》，颁布饲料行业重要的强制性标准——饲料标签标准，农业部同时发布《饲料添加剂和添加剂预混合饲料生产许可证管理办法》《饲料添加剂和添加剂预混合饲料产品批准文号管理办法》及《进口饲料和饲料添加剂登记管理办法》等。同年，四川省通过农业部和国家计量双认证建成部级饲料质检中心 1 个，即农业部饲料质量监督检验测试中心（成都），四川省技术监督部门授权的省级饲料质量检测站 3 个，加上各级成立的产品监督检验所和各企业建立的饲料检验室等，初步形成四川饲料质量监测体系，为全省饲料产品质量监督工作奠定良好基础。1999 年，全省饲料产品合格率达 93. 6%，较 1990 年提高 41 个百分点。

1999 年，四川省国家税务局下发《关于加强对饲料生产经营企业征免增值税管理的通知》，通知对申请免征增值税的饲料产品的检测数量作出规定，同时规定生产销售的饲料产品质量不合格者，一律按规定征收其增值税。此举进一步推动全省饲料行业发展和饲料质量安全水平不断提高。

2000 年，四川在执行实践工作中发现存在诸多问题，包括由于现行标准制定周期长，标准已显老化；或有标准、缺操作方法；或已有检测方法标准，但不能满足饲料质量监督和管理要求等。尤其是饲料企业标准化，存在指标偏低或指标不全和企业质量管理水平低等问题。个别企业在饲料中滥用药物或不规范用药，以及超范围或超剂量使用兽药等问题严重。加之各级质量监督检查缺乏协调统一，造成重检、空检、乱收费等问题。同年，省政府发布《四川省（饲料和饲料添加剂管理条例）实施办法》，次年修正后再次发布。2000 年，经四川编制委员会办公室（以下简称“省编办”）批准，四川省饲料工作站增挂“四川省畜产品安全检测中心”，负责四川省畜产品安全检测和监控工作，将饲料质量以监测为主，转移到以安全检测为主的轨道上来。2001 年，增挂“四川省饲料监察所”牌子，使四川饲料监督管理和畜产品安全检测工作得到进一步加强。

2001 年，四川认真执行国家标准《饲料卫生标准（GB 13078—2001)》，严格按照规定的饲料、饲料添加剂产品中有毒有害物质的允许量执行。认真执行农业部下达的“禁止使用动物性饲料喂反刍动物”通知，在全省开展饲料市场打假专项行动。广东省河源市发生含盐酸克伦特罗（俗称“瘦肉精”）猪肉导致群众集体中毒事件后，全省把查处非法生产、经营和使用盐酸克伦特罗等违禁药品的工作列为“打假”重点，有针对性地采取措施，认真做好预防和打击非法制售、使用盐酸克伦特罗的专项斗争。在市场整治工作取得阶段性成效后，及时召开全省饲料质量安全情况新闻发布会，通报全省饲料质量安全情况，组织 30 个重点饲料企业向全省同行提出倡议，作出“不在饲料中相关违禁物品”的承诺。省政府和有关厅局领导、包括人民日报和新华社的 40 多个新闻单位、企业和相关单位的代表共 130 多人出席会议，副省长陈文光在会上讲话。组织召开“2000 年度饲料质量安全抽检不合格企业整改培训会”，加强对企业遵纪守法与饲料质量安全方面的教育，全国饲料工作办公室处长杨振海专程到会指导。按《四川省〈饲料和饲料添加剂管理条例〉实施办法》的规定，结合市场专项检查，对全省的饲料企业进行了逐一清理、整顿，对生产条件达到要求的 700 多个配合饲料、浓缩饲料、饲料原料企业核发“生产条件审查合格证明”，有效提高四川省饲料行业的生产水平。同年完成抽检动物饲料和饮水共 1500 余批次，饲料产品合格率达 91%。

2002 年，全省饲料产品质量进一步提高，其中饲料中违禁药物检测合格率达 98% 以上，饲料产品合格率达 91% 以上，优质安全饲料已成为行业主流。2002 年，四川省认真贯彻执行新修改的《饲料和饲料添加剂管理条例》、四川省的实施办法以及最高人民法院最高人民检察院关于“办理非法生产销售使用禁止在饲料和动物饮用水中使用药物等刑事案件具体应用法律若干问题解释”精神，加大对“瘦肉精”等违禁物的整治和打击力度。建立违规违法饲料企业登记卡，把违法企业名称、内容、次数记录在案，重点监控，对屡教不改的企业从重处罚，情节严重的取消其从业资格。通过整治工作，四川省的饲料产品质量安全得到了较大的提高。2002 年，四川省总共抽检 3933 个样品，其中，配合饲料和浓缩饲料 930 批，合格率 91.9%；添加剂预混料 401 批，合格率 91.5%；饲料/水 310 批，药物检测合格率 97.1%；猪饲料和饮水 374 批，未检出“瘦肉精”。

2003 年，为贯彻好法律法规，加强执法工作奠定基础，四川重点开展饲料管理执法人员培训。分攀西、川南、川北、川西、川东 5 个片区，对 18 个市州的市级县级饲料执法人员共计 400 多人次进行了培训，开系统从省到县直接培训的先河。同时在全省饲料工作会上首次对全省饲料执法先进集体和先进个人进行表彰，农业部畜牧兽医局副局长秦亚兵、全国饲料工作办公室处长杨振海专程到会祝贺，极大地调动了基层饲料管理和执法工作者的积极性。当年，全省抽检 600 家饲料企业的 1530 批产品，产品合格率达 92%。2004 年，继续深入开展饲料打假工作，整治饲料市场。针对各地在执法实践中存在的问题，加强执法工作的专题调研，及时下发《关于进一步明确饲料执法中有关问题的通知》，对生产条件审查合格证明、“瓢瓢药”问题、“一袋多包”问题、产品组成成分未经国家审定公布等问题进行了明确和界定，加强了对基层执法工作的指导。2004 年，四川省认真执行农业部发布的《动物源性饲料产品安全卫生管理办法》，对生产、销售和使用环节的动物性饲料原料进行监检，并首次对牛、羊饲料中牛羊源性成份开展监测。同年，为提升行业准入条件，促进行业整体素质的提高，省畜牧食品局制定下发《全省饲料和饲料添加剂生产、经营企业基本条件》，从人员、厂房、设备、检化验设施、管理制度等五个方面，提出了更加具体、明确的要求，同时要求 2004 年所有新建企业均必须严格按照基本条件要求筹建，2005 年全省所有饲料企业必须全部达到基本条件要求。2004 年，农业部决定在全国饲料行业开展 HACCP（危害分析和关键控制点）试点工作，四川省是农业部确定的试点省份之一。

2005 年，以违禁药品治理和规范药物使用为重点，全省开展饲料市场专项大检查。省政府高度重视，省政府办公厅连续发出《关于认真抓好动物源性食品药物残留控制工作的通知》和《关于加强出口肉类食品安全管理工作的通知》，全省积极响应，认真贯彻落实，深入饲料企业库房和养殖场，开展突击排查工作，查库房、查记录、查制度，广泛宣传，排除隐患，整治工作取得显著成效，全省未检出“瘦肉精”。省畜牧食品局获农业部、公安部联合授予“全国瘦肉精等违禁药品专项整治工作先进集体”称号。针对规范饲料经营市场这一执法工作难点，省畜牧食品局选择影响大、集中度高的成都静渝路饲料兽药市场进行整治和规范试点，提出建立“着力治本、标本兼治、打防结合、综合治理”的长效机制要求，成都市农牧局执法支队具体负责组织实施。认真贯彻《动物源性饲料产品安全卫生管理办法》，对生产动物源性饲料生产企业，严格按照农业部规定的考核标准进行审核，当年有 28 家企业获动物源性饲料安全卫生合格证。

2005 年，全省共抽检饲料产品 1279 批次，合格 1232 批次，产品合格率 96.3%。养殖场中的饲料和饮水药物检测合格率 99.1%，饲料产品中盐酸克伦特罗和安定的检出率为零，牛羊饲料中动物源性成分的检出率为 0.3%，质量安全水平位居全国前列。

到 2005 年，全省 21 个市州局中从事饲料管理人员有 62 人。181 个县（市、区）中，设饲料办公室 60 个，合并办公的有 76 个，未设机构但有专职人员的有 40 个，有 5 个县未建立饲料管理机构亦未有专人负责。“十五”期间，省饲料工作站累计完成饲料和饲料添加剂产品监督检验 8846 批

（次），委托检验4320批（次），海关属性证明检验134批（次），免税检验7532批（次），同时，完成有关生产许可证检验和批准文号检验共211批（次），其他检验957批（次）。同年，农业部饲料质量监督检验测试中心（成都）主持的“液相色谱——等离子质谱仪联机测定有机砷制剂中的无机砷含量”项目研究成功。

第三节　饲料质量监督检验

1986年，省编办批准成立四川省饲料工作总站，任务之一是负责全省工业饲料质量的检测化验。改革开放初期，四川畜牧业规模化、集约化养殖生产发展，对介于种植业、养殖业和工业之间的饲料工业要求迫切。饲料工业的发展为满足畜禽对营养的需要，降低生产成本，提高饲料利用率，对畜牧生产迈向商品化、标准化起到有力促进作用。在饲料生产处于发展初始阶段，饲料质量监测工作尚属空白，存在机构人员少、设备简陋、检测标准低且缺乏的状况，饲料质量监督检验工作很难开展。

1987年，四川省饲料工作总站开展实验室建设，其实验室（四川省饲料产品质量监督检验二站）通过四川省技术监督局的审查和计量认证，1988—1996年，四川省饲料产品质量监督检验二站对饲料产品实施定期监督，每年监测饲料三四十个批次，主要监测常规营养指标，受检测判断标准、检测仪器和人员等因素的影响，对涉及饲料安全的有毒有害物质的检测项目开展甚少。在此期间，四川省饲料工作总站还组织和参与全省饲料饲草资源开发的大面积技术推广项目，主要包括苕藤和玉米秸秆青贮、秸秆氨化等，取得良好经济效益。实行技术人员分流，兴办经济实体，先后围绕专业兴办四川省畜牧饲料总公司和川王饲料厂，在成都市龙舟路建成四川兽药、饲料批发市场，畜牧科技人员“下海”经商，路径探索经济创收，但因种种原因，成绩并不理想。

1997年，随着饲料工业的发展，各级政府和部门对饲料质量更加重视，在省财政和农业部的支持下，四川省饲料工作总站筹建的部级饲料检测机构“农业部饲料质量监督检验测试中心（成都）”通过国家技术监督局的计量认证和农业部的审查认可并开始开展工作。

1997—2000年，四川省饲料工作总站配合饲料管理部门，连续4年对群众反映质量问题较大的猪用浓缩饲料进行市场抽检，猪用浓缩饲料的合格率从1997年的不足10%逐步上升，2000年达49.1%。

1998年，四川省饲料工作总站首次对四川省的配合饲料生产企业实施统检，检测部分营养指标如粗蛋白和个别卫生指标如黄曲霉毒素B_1，配合饲料的合格率为75.7%。其中不合格指标主要是黄曲霉素B_1。同时，发现省内不法企业偷售“甲状腺素”及非法商品的简介，使用效果和注意事项的宣传品，及时上报四川省畜牧食品局和四川省财政厅。

1999年年初，省饲料总站组织开展全省饲料生产企业所用原料的摸底调查，调查区域包括成都、眉山、绵阳、遂宁、资阳等市在内的饲料生产区，共调查饲料企业126家，其中配合饲料、浓缩饲料生产企业90家，预混料生产企业36家。调查主要内容为禁止在饲料中添加的兽药和非饲料级添加剂等，主要检查原料库房。结果查出配合饲料、浓缩饲料库房存放违禁物的71家，查出的违禁物包括呋喃唑酮、氯霉素、碘化酪蛋白等；预混料库房违禁物包括镇静、安眠药，如安定、喹宁、氯丙嗪等，以及无饲料批准文号的工业级矿物质添加剂。同年，国家饲料检测中心对包括四川在内的5省（区）进行饲料中药物摸底检测，四川省有4个饲料产品检出违禁物呋喃唑酮。为确保饲料质量检验数据的公正准确，农业部饲料质量监督检验测试中心（成都）受四川省质量技术监督局委托，组织全省69家法定或授权的饲料质检机构和10家大型饲料企业检验室进行比对试验。此外，与国家粮食局粮油检测中心（成都）进行了氨基酸自动分析仪比对；与国家饲料质检中心（北京）、农业饲料质检中心（广州）、重庆市饲料监察所等单位进行多项仪器的比对。

2000年，经过充分的调研和讨论，四川省饲料工作总站制订《全省饲料质量安全监测计划》，将饲料监督检测工作重点从检测营养指标为主，转移到检测与饲料安全卫生相关的有毒有害物质方面。同年，四川省首次开展以“瘦肉精”、呋喃唑酮、乙烯雌酚（雌激素）、安定为主的违禁物专项监测，违禁物检出率达45%。

2001—2005年，为适应饲料安全监测的工作需要，在部、省有关部门支持下，省饲料总站完成了实验室扩建，实验室面积达1000平方米，先后购置了氨基酸自动分析仪，多功能药物快速检测仪，原子吸收分光光度计等高级仪器11台。2002年，省编办批准在四川省饲料工作总站增挂“四川省饲料监察所”的牌子。2004年和2005年，农业部饲料质量监督检验测试中心（成都）先后4次参加了农业部组织的饲料比对考核，全部合格。2004年，该中心通过国家认监委组织的突击性“飞行检查”。

四川省饲料工作总站先后承担农业部下达的2001年度、2002年度、2003年度全国饲料与饲料添加剂质量跟踪检查对四川的监测；2001年度对养殖企业“饲料/水”的药物检查；2002年度、2003年度对全省的“瘦肉精”专项检查；2004年度、2005年度对全省饲料普遍性安全因素检查，饲料、饮水及猪尿中药物抽查，动物源性饲料及牛羊饲料中牛羊源性成份检测等任务。承担了四川省畜牧食品局安排的连续5年以“瘦肉精”为重点的饲料安全监测和2001年到2005年每年一次的饲料免税质量监督检验等监督检验工作，监测内容主要包括盐酸克伦特罗、呋喃唑酮、乙烯雌酚（雌激素），安定、氯霉素、苏丹红、孔雀石绿等违禁物，喹乙醇、金霉素、土霉素、四环素等兽药，铅、砷、镉、汞、铬、氟、黄曲霉素B1、沙门氏菌等卫生指标和粗蛋白、主要微量元素铜、锌等营养指标。5年共计抽检样品14633批，检测指标近6万项次。其中，2001年2174批，2002年3082批，2003年2848批，2004年3100批，2005年3429批。据统计，2001年，饲料产品的质量合格率不足80%，此后逐年提高，2004年和2005年均达90%以上，饲料中违禁药的检出率也从2000年的45%下降到1%以下，未检出一例“瘦肉精”。

四川省饲料工作总站除开展监测工作外，还承担部分地方标准和农业行业标准的制定工作，承担对饲料企业检化验员的技术培训和社会委托饲料样品的检测工作。2002—2005年，先后完成《猪用浓缩饲料》《无公害畜产品　肉猪用饲料安全要求》等23个地方标准，完成了农业部下达的《饲料用甲酸》《饲料中氢化可的松的测定》《饲料中胆固醇的测定》3个行业标准制定工作。开展“液相色谱——等离子质谱仪联机测定有机胂制剂中的无机砷含量”研究，该论文选入中国科学技术协会（以下简称中国科协）2005年学术年会论文集，并在研讨会上进行交流。2001—2005年间，每年都举办1—2期饲料质检人员培训班，共培训人员700多人次。5年中委托检验样品共计7166个，其中：2001年856个，2002年1130个，2003年1378个，2004年1664个，2005年2138个，委托检验样品的数量以每年20%以上的幅度递增。

第二章　饲料饲草资源开发

第一节　饲料资源开发

一、饲料资源开发

1986年，四川农业大学等单位联合开展调查四川省饲料资源情况。据统计，共有8类140多个品种，各类饲料总量达782.93亿公斤（按风干物计），其中精饲料181.13亿公斤，包括谷实、豆类、饼粕、糠麦、薯类等及动物蛋白质饲料。按资源产量排位、区域分布情况主要为盆地丘陵区，其次为川西高原区、盆周山区、川西南山区及成都平原区。饲料资源种类，按其性状和粗纤维含量划分，包括精饲料（玉米、薯类、洋芋、豌豆、小麦和其他籽实料），副产品饲料（麦麸、蚕蛹、各类糟粕、饼类、杂骨、畜血、药渣、糖糟）、蛋白饲料（黄豆、豌豆、葫豆及菜籽饼、棉籽饼、茶籽饼及蚕蛹、肉粉）。调查表明，四川饲料资源中，蛋白质饲料和谷实饲料严重不足，加之本身是饲料消耗大省，因此工业饲料加工中，外购饲料粮的依赖性很强，加快饲料资源开发任务十分迫切。同年，四川大学、四川省草原研究所，在成都和德阳广汉、达州开县作开发畜禽屠宰副产品生产复合蛋白质饲料原料的新工艺，之后在开县建成千吨复合蛋白质饲料原料厂1座。成都制革总厂在废皮渣中提取高蛋白质饲料成功，在邛崃市建成生产车间。同年，四川省畜牧兽医研究所研究微机筛选饲料配方技术成功。

1987年，四川省畜牧兽医研究所在成都奶牛场推广奶牛配合饲料实用技术。此前，四川的奶牛专业户普遍采用谷实饲料粉碎生喂，部分精料调配成汤糊料；热水浸泡或蒸煮成糊状冬季饲喂；大麦、玉米发芽打浆等方法饲喂。同年，四川省畜牧兽医研究所，推广菜子饼在蛋鸡饲料日粮中应用。1988年，南充地区各地畜牧系统利用下脚料生产蛋白质饲料达21.55万吨。1989年，成都生态经济研究所采用菌种发酵血粉，生产蛋白质饲料。同年，四川省养猪研究所进行红薯饲喂肉猪的研究，四川省兽药监察所进行畜禽生长素质量标准的研究。这些均为开发饲料资源做出成绩。

1991年，四川省各地普遍加强饲料资源开发利用的研究应用，包括南充地区畜牧局开发蚕沙作猪饲料在营山、南充、蓬安等县应用；乐山市饲草站推广种植蕉藕作猪饲料在仁寿、犍为、沐川等县取得成效。中国科学院成都分院生物所研究淀粉废渣制造饲料菌蛋白的生产。1992年，四川农业机械研究所研究鸡粪作再生饲料的加工技术，四川省农业科学研究院水稻所完成大曲酒糟喂猪推广，四川农业大学完成猪血酵解生产发酵血粉。之后5年内，四川省饲料工作站进行红苕与浓缩料、预混料的配制技术推广；四川省养猪研究所推广酒糟合理利用；四川省畜牧兽医研究所研制成功畜用营养食盐舔砖投入市场应用于牛羊；四川省畜牧兽医研究所邝声耀等人研制饲用复合维生素成功，推广到生产中。这类推广极大地开发了四川饲料资源。

二、饲料原料生产

1995年，四川省饲料原料生产企业迅速发展，其中包括井研县生物技术开发公司，主要产品有蛋白胶、骨粉、肉粉、羽毛粉等，年产量达2200吨。成都长城饲料醇母厂年生产酵母粉0.5万吨以上，四川省饲料硫酸锌厂采用先进技术，年产量6000吨。此间，四川省酿酒业参与酒糟粉的开发，有五粮液集团饲料公司，年产干酒糟粉达5万吨以上；宜宾伏特加公司年产干酒糟粉2万吨以上。仅宜宾地区年生产干酒糟粉千吨者已有10余家。干酒糟粉因其水份在9%以下，粗蛋白含量达14%—18%，且价格低廉，适用于猪、牛、羊和鱼作饲料，广泛用于养殖生产。

2000年，四川龙蟒集团有限责任公司生产龙蟒牌饲料级磷酸钙30万吨，饲料级磷酸二氢钙2万吨，成为亚洲最大饲料级磷酸盐生产商。产品销往全国各地，并远销韩国、泰国、新加坡和日本、澳大利亚等国。之后，在云南投资更大规模工厂，实现“硫—磷—钛”循环经济产业链，生产能力翻倍。至2005年，四川省已是中国第四大磷矿储量和磷矿石产地省，次于湖北、云南和贵州省，而磷酸钙盐类饲料添加剂产能已占全国的60%。四川磷资源生产优势集中在德阳地区，生产企业主要有宏达集团、蓥峰实业、华清干磷矿等。此外，四川饲料企业科技研发能力随之增强，大中型饲料企业先后分批建立技术研究机构和试验基地。四川省科研院校充分发挥研发力量，其中四川农业大学动物营养研究所、四川省畜牧兽医研究院动物营养研究所、饲料所，西南民族大学、四川大学等先后参与宏观规划、动物营养、产品质量安全、资源开发利用及产品配方筛选、饲料加工技术等方面的研究和示范推广。同时，通威、铁骑力士、眉山万家好、华西希望、四川畜科等企业依托四川农业大学国家级重点学科的能力，合作建立博士工作站，搞科技研发，把成果应用于企业生产中。2003年，四川峨眉山盐化工业（集团）股份有限公司的福利预混饲料厂生产的畜用营养舔砖C-1型、GS-Ⅱ型大批量生产投入市场。2005年，四川省畜科院研发的中华富锌康、中华富铁康、中华超甜素、中华红又亮系列新产品大量推广到生产。

第二节　饲草资源开发

一、主要饲草资源

四川饲草资源十分丰富，除牧区、半农半牧区有辽阔的天然草原、山区分布零星草地外，还有平原、丘陵区农闲田、荒坡地以及林、园隙地、水域旁地生长天然饲草植物，可供畜禽采食。四川农作物副产品包括稻草，统糠，玉米秆（芯）、叶及大小春作物的秸秆也是巨大的饲草资源原料。

1986年前，四川省千家万户争养猪，主要靠大量收集天然饲草喂猪，俗话说“猪吃百样草，看你找不找”，降低了农家养猪成本。农户饲养牛、羊、兔、鹅也广泛收割、贮藏、饲喂野生饲草或农作物秸秆。1986年，四川历时3年完成收集和整理、出版《四川牧草、饲料作物品种资源名录》，其中饲料作物品种有16科、25属、109份品种。主要栽培饲料作物包括禾本科饲料作物有玉米属的5个品种，如简阳狗牙齿、成黄三交、彭县二金条、南充秋子等；蓼科饲料作物的荞麦属5个品种，如昭觉甜荞、康定甜荞、昭觉苦荞、康定苦荞、湖南野荞等；旋花科饲料作物有甘薯属7个品种，如南瑞苕、红皮早、胜利百号、遂宁二号、52-45、水蕹菜、荣昌水蕹菜等；茄科饲料作物有茄属5个品种，如9-35、7032-2马铃薯、巴白白、布拖马铃薯、康定马铃薯等；美人蕉科饲料作物有美人蕉属1个品种即川畜102号蕉藕。豆科饲料作物豌豆属8个品种，如越西豌豆、康定豌豆、团结豌豆、团结二号、新华五号、麻豌豆、红矮豌、成都6号等。野豌豆属26个品种，如青皮胡豆、新都小胡豆、湖北紫苑、大白胡豆、红胡豆、奉116-6、康定胡豆、“安×上”胡豆、“上×大”胡豆、“上×建”胡豆及温江油苕、彭县油苕、西昌油苕、夹江油苕、洪河花苕、江苏早苕、灌县大苕、藤湖苕一号、光叶紫花苕、西牧324、西牧333/A、西牧333、6625箭舌豌豆、康定箭豌、汉中早苕、宿玉苕子等。黄芪属3个品种，如川西平原紫云英、西昌马苕、省农54等。菜豆属和刀豆属6个品种，如瓦斯乡刀豆、泸定绿豆、泸定小豆、039赤豆、康定四季豆、紫巴山豆等。藜科饲料作物甜菜属5个品种，如四季牛皮菜、青秆牛皮菜、卷心牛皮菜、泸桥牛皮菜、玛尔斯等。小葵子属2个品种，如小葵子、串叶松香草等。胡芦科饲料作物南瓜属3个品种，如康定南瓜、盐源大白瓜、常熟老瓜等。十字花科饲料作物芸苔属8个品种，如四月蔓、冬瓢羹菜、康定小白菜、康定大白菜、康定卷心菜、芫菁、布拖芜菁、红原园根等。萝小属2个品种，如康定萝卜、成都白萝卜等。苋科饲料作物苋属11个品种，如天星苋、芬兰苋、湖南猪苋、东农76-007、云南千穗谷、威远水红苋、捷克苋、西农田心米、肇源苋、东农76501、雁来红苋等。伞形科饲料作物野胡萝卜属和水芹菜属3个品种，如江津胡萝卜、成都胡萝卜、大叶水芹菜等。紫草科饲料作物聚合草属2个品种，如朝鲜聚合草、日本聚合草等。天南星科饲料作物芋属1个品种、如四川盆地水芋。大藻属1个品种水浮莲。满江红科饲料作物满江红属2个品种，如乐至红浮萍、细绿萍等。雨久花科饲料作物凤眼属1个品种金堂水葫芦。这批驯化选育的饲用作物品种，主要为解决四川养猪和水禽饲草为目的，长期为四川省畜牧业发展提供了丰富的资源。同时，调查总结出品种性状、适应区域、饲用价值和利用方式，乃至栽培技术要点等，为推广作物种植提供科学依据。

二、饲草资源开发

1987年，四川被列入全国青贮饲料推广重点省后，各地努力改进完善塑料薄膜青贮技术，并制定《塑料薄膜青贮操作规程》。青贮品种由红苕藤、玉米嫩秆、苕子等，扩大到牛皮菜、花生藤、紫云英、胡豆苗等。青贮饲料由喂猪，扩大到饲喂其他畜种，包括牛、羊、鹅、鸭、兔等。青贮饲料袋很适合农家使用，调节平衡了饲草季节性供应。1990年，四川省青贮饲料量达80.53亿公斤，处于全国领先地位。此时，四川奶牛场及专业户广泛推广青草半干青贮、稻草碱化、稻草或玉米秸秆发酵等饲草处理技术。

1989年，四川省畜牧兽医研究所完成刺槐叶、光叶紫花苕和多花黑麦草饲喂生长猪和育肥猪的饲养试验。次年与四川省草原工作总站合作完成草粉生产技术及猪日粮中草粉合理利用推广。同年，四川省各地开始推广氨化玉米、稻草秸秆喂牛、羊试验和示范。1992年，四川省列入全国秸秆养牛示范县项目，叙永县成为首批全国10个示范县之一，由此带动了四川省农区利用秸秆资源发展牛、羊养殖。四川省饲料工作总站在雅安、达县、绵阳等地10个县开展省级秸秆氨化养牛（羊）推广项目。同年，利用国际农发基金贷款的秦巴山区项目，在雅安、荥经、巴中、苍溪、剑阁、平昌等市县完成氨化秸秆1.16万吨。四川省完成氨化秸秆1.5万吨。此后，各地相继开展此项工作，其中，涪陵地区氨化（青贮）秸秆740吨，万县地区氨化秸秆2500吨，使用尿素100吨，在开县、巫溪、云阳、忠县、奉节、五桥、天城等县、区建氨化池6834口，贮料90.4万公斤。凉山州氨化秸秆

22.6 万吨。1997 年，甘孜州在康定、泸定、丹巴、九龙、雅江等县全面开展氨化秸秆达 250 吨。广安地区氨化秸秆、青贮 22.36 万吨，青绿饲料青贮 50.7 万吨。

1997 年，四川省充分利用农闲田种植以牧草为主的饲草作物，包括墨西哥玉米、光叶紫花苕、春箭舌豌豆等 13 个品种，种植面积达 405.98 万亩，种植地区主要分布在乐山、凉山、雅安、广元、达川、遂宁、绵阳、广安、巴中、南充、宜宾等 16 个市（地、州）。

2000 年，四川省简阳、天全、富顺等县列为国家级秸秆养畜示范县，两年间完成青贮饲料 1560 万吨，氨化秸秆 395 万吨，极大地推动养羊生产发展。之后，四川省再次修改《青贮氨化玉米秸秆调制和使用规程》，生产技术更加规范完整。2004 年，随着人工种植优良牧草大量增产，简阳市等地养殖企业联合有关科研单位进行“黑麦草、牛鞭草草捆裹包青贮技术研究”，但因拉伸膜裹包成本高，推广到生产中较为困难。

四川省志·畜牧志

第四篇　兽医兽药

四川气候多样，畜禽种类较多。动物疫病既有南方常见疫病如血吸虫病、鸭瘟、鸭肝炎、鸭浆膜炎、小鹅瘟等，又有北方常见疫病如布鲁氏菌病、马传贫、马鼻疽和南北方均有的猪瘟、猪丹毒、猪肺疫、牛和羊的一些常见病等。

1986年以来，围绕贯彻落实《中华人民共和国动物防疫法》（以下简称《动物防疫法》）和国务院《家畜家禽防疫条例》，省人大常委会、省政府制定《四川省〈中华人民共和国动物防疫法〉实施办法》《四川省无规定动物疫病区管理试行办法》等地方性法规、规章，抓动物疫病预防和控制。按照国务院兽医管理体制改革的意见，省政府出台《关于推进兽医管理体制改革的意见》，在全省建立兽医行政管理、动物防疫执法监督和兽医技术支持三大体系，将乡镇动物防疫队伍纳入动物防疫体系由县级统一管理、统一预算，村防疫员由财政给予防疫补贴，解决了几十年基层动物防疫“断线”“不稳”的老大难问题。

在疫病防治上，四川在全国率先实行“定点屠宰、到点检疫”、“三证”管理、“防疫双向目标管理责任制”、“疫病防治区域化管理”和血吸虫病防治的“四个突破”（即突破传统的种植习惯，突破传统的养殖习惯，突破传统的生活习惯，突破传统的管理模式）战略；建立了90多个公路动物防疫监督检查站，强化预防免疫、检疫、冷链建设、疫情监测、疫情管理，加强省、市（地、州）、县（市、区）之间的联防；对口蹄疫、高致病性禽流感、猪瘟、猪Ⅱ型链球菌病、兔瘟等实行过强制封锁、免疫、检疫、监测、消毒和扑杀等“六个强制”与无害化处理病死畜等。通过20多年努力，四川消灭了牛肺疫、马传贫、马鼻疽，血吸虫病达到了国家控制标准；过去危害严重的猪瘟、炭疽、狂犬病、兔瘟、猪丹毒、新城疫、猪传染性胃肠炎和流行性腹泻等的发病死亡大幅减少，“笋子上林，瘟猪成群”的现象不复存在。动物疫病得到有效预防和控制，促进了畜产品外销出口，推动了畜牧业和农村经济发展，也在一定程度上保护了人们的身体健康。

由于动物防疫工作成效显著，农业部于1996年4月、1998年10月、2001年4月先后在四川召开全国动物防疫工作现场会、无规定动物疫病区现场会、血防“四个突破”现场会。2002年7月，四川省被农业部评为“全国动物防疫先进省”，眉山市、泸州市和绵竹、双流、井研、冕宁等4县（市）被评为“全国动物防疫先进单位”。

在兽药生产和管理上，全省认真贯彻落实国务院发布的《兽药管理条例》和农业部制定的各项规章，狠抓兽药生产、经营和使用3个环节的监督管理。根据国家要求和四川实际，制定严格的标准、规范和规程，并严格按标准进行审批。1986年以来，四川共制定兽药地方标准242个，其中，化药标准77个，中兽药复方标准104个，鱼药标准19个，蚕药标准5个，禽药标准33个，消毒药标准4个，并充实完善国家标准6个，22个兽药地方标准上升为国家标准。在兽药生产方面，从环境条件、设施设备、人员素质水平等多方面入手，帮助企业建立健全了自身的质量管理体系，并加强了对兽药质量的监督管理。1999—2005年，帮助企业培养质量检验员4000余名，培训其他人员6000余人（次）；按照《兽药生产质量管理规范》（以下简称GMP）的要求，培训兽药生产企业员工9000余人次；省级抽检兽药产品2万余批次。全面推行和实施兽药企业GMP管理，1995—2005年，全省有55家企业通过了农业部的GMP验收认证，产品合格率从1998年的63%上升到90%以上，企业职工总人数从1986年的1137人增加到1万多人，年产值达18亿元，为1987年的70多倍。在兽药经营管理上，全省先后出动兽医兽药执法人员近9万人次，会同有关部门开展执法检查，整顿兽药市场4000余处，及时处理4200余起案件，吊销兽药经营许可证89个，捣毁制售假劣兽药窝点5个，维护兽药市场秩序。在使用环节管理上，先后检查乡镇兽医站100余个、养殖场650余个，发放兽药使用资料数万份。

第一章 兽医管理

第一节 兽医行政管理体系

1993年前，省畜牧食品局内未设立兽医行政管理机构，兽医行政管理职能由当时的省兽医防疫检疫总站具体履行。

1992年5月，原来副厅级的四川省畜牧食品办公室与四川省畜牧局合并，成立正厅级畜牧食品办公室。当年6月，省畜牧食品办公室设立综合处，由综合处承担兽医行政管理职能，具体工作由该处政策法规科负责。四川省级的兽医行政管理在《动物防疫法》颁布前，多数工作由四川省兽医防疫检疫总站和四川省兽医卫生监督检验所（两块牌子、一套人马）具体办理。

1997年7月，《中华人民共和国动物防疫法》颁布，仍由四川省畜牧食品局设立的政策法规处具体负责兽医行政管理。

2000年11月，四川省畜牧食品局设立兽医兽药处，负责兽医兽药的行政管理。

其间，各市（州）县（市、区）的兽医行政管理工作也比照省局，由相应科（处）负责。

一、建立双向目标管理责任制和责任追究制

四川把动物疫病预防控制工作纳入政府和主管部门的工作日程与目标管理。上级政府对下级政府、政府对所属兽医主管部门、上级兽医主管部门对下级兽医主管部门（直到乡镇畜牧兽医站）、部门内部对相关处（科、室、站）及工作人员，层层签订目标责任书，分解落实目标任务，按目标任务进行督促检查和考核考评。每年检查总结，对完成目标任务好的，予以表彰奖励；对未完成目标的或工作失职、渎职的，予以批评教育或处罚。

二、实施动物疫病区域化管理

四川省对动物疫病实施区域化管理始于1994年。为促进畜牧业发展，扩大四川生猪等畜产品出口外销，1992年省政府成立“四川省出口猪肉注册工作领导小组”，酝酿建立川猪出口基地。时任四川省畜牧食品办公室主任张新琴、四川省外经贸委主任张应文等几次到欧洲考察、谈判，3次邀请欧盟的兽医专家到川指导。1994年6月“四川省商品瘦肉猪无特定传染病综合技术示范区”（后农业部决定改为“无规定动物疫病区”）项目启动。项目由省兽医防疫检疫总站负责组织，以预防控制、扑灭和净化猪的口蹄疫（FMD）、猪瘟（HC）、猪传染性水泡病（SVD）、猪布鲁氏菌病（BRD）、猪结核（TB）为主要内容，在绵竹等20个县实施，四川成为全国最先提出并最早实施这一重大防疫措施的省。项目实施3年多，20个县的5种猪病基本实现了净化目标，少病死猪260万

头，减少损失近5000万元，出栏猪增加240.8万头，项目区3个肉类加工企业3年猪肉出口增加74786吨，出口收入增加22285.8万元。该项目获省政府科技进步二等奖，并被国家科学技术委员会（以下简称“国家科委”）列为全国科技推广项目。1998年10月，农业部在德阳召开“全国无规定动物疫病区现场经验交流会”，总结推广四川做法和经验。

1998年，国家开始实施“动物保护工程”，实施无规定动物疫病区建设，四川是全国先期10个省（市）之一。1998年11月，农业部批复四川省畜牧食品局《建设无规定动物疫病区项目可行性研究报告》。项目实施期间，省政府建立“无规定动物疫病领导小组”，由分管副省长任组长，省畜牧食品局、省外经贸委、省商（动）检局、省财政厅、省计委等为成员单位，项目领导小组办公室设在四川省动物防疫监督总站。到2003年，四川得到国家连续5年投入近2亿元经费，强化了四川省级和无规定动物疫病区（以下简称“无疫区”）及其示范区、缓冲区，共14个市、96个县（名单附后）、892个乡镇级动物防疫（监督）机构及“无疫区”边界公路动物防疫监督检查站的设施设备和人员队伍建设。通过5年建设，取得以下成效。

“无疫区”畜禽发病和死亡率下降。据31个示范区县（市、区）统计，生猪死亡率由实施“无疫区”建设前的7.19%下降到2004年的0.24%，小家畜禽死亡率由18%下降到6.6%，仅此一项，“无疫区”养殖户减少直接经济损失12亿多元。

“无疫区”内的动物产地检疫率、屠宰检疫率、上市动物和动物产品的检疫率（持证率）均达到百分之百。

畜禽屠宰加工企业对外兽医卫生注册取得重大突破，动物产品出口外销大幅增加。2001年，项目区内的宜宾冻兔厂通过了对欧盟的注册，是西部10省（市、区）首个动物屠宰加工企业在欧盟的注册者；同年井研县食品有限公司实现了在新加坡的注册，成为中国西部首个在新注册的猪肉生产加工企业。5年间，成都、德阳等地的10家肠衣生产厂实现了对欧盟、德国的兽医卫生注册，35家肉类加工企业获对港澳的“出口”注册，17家猪肉加工企业通过了对俄罗斯的注册。2004年，四川猪肉出口量达到15.06万吨，创汇2.3亿美元；猪内外销量达到70万吨以上，居全国之首。2000—2005年，四川向省外销售猪肉量连续6年占全国省际间贸易总量的1/3以上。2003年9月，四川省无规定动物疫病区项目建设通过“国家无规定动物疫病示范区建设验收组”的全面考核验收，综合评分名列全国第一。四川的无规定动物疫病区建设成为国家第一个按国际惯例建设和达到OIE标准的免疫无病区，开全国动物疫病防治先河，在全国动物防疫工作中具有典型意义。四川1998年的出口动物、动物产品关税达1470万美元，到2005年达14455万美元，增长幅度高于全国23%以上。

四川“无疫区”建设的成功经验在全国广泛推广。1998—2004年，全国130多批近2000人次政府和兽医部门同行到四川考察学习，重庆、辽宁、吉林、海南、山东、江苏等6省（市）40多个市（地）533个县（市、区）采用或部分采用四川办法推进当地“无疫区”建设。2004年10月，省政府召开表彰会，省畜产品安全监测中心和眉山、自贡、广安3个市及威远、彭山、荣县、乐至、洪雅、井研、青神、中江、邻水、岳池、犍为、双流、三台、自贡市沿滩区、泸州市龙马潭区、宜宾市翠屏区、乐山市五通桥区、乐山市市中区等县（市、区）被省政府评为“四川省无规定动物疫病区建设先进单位”。项目获四川省政府科技进步二等奖。

四川省1998—2003年无规定动物疫病区及其示范区、缓冲区项目市、县一览表

表4－1

市　级	县（市、区）级
成　都	双流、温江、郫县、邛崃、大邑、新津、新都、龙泉、都江堰、蒲江、崇州、青白江、金堂
德　阳	什邡、绵竹、中江、旌阳、广汉、罗江
眉　山	眉山市中区（东坡区）、青神、洪雅、仁寿、彭山、丹棱
绵　阳	涪城、游仙、安县、江油、三台、梓潼、盐亭
乐　山	夹江、井研、犍为、市中区、峨眉、沙湾、五通桥、沐川、峨边
内　江	威远、资中、隆昌、东兴
自　贡	大安、荣县、富顺、贡井、沿滩
资　阳	简阳、资阳市中区（雁江区）、乐至、安岳
遂　宁	蓬溪、市中区、大英、射洪
南　充	蓬安、西充、营山、顺庆、高坪、嘉陵、仪陇、阆中
雅　安	荥经、汉源、芦山、天全、名山、石棉、市中区（雨城区）
泸　州	泸县、市中区、合江、龙马潭、纳溪
宜　宾	南溪、宜宾县、合江、长宁、翠屏、江安
广　安	广安县、岳池、华蓥、武胜、邻水
广　元	剑阁、苍溪
达　州	达县、平昌、大竹、渠县
巴　中	巴州

说明：1998—2003年，广元、达州、巴中三个市未投入市级“无疫区”项目经费

三、加强法规制度建设

1985年2月，国务院颁布《家畜家禽防疫条例》，随后省政府召开宣传贯彻《家畜家禽防疫条例》会议，要求全省各地各部门认真贯彻执行。泸县、温江等地在贯彻《家畜家禽防疫条例》过程中，率先把免疫、检疫和兽医卫生监督有机结合起来进行整体管理，实施《兽医卫生合格证》《畜禽及其产品检疫证》《畜禽预防注射（免疫）证》等“三证”管理制度，省畜牧局于1986年在温江召开现场经验交流会，推广这一经验法。

1986年，省农牧厅制发《四川省兽医卫生监督员、动物检疫员管理暂行办法》。四川先后在全省考核、考试，聘任了一批兽医卫生监督员（每个县5—10名）、动物检疫员（每个区乡镇站5—10名）。

1988年9月，省人大常委会颁布《四川省预防控制狂犬病条例》，同年11月，省政府发出通知，要求各级政府全面贯彻执行此条例，建立“四川省狂犬病防治指挥部”及其办公室，强化对狂犬病的防治。

1989年10月，农业部表彰贯彻实施《家畜家禽防疫条例》先进单位和先进个人，四川自贡市畜牧兽医站、泸州市动物检疫站、射洪县畜牧局、成都市兽医卫生检疫站被评为全国先进单位。

1992年4月，农业部颁布《家畜家禽防疫条例实施细则》，1993年3月，省政府办公厅将此细

则印发各地贯彻执行，明确“省政府授权各级畜牧部门负责本辖区内畜禽防疫、检疫和兽医卫生监督管理”。1994 年 5 月省人大常委会颁发了《关于上市猪肉卫生质量管理规定》。1994 年 4—8 月，省政府先后发布《关于加强生猪流通管理的通知》《关于加强生猪屠宰和猪肉质量管理的紧急通知》及补充通知。1996 年 9 月，四川省畜牧食品局在井研县召开“定点屠宰、到点检疫”和产地检疫现场经验交流会，副省长张中伟到会并讲话。

1997 年 7 月，全国人大常委会颁布《中华人民共和国动物防疫法》（以下简称《动物防疫法》），自 1998 年 1 月 1 日起在全国施行。1999 年 6 月，省人大常委会颁布《四川省〈中华人民共和国动物防疫法〉实施办法》，省人大、省法制局、省畜牧食品局制发有关“实施办法”的解释和说明性文件。同年，四川省政府制发《四川省血吸虫病管理办法》《四川省生猪定点屠宰管理办法》，省人大常委会修改发布新的《四川省预防控制狂犬病条例》。

2000—2003 年，省政府先后制定颁布《四川省动物检疫员和动物防疫员管理办法》（2001 年）、《四川省动物防疫合格证管理办法》（2001 年）、《四川省动物和动物产品申报检疫管理办法》（2001 年）、《四川省动物医疗许可证管理办法》（2001 年）、《四川省重大动物疫病防制方案》（2001 年）、《四川省无规定动物疫病区管理办法》（2002 年）等。四川省畜牧局制定《四川省动物疫情监测实施办法》（2000 年）、《四川省动物检疫验讫标志管理办法》（2001 年）、《四川省生猪免疫标识管理办法》（2001 年）、《四川省“放心肉”赔偿办法》（2001 年）、《四川省“放心肉定点销售点”管理办法》（2001 年）、《四川省无公害畜产品管理试行办法》（2002 年）。

四、强化基层兽医队伍建设

四川畜禽饲养方式长期以分散饲养为主，动物防疫工作的主要任务也在千家万户。四川把乡、村防疫队伍的稳定壮大和素质提高，作为防疫队伍建设的重点。省、市（州）、县（市、区）多年常抓基层防疫队伍的业务技能培训。

1986 年，省人事、财政和畜牧兽医部门对乡镇站畜牧兽医人员工资制度进行改革，建立了与国家事业单位工作人员相对应的工资制度、政策。

1987 年起，省政府连续 7 年对三州牧区和部分山区困难站给予补贴。

1990 年，四川省职称改革领导小组印发四川省农牧厅制定的《四川省农牧业集体所有制单位评聘专业技术称号、职务的试行意见》。四川省畜牧局制发《四川省集体所有制畜牧兽医单位专业技术职务评聘工作的意见》，把乡镇畜牧兽医站技术人员纳入国家畜牧兽医专业技术职务评聘序列。到 1991 年 9 月，全省在乡镇畜牧兽医人员中评聘初、中级专业技术人员 31925 人，高级畜牧兽医职务 57 人。

1992 年 9 月，根据国家计委、农业部关于乡镇农业技术推广机构是国家在基层的事业单位或国家在基层的全民事业单位，并实行人员定编定员的有关规定，省政府转发省机构编制委员会（以下简称省编委）《关于乡镇农业技术推广机构人员编制标准（试行）的实施意见》，省畜牧局组织力量对四川省的 8611 个乡镇进行测算，测编人数 53348 人（平均每乡镇 6.19 人）。1997 年 7 月，全省（不含重庆市）178 个县的 5371 个乡镇站实际定编 36859 人，占测编人数的 90%。

1996 年，省计划委员会（省发展和改革委员会）、省公安厅、省粮食局和省畜牧食品局发文，解决基层兽医防疫人员从农村户口转为城镇户口的问题。到 2000 年，14286 个乡镇兽医防疫人员的户口从农村转到城镇。

1997年12月，省人事厅、省畜牧食品局印发《四川省畜牧兽医专业中、高级技术职务任职资格评审条件（试行）》，其中将乡镇畜牧兽医站的技术人员纳入中高级职称评定范围。

从2004年起，国家发改和改革委员会、财政部、农业部连续5年投入近5000万元，加强基层畜牧兽医站的基础设施设备建设。

2001年，四川省动物防疫监督总站在调研基层畜牧兽医队伍建设情况后提出建议：公益性职能与经营性服务从机构队伍和职能职责上分开，公益性职能部分纳入国家（政府）统一管理，资金由财政支付。2005年5月，国务院出台《关于推进兽医管理体制改革的若干意见》，明确要求“根据经营性服务和公益性职能分开的原则，积极推进乡镇畜牧兽医站改革。由县级兽医行政主管部门按乡镇或区域设立畜牧兽医站，人员、业务、经费等由县级兽医行政主管部门统一管理，承担动物防疫、检疫和公益性技术推广服务职能”，四川开始调查和拟定办法。

20世纪80年代后期起，在省畜牧局（省畜牧食品局）和省兽医防疫检疫总站（省动物防疫监督总站）的统一安排下，各市（州）县（市、区）兽医主管部门不断开展基层动物防疫队伍的思想教育、作风整顿、法规和业务技术培训，先后开展了“创先达标”“行风整顿”“职业技能培训和考核鉴定”“检疫大比武”等多种活动。在业务技术提高方面，先后委托四川农业大学、四川畜牧兽医学院等大专院校进行“专业技术职称晋升”培训、专业证书培训、站长业务知识培训和畜禽新病诊断防治技术培训。省动物防疫监督总站多次组织省内外专家和技术骨干对基层兽医工作者进行国内外兽医法规制度、疫病防治技术、专项病诊断防治等知识培训。

通过制定和落实前述一些政策规章，采取前述一些行政经济和技术措施，使基层队伍相应稳定、巩固，政策法规水平和技术水平大大提高。

第二节 动物防疫（动物卫生）执法监督管理体系

1985年前，四川动物防（检）疫只作为一种行政任务和技术服务行为。1985年2月，国务院颁布《家畜家禽防疫条例》，1985年8月，农牧渔业部颁布《家畜家禽防疫条例实施细则》，省政府随后明确四川省兽医防疫检疫总站为省级动物防疫检疫执法管理机构，各市（地、州）、县（市、区）政府畜牧兽医管理部门所属的兽医防疫检疫机构为所辖行政区域的动物防疫检疫执法管理机构。1986年，四川省农牧厅制定《四川省兽医卫生监督员、动物检疫员管理暂行办法》，在省、市、县级的动物防疫检疫机构中任命了一批兽医卫生监督员，每个县级单位5—10名，成为省内首批具体的动物防疫执法监督人员。1988年，射洪县在全省率先成立了县级兽医卫生监督检验所，到1989年，全省有40多个县建立了兽医卫生监督检验所。

1990年11月，农业部发布《中国兽医卫生监督实施办法》，明确兽医卫生监督管理工作由县级以上各级农牧部门兽医卫生监督检验机构具体负责。1993年12月，经省编委批准，在四川省兽医防疫检疫总站增挂了“四川省兽医卫生监督检验所”的牌子，实行“两块牌子，一套人马，一个法人代表”的体制，由该所负责全省动物防疫执法监督管理。各市（地、州）县（市、区）或单独建立兽医卫生监督所，或比照省级做法增挂牌子。到1995年，全省建立县级兽医卫生监督检验所210个，乡、镇专职防（检）疫站（组）3658个，共有监督员1554人，检疫员2万人。

1992 年 12 月，省兽医防疫检疫总站在大邑县召开四川省第一次兽医卫生监督管理工作会议。

从 1993 年 2 月起，全省全部实施“五证”管理制度（即“畜禽产地检疫证明”“畜禽运输检疫证明”“畜禽产品检疫（验）证明”“畜禽及畜禽产品运载工具消毒证明”）。

1997 年 7 月颁布的《中华人民共和国动物防疫法》明确表述“动物防疫监督管理机构”的提法，明确各级动物防疫监督机构是同级人民政府的行政执法监督机构。1998 年 6 月，经省编委批准，撤销四川省兽医防疫检疫总站、四川省兽医卫生监督检验所、中华人民共和国成都动物检疫所、四川省动物血吸虫病防治站 4 个牌子，整合力量，建立统一的四川省动物防疫监督总站，行使动物防疫监督机构的职能，管理全省动物防疫执法监督工作。1999 年 6 月，省人大常委会颁布《四川省〈中华人民共和国动物防疫法〉实施办法》，赋予各级动物防疫监督机构履行所辖行政区域内从动物饲养到运输、经营、屠宰、加工、销售各环节的防（检）疫权和防疫监督管理职能。各市（州）县（市、区）比照省级作法，建立和完善动物防疫监督站（所），明确了职能，部分地方还在乡（镇）或片区建立了分站（所）。

1996—2005 年，经省政府批准，先后在四川边境和无规定动物疫病区外围建设 98 个（后压缩为 92 个）公路动物卫生监督检查站，行驶运输动物及其产品的监督检查和运输工具消毒等。

第三节　动物疫病预防控制体系

改革开放前，四川各市（地、州）县（市、区）就有兽医站（兽医防疫站、畜牧兽医站）。2005 年，国务院出台《关于推进兽医管理体制改革的若干意见》前，四川省的动物疫病预防控制的技术支持体系与动物防疫执法监督工作融为一体，即执法监督和公益技术支撑工作同在一个机构、一个体系中，有些地方虽然分别建有防（检）疫、监督两个机构，但整个动物疫病防控，包括监测、检疫、检验、诊断、预防免疫及防疫的监督管理工作仍在“总体系”内完成。

动物疫病预防控制体系的主要任务是：负责所辖区内的动物疫情的调查、报告、监视监测、防控扑灭技术及管理，包括动物养殖、运输、经营、屠宰、加工、贮藏各环节的免疫、检疫、消毒、监测检验、诊断、疫情追踪溯源、疫病防治及扑灭等方面的技术和管理；负责有关技术规范、技术标准的起草和执行等。

一、疫病监测诊断

1980 年，四川省兽医防疫检疫总站成立后，建有诊断室。2001 年，经省编委批准，四川省动物防疫监督总站增挂了四川省动物疫病监测诊断中心的牌子，由总站领导兼任中心主任。实验室从建立诊断室初的几十平方米，发展到 1000 多平方米，实验动物房 100 多平方米，各类实验室共 21 个，仪器设备 35700 多台（套）。2002 年 4 月，四川省动物疫病监测诊断中心通过四川省质量技术监督局“产品质量检验机构计量认证审查认可（验收）评审”双认证，认证项目 63 项，涉及 50 多种动物疫病，成为西南首家法定监测检验实验室。到 2004 年，全省有 14 个市（州）96 个县级监测诊断检验室和 890 多个乡镇的兽医实验室也得到改造和加强，实验室用房达 3 万多平方米，共有专兼职监测检验人员 400 多人，其中具有中级以上职称的人员占 2/3。

二、疫苗冷链设施

改革开放后，为保证疫苗在运输保存过程中不减效失效，经省财政厅同意，每年安排20万元补贴地方用于购买保存疫苗用冰箱、冰柜或购置疫苗冷藏运输车。2001—2003年，农业部“西部地区动物防疫冷链体系建设项目”共投入3700万元，其中中央投资3500万元，地方配套200万元，先后在攀枝花、巴中、达州、凉山、内江、阿坝、广元、宜宾、广安9个市（州）级和仪陇、高县、北川、苍溪、梓潼、沐川、剑阁、天全、平武、古蔺、昭觉、会理、盐边、南江、长宁、通川、都江堰、金牛、平昌、朝天、茂县、屏山、元坝、青川、小金、九寨沟、会东、江阳、宝兴、通江、宣汉、马边、米易、万源、广元市中区、金川、阿坝、炉霍、石渠、沐川40个县（市、区）实施项目建设。建设单位均按要求购置疫苗保存和运送的冷库、冰箱、冰柜、冷藏箱、冷藏盒（瓶）等，市（州）级还购置了冷藏车，基本保证疫苗运输保存过程中的质量和效价。

三、疫情监测报告

自1996年起，四川先后有20个县（市、区）纳入农业部动物疫情测报站建设范围，其中15个县由农业部专项资金支持，总投资750万元（中央投资375万元，地方配套375万元），项目县（市、区）有嘉陵、夹江、东坡、达县、泸县、沿滩、康定、西昌、仁和、石棉、翠屏、华蓥、巴州、若尔盖、元坝；温江、旌阳、安县、射洪、内江市中区等县（区）纳入“无疫区”项目中一并建设。在贯彻国家《动物疫情测报工作实施办法》《动物疫情测报中心（站）管理制度》《动物疫情测报体系规范》的基础上，四川省结合实际制定《四川省动物疫情管理制度》。全省21个市（州）、180个县（市、区）（包括30个无规定动物疫病示范区）的动物防疫网络系统在全国率先建成，实现四川动物疫情网络与国家动物疫情信息中心直接联网。

第二章 动物疫病预防控制

第一节 曾经发生和存在的主要疫病

根据《四川省畜禽疫病志》和1986年以来的《四川省动物疫情简报》、疫情报告等记载，1986—2005年间，四川省内的畜禽主要疫病有83种，详见表4－2。

1986—2005年四川省畜禽主要疫病简表

表4－2

序号	病名	感染动物	序号	病名	感染动物
1	口蹄疫	猪、牛、羊	21	绿浓杆菌感染	牛、羊、猪、禽、兔、熊、熊猫、林麝
2	禽流感	鸡、鸭、鹅	22	链球菌病	猪、羊、牛
3	痘　病	猪、牛、羊（山羊、绵羊）禽	23	坏死杆菌病	牛、羊、猪
4	狂犬病	犬、猫	24	日本血吸虫病	牛、羊、猪、马、犬
5	炭　疽	牛、羊、马、猪	25	弓型虫病	猪
6	猪　瘟	猪	26	球虫病	鸡、鸭、鹅、兔、牛、羊、猪
7	布鲁氏菌病	牛、羊、猪、鹿、犬	27	肝片形吸虫病	猪、牛、羊、马
8	结核病	牛、鹿、猪、禽	28	细小病毒感染	猪、犬、鹅
9	副结核病	牛、羊	29	猪痢疾	猪
10	大肠杆菌病	猪、牛、羊、禽、兔、犬、鹿	30	猪传染性水泡病	猪
11	沙门氏菌病	猪、牛、羊、禽	31	猪传染性萎缩性鼻炎	猪
12	巴氏杆菌病	猪、牛、羊、兔、禽、鹿	32	猪流行性腹泻	猪
13	李氏杆菌病	牛、羊、猪	33	伪狂犬病	猪、牛、羊
14	衣原体病	猪、牛、羊、禽	34	猪丹毒	猪
15	支原体病	猪、禽、羊、牛	35	传染性胸膜肺炎	猪、羊
16	魏氏梭菌病	猪、牛、羊、兔	36	猪流感	猪
17	破伤风	马、牛、羊、猪	37	猪囊尾蚴虫病	猪
18	轮状病毒病	猪、牛、兔	38	旋毛虫病	猪
19	流行性乙型脑炎	猪、牛、羊、马、骡、兔	39	棘球蚴病	猪、牛、羊
20	钩端螺旋体病	猪、牛、羊、马、犬、兔	40	猪繁殖与呼吸综合征	猪

续表 4－2

序号	病　名	感染动物	序号	病　名	感染动物
41	传染性角膜结膜炎	牛	64	马流感	马
42	流行热	牛	65	山羊关节炎—脑炎	山羊
43	牛病毒性腹泻/粘膜病	奶牛、牦牛	66	绵羊梅迪/维士纳病	绵羊
44	水牛丘疹性口炎	牛	67	蓝舌病	牛、羊
45	猪园环病毒病	猪	68	新城疫	鸡、鸭、鹅、鸽
46	牛气肿疽	牛	69	鸡传染性支气管炎	鸡
47	鼻疽	马、鹿、螺	70	鸡传染性喉气管炎	鸡
48	马传染性贫血	马、螺	71	鸡传染性鼻炎	鸡
49	焦虫病	牛、马	72	鸡传染性法氏囊病	鸡
50	奶牛白血病	奶牛	73	鸡马立克氏病	鸡
51	牦牛嗜皮菌病	牦牛	74	鸡病毒性关节炎	鸡
52	牛皮蝇咀病	牛	75	鸡产蛋下降综合症	鸡
53	猪链球菌病	牛、羊	76	禽白血病	鸡
54	禽曲霉菌病	鸡、鸭、鹅	77	鸡住白细胞病	鸡
55	兔瘟	兔	78	肺丝虫病	鸡、鸭
56	兔密螺旋体病	兔	79	鸭瘟	鸭
57	犬瘟热	犬	80	鸭病毒性肝炎	鸭
58	猪传染性胃肠炎	猪	81	鸭浆膜炎	鸭
59	隐孢子虫病	猪、牛	82	小鹅瘟	鹅
60	广州管园线虫病	猪、牛	83	蜂白垩病	蜂
61	伤寒杆菌病	牛、猪	84	中蜂囊状幼虫病	蜂
62	住肉孢子虫病	猪、牛、羊	85	小蜂螨病	蜂
63	螨病	牛、羊、猪、兔、鸡、马	86	大蜂螨病	蜂

说明：1. 四川畜禽还有540多种寄生虫，10多种中毒性疾病；
2. 另有多种鱼病、虾病等；
3. 发病多的还有：猪园环病毒病、传染性胸膜肺炎（猪、羊）、畜禽大肠杆病、支原体病、巴氏杆菌病、球虫病、山羊痘、鸡传染性支气管炎、犬瘟热、鸭奖膜炎等

根据1986—1989年四川省畜禽疫病普查和1998—2002年省动物防疫监督总站对全省人畜共患病的调查，到2005年，四川省内曾发生和存在的主要人畜共患病有38种：口蹄疫（Foot and mouth Disease，FMD）、流行性乙型脑炎（日本乙型脑，Epidemic encephalitis B）、狂犬病（Rabies）、炭疽（Anthrax）、布鲁氏菌病（Brucellosis）、结核病（Tuberculosis）、链球菌病（Streptococcusis）、鼠疫（Plasue）、鼻疽（Glanders）、破伤风（Tetanus）、流感（Influenza，含禽流感、猪流感、马流感）、山羊关节炎/脑炎、梅地/维士纳病、轮状病毒病（Rotavirus diseases）、新城疫、李氏杆菌病（Listeriosis）、衣原体病（chlamydiosis）、伤寒杆菌病、大肠杆菌病（含O-157大肠杆菌病）、弯曲杆

菌病（含胎儿弯曲杆菌和空肠弯曲杆菌）、猪丹毒（Swine erysipelas）、念珠菌病（Candidiasis）、钩端螺旋体病（Leptospirosis）、魏氏梭菌病、肉毒梭菌病、日本血吸虫病（Schistosomiasis）、棘球蚴病（Echinococcsis）、旋毛虫病（Trichinellosis）、猪囊虫病（Cysticercosis in swine）、住肉孢子虫病（Sarcosporidiosis）、附红细胞体病（Eperythrozoonosis）、弓形体病（Toxoplasmosis）、隐孢子虫病、广州管园线虫病（Angiostrongylus cantonensis）、嗜皮菌病（链丝菌病）、气肿疽、副结核等。

根据省动物防疫监督总站对全省人畜共患病的调查，1998—2002 年全省有人畜共患病 14 种，其中一类病 2 种，二类病 11 种，三类病 1 种。14 种病于 1998—2002 年间发病、死亡（扑杀）和人的感染情况见表 4－3。

1998—2002 年四川省 14 种人畜共患病发病和死亡情况表

表 4－3

病　名	发病（或检出）数（头、只）	死亡（扑杀）（头、只）	感染人数（个）	人死亡数（人）
口蹄疫（猪、牛、羊）	10881	20000（扑杀）	—	—
禽流感（鸡、鸭）	78	78（死）322（扑杀）	—	—
炭疽（马、牛、羊、猪）	207	110（死亡）	77	6
日本血吸虫（牛、马、猪）	74439	—	379047	105（晚血病人）
布鲁氏菌病（牛、羊）	141	19	17	—
牛结核（奶牛）	95	3	14552	15
狂犬病（犬）	12	12	9	4
肝片吸虫（牛、羊、猪）	2402759	—	13345	—
猪囊尾蚴病	143590	332	7821	—
棘球蚴病（牦牛、绵羊）	224448	3842	13784	41
猪乙型脑炎	39	15	59	15 以上
钩端螺旋体病（猪）	94	10	614	—
旋毛虫病（猪）	57789	—	1564	—
弓形虫（猪）	3	—	—	—
总　计	2914575	4421	431277	484

第二节　动物主要疫病预防控制

一、重大动物疫病

（一）牲畜口蹄疫防控

口蹄疫是多种动物共患病，也是人畜共患病之一。20 世纪 70 年代到 80 年代初期是发生和流行的高峰期，在猪、牛、羊种群都有发生。1981 年，四川农区有 15 个县（市、区）发生，疫点 1202 个，病猪 2.35 万头。1982 年病猪达 10 万头，均为 O 型口蹄疫，并有猪的传染性水泡病混合感染。1984 年 4 月，省政府发出加强牲畜口蹄疫防治的紧急通知，成立省防治牲畜口蹄疫指挥部及其“办公室”，各市（地、州）、县（市、区）都建立专门的指挥机构和工作机构，开展以疫情监测、封锁隔离、扑杀病畜和同群畜、无害化处理、生产运输屠宰经营各环节严格消毒等为重点的综合防治措施，同时废除屠宰企业以往对染疫动物肉类进行“产酸处理”后鲜销的作法，改为染疫产品一律销毁。经过几年努力，1987 年底拨除了全省当时最后一个疫点。1988—1998 年 10 年间全省牲畜无此病发生。

20 世纪 90 年代后期，省外疫情频发，四川省未实施大面积疫苗免疫，也未设立道路公路动物防疫监督检查站。1999 年，疫情传入四川省，全省共爆发 517 个疫点，猪、牛、羊发病分别为 1106 头、6155 头、2425 只，当年扑杀病猪和同群猪 2254 头、牛 7547 头、羊 4705 只。省、市、县政府和兽医主管部门迅速行动，开始在省际边界设立临时性公路动物防疫监督检查站，进行验证查物和必要的消毒；省内逐步实施强制免疫、强制检疫、强制消毒、发现疫情强制封锁、强制扑杀与无害化处理、强制疫情监测报告，同时强化了防疫监督检查。通过 2 年的综合防疫，疫情得到较好控制。

2001 年起，财政部和农业部启动口蹄疫疫苗补贴和强制补杀补偿政策。牲畜疫苗财政全额补贴，四川由中央财政承担 80%，地方财政承担 20%。扑杀病畜由财政适当补助，按牛每头 1500 元（奶牛可适当提高，但最高不超过 3000 元），猪每头 600 元，羊每只 300 元计，对饲养户，财政补助 80%（在四川中央财政补 60%，地方财政补 20%）；对规模化饲养场（饲养或年出栏牲畜 1000 头以上，或饲养奶牛 50 头以上，年出栏肉牛 100 头以上）财政补助 60%（在四川由中央财政补 50%，地方财政补 10%）。通过落实国家疫苗补助和强制补杀补偿政策，全省牲畜口蹄疫免疫注射面达 100%，疫情发生后及时无害化处理面达 100%，疫病得到有效控制。2004 年，四川监测猪血清免疫抗体 9380 份，牛血清 5584 份，免疫合格率分别为 67.68% 和 77.85%；肉品淋巴结和脊髓测毒 304 份，PCR（聚合酶链式反应）法检测全为阴性。2005 年，O 型口蹄疫的病原学监测牲畜 9730 头份，血清学监测 34396 份，均未检出。

（二）高致病性禽流感防控

高致病性禽流感是多种禽鸟和部分哺乳动物共患传染病，也是人畜共患病，中国和 OIE（国际动物卫生组织，下同）都将其列为一类动物疫病。

四川省首例被确诊的高致病性禽流感发生于 2001 年 7 月，成都市双流县白家镇对桥村一肉鸭养殖户。该户当年 6 月底在县外购进奥白星小肉鸭，7 月中旬开始发病。经双流县兽医站现场采料送四川省动物疫病监测诊断中心作临床和剖解诊断，疑似禽流感，又采料送中国农业科学院哈尔滨兽医研究所禽流感监测诊断中心，检出 A 型禽流感 H5 亚型强毒。疫情确诊后，省畜牧食品局立即报告了省政府和农业部，省畜牧食品局发出《关于加强禽流感监测防治工作的紧急通知》，省、市、县共同组织力量到现场，采取了封锁、扑杀、消毒、普查、免疫等综合措施，很快扑灭了疫情，拨除了疫点，疫情未扩散。

由于国内仍有高致病性禽流感疫情，四川省政府和兽医主管部门对此采取一系列防控措施：2004 年 1 月，四川省人民政府办公厅发出《关于加强高致病性禽流感防治工作的紧急通知》；并建立四川省防治高致病性禽流感指挥部（2005 年更名为动物重大疫病防治指挥部），指挥全省重大动物疫病防控工作。省长张中伟主持召开省政府常务会议，对禽流感防治提出9项要求；1月29日起，全省启动《四川省高致病性禽流感防治应急预案》；1月30日下午省政府召开全省禽流感防治工作电话会议，分管副省长陈文光强调各级政府主要负责人为防治禽流感的第一责任人，对本地的防控工作负总责。质量监督与检疫检验、兽医、公安、工商等部门要相互配合，协调行动；同日下午四川省动物重大疫病防治指挥部办公室发出《关于切实加强高致病性禽流感防治工作的紧急通知》，省畜牧食品局成立了防治禽流感工作领导小组和专家组，实行24小时值班，监测疫情。2月初，省畜牧食品局召开全省防治高致病性禽流感工作紧急会议，进一步安排部署了疫情报告、引种审批及监督检查等工作。当年春节，全省畜牧兽医系统3000多动物防疫人员坚守工作岗位，96个公路动物防疫监督检查站24小时不间断监测疫情，防止外疫传入。通过上下近4年共同不懈努力，较好控制了疫情，2004年10月，省政府召开畜产品安全工作先进单位和个人表彰大会，省畜牧食品局、省动物防疫监督总站等50个单位被评为“四川省高致病性禽流感防治先进单位”。

2004年，财政部、农业部制发《高致病性禽流感防治经费管理办法》，将强制免疫的疫苗经费全部纳入财政预算（四川由中央财政承担80%，地方财政承担20%）；非强制免疫部分所用疫苗财政承担50%，养殖户承担50%；该病的监测采样、疫区封锁、扑杀消毒及无害化处理费用也由财政承担。

2005年12月下旬，大竹县杨家镇产堰村和双江村3户农户饲养的鸡出现不明原因死亡，病死鸡1800只，临床诊断为禽流感。经采料送国家高致病性禽流感参考实验室，确诊为H5N1高致病性禽流感。这是四川省第二次确诊的高致病性禽流感。疫情发生后，省、市、县立即启动应急处置方案。省畜牧食品局迅速组织1000余名防疫人员对大竹全县所有家禽进行紧急免疫，免疫密度100%；对疫点所有家禽全部扑杀，共扑杀并无害化处理家禽12900只；在进出大竹县境和疫区交通要道设置17个临时性检疫消毒站，进出车辆进行严格消毒，严禁县内家禽出县境。通过综合防控，很快扑灭疫情。此后，全省加强疫情防控。2005年，血清学检测样品19218羽，未见疫情。

（三）狂犬病防控

四川是全国狂犬病多发病和重疫区省份之一。《四川省畜禽疫病志》载，1984年全省犬发病、死亡4121只，因狂犬病死亡1262人。1985年犬发病、死亡2039只，1986年犬发病、死亡1966只。1986年11月仪陇县一只狂犬病犬在一天之内咬伤17人，咬死咬伤其他动物81头（只）。苍溪县1987年被狂犬病犬咬伤1231人。据省防治狂犬病办公室1990年对开县、渠县、垫江、武胜、仪陇、高县、资中等县45个乡镇17万多户的调查，1984—1989年，该地区被犬咬伤9281人、死亡1320人。

1988年9月，省人大常委会颁布《四川省预防控制狂犬病条例》，把狂犬病防治纳入法制管理轨道，实行“管、免、灭相结合”的综合防治措施，1993年6月和1997年10月又两次修改完善该条例。

根据该条例和省狂犬病防治指挥部的分工，兽医部门的主要任务是加强对犬只的预防免疫、犬只带毒情况和疫情的监测。1985—1989年，全省共免疫注射犬1500多万只（次）。2001—2005年，全省共免疫注射犬560多万只（次），在7个县设立监测点，监测犬20803只，对唾液带毒犬377只全部扑杀并无害化处理。1985—2005年，全省常年免疫密度80%以上。世界卫生组织（WHO）主管狂犬病防治的官员梅斯林（Dr. MeSIin）博士到四川考察时指出“世界各国经验，犬只免疫

70%—75%即应控制住该病，而四川犬只免疫已连续数年在80%以上。四川的防制指挥机构是强有力的”。1998—2002年，全省发病犬12只、死亡12只，人感染9例、死亡4人。1994—2003年，全省狂犬病人感染发病年均4例，其中1998年和2003年为零报告。2005年全省部分地方发生疫情，人感染发病死亡44人。

（四）猪瘟防控

猪瘟又名猪霍乱，俗称烂肠瘟，是四川生猪的一个历史性老病，也是影响和危害养猪业最主要的疫病之一，《中华人民共和国动物防疫法》将其列为一类动物疫病。

猪瘟在四川局部地区流行，给养猪生产造成较大损失。如1988年，雅安市（现雨城区）发生猪瘟，死亡猪只103头；龙泉驿区发生猪瘟，死亡猪只179头。1989年仪陇县有80%的乡镇发生猪瘟。1990年红原县发生猪瘟，死亡猪只200多头。据统计，1986—1989年全省猪瘟发病735.5万多头，平均发病率为0.87%，死亡548万头。主要原因是预防注射劳务费没有解决好，免疫密度低，加之基层疫苗冷链设施设备差，疫苗在保存、运送等环节减效失效。

1990年，省政府发文要求“坚持病畜合作防治制度”。1991年，省人大常委会通过《四川省农民负担管理条例》，条例规定“畜禽疫病防治作业的服务费用，可由农村集体经济组织或者村民委员会根据农民实际受益情况，按规定的收费标准，统一收交”。1992年，国家和省物价局又先后制定颁布了畜禽防疫检疫收费标准，猪瘟的防疫工作也因劳务费的落实而进一步规范。

为做好猪瘟防控工作，杨兴业、徐和友等专家先后研究出较好的猪瘟免疫程序，实行30日龄左右骟猪时免疫，母猪空怀定期免疫。全省加大猪瘟的预防免疫密度，强化屠宰环节的检疫，使发病大大降低。到2003年，全省常年免疫密度保持在98.5%以上，无规定动物疫病区内猪瘟常年免疫密度100%，免疫耳标佩戴率达98.55%以上。

（五）炭疽防控

炭疽病是多种动物共患病，也是人畜共患病。《中华人民共和国动物防疫法》将其列为二类动物疫病。

据四川省畜禽疫病普查，1986—1989年因炭疽全省牛、羊、马、猪等共发病5067头（只）、死亡1609头（只），人感染77例、死亡5人。1990年，甘孜州德格、理塘、炉霍、康定等县发生牛、马炭疽，有26个疫点，发病近1000头，死亡100多头。1991年古蔺、红原、理塘、德格、新龙、荣昌、泸县等县发生牛、猪炭疽，发病630头（只）、死亡391头，感染炭疽死亡8人。2002年全省5个县（市、区）发生炭疽，发病动物477头（只）、死亡12头（只），人感染18例。2005年，省内仍有少数县零星散发。

发生炭疽疫情后，省畜牧食品局都及时派出专家组赴疫区指导，通过紧急免疫、扑杀、无害化处理等综合措施，较快扑灭了疫情。

（六）鸡新城疫防控

鸡新城疫是影响四川省养禽业发展的重要传染病。据1986—1989年全省畜禽疫病普查中10个市（地、州）的数据，4年间平均发病率为4.34%，平均死亡率为3.94%，严重的乡镇发病死亡占存栏数的30—50%。引起发病死亡的重要原因是预防免疫密度低，平均免疫注射量仅占饲养量的25%左右，加之基层疫苗冷链设施设备差，疫苗在保存、运送等环节减效失效。

20世纪90年代后，随着集约化、规模化养鸡的发展，鸡场疫病防控意识进一步提高；畜牧兽医系统“无疫区”建设、基层防疫设施设备建设和防疫冷链建设加强，加大了县乡基层防疫手段和能力，鸡新城疫的防疫也进一步加强。

2005 年，规模化鸡场的新城疫免疫密度已达 100%，无规定动物疫病区达 100%；死亡率已从改革开放前的 20%，下降到 5%—7%。

（七）布鲁氏菌病防控

布鲁氏菌病（又称布氏杆菌病，简称布病）是人畜共患病，在四川省流行已久，危害严重。1980—1989 年，全省 21 个市（地、州）开展布病调查和防治，共检查牛、羊、猪等家畜 519275 头（只），通过试管疑集、平板试验等多种血清学方法检疫诊断，检出阳性畜 26063 头，平均阳性率为 5.02%。

按照农业部《动物布鲁氏菌病防治技术规范》和《四川省猪牛羊布鲁氏菌病防治技术规范》，20 世纪 80 年代开始，全省按照分类指导、区别对待的原则开展布病防治。对甘孜、阿坝两州牛羊布病以免疫为主，结合检疫淘汰阳性畜。对其他地区以检疫监测淘汰阳性畜为主，少数羊群集中地采取免疫措施。1980—2005 年，全省共免疫牲畜 4124.75 万头（只）。1987—2005 年监测检疫牲畜 94.4256 万头（只），累计阳性畜 9577 头（只），淘汰阳性畜 9490 头（只）。2005 年，阳性率降低到 0.57%。

按目前行政区划，全省畜间布病存在的历史疫区有 7 个市（州）共 52 个县（市、区），2005 年达到部颁控制标准的有 48 个县（市、区），达到部颁稳定控制标准的有 35 个县（市、区），未达标的有 4 个县（市、区），见表 4－4。

到 2005 年布鲁氏菌病防控结果表

表 4－4

标　准	县（市、区）名
达到部颁稳定控制区标准（35 个）	金牛区、锦江区、青羊区、成华区、武侯区、大邑县、简阳市、雨城区、北川县、汶川县、理县、茂县、金川县、小金县、马尔康县、康定县、泸定县、丹巴县、九龙县、理塘县、雅江县、道孚县、炉霍县、德格县、石渠县、色达县、西昌市、盐源县、会理县、会东县、布拖县、昭觉县、喜德县、甘洛县、雷波县
达到部颁控制区标准（13 个）	巴塘县、甘孜县、新龙县、白玉县、乡城、稻城、德荣县、木里县、越西县、松潘县、九寨沟县、黑水县、理塘县
未达标县（4 个）	红原县、阿坝县、若尔盖县、金阳县

二、已消灭的传染病

（一）牛肺疫（牛传染性胸膜肺炎）防控

牛肺疫曾在甘孜、阿坝两州的 19 个县流行。经过 1950—1981 年的工作，1982 年起疫区均停止免疫，采取检疫淘汰可疑畜办法净化。1986—1989 年，在原 19 个疫区县和相毗邻的 8 个非疫区县用补体结合反应法抽检牛 4432 头，查出血清学阳性牛 129 头（临床无表现），全部扑杀处理。1992—1994年抽检存栏牛 9435 头，检出血清学阳性牛 107 头，对出现可疑临床病状的 64 头牛进行解剖作病理学和病原学诊断，均为阴性。1995 年，扩大检查曾有牛肺疫发生的 30 个县的牛 2095774 头，均未发现有阳性家畜，1995 年 5 月，经农业部消灭牛肺疫考核检验收组现场考核验收，四川达到牛肺疫的部颁消灭标准。

（二）马鼻疽防控

四川省马鼻疽历史疫区分布在甘孜州、阿坝州和雅安市，共15个县。20世纪80年代，通过隔离、检疫、扑杀等防控措施，到1987年，已有部分县达到四川省畜牧局制定的控制标准。20世纪90年代后，四川省畜牧局制定《四川省马鼻疽防制方案》，成立马鼻疽防治领导小组和工作机构，相关市（州）、县（区、市）也成立了工作机构，实施以检疫、淘汰为主的防治措施，共检疫淘汰阳性或可疑阳性畜1417匹。1986—1998年，三市（州）累计临床检疫马属动物291753匹，占当时存栏总数84%，未查出开放性鼻疽畜。用鼻疽菌素点眼查检245392匹，未检出阳性。1998年，经农业部考核验收，达到部颁马鼻疽消灭标准。1999—2005年，临床监测检查马属动物315826匹，血清学检查39246匹，均未发现有临床症状和血清学阳性畜，达到部颁马鼻疽消灭标准。

（三）马传染性贫血病（简称马传贫）防控

1989年前全省临床未发现有此病。1989—1990年，全省畜禽疫病普查时在凉山州越西县和昭觉县检出有马传贫血清学阳性马（临床无表现）12匹，全部扑杀处理。1991—1998年间的产地检疫、临床检查、出入境检疫（当时四川有部分马匹出口）、实验室检测均未发现有马传贫病例。1996—1998年临床检查马属动物53360匹，血清学检测7563匹，全部为阴性。1998年，经农业部马传贫防治效果考核，达到部颁稳定控制标准。1999—2001年，临床检查64517匹，血清学检测5801匹，2002年，抽查12个县的1056匹马，血清学检测全为阴性。2003年，通过农业部马传贫防治效果考核，达到部颁消灭标准。2003—2005年，临床检查马属动物286419匹，血清学监测1658匹，全为阴性。

三、日本血吸虫病防控

日本血吸虫病（又称日本分体吸虫病）是人畜共患的寄生虫病。该病在四川省存在多年，曾在全省11个市（州）的62个县（市、区）发生和流行，涉及792个乡（镇）6112个村，疫区覆盖人口1056万人，给人民生产生活造成巨大危害，流行情况见表4－5。1986—2005年，共查牛2494129头（次），共治疗牛750079头（次）见表4－6。

1986—2005年四川省血吸虫病流行及防治效果情况表

表4－5　　单位：个

年　份	流行县数合计	达到传播阻断标准		达到传播控制标准		未达标准	
		县数	乡镇数	县数	乡镇数	县数	乡镇数
1986	44	4	—	16	—	24	—
1987	44	6	—	14	—	24	—
1988	46	8	—	15	—	23	—
1989	46	9	—	15	—	22	—
1990	46	9	184	15	164	22	197
1991	46	9	184	15	164	22	197
1992	46	9	184	15	164	22	197
1993	46	9	184	17	183	20	178
1994	48	9	184	19	183	20	178

续表 4-5

年份	流行县数	达到传播阻断标准		达到传播控制标准		未达标准	
	合计	县数	乡镇数	县数	乡镇数	县数	乡镇数
1995	48	9	184	21	209	18	152
1996	56	19	375	19	182	18	152
1997	56	21	194	17	199	18	152
1998	56	21	194	18	222	17	129
1999	56	21	194	18	222	17	129
2000	56	21	194	19	237	16	112
2001	56	21	194	19	237	16	112
2002	62	25	143	22	249	15	248
2003	62	27	162	20	230	15	248
2004	62	28	170	21	242	13	228
2005	62	28	170	25	289	9	181

说明："合计"县数的增多是因为行政区划调整，县（市、区）划小，县数增多。由于行区划在1995—1997、2000—2001年两次大调整，县、乡镇数也都有大的变化

1986—2005年四川省耕牛血吸虫病查治情况表

表 4-6　　单位：头

年份	检查数	治疗（含扩大化疗）数	年份	检查数	治疗（含扩大化疗）数
1986	165538	3318	1998	74041	41577
1987	155055	4250	1999	84861	18587
1988	133056	4189	2000	79334	30199
1989	107386	4474	2001	84697	36357
1990	136708	26002	2002	84368	38301
1991	169523	14593	2003	91724	33998
1992	158031	8980	2004	99164	3334
1993	185155	85851	2005	181526	52386
1994	141263	41564	—	—	—
1995	110750	40354	—	—	—
1996	72767	51297	—	—	—
1997	79938	43129	合计	2394285	582740

四川血吸虫病防治（简称血防）大体可分为3个阶段：

1989年前为查治为主的第一阶段。1978—1989年，全省共查牛2949513头（次），平均感染率

2.5%，共治疗（包括扩大化疗）牛69551头（次）。第一阶段的治疗药以硝硫氰胺（又称7505）和硝硫氰醚（又称7804）为主，投药途经以静脉注射和三胃投药为主，检查诊断以塑料杯加玻璃顶管棉拆法孵化查毛蚴为主。

第二阶段是由动物血防向农业血防转变的阶段（1990—1997年）。1990年3月，国务院作出《关于加强血吸虫病防治工作的决定》，农业部随后召开全国动物血防工作会议，提出“围绕农业抓血防，送走瘟神奔小康”的新思路，使动物血防逐步转变为农业血防，并连续数年下达了加强农业血防基础建设的开发项目，改变了以查治为主的方式，走综合防治的路子。1991年5月，四川省畜牧局成立了四川省家畜血防领导小组，1992年，经省编委批准成立四川省动物血吸虫病防治站（副县级事业单位），与四川省兽医防疫检疫总站合署办公。1992—1998年，争取世界银行贷款在成都、攀枝花、眉山、绵阳、凉山、德阳、乐山等市（州）的41个县推广血吸虫病综合防治技术，使用吡喹酮对病畜进行治疗。通过项目实施，全省家畜血吸虫病感染率下降64.35%，阳性钉螺下降81.7%。

1998年以后为第三阶段，在不间断查治的基础上，实施以“四个突破”为主要内容的农业血防工程。“突破传统的种植习惯”，调整种植结构，水作改旱作，机耕代牛耕，水稻甩秧种植等；“突破传统的养殖习惯”，调整畜群结构，大力发展家禽、山羊、猪等非易感或不易感动物，减少耕牛数量，实施圈养等；“突破传统的生活习惯”，农村大量改厕改水，不在河（沟、渠）中洗澡、洗衣、洗菜，减少与疫水接触，实施自来水工程和深井取水工程，改旱厕为水冲式厕所，同时大力实施沼气工程，人畜粪便入沼气池；“突破传统的管理方式”，对血防工作实行“政府领导，部门配合，群众参与”的工作机制，大力开展耕牛血吸虫病的检疫，凡进入市场的牛都进行检疫，对阳性牛进行治疗后才允许交易。四川在实施“四个突破”方面走在全国前列，2001年4月，农业部在四川眉山召开“四个突破”现场会，学习和推广四川经验。1999年2月，省政府颁布《四川省血吸虫病防治管理办法》和防治规划，明确各部门职责，落实防治经费。2003年，省政府法制办组织省级6个厅局开展《四川省血吸虫病防治管理办法》落实情况联合督察。全省先后开展《四川山区家畜血吸虫病流行病学及防治技术研究》《斑点酶标株联快诊法检查日本血吸虫、肝片型吸虫病的示范及推广应用》《动物血吸虫病综合防治技术研究与推广应用》等多个技术研究项目。1990—2005年，全省共普查家畜239.4129万头（次），治疗家畜74.78万头（次），阳性率由1990年的1.87%降到2005年0.65%。

2001年8月，卫生部、农业部、水利部联合表彰全国血吸虫病防治先进集体和先进个人，四川省动物防疫监督总站被评为先进集体；罗长荣、阳爱国、江朝元、苏学文、孔仲辉等被评为先进个人。

四、巴氏杆菌病防控

巴氏杆菌病在四川分布较广，危害严重，猪、牛、羊、禽、兔、犬、鹿都有发生。不同种类动物发生该病名称不一，分别称为猪肺疫、牛出败、禽霍乱、兔（犬）巴氏杆菌病等。

（一）猪肺疫防控

猪肺疫民间又称为清水症、锁喉风，在全省各地均有发生。20世纪80年代前，是造成生猪死亡的主要疫病之一。据1986—1989年全省畜禽疫病普查，1986年因此病死亡20.46万头，死亡率0.19%；1987年死19.25万头，死亡率0.17%；1988年死16.19万头，死亡率0.13%；1989年死

10.72万头，死亡率0.1%。其后猪肺疫发病死亡率逐步下降。

至2005年，国家对猪肺疫的预防控制还没有纳入“六个强制”之中。预防的主要办法仍以疫苗免疫为主，但由于免疫注射的劳务费和疫苗费用没有彻底解决，疫苗品种和效果不一，其免疫效果也不一，部分地方仍有发生。疫病发生后，不少地方使用抗菌素、磺胺类等药物治疗，发现早、治疗及时的效果较好。在发病季节和历史疫区，用清热解毒杀菌的中草药如柴胡、前胡、黄芩、侧耳根、桑叶、桔梗、穿心莲、苇茎、枝子、金银花等药作饲料添加剂或熬成口服液喂服，能够起到较好的防控作用。

（二）牛出败防控

牛出败曾在甘孜、阿坝、凉山三州牧区和盆周山区流行，是牛的重点疫病之一。20世纪90年代前，三州每年都有发生，有的县一年就因此病死牛数千头。据全省畜禽疫病普查，1986—1989年，每年因牛出败病死牛3000头左右。1990年，仁和、盐边、米易、汶川4县（区）发生牛出败，死亡150余头。1991年，仁寿、三台、石棉3县发生牛出败228头，死亡50余头。1999年，石棉发生牛出败病1184头，死亡22头。2001年雅江、康定、理塘、九龙、稻城县发生牛出败5730头，死亡1500多头。2003年甘孜、阿坝、凉山、攀枝花四州（市）部分地方发生牛出败1.7万头，死亡4794头。牛出败防治办法同猪肺疫。

（三）禽霍乱防控

禽霍乱是四川省鸡、鸭、鹅、鹑、鸽的主要疫病之一。20世纪80年代前，全省每年因此病死亡家禽都在500—600万只，其中，鸡因该病死亡100—200万只。20世纪80年代后，防疫工作加强，免疫面扩大，特别是新城疫、禽霍乱二联苗的广泛应用，使禽霍乱发病率逐年下降。1989年，发病率下降到0.36%，死亡率下降到0.1%。此后，该病在部分地方零星发生。在预防方法上，除疫苗免疫外，多采用药物（含中草药）饲料添加或水剂口服形式。

（四）兔巴氏杆菌病防控

20世纪80年代，四川养兔业迅速发展，兔肉、兔皮经营流通活跃，兔巴氏杆菌病也随之在部分地方流行。龙泉驿、崇庆（现崇州）、双流、名山、荥经、宝兴、大邑、万县、石柱、苍溪、德阳等县（市、区）都有发生。1987年，名山、荥经、宝兴3县因此病死兔471只；1987—1988年，石柱县因此病死兔8500只；1988年，双流县因兔瘟、兔巴氏杆菌病死兔21026只。1987年，全省开始应用兔瘟、兔巴氏杆菌病二联疫苗免疫，对控制该病起到积极作用。

五、猪链球菌病防控

猪链球菌病是一种人畜共患的急性、热性传染病，也是一种条件性疫病，属国家规定的二类动物疫病。猪链球菌感染不仅可致猪败血症、肺炎、脑膜炎、关节炎及心内膜炎，而且可感染特定人群发病，并可致死亡，危害严重。

四川曾两次出现猪链球菌病疫情，第一次在20世纪70年代后期；第二次疫情出现在2005年6月，先后在资阳、内江、成都、绵阳、自贡、泸州、南充、德阳等14个市、21个县（市、区）的88个乡镇、149村发生，死亡生猪647头，并出现38人感染死亡。疫情发生后，党中央、国务院、省委、省政府高度重视，立即安排部署疫情防控。四川省畜牧食品局于当年7月2日发出了《关于开展疑似猪Ⅱ型链球菌病防治的紧急通知》，就地开展普查、预防性消毒、无害化处理、疫情封堵、紧急预防和扑杀等作出了明确布置和一些规范性要求。后农业部、卫生部组织专家到四川确诊为猪

Ⅱ型链球菌病，农业部发布《猪链球菌病应急防治技术规范》，四川省迅速启动应急响应，采取封锁、隔离、免疫、消毒、扑杀病畜等综合措施防控疫情，同时严格病猪不私宰、不买卖、不转运、不餐用和无害化处理的“四不一处理”措施，共无害化处理病猪647头和同群猪23919头，免疫注射1800多万头，用头孢、青霉素治疗和用中草药添加于饲料中防控700万头。到当年8月中旬，疫情得到控制，解除了封锁。

2005年10月，省委、省政府表彰在防控猪链球菌病中的先进集体和先进个人。省畜牧食品局、省动物防疫监督总站等71个单位被评为“四川省人感染猪链球菌病疫情防控工作先进集体”。

六、流行性乙型脑炎（日本脑炎）防控

流行性乙型脑炎又称日本脑炎（简称乙脑），是人畜共患病之一，三带缘库蚊、中华按蚊等吸血昆虫是主要传播媒介。四川大部分地区曾为乙脑流行区。畜间乙脑的发生早有记载，马、骡、猪、牛、羊、兔均有发生。1987—1989年，全省畜禽疫病普查中，采用微量Hi试验查54个县、9个猪场的种猪2463头，阳性2039头，平均阳性率82.67%；羊31只，阳性率9.68%，其中以川中盆地和盆周山区阳性率为高。据四川省动物防疫监督总站调查，1998—2002年，全省猪乙型脑炎病仅2002年有2个县发病39头，死亡15头。

七、伪狂犬病防控

伪狂犬病是由伪狂犬病毒引起的一种传染病。据不完全统计，中国有20多个省、市流行该病。1987—1989年，四川省畜禽疫病普查中，采用四川畜牧兽医学院分离的与匈牙利K株和中国兽药监察所提供的血清型相同的兔肾原代细胞进行固定病毒稀释血清中和试验检查49个县、10个种猪场的种猪2087头，阳性422头，阳性率20.22%。1990年后，四川各地猪、牛、羊、犬都有伪狂犬病发生，一些种猪场尤为严重，但大多为零星散发。

20世纪90年代后期，四川农业大学郭万柱教授等人开始进行伪狂犬病病毒分子生物学研究，获两种类型酶切图谱，首次在国内运用缺失、重组等基因工程技术成功构建了四个基因缺失株，并成功研制出中国第一个伪狂犬病三基因缺失疫苗SA215，在实践中应用效果很好，取得了良好的经济效益和社会效益。2005年获国家科技进步二等奖。

对伪狂犬病的防治措施主要是接种疫苗，预防注射时，各猪场、牛场、羊场都各有不同的免疫程序和注射时间。为防治混合感染和减轻症状，也常配合应用化学药物和中草药制剂辅助治疗。

八、结核病防控

结核病是人畜共患病之一。四川历史上记载确诊的畜间结核病有牛、猪、鹿的结核病。据1986—1989年四川省畜禽疫病普查，用提纯的结核菌素检查牛18989头，阳性3760头，阳性率19.8%，感染最多的是奶牛。通过多年防控，畜间结核病发病率有所下降。2004年四川省动物疫病监测诊断中心用变态反应法在全省监（检）测奶牛21569头，阳性2678头，阳性率12.42%。

九、气肿疽防控

四川的气肿疽病主要发生于牛，甘孜州、阿坝州、凉山州和山区多发。据1986—1989年四川省畜禽疫病普查，发病牛6376头，死亡3884头。疫情发生后，一般用抗生素治疗，死畜深埋或焚烧，

并进行环境消毒。受疫情威胁的牛用疫苗免疫，均收到较好效果。2005 年，阿坝、甘孜、攀枝花、凉山等市（州）和少数山区县仍有零星发生。

十、羊蓝舌病防控

羊蓝舌病属传媒性病毒性传染病，主要由库蠓传播。1986 年 10 月，省兽医防疫检疫总站、成都动检所在攀枝花市仁和区用琼脂扩散法检查山羊 86 只，阳性反应 38 只，黄牛 10 头，阳性反应 1 头。1988 年 7 月，万县地区巫溪县红池坝畜牧场的绵羊发生急性死亡，临床诊断为蓝舌病。采病料送农业部指定的云南省畜牧兽医研究所做鸡胚接种、细胞培养、动物接种等检出一株病毒，对病毒采用核酸电泳试验、荧光抗体试验和电子显微观察等确诊为蓝舌病病毒，这是四川首次确诊的羊蓝舌病。采取疫苗免疫和淘汰病畜等措施，较快控制了本病。

十一、牛病毒性腹泻/粘膜病防控

四川省牛病毒性腹泻/粘膜病（BVD/MD）分奶牛的病毒性腹泻/粘膜病和牦牛的病毒性腹泻/粘膜病两大部分。

奶牛病毒性腹泻/粘膜病：1984—1986 年，四川从荷兰、联邦德国和新西兰购进奶牛带入此病。1984 年，从荷兰购进奶牛 302 头，1985 年 6 月，从西德购入 103 头，进口检疫时牛病毒性腹泻/粘膜病血清学阳性率为 11.92%，一年后临床暴发此病，死亡 59 头。1985 年，从新西兰购入奶牛 238 头，口岸检疫时病毒性腹泻/粘膜病血清学阳性 49 头，后临床暴发此病死亡和淘汰 121 头。此后，在成都、自贡、渡口（现攀枝花）、南充等地奶牛场发生该病，引起省政府和兽医主管部门的重视，加大了防控力度。1990 年，对全省奶牛进行普查，对有临床症状和血清学阳性的牛进行了扑杀处理，各养殖场严格消毒。1991—2005 年，奶牛中未发现临床病例。

牦牛病毒性腹泻/粘膜病：20 世纪 70 年代末，首先在阿坝州的若尔盖、红原、松潘等县发现牦牛病毒性腹泻/粘膜病，后甘孜州的炉霍、甘孜、道孚、石渠、色达、德格、白玉、新龙、理塘、乡城也陆续发现，平均发病率 10% 左右。西南民族学院对该病进行了调查、诊断，分离出病毒送中国兽药监察所确诊。据 1986—1989 年四川省畜禽疫病普查，1986 年发病 2648 头、发病率 0.03%；1987 年发病 6469 头，发病率 0.043%；1988 年发病 2051 头，发病率 0.013%；1989 年发病 1912 头，发病率 0.01%。20 世纪 90 年代后，一些地方用猪瘟兔化弱毒疫苗对耗牛进行免疫预防，反映效果较好。但考虑可能存在的病毒变异等多种因素，主管部门和专家均不赞成用此方法，仍采取检疫淘汰为主的方法。1990 年，对有症状的奶牛和血清学阳性牛进行了扑杀处理。

十二、棘球蚴病（包虫病）防控

棘球蚴病是人畜共患病。四川的畜间棘球蚴病主要发生在甘孜、阿坝两州牧区，牦牛和绵羊感染率较高，犬是终末宿主。实验室诊断常用 ELISA 方法（酶链免疫吸附测定），治疗以吡喹酮为主，每年定期驱虫，对棘球蚴病的控制有利。

据省动物防疫监督总站调查，1998—2002 年，全省棘球蚴病感染动物 224448 头，死亡 3842 头。在此期间人的感染数为 13784 人，死亡 41 人，见表 4－7。

1998—2002 年四川省棘球蚴病发病情况表

表 4－7

年　份	感染动物数（头）	死亡动物数（头）	感染人数（人）	死亡人数（人）	直接经济损失（万元）
1998	56567	1002	3895	15	312.35
1999	48540	843	3276	10	250.56
2000	43982	764	2764	8	89.47
2001	38504	700	2136	5	193.51
2002	36855	533	1713	3	179.82

十三、兔瘟（兔病毒性出血症）

该病是 20 世纪 80 年代初在中国江苏省首先发现的新病。1984 年 12 月传入四川省，到 1986 年 4 月全省已有 16 个市（地、州）63 个县（市、区）流行此病，致死兔 103 万只，造成了巨大的经济损失。1986 年，四川省政府发出《关于控制兔病毒性败血症的封锁令》，全省立即行动，通过封锁、隔离、大面积高密度免疫、检疫、消毒等紧急措施，较快控制了该病。2005 年，少数地方有散发。

十四、小鹅瘟

20 世纪 80 年代初四川已有该病发生，1986 年，荣昌、新津、大竹、隆昌、璧山、开江、西昌、自贡、泸州、广汉、邛崃、綦江、铜梁等地先后发生，并造成大批雏鹅死亡；同年 6 月，四川畜牧兽医学院教授余永健等人分离到小鹅瘟病毒，并证实与广东 GD 毒株抗原性相同，确诊此病。1986—1989 年，全省畜禽疫病普查，抽查 37 个县（市、区）的鹅血清 2417 份，阳性 684 份，阳性率为 27.9%，有些高的县达 70.89%。资中县 96 个乡 19543 只鹅发病，死亡 16048 只，死亡率达 82.12%。

四川省兽医防疫检疫总站委托四川畜牧兽医学院举办小鹅瘟防控培训班，并联合印发了有关防控该病的小册子等宣传培训资料；在全省普遍应用“小鹅瘟鸭胚成纤维细胞疫苗”（后用国家批准的小鹅瘟疫苗）进行大面积免疫，有的还应用小鹅瘟血清对病鹅进行治疗，坚持数年，较好地控制了该病。2005 年，只在少数地方有散发。

第三节　主要防治措施

一、预防免疫

用疫苗注射是预防控制动物疫病（特别是传染病）的重要措施。四川省的动物疫病预防注射工作主要由乡（镇）村畜牧兽医人员具体负责。

1986 年前，四川省财政安排省级防疫补贴经费为每年 360 万元，1986 年后增加到每年 483 万元，主要用于疫苗补贴。1987 年后，疫苗补贴经费直接分配到各市（地、州），各地新增疫苗经费由各市（地、州）县（市、区）财政再补贴一部分，畜禽饲养者承担一部分。预防注射工作的劳务费按

“谁受益，谁负担”的原则，由畜禽饲养户按物价部门统一规定的标准向承担预防注射工作的乡镇兽医站交纳。疫苗注射后少数牲畜发生的副反应和副反应死亡补偿，由当地兽医主管部门统一报县级财政解决。预防注射所需器具、消毒药品等由县级主管部门和基层兽医站共同解决。疫苗冷藏运输设备及经费由省、市、县三级财政分担。部分地方曾把向畜主收取防疫劳务报酬视为“不合理负担”而取消，导致基层兽医不愿打预防针，免疫密度和质量下降，免疫病种减少，畜禽发病死亡增加，给农牧民造成较大损失。1990 年，省政府发文要求各地坚持“畜病合作防治制度”。1991 年，省人大常委会颁布《四川省农民负担管理条例》，规定“畜禽疫病防治作业的服务费用可由农村集体经济组织或村民委员会根据农民实际受益情况按规定收费标准统一收交”，不再视为不合理负担。1992 年，国家物价局和四川省物价局又制定了新的畜禽防疫检疫收费标准，使动物防疫收费逐步走上了正轨。1999 年前，四川主要免疫病种为猪瘟、牛出败、鸡新城疫、猪丹毒、猪肺疫、禽霍乱、猪副伤寒、羊“三疫”（羊快疫、羊黑疫、羊猝狙），2000 年后的免疫病种主要为口蹄疫和高致病性禽流感、猪瘟、猪蓝耳病、羊“三疫”、牛出败、链球菌病、猪肺疫等。四川省部分规模化、集约化场根据疫情增加了马立克氏病、法氏囊病、禽传支病、仔猪大肠杆菌病、猪支原体肺炎、猪伪狂犬病等预防用疫苗。

在疫苗免疫的同时，对已免疫的畜禽实施免疫标识、免疫证明和免疫档案管理制度。1986 年前，猪瘟免疫后在猪耳上剪小缺口为标记，同时进行免疫登记（档案）。1986 年后，在全省推行预防注射后发给“免疫证明”（预防注射证明），同时剪耳缺和作免疫登记（档案）。免疫证明随猪的流动而流动，以备检疫和检查用。1998 年，开始逐步推行猪、牛、羊的免疫耳标（耳牌）制，即在给猪、牛、羊预防免疫后在耳朵上佩戴塑料耳牌。2000 年，全省实行耳牌统一编号。2001 年，四川省畜牧食品局制定《四川省生猪免疫标识管理办法》，2002—2004 年，仅无疫区就使用耳标 26266. 6 万套，猪、牛、羊的耳标佩戴率均达到了 100%。根据农业部安排，2005 年起逐步开始免疫耳标（耳牌）升级，在近 80 个县推行二维码耳标。

二、生产、运输、屠宰、加工等环节检疫

1985 年前，四川畜禽及其产品的检疫主要以市场检疫和运输检疫为主。从 1985 年开始，畜禽检疫逐步向产地检疫、屠宰检疫转变。1986 年和 1987 年，省畜牧局先后在温江、自贡召开现场会议，推进全省免疫、检疫制度的改革和深化。1992 年 12 月，省政府颁布《四川省生猪屠宰管理办法》。1994 年，省人大常委会、省政府相继出台《关于加强上市猪肉卫生质量管理的规定》《关于加强生猪屠宰和猪肉质量管理的紧急通知》《关于加强生猪屠宰和猪肉质量管理的补充通知》《关于加强生猪流通管理的通知》，强化畜禽及其产品质量安全管理。1994—2000 年，省畜牧局、省兽医防疫检疫总站（省动物防疫监督总站）先后在井研、简阳、乐至、资中、威远等地召开现场会议，推行生猪“定点屠宰、到点检疫”制度，在乡镇和重点村设立“报检点”，全面实施产地检疫和屠宰检疫。1996 年 4 月，农业部在乐山召开全国动物防疫现场经验交流会，在全国推广四川经验。2000 年，省畜牧食品局发布《四川省动物产品检疫验讫标志管理办法》。2001 年，省政府发布《四川省动物和动物产品申报检疫管理办法》，动物和动物产品的“报检制”在全省确立和实施。

吸取以往引种（从外省、外地购入畜禽）带进不少疫病的教训，在实施产地检疫和屠宰检疫的同时，省动物防疫监督总站于 1999 年发文要求异地引种必须经过检疫审批，跨省引进必须经过省级审批，引进地县级动物防疫机构要派人跟踪检疫监督。2000 年，省畜牧食品局制发《四川省动物引

种检疫管理办法》，要求跨省或无规定动物疫病区引进种畜禽（含奶牛），必须在省动物防疫监督总站办理引种申报手续，获准后方可引种，引种的县级以上动物防疫监督机构要派专业防检人员实施引种全程检疫监督；种畜禽引进后须按规定隔离观察，获许可后方能合群使用。这一制度对堵截外疫传入起到了重要作用。

三、消毒工作

20 世纪 80 年代前，四川的动物防疫消毒主要包括畜禽圈舍、畜禽屠宰场地和屠宰用具、卖肉案桌、病死畜禽处理地点的消毒。圈舍消毒主要是用生石灰兑水刷圈舍四壁（以下简称“刷白猪圈”）。其他消毒多在疫情发生后实施，消毒药多为石灰、草灰、漂白粉、烧碱。20 世纪 80 年代后，特别是随着《家畜家禽防疫条例》的贯彻实施，动物及其产品的消毒发展为预防性消毒和灭源性消毒两大类，消毒范围扩展到孵抱房及其用具、运输车辆、饲养经营和装载用具、动物放牧和活动地点、仓库（含冻库）、饲料、饮水、防检疫工用具、皮张、饲养人员及养殖场工作人员、实验室等各个方面多个环节，且以预防性消毒为主。20 世纪 90 年代后，随着《中华人民共和国动物防疫法》《畜禽产品消毒规范》（GB/T 16569—1996）及《四川省〈中华人民共和国动物防疫法〉实施办法》的落实，四川将防疫消毒工作纳入动物防疫“六个强制”措施之一，消毒药纳入政府招标采购范围。2002—2004 年，四川“无疫区”内使用消毒药 1333.37 吨，栏舍消毒面 100%，消毒动物及其产品运送车辆 79269 车（次）。碱类、酸类、氯制剂、醛制剂、季胺盐类、碘制剂、酚制剂以及一些复合型消毒剂，在实践中广泛应用。

四、疫情监测和调查报告

1986 年，农业部组织全国动物疫病普查。同年，四川省开展了全省畜禽疫病的发生、流行、危害及防治情况普查，省畜牧局建立了普查工作领导小组和普查办公室，组织 6 万人的普查队伍，在全省 21 个市（地、州）208 个县（市、区），采取临床调查、查阅资料、调查询问和实验室诊断相结合的办法，共查出 40 年间曾在四川发生和流行的动物疫病 127 种（其中传染病 109 种，危害严重的寄生虫病 18 种），分类鉴定寄生虫 547 种，常见中毒病 10 余种，基本查清其发病特点、流行规律、危害情况，并对畜禽疫病防治经验、教训进行分析总结。在此基础上，省畜牧局、普查办公室和省兽医防疫检疫总站组织编写《四川省畜禽疫病普查》《四川省畜禽疫病志》，由省畜牧局印发各地，为生产、防疫、教学和科研提供了科学依据。四川的动物疫病普查工作被评为全国先进，普查办主要领导被评为全国动物疫情普查工作先进个人，受到农业部表彰。

1986 年起，各市（地、州）分别选择 1 个有一定基础和条件的县（市、区），建设畜禽疫病测报站，按《国家动物疫情测报工作实施办法》《国家动物疫情测报体系管理规范（试行）》的要求，定期向四川省畜牧兽医主管部门和农业部直接提供疫情测报结果。省畜牧局制定《四川省动物疫情管理办法》，开展测报工作培训，安排测报任务。2001 年 11 月，四川省 20 个测报站全部通过农业部验收。2001 年、2002 年，四川疫情测报工作均被农业部畜牧兽医总站评为甲等奖。2002 年起，四川在全省范围内开展疫情监测诊断设施设备的建设，从省级到基层的疫情测报网络都进行建设或改造提升。2002 年 4 月，四川省动物疫病监测诊断中心通过省质量技术监督局组织的计量认证，成为中国中西部首家通过国家计量认证的动物疫病监测诊断实验室。2003 年底，四川省有 105 个单位与全国畜牧兽医总站信息中心联网传输。2004 年底，四川全省所有市（州）、县（市、区）均实现动物疫情网络化管理，直接向农业部传输防疫工作的相关信息，如有疫情，12 小时内即可报到省主管部门和农业部。

疫病监测诊断实验室建设，是动物疫病监测、测报及防疫工作的重要基础。1987 年，农业部投资 60 万元，四川省财政配套 60 万元，在成都外南大平园（佳灵路 30 号）修建四川省兽医诊断中心，1990 年正式投入使用。同时，省动物防疫检疫总站办公地址搬迁到此。1987—1993 年，省财政先后支持成都、绵阳、乐山、自贡、凉山、万县、达州、涪陵、广安、广元、内江、南充、简阳、威远、金堂、温江、乐山、夹江、酉阳、石柱、攀枝花仁和区等的兽医诊断室建设或改（扩）建。1998 年起，农业部实施“无规定动物疫病区”项目，5 年间给四川省投入近 2 亿元，其中对兽医监测诊断室及其仪器设备的装备建设占了相当大的比重。全省先后利用项目资金对 1 个省级、14 个市（州）级和 96 个县级监测诊断实验室进行建设、改造。省级完成 2400 平方米的实验室改扩建，设置 21 个检验室，实验室达到生物安全Ⅱ级标准；市、县均按“统一实验室布局、统一实验仪器（全省装备现代化监测诊断仪器设备 35772 台套）、统一规章制度、统一检验办法和标准”的“四统一”原则进行建设。全省实验室工作人员中，具有大专以上学历的人员占 80% 以上，其中省级实验室硕士研究生以上学历人员占 90%，具有中高级职称的人员占 70% 以上。重大动物疫病和新发病如口蹄疫、高致病性禽流感、高致病性猪蓝耳病、猪链球菌病、猪瘟、狂犬病、伪狂犬病、新城疫、圆环病毒病等省内即可监测诊断。为提高动物疫病监测诊断的准确性，四川结合实际，先后制定《四川省动物疫病监测诊断方法》等 13 个地方标准和规范。

五、疫情扑灭和处理

四川省对动物疫情的扑灭与处理始终坚持“早、快、严、小”的原则，早发现、早（快）报告、早（快、严）封锁、早（快、严）处理，消毒全面严格，把疫情控制在最小范围内，把损失降低到最小限度。20 世纪 80 年代初凉山州从英格兰引进“边区莱斯特羊”带入绵羊痒病，凉山州畜牧局发现后立即报省畜牧局，在当地党委、政府支持下，畜牧兽医主管部门对发生痒病的凉山州乌科育种场和螺吉山种羊场进行四年封锁，扑杀病羊、后代羊和同群羊，尸体进行烧毁，对圈舍、牧道、草场、工具等用等进行严格消毒。经过 4 年的监测，已消灭此病；1986 年四川省原种猪场暴发猪喘气病，发病猪 90% 以上。经省政府同意，对该场进行封锁，扑杀全部患病猪只并进行无害化处理，全场实施严格消毒，对刚出生的猪和未发病猪只进行药物预防，该猪场的喘气病在较短时间内得到净化。

由于各级党委、政府和畜牧兽医行政主管部门高度重视，狠抓口蹄疫、禽流感、炭疽、布鲁氏菌病、动物血吸虫病、猪Ⅱ型链球菌病、猪囊虫病、包虫病、传染性乙型脑炎、奶牛结核病、狂犬病等人畜共患病的防治，使之得到有效控制。同时，严格执行畜禽产地检疫和屠宰检疫，对病死畜禽进行“四不一处理”（即不宰杀、不销售、不食用、不转运，对病死畜禽严格进行无害化处理。在全省广泛实施“放心肉”工程，较好地保障了畜产品质量安全。

六、动物防疫执法监督管理

四川动物防疫执法监督管理工作始于国务院颁布《家畜家禽防疫条例》。四川动物防疫（兽医卫生）执法监督管理始终坚持“生产环节与流通环节的监督管理并重、行为监督与技术监督并重、突击性监督检查与经常性监督检查并重、监督管理内外并重、监督查处与完善管理并重”的原则。执法监督管理日常工作由法定的动物防疫监督管理机构具体负责实施。

（一）加强组织领导

省畜牧食品局成立由局长任组长的督查组，兽医行政、动物防疫监督、饲料管理和监测、兽药残留监控、审计监察、计划财务等部门单位的负责人为督察组成员，分片包干，定期、不定期在全省进行督促检查，督察处理形成记录和资料。

（二）加强生产环节的监督管理

包括动物饲养和屠宰加工两个方面。动物饲养环节主要监督动物饲养地点、环境选择、饲料兽药投入品、饲养管理、卫生防疫、动物免疫、进出场检疫、驻场兽医审核等。屠宰加工环节主要监督屠宰（加工）厂（场）环境选择、兽医卫生条件、驻厂动物检疫情况及人员管理，动物、动物产品生产环节各种法定证章标志及登记；动物、动物产品生产环节中实施消毒、排污治理及发现问题后的无害化处理等。

（三）实施“放心肉”工程

省畜牧食品局制发了《四川省“放心肉”定点销售点管理办法》和《四川省“放心肉”赔偿办法》，在全省建立“放心肉”摊点2604个。2001年，省畜牧食品局就畜产品质量安全问题向社会公开承诺：凡在“放心肉”摊点购买经动物防疫监督机构检疫并出具检疫证明、盖有检疫合格验讫印章的，保证无重大人畜共患疫病，无盐酸克伦特罗（瘦肉精）等违禁品，消费者可安全食用。如与承诺不符，向消费者赔偿原货值三倍以上金额。

（四）加强市场动物产品监督

实行活畜、活禽的交易相对分离，活畜禽与产品经营分离；查证验物头（只）头件件到位。

（五）建立公路动物防疫监督检查站

经省政府批准，全省先后设立92个公路动物防疫监督检查站（其中省际间50个，无规定动物疫病区边境42个），对运输的动物、动物产品进行防疫检疫监督检查。省畜牧食品局于2003年4月制发《四川省省际间公路动物防疫监督检查站工作规范》《四川省无规定动物疫病区动物防疫监督检查站工作规范》《四川省公路动物防疫监督检查站工作人员守则》，对公路动物防疫监督检查实行设施设备统一、工作程序和制度统一、各种标识标牌统一、监督检查内容及技术操作规范统一、记录记载及报表统一、工作证件和工作着装统一”的“六统一”制度。

（六）严格畜禽引种检疫监督

1999年起，四川省逐步实施畜禽引种检疫监督。从省外、市外、县外引种都必须经当地动物防疫监督机构审核，并派人跟踪监督；从省外引种必须经省动物防疫监督总站审核批准。

第三章 兽药管理

第一节 兽药行政管理

1987年5月，国务院颁布《兽药管理条例》，规定由畜牧兽医部门承担兽药（含鱼、蜂、蚕药）管理。四川省畜牧局于1987年6月召开全省兽药工作会议，8月制定《四川省兽药医疗单位制剂室暂行管理办法》。1989年7月，农业部发布《兽药生产许可证》《兽药经营许可证》和《兽药制剂许可证》管理办法，四川省严格按规定条件审查审批发证。

1993年前，省畜牧局内未设立兽药管理行政机构，兽药行政管理由省兽药饲料监察所具体履行。1993年，省畜牧食品办公室在其综合处的职责中设置了兽药药政管理职能。1997年，省畜牧食品局设立政策法规处，兽药行政管理职能交由该处负责。2000年11月，省畜牧食品局设立兽医兽药处，兽药行政管理由该处具体负责。各地的兽药行政管理工作也由各地兽医部门负责，并在主管局内设立相应的行政管理科（室）等机构。至此，兽药行政管理与兽药监察检验工作彻底分离。

2004年11月，国务院新修订的《兽药管理条例》开始实施，将兽药审批和批准文号发放以及新兽医生物制品的临床试验审批权等上收到国务院兽医行政管理部门，即农业部兽医局。

第二节 兽药监察和检验

一、兽药检验

1986年，经省编委批准，四川省兽医药品检验所更名为四川省兽药饲料监察所，其职能相应扩大，全省兽药、饲料药物添加剂统归该所监察检验。2002年，经省编委批准，四川省兽药饲料监察所更名为四川省兽药监察所，兽药（含蚕、蜂、鱼药）、饲料药物添加剂由该所负责统一检验，饲料监测检验工作交由饲料检验机构负责。省兽药监察所除负责报批产品的检验外，还一直负责兽药质量的抽查检验。1999—2005年，省兽药监察所出具各类检验报告（含报批检验、抽检、送检）共24077份。1986—2005年，抽检情况见表4－8。

1986—2005年四川省兽药抽检情况表

表4－8

年份	抽检总数（批）	合格数（批）	合格率%	不合格数（批）	年份	抽检总数（批）	合格数（批）	合格率%	不合格数（批）
1986	40	17	42.5	23	1996	115	71	62.0	44.0
1987	52	30	57.7	22	1997	327	211	64.5	116.0
1988	64	40	82.5	23	1998	247	165	66.0	82.0
1989	185	129	78.5	56	1999	168	110	65.4	58.0
1990	168	104	75.8	64	2000	258	177	68.4	81.0
1991	178	135	81.0	43	2001	251	178	70.9	73.0
1992	168	120	82.0	48	2002	251	191	76.1	60.0
1993	123	69	56.1	54	2003	480	384	80.0	96.0
1994	164	63	60.6	41	2004	895	725	81.0	170.0
1995	213	151	71.0	62	2005	905	782	86.3	123.0

各兽药生产企业都建立了自身的质量检验体系，全省各生产企业共聘任质量检验员4000多名。质量检验员须经全省统一培训，统一考试，合格后由省兽药监察所发给培训合格证，兽医检验员持合格证、上岗检验，并负责出具企业的检验报告。

二、兽药生产质量规范建设

《兽药生产质量管理规范》（简称兽药GMP）是截至2005年国际通用的兽药生产和质量控制管理制度，是兽药质量管理体系中的重要组成部分。1989年12月，农业部颁布《兽药生产质量管理规范》。1990年开始，省畜牧局在全省连续开展“兽药行业优质产品评选活动”，省兽药监察所派出人到兽药生产企业，帮助和指导从厂房规划建设、仪器设备规范配套与管理、人员素质提高等多方面入手，逐步推进兽药GMP的实施。四川省从1995年7月开始实施兽药GMP管理，到1998年年底，四川精华动物药业有限公司等6家兽药生产企业通过了农业部的兽药GMP的验收认证。2001—2005年，全省又有49家兽药生产企业通过农业部的兽药GMP验收认证。

三、制定标准

四川在认真贯彻执行国家有关标准的基础上，从实际情况出发，共研究制定各类地方标准242个，其中，化药地方标准77个，中兽药复方标准104个，鱼药标准19个，蚕药标准5个，禽药标准33个，消毒药标准4个，涉及剂型16种，并充实和完善国家标准6个，22个兽药地方标准上升为国家标准。省畜牧局于1992年1月颁布《四川省蚕药标准》，1997年和2003年两次颁布《四川省兽药标准》，共收录各类制剂277种。

第三节　兽药生产及质量管理队伍建设

1986年，省畜牧局制订全省兽药生产企业产品质量的药品检验员队伍的培训10年计划，并于当年举办两期培训班，培训质量检验员190余人。从1986年到2005年，共培训检验员6480人次。同时，针对各个时期工作需要，先后开展精神药品、麻醉药品、消毒药品等特殊兽药的检测培训。1999—2005年，培训企业新进职工6000余人次，培训兽药GMP企业员工9000余人次。

第四节　兽药生产与研发

1986年，全省共有兽药生产企业26家，职工1137人，年产值650.6万元。到1998年，企业发展到171家，产值6亿余元。2003年，国家发布《兽药生产质量管理规范》（简称GMP）后，四川兽药生产向质量、效益并重转型。到2005年，兽药生产企业发展到55家，均为兽药GMP企业，职工1万余人，年产值18亿余元，详见表4－9。

四川省兽药生产企业及产品发展情况简表

表4－9

年份	兽药生产企业总数（个）	产品总数（个）	年总产值（亿元）	职工总数（万人）	年份	兽药生产企业总数（个）	产品总数（个）	年总产值（亿元）	职工总数（万人）
1986	26	—	0.065	0.11	2003	85	171	12	0.86
1987	80	—	0.240	0.30	2005	55	—	18	1.00
1998	171	—	6.000	0.80					

说明：2005年兽药生产企业为兽药GMP企业，故数量减少

兽医生物制品企业。四川原有农业部成都药械厂（后改为中牧实业股份成都药械厂）、四川省生物药品厂（后改为成都川宏生物科技有限公司）2家。到2005年发展到6家，新增四川世红生物技术有限公司、四川华神农大动物保健品公司、成都天邦生物制品有限公司、四川华派生物制药有限公司。上述企业生产的猪瘟疫苗、牛气肿疽疫苗、炭疽芽孢疫苗、羊三联苗、鸡新城疫苗、猪白细胞干扰素、猪伪狂犬病基因缺失苗、兔瘟兔巴氏杆菌二联苗等多种生物药品都广受市场欢迎。

在企业发展的同时，四川新兽药产品的研发也快速推进。省兽药监察所内设立了兽药研究机构，各兽药生产企业也成立有产品研发部门，对疫苗、治疗药物、饲料药物添加剂等进行研究。全省开发研制了一大批新兽药产品，如救鸡宝、畜禽宝、958注射液、止痢泰宝片、百病神威注射液、猪康肥注射液、特效水肿灭、强力热痛灵注射液、强力解热镇痛灵注射液、炎喉通、禽消炎颗粒剂、复方甲苯咪唑片、克毒清、鱼用清解散、双黄连注射液等，其中获发明专利和省政府以上科技进步奖18项。

第五节 兽药管理与监督检查

兽药管理与监督检查包括生产环节、生产和保存销售环节和使用环节。对生产环节的监督管理主要包括生产条件（环境、厂房设施、生产和保存设备等）、人员素质、产品质量和管理制度等。销售环节主要包括产品介绍（说明、标签）、质量、运送条件、销售人员技术条件等。使用环节主要是药品质量、投药途径、使用范围和使用对象是否符合相关规程等。

四川兽药管理和监督检查，主要由各级兽药主管部门承担。1990 年 11 月，省畜牧局通过考核选拔，在各市（地、州）县（市、区）兽医部门推荐人员中筛选任命了 711 名兽药监督员和 1483 名兽药检查员，由所在县级人民政府发给兽药监督员证和兽药检查员证（改由省畜牧局颁证），具体从事兽药管理监督检查工作。在监督检查中发现的问题，根据《兽药管理条例》等有关规定，分别给予通报批评、整顿整改（包括停业整顿）、罚款、吊销“兽药生产许可证”和兽药批准文号等。

省畜牧食品局和兽药监督监察机构定期不定期在全省范围内对兽药生产、销售、使用各环节进行监督检查（包括监督抽检），发现问题、及时纠正。在检查的基础上，召开全省性会议通报问题、表彰先进，促进发展。省兽药监察所每年对全省兽药监督抽检结果都进行通报，对有不合格产品的企业提出整顿整改要求。1992 年，省畜牧局吊销了富顺县兽药厂等 7 个单位的“兽药生产许可证”和全部兽药批准文号。1995 年 8 月，省兽药监察所在成都市龙舟路“兽药市场一条街”建立了兽药监察室，并于当月和 1998 年 6 月两次在该市场召开现场兽药质量通报会，对存在的问题进行现场通报，促进相互监督和群众监督。1997 年省畜牧食品局联合省工商管理部门对全省兽药、兽药饲料添加剂进行整顿，出动执法人员 1.5 万人次，查处违法违规案件 4264 件。1999 年 7 月，省畜牧食品局吊销了成都市都江堰动物药品厂等 8 家兽药生产企业的 19 个兽药批准文号。2002 年 4 月，省畜牧食品局撤销了 18 个兽药质量标准和 95 个兽药批准文号。2004 年，省畜牧食品局印发《关于进一步加强兽用生物制品和消毒剂监督管理的通知》，派出多个工作组，分赴成都、德阳、眉山等地，检查养殖场 650 个、兽药市场 20 多个、乡镇兽医站近 100 个、4 家兽用生物制品企业和大专院校、科研单位，对兽用生物制品的非法研制和生产进行严肃查处。

第四章　中兽医药

第一节　中兽医药教学科研

1979 年 1 月，四川省畜牧兽医学校升格为四川畜牧兽医学院，学院设立中兽医专业，当年开始招生。西南民族学院和四川农业大学均设置中兽医专业硕士研究生点。1986—2005 年，3 所院校共培养中兽医专科生 600 多名，本科生 1600 多名，硕士生 20 多名，博士生 10 名。在中兽医药研究方面，1987—1990 年，四川省畜牧兽医研究所完成省畜牧局下达的中草药饲料添加剂研究等项目，其研究成果多次获省政府科技进步奖及相关厅局级科技成果奖。四川省兽药监察所研究开发了一批中草药新产品、新制剂如母子康散、健胃散、白痢散、肥猪粉、救鸡宝、双黄连注射液等，在生产中应用获良好的社会效益和经济效益。

藏兽医是藏族人民防治动物疾病的经验总结。建立于 1987 年 6 月的阿坝州中等职业技术学校，设有藏兽医等 4 个专业（藏兽医专业在全国仅此一校设置）。1990 年 11 月，该校开始编写全国首部藏兽医中专教材《藏兽医理论学》《藏兽医诊断学》《藏兽医药物学》《藏兽医治疗学》《藏兽医制药学》5 册共 120 余万字。西南民族学院畜牧兽医研究所藏兽医研究室收集总结藏兽医药经验方 400 多个，诊疗技术 400 多条，整理出版《藏兽医验方选》等 10 多种藏汉双语版书籍，获全国科学大会荣誉奖、四川省科学大会荣誉奖等奖励。甘孜州畜牧业科学研究所从 1986 年起着手进行藏兽医药经验收集整理，于 1991 年 6 月编印了 6 万多字的《藏兽医基础知识》。若尔盖县藏兽医学会先后收集整理编写《高原中草药手册》《藏兽医验方选》《藏族民间常用兽医学物》《藏族民间常见畜病诊治》。1995 年，四川民族出版社出版了罗桑旦真编著的《藏兽医甘露池》；1996 年，四川民族出版社出版了威色编著的《常用藏兽医诊疗法》。

第二节　中兽医药管理及技术推广

四川省畜牧食品局、省动物防疫监督总站、省兽药监察所均配备有中兽医药专业知识管理人员、技术推广人员或检验人员，负责管理、指导全省中兽医药事业发展、技术推广和中兽药生产应用。1991 年 10 月，省畜牧局印发《关于加强四川省中兽医工作巩固发展中兽医事业的通知》，要求各地加强中兽医工作，提高中兽医现代化水平。省兽药监察所在制定中兽药产品的生产检验标准、审查审批中兽药产品过程中，组织协调四川农业大学、四川畜牧兽医学院、西南民族大学、省畜牧兽医研究所及相关兽药企业开展联合攻关，共同研究开发中兽药产品，使全省一大批兽药企业都生产有中草药产品，有力促进了中兽医药事业发展。省兽药监察所主编的《四川省兽药标准（1997 年版）》共收录各类兽药制剂 120 种，其中中草药制剂 48 种，主编的《四川省兽药标准（2003 年版）》共收录各类兽药制剂 157 种，其中中草药制剂或含有中草药成份的制剂 64 种。1992 年 5 月、10 月，省畜牧局分别邀请中国畜牧兽医学会中兽医研究会和四川畜牧兽医学会中兽医研究会的专家在仁寿、乐山举办全国中兽医技术学习班、四川省中兽医骨干培训班，培训中兽医技术骨干 68 名。1992 年 7 月，筠连县畜牧局成立振兴中兽医工作领导小组，与四川省农业广播电视学校、筠连县双泉职业中学联合开办国家承认学历的中兽医专业（中专），先后有毕业学生 88 人。1997 年 12 月，省人事厅、省畜牧食品局联合印发的四川省畜牧兽医专业中《中兽医高级技术职务任职资格评审条件（试行）》，对人事部、农业部《兽医专业、中兽医专业中高级技术资格评审条件（试行）》进行细化，为从事中兽医药、藏兽医药和中西兽医结合工作的专业技术人员创造了良好的政策条件。

第三节 中兽医药学术组织与交流

四川是全国最早建立中兽医药学术组织的省份之一。四川省畜牧兽医学会中西兽医结合研究会于 1979 年 9 月成立，设基础理论、病症防治①、兽医针灸、兽医中药 4 个学组。1985—1994 年，西南地区和四川省先后召开数次中兽医药学术讨论会，开展中兽医药学术交流。1995 年后，因人员年龄偏大，加之经费困难等原因，省级中兽医学术组织活动基本停滞，但各市（州）和部分县中兽医药学术活动仍很活跃。

1989 年 7 月，泰国卡色萨大学瓦拉萨·帕情玛斯教授及泰国农业部兽医官员等一行四人组成代表团到四川参观考察，先后到都江堰市、省兽医防疫检疫总站、四川畜牧兽医学院等地参观、考察、学习。

四川还有不少中兽医药专家在全国性学术组织中担任重要职务，如四川兽医研究所教授陈子平，成都军区军马防治所研究员李克琛，西南民族大学教授枉云峰，四川畜牧兽医学院教授郑动才，四川农业大学教授王天益等曾在中国畜牧兽医学会及其中兽医分会担任数届会长、理事长、副会长、常务理事等，有的还在全国或省内有关学术顾问委员会中任职。

四川中兽医药事业的发展为全国中兽医药事业发展做出了积极贡献。1986 年 12 月，农牧渔业部召开《国务院关于加强民间兽医工作的指示》30 周年纪念会，表彰了全国 576 名对中兽医药事业发展作出贡献的人员，其中四川省有 30 名，受表彰人数居全国第一。

① 关于“防制”和“防治”的应用，当时文件、机构等怎么用的，文中仍保留；其他叙述统一用的“防治”。

第五篇 科技教育

1986—2005年，四川省从事畜牧兽医高等教育的单位有四川农业大学动物科技学院、四川农业大学动物营养研究所、四川畜牧兽医学院、西南农业大学动物科技学院、西南民族大学生命科学与技术学院、西昌农业专科学校、绵阳农业专科学校。

1986—2005年，招收畜牧兽医专业的中专农牧业学校有11所，招生较多的学校有四川省成都畜牧兽医学校、四川省温江农业学校、甘孜藏族自治州农牧学校、阿坝藏族羌族自治州畜牧兽医学校、凉山彝族自治州畜牧兽医学校和四川省农业广播电视学校。1986—2000年，中专学校主要开设了农经、农学、牧医等专业。2000年，农业中专学校由农业厅转移到教育厅管理，农业中专办学层次发生变化，大部分变成职业技术学院。

1986—2005年，根据国家教委等五部委《关于开展岗位培训若干问题的意见》、农业部《关于对农业领导干部进行岗位培训的安排意见》和中组部、农业部《关于印发“八五”期间全国农业干部培训规划要点的通知》等文件精神，全省开展了局长、站长岗位职务培训；高、中级畜牧、兽医师技术干部的继续教育；科技管理、畜牧业经济、绿色证书培训、建设培训基地等技术培训工作。

1986—2005年，从事畜牧兽医科学技术研究的机构有四川省畜牧科学研究院、四川省草原科学研究院、四川省养猪研究所、甘孜藏族自治州畜牧兽医研究所、阿坝藏族羌族自治州畜牧兽医研究所、凉山彝族自治州畜牧兽医研究所。

1986—2005 年，四川省组织畜禽新品种（系）培育、饲料营养、疫病防治等科技联合攻关项目共 367 项，获国家、农业部、省政府奖励的畜牧兽医科技成果共 315 项，其中获国家级科技进步、星火奖 9 项，农业部科技进步奖 15 项，农业部丰收奖 36 项，省政府科技进步奖 233 项，省星火奖 22 项。

1986—2005 年，获国家奖励和省、部级一等奖及对畜牧生产有重大影响的项目有猪的营养和饲料标准研究；瘦肉猪专门化母系四川白猪 I 系、新荣昌猪 1 系的培育研究；在 118 个县开展以“双推五改”为主的科学养猪实用技术推广；瘦肉型猪规模化养殖产业化技术研究；种猪性能测定技术研究；外种猪选育研究；母猪多胎高产综合技术示范；狂犬病疫苗株及抗体检测技术研究；猪伪狂犬病基因缺失疫苗的研究与应用；凉山半细毛羊新品种选育；南江黄羊肉用新品种选育；中国西门塔尔牛新品种选育；大型肉鸭新品系选育及配套试验研究；肉兔新品系培育及配套利用；白色獭兔 R 新品系选育研究；荥经长毛兔新品系的选育研究；波尔山羊胚胎工程产业化技术研究；商品肉兔综合技术大面积推广；建川杂交鸭综合养殖技术大面积推广；禽传染性支气管炎综合防治技术研究；推广应用猪二号菌苗免疫防治牦牛布病新技术；猪、鸡病原菌耐药性检测及安全高效新兽药研发；草坪草种质、资源综合评价及草坪工程关键技术研究等。

1999—2005 年，组织了综合配套技术推广为主要内容的科技助农增收计划。

2001—2005 年期间，四川省畜牧科技贡献率达 50%，科技成果转化率达到 70%。

四川省科学技术协会和四川省畜牧食品局管理的的学术群团组织有四川省畜牧兽医学会、四川省养蜂学会。1986—2005 年，四川省发行的畜牧业报刊有《天府牧业报》（1997 年 12 月停刊）、《四川畜牧兽医》、《四川草原》、《四川畜禽》杂志。

第一章　教育和培训

第一节　高等教育

1986—2005 年，四川省从事畜牧兽医高等教育的单位有：四川农业大学动物科技学院、四川农业大学动物营养研究所、四川畜牧兽医学院、西南农业大学动物科技学院、西南民族大学生命科学与技术学院、西昌农业高等专科学校、绵阳农业专科学校。毕业于畜牧兽医专业的专科、本科生 18111 人，硕士研究生 1825 人，博士研究生 131 人。2005 年，全省有从事畜牧兽医专业的教师 600 人，其中正、副教授 227 人。

一、四川农业大学动物科技学院

1986 年，四川农业大学畜牧系增设动物营养与饲料加工专业，同年成立动物营养研究所，招收硕士、博士研究生。1987 年，畜牧系中乳品加工学科、兽医系的卫生检验学科与原学校农机系合并，成立食品科学系。1988 年，学校有畜牧、兽医、动物营养、食品科学系。1993 年，上述 4 系合并为动物科技学院，教学人员 189 人，其中教授 23 人、副教授 54 人、讲师 40 人，在校学生 600 余人。到 2005 年，学院设有 8 个系、11 个本科专业，国家级重点学科 1 个；在校学生 3270 人，其中普通本科生 2848 人；有专任教师 211 人，其中博士生导师 22 人，硕士生导师 66 人，教授 30 人，副教授 54 人，讲师 61 人。1986—2005 年，获国家和省级科研成果奖 167 项，发表论文近 1000 篇。对外交流方面，与美国密歇西根州立大学合作，联合培养草坪管理专业学生；与荷兰万豪农学院、芬兰赫尔辛基大学合作开展野生动物保护与自然保护区管理本科人才培养。2000—2005 年，学院派出教师 50 余人次到国外交流、学习。

1986—2005 年，该院毕业专、本科学生 8703 名，研究生 1330 名（其中硕士研究生 1199 名、博士研究生 131 名）。专、本科专业有畜牧、兽医、草原、卫检、动物营养与饲料加工、牧业高新、生物技术、生物工程、动物医学、动物遗传、制药工程、药物制剂、动物保护等。研究生专业有畜牧、兽医、动物营养、动物遗传育种、预防兽医、草业科学、传染病学与预防兽医学、兽医寄生虫学、动物营养与饲料科学、动物遗传育种与繁殖、基础兽医学、临床兽医学、生物化学与分子生物学、特种经济动物饲养等。

二、四川农业大学动物营养研究所

该所前身是四川大学农学院畜牧兽医系家畜饲养教研室，1986 年成立动物营养研究所。1993 年，该所与动物科技学院同级承担教学和科研任务。1999 年，该所被批准为四川省重点开放实验室。

2000 年，所在一级学科批准为博士学位授权点、设立博士后流动站，2001 年，列为国家重点学科。2005 年，该所有教学、科研人员 32 人，其中教授 10 人，副教授 6 人，博士研究生导师 10 人，硕士研究生导师 14 人，有动物营养生理、动物营养代谢疾病、微生态营养、饲料生物技术、动物营养分子生物学等兼职教授 9 人。1986—2005 年，培养硕士研究生 300 人，博士研究生 100 人。

该所主要从事猪、鸡、鸭、鱼、珍禽、反刍动物和特种经济动物的营养物质代谢、营养需要、营养调控、饲料营养价值评定、饲料加工配制技术以及交叉领域（如营养与免疫、营养与生物技术、营养与微生态学、抗病营养等）的研究。1996—2005 年，该所获省部级奖励 20 余项，发表论文 1000 余篇，出版教材及专著 40 余部。该所拥有与国际同类学科相当的实验室和教学科研条件，如从意大利引进的成套现代化猪舍、从法国引进的动物营养代谢自动采食及称重系统、人工气候调控饲养实验室、水生动物代谢实验室和自动水循环系统等，能够满足人才培养和科学研究的需要。该所积极探索建立产学研新模式，加强与企业的合作，与国内 10 多个大中型企业联合建立博士工作站。博士工作站以市场机制为基础、利益为纽带、产业为支撑、项目为载体，由企业资助，共同对企业的技术难题攻关，提高了科研水平和人才培养质量。

三、四川畜牧兽医学院

1986—1991 年，学院每年招生 10 个班 300 人左右，1988 年，在畜牧、兽医、中兽医专业基础上新增动物营养与饲料加工专科专业，1989 年，新增养殖技术专科专业，1990 年，新增农技养殖专科和淡水渔业师范本科 2 个专业。1991 年底，在校生 1075 人，教职工人 493 人。1992—1997 年，招生逐年增加到 27 个班，突破 800 人，新增市场营销、小动物保健、外贸英语、会计、名特水产养殖、牧业加工技术、制冷与冷藏技术、动物药学、经济信息管理师范、经济管理与计算机应用、中兽医药学、畜禽疾病防治等专业，在职教职工人数增加到 554 人。其间，1994 年调整设置为动物医学系、动物科学系（加工工程系）、渔业工程系、基础科技系、社会科学部（经济管理系）、职业技术教育系（成人教育部）、电化教学中心。对外交流方面，学院与美国、德国、俄罗斯、日本等国建立教学、科研学术交流合作，互派访问学者和留学生。1997 年，四川畜牧兽医学院有教职工 503 人，其中专职教师 192 人，教授、副教授 29 人，讲师 63 人。1997 年重庆市直辖后，四川畜牧兽医学院合并为西南农业大学荣昌校区。

四、西南农业大学动物科技学院

1986 年为西南农业大学畜牧系，1987 年更名为畜牧兽医系，1993 年成立动物养殖学院，1997 年后更名西南农业大学动物科技学院。该院拥有畜牧学、兽医学和水产学 3 个一级学科，设有动物科学、动物医学、水产养殖学和草业科学 4 个重点本科专业。其中包括畜牧学、兽医学 2 个一级学科硕士授权点及其基础兽医学、临床兽医学、预防兽医学、动物遗传育种与繁殖、动物营养与饲料科学、草业科学 6 个硕士学位点。1997 年有在校硕、博士研究生 251 人；本科学生 950 人。1986—1997 年，共培养毕业生 5000 余人，完成各类科研项目 100 多项，获国家及省部级成果奖10 多项。1997 年重庆市直辖后，西南农业大学划归重庆市。

五、西南民族大学生命科学与技术学院

1986—1996 年为西南民族学院畜牧兽医系，1997 年更名为动物科学技术系，2000 年成立西南民

族大学生命科学与技术学院。学院先后设有动物医学、动物科学、生物技术、食品科学与工程、动物营养与饲料加工、中兽医学6个本科专业，动物遗传育种与繁殖、基础兽医学、预防兽医学、生态学、遗传学及农业推广6个硕士研究生点。2005年有在校本科生929人，研究生120人。

1986—2005年，该院培养中专、大专和本科毕业生2678人（其中本科2429人、大专225人、中专24人），硕士研究生195人，毕业生包括藏族、彝族、汉族、羌族、满族、蒙古族、壮族等30余个民族。2005年，该院有教职工63人，其中教授17人、副教授27人。1989年，建成5个综合实验室，其中动物科学实验室、现代生物技术实验室为国家民委重点实验室。该院先后承担了联合国开发计划署项目1项，国家自然科学基金项目4项，教育部、国家民委及四川省科研项目60余项，在国内外学术刊物上发表论文1200余篇，获省部级以上科研成果奖50余项。

六、西昌农业高等专科学校

1986年，西昌农业专科学校设畜牧兽医系，分设畜牧、兽医、畜牧兽医3个专业，有教职工44人。2003年，西昌农业高等专科学校、西昌师范高等专科学校、凉山大学、凉山教育学院合并为西昌学院，设动物科学系。2005年，动物科学系有教职工29人（其中教授及副教授10人，设有基础医学、临床医学、动物科学3个专业，建成省级实验教学示范中心（基础生物实验教学示范中心）1个。1986—2005年，学校培养畜牧兽医等专业本科、专科毕业生2573人。

七、绵阳农业专科学校

1986—1995年，绵阳农业专科学校设有畜牧兽医系。1995年，绵阳农业专科学校更名为绵阳经济技术高等专科学校，设置农艺系、牧医系、食品系等。1996年开办的相关专科专业有畜牧兽医、动物营养与饲料加工、食品加工贸易等，有专业教师23人（其中教授4人、副教授6人），在读学生近400人。2000年，绵阳经济技术高等专科学校与西南工学院合并组建西南科技大学，原农艺系、牧医系、食品系、小麦研究所、水稻研究所合并更名为生命科学与工程学院，均为专科专业。2003年，增设动物科学本科专业。1986—2005年，培养畜牧兽医专业本科、专科毕业2000多人。

第二节　中等教育

1986—1997年，四川省有17所中专农校，在校生人数从7333人增加到21978人。1997年，重庆直辖后，四川省农业中专学校由17所减为13所，有11所农校设置畜牧兽医专业，其中四川省成都畜牧兽医学校，四川省温江农业学校，甘孜、阿坝、凉山农牧（畜牧兽医）学校招收畜牧兽医专业较多。2000年，农业中专全面推行招生并轨，学生自主择业，学校管理由省农业厅转移到省教育厅。此后，农业中专办学层次发生变化，11所涉牧农校中9所学校先后同其他中专学校合并升为高等职业技术学院。1986—2000年，四川省农牧业中专学校主要开设了农经、农学、牧医等专业，中专班累计招生64292人，毕业生54842人，其中畜牧兽医专业毕业生约占40%，2万余人。

1986 年四川省中专农校招收畜牧兽医专业简况表

表 5－1　　　　单位：人

学校名称	地址	建校年份	专业名称	在校学生	专任教师			职工	
					小计	本科	其他	职员	工人
成都市兽医学校	成都	1956	牧医、农经、农学、农资、会计	80	40	29	11	16	23
温江农业学校	温江	1958	畜牧、农学、植保建筑、土肥、农经	641	78	59	19	64	22
重庆市农业学校	重庆	1950	畜牧兽医、农学、园艺	159	52	31	21	36	29
南充地区农业学校	南充	1924	畜牧兽医、农学、园艺、土肥	402	100	62	38	45	41
内江市农业学校	内江	1956	畜牧兽医、农经、农学、果树	162	62	36	26	39	34
达县地区农业学校	达县	1950	畜牧、农学、农经、果树	204	74	39	35	33	32
万县地区农业学校	万县	1936	畜牧兽医、农学、植保、园艺、农经	465	81	54	27	41	39
宜宾地区农业学校	宜宾	1935	兽医、农学、农经、果树	370	70	44	26	61	75
甘孜州农牧学校	康定	1975	牧医、农学、农经	297	56	22	34	27	31
阿坝州畜牧兽医学校	红原	1981	畜牧、兽医、牧医	121	28	20	8	12	12
凉山州畜牧兽医学校	昭觉	1978	畜牧兽医、农学、农经	238	53	47	6	38	20

一、四川省成都畜牧兽医学校

1988 年，四川省成都农业学校更名为四川省成都畜牧兽医学校，由成都市与省畜牧局联办，隶属于成都市农牧局，重点培养畜牧兽医专业人才。1989 年以来，学校先后开设了畜牧兽医、畜牧业经营管理、计算机、现代文秘、畜产品加工、饲料加工、食品卫生检验等专业。1998 年，畜牧兽医专业被省农业厅评为优势专业，2003 年该专业被省教育厅评为重点建设专业。2001 年，该校先后与西南农业大学和四川农业大学联合举办自考，设成人大专及网络专科班、本科班。2004 年，该校与温江农业学校、成都机电工程学校合并更名为成都农业科技职业学院，当年，该校在岗教职工 142 人，其中专任教师 56 人，具有高级专业技术职称的 18 人、中级专业技术职称的 29 人。1989—2004 年，共招收全日制中专生 3533 人，成人大专生 1000 多人，通过短训班形式培训各类实用技术人才 5000 多名。1996—2004 年，通过国家职业资格证书考试学生达 2026 人。

二、四川省温江农业学校

1986 年，学校设置专业有畜牧、农学、植保建筑、土肥、农经。1986—2004 年，招收全日制中专生 1.2 万人，毕业生 1.1 万人，其中畜牧兽医专业 4000 余人；完成农村实用技术等各类短期培训 2.6 万人。2004 年有教职工 195 人，其中专任教师 117 人（具有高级专业技术职称的 41 人、中级专业职称的 45 人），在校生规模 1445 人，设置农业高新技术、畜牧兽医、园林等 9 个专业。2004 年，学校与成都畜牧兽医学校、成都机电工程学校合并并更名为成都农业科技职业学院。

三、甘孜藏族自治州农牧学校

1992 年，学校有教职工 112 人，其中教师 78 人，畜牧兽医专业教师 25 人。学校设置有农学、牧医、农经教研室。1996年，经省教委评估，办学水平为良好级。2004年，甘孜州农牧学校、甘孜州财经学校、康定民族师范高等专科学校合并并更名为甘孜州职业教育技术学院，同时招收中专、大专生。1986—2005年，学校共培养牧医技术人才1300人。

四、阿坝藏族羌族自治州畜牧兽医学校

1986—2005年，阿坝州畜牧兽医学校共培养中等专业人才1170人，其中畜牧兽医专业630人、畜牧专业80人、兽医专业80人、藏兽医专业90人、草原专业110人、牧业经济专业60人。2004年，该校合并更名为阿坝藏族羌族自治州职业教育技术学院，同时招收中专、大专生。

五、凉山彝族自治州畜牧兽医学校

凉山畜牧兽医学校于1990年搬迁至西昌市，与西昌农校合并为凉山州农牧学校。凉山州农牧校畜牧兽医专业有讲师20人。1986—2005年，凉山州农牧学校畜牧兽医专业共培养中等专业人才1266人，成人网教及短线自考613人。2005年，培训全州村支部书记畜牧兽医专项技术2460人。

第三节　成人教育及技术培训

一、成人教育

（一）四川省农业广播电视学校

1985年，学校招生10万余人，招生人数位居全国各省农广校榜首。2000年后，学校中专招生数量下滑。2005年，学校招收农业技术推广、农村经济管理、畜牧兽医3个专业学员共3304人。1986—2005年，农广校系统共培养中专毕业生17.9万人，其中养殖方面的畜牧兽医专业招生29120人，毕业14502人。

（二）四川省畜牧兽医专业大专自学助考

四川省高等教育自学考试委员会批准于1995年10月起在四川省同步招生开考自学考试畜牧、兽医专业专科。设立自考领导小组、辅导中心、自考助学辅导办公室，有专人负责开展此项工作。四川省畜牧兽医学会与省畜牧局科教处联合举办畜牧兽医大专自学考试工作，1995—1999年，在册学员1132人，培养取得毕业文凭的学员290人。

二、技术培训

1986—2005年，全省畜牧兽医系统开展了大量技术培训。省畜牧局科教处纳入的系统分级技术培训有：局长、站长岗位职务培训，高、中级畜牧、兽医师技术干部继续教育，科技管理、畜牧经济管理培训，绿色证书培训等。

（一）畜牧局长、站长及高、中级技术人员岗位职务培训

1994年，根据国家教委等五部门《关于开展岗位培训若干问题的意见》和农业部《关于对农业领导干部进行岗位培训的安排意见》等文件精神，经农业部教育司和中央农业管理干部学院批准，由西南农业大学干分院举办西南地区市（地、州）级畜牧局局长、站长及高师岗位培训班，学期1个月，经考试、考核成绩合格，分别颁发由农业部统一印制的继续教育、岗位培训证书，作为系统

上岗任职、聘任、晋升的依据之一。西南农业大学干分院先后举办培训13期，培训学员317人，其中四川学员256人。

1986年，按照中组部、农业部《关于印发“八五”期间全国农业干部培训规划要点的通知》精神，对干部培训和继续教育采取分级对口培训的办法进行，省畜牧局委托四川畜牧兽医学院、四川农业大学、西南民族大学举办了县级畜牧局长及中级师培训班。委托四川农业大学举办畜牧师、兽医师岗位职务培训，每期45天，经考试、考核成绩合格，颁发由省畜牧局统一印制的证书，1986—2005年，培训29期，共培训753人，其中畜牧师287人、兽医师466人。委托四川畜牧兽医学院承担县级畜牧局长培训和继续教育，1987—1997年，学院招收畜牧兽医、畜牧、兽医、中兽医、饲料工业等大专函授生953人，举办县级畜牧局长培训、继续教育、定点县科技骨干短期技术培训1109人。1998年，开始委托西南民族大学承担甘孜州、阿坝州、凉山州畜牧局长、站长技术培训，1998—2000年，共培训学员150余人。

（二）畜牧现代科技管理知识培训

根据农业渔业部《全国农业干部培训“七五”规划要点》精神，1989年开始对县级畜牧局长、牧业行政管理干部和业务技术干部进行现代管理知识培训。培训由成都畜牧兽医学校承办，每期1月，共举办10期，培训400余人。

（三）畜牧经济知识培训

1993年，开展面向市、县畜牧局主管产销工作的局、科长或牧工商公司经理的畜牧经济知识培训，培训由成都畜牧兽医学校承办，内容包括市场经济体制、期货市场、生猪期货市场、畜牧业技术经济分析、畜产品贸易政策等。培训为期1周，共计培训5期200人。

（四）绿色证书培训

1994年，根据农业部对农牧民技术培训要求，省畜牧局制定四川省畜牧兽医行业农民技术资格证书制度试点的总体规划和实施细则，组织绵竹、广汉、温江3个县实施畜牧兽医行业农民技术资格证书制度试点，随后试点扩大到26个县。1994—2000年，共培训35万人，其中获绿色证书2873人。

三、培训基地——畜牧兽医技术服务中心建设

1986年开始，按照农业部要求全省加强县级畜牧兽医技术服务中心建设，通过中心为农牧民提供畜牧兽医技术培训和技术服务。1986年，全省建设畜牧兽医技术服务中心20个（温江、简阳、永川、广汉、甘孜州、广元市、江津、乐山市中区、绵阳涪城区、黔江地区、雅安地区、郫县、凉山州、双流、石柱、阿坝、彭水、夹江、广安地区、潼南）。1996—2000年，建设畜牧兽医技术服务中心44个。中心采取定期、不定期及短、长期等不同形式，对乡镇畜牧兽医技术人员及规模养殖农户进行了不同层次的培训，提高了科技人员的技术水平和农户的饲养水平。

第二章 科研和技术推广

第一节 科研机构及队伍

1986—2005 年，四川省畜牧兽医独立科研机构有 6 个：四川省畜牧科学研究院、四川省草原科学研究院、四川省养猪研究所、甘孜藏族自治州畜牧兽医科研所、阿坝藏族羌族自治州畜牧兽医科研所、凉山彝族自冶州畜牧兽医科研所。2005 年，共有在职职工 670 人，科研人员 508 人，其中高级技术职称（研究员、副研究员）136 人，中级技术职称（助理研究员）214 人，初级技术职称（实习研究员）158 人。

一、四川省畜牧科学研究院（简称省畜科所〈院〉）

1999 年前为四川省畜牧兽医研究所，1999 年更名为四川省畜牧科学研究院。研究院下设 9 个研究所、5 个开发机构，有 5 家科技型企业，分别是养猪、养兔、家禽、草食家畜、饲料、生物技术、动物营养、兽医和兽药 9 个研究所；四川省养猪研究基地、四川省种猪性能测定中心、四川省动物生物技术研究中心、四川省奶业技术研究中心、四川省饲料科技研发中心 5 个开发机构；四川省畜科饲料有限公司、四川鼎尖动物药业有限公司、四川大恒家禽育种有限公司、四川齐卡兔业有限公司和四川省华泰牧业发展有限公司等科技型企业。2005 年，全院有职工 181 人，高、中级科技人员 116 人，其中研究员 23 人，副研究员 43 人；有国家、省级突出贡献专家 3 人，享受政府特殊津贴专家 16 人，省学术和技术带头人 7 人。

1986—2005 年，省畜牧科学研究院共取得 204 项科技成果，其中获部省级二等以上和国家级成果奖共 58 项，获专利 6 项，发表科技论文 1421 篇，出版专著 95 部。先后主持或参与培育四川白猪Ⅰ系、齐兴肉兔、南江黄羊、凉山半细毛羊、天府肉鸭等 6 个畜禽新品种（系）；优质肉鸡新品种育种项目、优质风味黑猪选育均取得重要进展。

二、四川省草原科学研究院（简称省草科所〈院〉）

1985—2004 年为四川省草原科学研究所，2005 年更名为四川省草原科学研究院，有在岗职工 92 人，科研技术人员 65 人，其中研究员、副研究员 19 人，中级专业技术人员 16 人，初级专业技术人员 30 人。研究院下设牧草研究所、草地资源环境研究所、牦牛研究所、獭兔研究所、草坪研究所、草地勘察设计研究所、草业机械装备研究中心，成立了草业科技培训中心、文献信息中心、《四川草原》杂志社。省草原科学研究院分别在红原县、新津县、郫县建立了 3 个科研基地：红原基地，主要从事川西北高寒草地科研；新津基地，主要从事四川省副热带和盆周山区种草养畜和生态保护科研，建有牧草实验场和獭兔原种场；郫县基地，主要从事盆地内草业新技术试验示范和技术服务，建有100亩草坪试验场、牧草种子仓库及实验大楼。

该院先后承担国家、部省级科研项目146项，获部省级以上科技成果奖励64项，发表论文900多篇，出版科技著作8部。编辑出版《四川草原》杂志127期。收集高原动植物蜡叶标本3万余份。

三、四川省养猪研究所（简称省养猪所）

1986—1997年为四川省养猪研究所，1997年，重庆直辖后划归重庆更名为重庆市养猪科学研究所。1997年，该所设有科技管理科、情报资料室、繁殖育种研究室、饲料饲养研究室、兽医研究室、实验猪场、饲料添加剂工厂。有在职职工205人，科研技术人员131人，其中高级专业技术职务人员（研究员、副研究员）29人，中级专业技术职务人员42人，初级专业技术职务人员60人，享受国务院特殊津贴待遇的专家4人，客座研究员3人。

1986—1997年，该所共承担科研项目101项，取得科研成果98项，其中有67项分别获农业部和四川省科技成果奖。在省级以上学术刊物发表科技论文346篇，有45篇获中国畜牧兽医学会优秀论文奖，有20篇在国际畜牧科技界交流。

四、甘孜藏族自治州畜牧兽医研究所（简称甘孜州畜科所）

该所从事州内畜牧、兽医、草原和畜产品加工的科学研究、技术开发和成果转化工作，下设畜牧研究室、兽医研究室、草原研究室、综合试验室、办公室、科管室、科技开发部、炉霍草原试验站、姑咱试验站。2005年，该所有职工73人，其中获高级专业技术职称的6人，中级专业技术职称的20人，初级专业技术职称的17人。

1986—2005年，该所承担完成国家、省、州重点科研攻关项目156项，科研成果获奖87项，其中获省、部级和地州级奖励72项，先后在省级以上刊物发表学术论文218篇。

五、阿坝藏族羌族自治州畜牧兽医研究所（简称阿坝州畜科所）

1986—2004年为阿坝州畜科所。1986年，畜科所下设畜牧、兽医、草原研究室、科技管理科、畜牧兽医科技培训中心（汶川县威州镇），有在职职工48人，科技人员28人。2004年，阿坝州畜科所、农科所、林科所、牧机所、信息所合并为阿坝州科学技术研究院。2005年，阿坝州科研院畜牧兽医研究所下设畜牧技术研究（动物遗传、畜禽繁殖）、草原研究、动物营养、兽医技术研究（兽疫防治、寄生虫病）、生物技术研究等岗位24个，有科技人员24人，正高级1人，副高级5人，中级4人，初级14人。1986—2005年，共主持和参加实施国家、省、州下达的科研项目48项，先后获国家、省、部、州奖励成果31项（其中省以上4项），发表专业论文80余篇。

六、凉山彝族自治州畜牧兽医研究所（简称凉山州畜科所）

凉山州畜科所，下设科管情报资料室、遗传繁育研究室、禽兔研究室、兽医研究室、饲草饲料研究室。该所在西昌市、昭觉县两地设有科研基地，成立了西昌绿源农业科技有限公司乳品加工厂、凉山州科兴猪业有限责任公司优质瘦肉型种猪场、凉山科华奶牛繁育有限公司优质奶牛示范场以及牧草种植试验基地等。2005年，该所有职工72人，科研技术人员54人，其中研究员1人，高级畜牧兽医师5人，中级畜牧兽医师12人，初级职称36人。

1986—2005年，共获国家、部、省、州级科技进步奖57项。发表科技论文164篇，其中有7篇被评为州、省、国家级优秀论文奖。

第二节　猪的研究及技术推广

1986—2005年，在猪的育种、杂交改良及饲养管理技术研究和推广方面取得的科技成果有国家、省、部级奖励42项，在猪的疫病防治方面获奖成果有21项。

一、养猪研究及技术推广项目

1986—2005年，在猪的育种、杂交改良方面，开展了“大面积推广猪的经济杂交和仔猪补饲技术”“提高商品猪瘦肉率及分割肉价值的研究”“大面积推广科学养猪综合技术”“瘦肉猪配套技术在基地开发应用”“杜洛克猪的品种性能和适应性测定”“提高母猪年生产力综合技术措施的研究”“商品肉猪生产配套技术推广”“猪低精量人工授精的规范化研究”“瘦肉型商品猪育种方法改进研究”“仁寿等三县市商品瘦肉猪生产配套技术推广”“母猪多胎高产综合技术示范”“荣昌猪瘦肉型品系选育”“瘦肉猪专门化母系——四川白猪Ⅰ系选育及配套利用”“中国家猪染色体带型研究”“猪三元杂交配套技术”“优良猪种及配套饲养技术的推广”“新荣昌猪Ⅰ系推广及其配套利用”“种猪性能测定技术研究”“四川瘦肉型猪规模化养殖及产业化技术研究与开发”“DLY杜大长[①]三元杂交高瘦肉型猪成套技术推广”“四川外种猪选育研究”“优质瘦肉型猪高产技术”“杜长大优质猪配套技术推广”等29项研究。

猪的营养、饲料及饲养管理技术方面，开展了“猪的营养需要与饲料配方的研究”“微机筛选质优价廉饲料配方程序”“大面积推广青贮饲料促进养猪业持续丰收”“畜禽对硒等微量元素需要量及其缺乏症防治的研究”“提高猪配合饲料质量的综合技术开发”“草粉生产技术及在猪日粮中合理利用研究”“四川农村养猪主要日粮类型及平衡饲养技术研究”“开发蚕沙作猪饲料研究”“淀粉废渣厚层通气发酵制造饲料菌蛋白的生产试验”“蕉藕种植及作猪饲料的开发研究”“利用畜禽屠宰物和菜籽饼生产复合蛋白饲料”“CASER—310微机饲料配方计算系统”“丘陵地区养猪技术综合开发”“猪血酶解工艺研究”“发酵血粉研究”“红苕日粮浓缩饲料、添加剂预混料养猪技术推广”“酒糟合理利用研究”“棉籽饼（粕）去毒作饲料开发技术”“大曲酒糟作肉猪饲料效果研究”“瘦肉型配套系猪饲养管理技术研究”“猪禽蛋白营养代谢规律及其调控”等20项研究。

猪的疫病防治技术方面，开展了“猪乙型脑炎病毒，猪细小病毒的分离与鉴定”“猪三联苗免疫方法的研究”“四川扑灭五号病综合防治技术”“猪丹毒流行病学调查及其病原菌分型鉴定研究”“猪鸡微量元素硒和锌缺乏病的病理学研究”“猪瘟兔化弱毒牛肾细胞疫苗的研究”“猪的疫病普查”“在113个县用新药驱除猪体内主要寄生虫防治技术推广”“狂犬病疫苗株及抗体检测技术研究”“以综合防制五号病为主的养猪增产配套技术”“出口商品瘦肉猪无特定传染病区域综合技术示范”“猪囊虫病防治早期诊断及综合防制技术研究”“猪囊虫病防治汉关键技术研究”“伪狂犬病病毒分

---

① DLY、杜大长指外种猪杜洛克、大约克夏、长白的三品种杂交后代。

子生物学及基因缺失疫苗株的研究”“四川动物疫病监测诊断体系规范化建设与应用”“猪、鸡病原菌耐药性检测及安全高效新兽医研发”“眉山无规定动物疫病区综合技术示范”“伪狂犬病基因缺失疫苗的研究与应用”“四川省无规定动物疫病区建设及综合配套技术示范推广”等21项研究。

二、养猪研究及技术推广

（一）猪的营养及饲料配方研究

1986年开始，四川农业大学动物营养研究所以猪营养学教授杨凤（原四川农业大学校长）为代表的一批教授、专家，与中国农科院畜牧研究所、北京农业大学、东北农业大学合作，研究了《中国饲料成分及营养价值表》《全国微量元素硒含量分布的调查研究》并分别获国家科技进步二等奖。杨凤教授主持，组织省畜科所、省养猪研究所等18个单位协作测定了在四川常用的252种猪饲料的营养成分，并对部分饲料作了消化试验。在此基础上，结合农村养猪条件进行了以省内饲料资源为主要原料的高、中、低三个营养水平配方设计试验，制定出了四川各类猪的饲养标准，将一大批饲料配方推荐给饲料加工厂。《肉脂型猪的饲养标准》《四川猪的营养研究》分别获农业部和省政府科技进步一等奖。

为节约蛋白质饲料资源，省畜科院开展猪鸡低蛋白日量配套技术推广，该项目利用氨基酸平衡原理，选择新型L-赖氨酸硫酸盐代替传统赖氨酸，合理添加苏氨酸，平衡猪鸡饲粮的必需氨基酸，配制低蛋白低污染型日粮，减少蛋白质用量3个百分点，粪尿氮排放量降低20%以上，废水、废渣排放量减少90%，节水80%，成本降低25%。省畜科院还研制出了功效好、价格低的“中华动力酸”替代进口复合酸化剂配制仔猪饲料，腹泻率降低65%，成本降低40%，开发出了种猪、生长猪、仔猪、蛋鸡的多维定型和定制新产品122个。

（二）猪品种、品系选育及种质性能测定研究

1985年开始，省畜科所研究员龙天厚同东北农业大学合作开展了中国主要地方猪种质特性的研究，该成果获农业部科技进步一等奖。省畜科所、省养猪所、四川农业大学的专家、教授在内江、荣昌、成都、雅安猪场分别对内江猪、荣昌猪、成华猪、雅南猪资源调查基础上开展种质特性研究，整理和发掘了雅南猪、凉山猪、盆周山地猪、藏猪等各具特点的地方猪种，其研究成果分别获省政府科技进步奖。

1986年，四川省猪育种科研协作组修订全省猪育种规划和科研协作计划，确定以优良地方猪种选育为重点任务，同时加强杂种优势的研究，建立内江、荣昌、成华重点猪种的育种科研协作组，在加强原内江、荣昌、成华猪场投入的同时，新建雅南猪纯种选育场。每年分别下达保种经费并列出科研项目开展本品种选育工作。对引进品种大约克夏、长白、杜洛克等，加强了选育工作，先后研究制定《外种猪出场试行标准》《种猪场质量检查验收与登记试行办法》，并通过举办种猪场专业人员的技术培训，提高猪育种场的管理水平。

1986—1995年，四川农业大学、省畜科所与有关种猪场共同承担外种猪选育科研项目，其中绵阳市种畜场承担约克夏猪选育，省畜科所和内江种猪场承担杜洛克猪选育。1995年，加拿大与四川省合作，在内江市建立了“中加瘦肉型猪繁育总场”，引进200多头长白、大约克夏，中外专家共同开展了选育及杂交推广工作。

1996年，四川农业大学李学伟博士通过省养猪协会建立了种猪场微机网络中心站，加强猪场管理和技术培训，有16个大型种猪场入网，参加联合选育工作，扩大被选育猪群，建立统一模式

选育。

1995年，四川省建立种猪性能测定中心。借鉴张新琴、黄昌祥考察台湾带回经验和技术资料。省种猪性能测定中心制定《种猪中心测定办法》《种猪场内测定办法》等技术文件和《种猪展销拍卖规则》，对测定合格的优良个体公开展销拍卖。自1997年4月开展第1期种猪测定以来，到2005年已开展18期测定工作，对全省15个种猪场的830头种猪进行了集中测定，举办了5期种猪拍卖会，共拍卖优秀种公猪92头，议价销售合格公猪608头。四川在全国率先开展种猪性能测定、种猪竞赛、拍卖，农业部畜牧兽医司在四川省种猪性能测定中心召开全国现场会议，推广该项经验。

1986年，省科委下达给省畜科院《瘦肉猪专门化母系选育及配套利用》课题，选择生产性能良好的长白猪、具有高产仔性能的梅山猪及适应本地条件的成华猪作为原始素材，采用杂交合成、横交固定、群内闭锁、继代选育等方法与措施，经过十年努力，完成了6个世代选育，于1996年育成了“四川白猪Ⅰ系”新品系。新品系具有产仔多、母性强、适应性强、配合力好的特点，其经产母猪产仔数达13.1头，育成数11.2头。母本胴体瘦肉率54.9%。杜洛克与川白Ⅰ系杂种肉猪胴体瘦肉率为58.7%，肉质优良，获省科技进步二等奖。

1986—1996年，农业部下达“荣昌猪瘦肉型品系选育”课题。四川省养猪研究所研究的新荣系猪，其外种猪血缘占25%左右，使该品系既保持了原荣昌猪的基本外貌特征及肉质好的特点，又提高了生产性能，其产仔数达12.2头，胴体瘦肉率达55%。1996年，经鉴定命名为“新荣昌猪Ⅰ系”，获省科技进步一等奖。

（三）猪的杂交和人工授精等综合技术推广

1986年，省养猪所科技人员在重庆北碚农村实施《农村养猪成套技术》成功后，四川省又组织了省畜科所、四川农业大学、省养猪所、省畜禽繁殖改良总站科技人员在简阳、大足、广汉、峨眉4个县实施该成套技术。该技术重点为“双推五改”，“双推”指推广经济杂交和仔猪补饲；“五改”是指改自然交配为人工授精，改单一饲料为配合饲料，改熟饲为生饲，改“吊架子”饲养为新法一贯育肥，改喂大肥猪为适时屠宰。1987—1989年，“双推五改”扩大到118个县（简称百团大战），母猪科学补饲156.9万窝，推广配合饲料262万吨，肉猪出栏率提高到110%，平均每头猪节省粮食53.9公斤，仔猪断奶窝重提高35.2%，新增效益达3.78亿元。该成果获农业部丰收一等奖，为国内推广规模最大、覆盖面广项目。

1991年，四川农业大学、省畜科所、省养猪所等单位对猪的人工授精技术进行了研究。在采精、精液稀释保存、输精量和母猪发情鉴定方法等方面取得成果，并制定统一技术规程，平均一次情期受胎率达85%以上，提高优良种公猪利用的规范化低精量塑料软瓶、情期两次输精技术得到推广。

（四）提高母猪繁殖能力及规模化养猪的研究

1990年，省养猪研究所、省畜科所、四川农业大学科技人员分别在14个出口商品瘦肉猪基地县和6个地市的20个种猪场实施母猪多胎高产综合技术，规范母猪高床饲养、提高母猪繁殖力的综合技术等，并改造母猪产房、仔猪保育房，为母猪分娩、保猪保育创造良好环境条件，取得了良好成效。1996年，国家科委将“九五”国家重点科技攻关项目“四川瘦肉型猪规模化养殖及产业化技术研究与开发”课题下达给四川，省政府成立以省委副书记杨崇汇为组长的科技攻关领导小组，采取科技招标形式确定由省畜科院、四川农业大学、农业部沼气科研所的专家、教授联合攻关。课题分设品种、饲料、管理、疫病和环保5个专题，要求全面完成各项技术经济指标，并总结一套适合各层次规模养猪的综合配套技术、管理机制和示范推广体系。2000 年，该项目通过科技部验收，获省科技进步一等奖。

（五）猪的疫病防治研究

1986 年以来，四川开展三联苗免疫程序方法的研究、扑灭猪五号病综合防治技术研究、以猪为主的畜禽寄生虫区系调研、猪丹毒流行病学调研、猪瘟兔化弱毒牛肾细胞疫苗研究、猪狂犬病疫苗株及抗体检测技术的研究、猪囊虫病早期诊断及综合防制研究、伪狂犬病基因缺失疫苗的研究与应用等项目研究。

1986 年，四川针对猪细小病毒病灭活疫苗开展研究。该研究在对猪细小病毒全面系统的流行病学调查和分离鉴定的基础上，首次进行了猪细小病毒 WH-1 株毒种传代的建立，确定用于疫苗生产的基础毒株和生产毒种的代次，提出该产品油相和水相的制备方法和乳化方法，确定疫苗的生产工艺和各项技术参数，并进行了田间试验、中间试制和扩大区域试验，证实了该疫苗生产工艺稳定、安全有效，在免疫后 28 天猪细小病毒血凝抑制抗体效价达到 64 以上，免疫期为 6 个月。同时，首次提出并制定猪细小病毒灭活疫苗制造与检验试行规程和质量标准。1987 年，按照全国扑灭猪五号病综合防治技术实施，提前 9 个月完成扑灭任务，获省科技进步二等奖。

1994 年，四川针对出口商品瘦肉猪基地建设需要，确定国际动物卫生组织（OIE）规定的 5 种传染病作为区域性净化要求，开展无规定传染猪病区域综合技术示范。1998 年，动物疫病监测诊断体系规范化建设，在项目区 96 个县无规定动物疫病区建设的技术与管理规范，使口蹄疫、猪瘟、高致病性禽流感、新城疫四种动物重大疫病得到有效控制。

第三节 牛、羊研究及技术推广

一、牛的研究及技术推广项目

1986—2005 年，四川省对牛的育种、杂交改良及饲养技术、疫病防治开展了 43 项重大研究和技术推广，其中对牦牛研究 14 项，奶牛研究 6 项，黄水牛研究 14 项，疫病防治技术研究 9 项。

牦牛的课题有："提高中国牦牛生产性能技术的研究""改良牦牛四季泌乳技术研究""麦洼牦牛选育与提高的研究""麦洼牦牛群体选育研究""九龙牦牛种质特性及选育研究""中国牦牛肉的利用研究""牦牛杂交优势利用新途径研究""中国牦牛奶的利用研究""牦牛遗传多样性研究""麦洼牦牛生理生化特性及应用研究""麦洼牦牛种质特性及品种资源保存"等 14 项。

奶牛的课题有："提高奶牛群体生产性能技术改进研究""奶牛胚胎移植分割技术研究""奶牛胚胎移植关键技术研究""奶牛增产配套技术研究""农户养奶牛配套技术开发""黑白花奶牛遗传标记研究"等 6 项。

黄、水牛的课题有："摩拉水牛杂交改良一代育肥和挤奶试验""摩本杂交牛生产性能研究""盆周农村户养兼用杂种牛实用技术研究""四川淘汰役牛短期育肥技术示范推广""肉牛短期育肥综合技术推广""提高黄水牛产肉力综合技术研究示范""成都市优质肉牛育肥配套技术研究""提高能繁母牛生产性能综合技术示范""黄牛改良综合技术示范""乳肉兼用牛四川山地类群选育""优质肉牛生产配套技术示范推广""中国西门塔尔牛新品种选育""优质肉牛生产配套技术大面积推广”14项。

牛疫病防治技术研究课题有：“牛体人工培植天然牛黄的试验”“兽医激光手术前麻醉研究”“密毛蕨叶诱发黄牛膀胱肿瘤的研究”“应用核技术测定毛孕酮含量进行乳牛早孕诊断研究”“牦牛布病疫区应用猪二号菌苗免疫示范推广研究”“大面积推广应用猪二号菌苗免疫防治牦牛布病新技术”“川西北草地牛皮蝇咀病的研究”“四川省消灭马鼻疽及稳定控制马传贫综合防治技术应用研究”等9项。

二、牛的研究及技术推广

（一）牦牛改良

1986年前，四川省开展了“牦牛改良试验”“牦牛与普通牛种向杂交组合研究”“普通牛冻精与牦牛种向杂交改良效益研究”“提高牦牛种间杂交繁殖成活率研究”等，为川西北草原牦牛改良奠定了基础。参与牦牛杂交改良专题的主要专家有西南民族学院蔡立、四川省农垦局贲正坤、阿坝州畜科所黄先泽等。该研究提高了用普通牛冷冻精液杂交改良牦牛的人工授精技术，受胎率达到55.21%，6月龄杂种犊牛成活率达到43.67%。在此基础上开展普通牛与牦牛杂交组合，用生产性能好的黑白花牛冻精与牦牛杂交，其杂种一代黑犏牛的奶、肉生产性能比牦牛提高1倍以上，促进了牦牛杂交改良。1987年“提高中国牦牛生产性能技术研究”成果获农业部科技进步二等奖。1993—1994年，开展了麦洼牦牛、九龙牦牛的选育，为牦牛本品种选育和杂交改良做出了贡献，研究成果分别获省科技进步二、三等奖。

（二）水牛改良

1985年开始，四川农业大学教授肖永祚等为了提高水牛的综合利用，引进摩拉牛与本地水牛杂交，对水牛役、乳、肉及繁殖等生产性能进行了系统研究，掌握了本地水牛及摩本杂一代水牛产奶规律和水牛挤奶的关键技术，在雅安（现雨城区）、洪雅、龙泉、宜宾等县（市、区）推广应用。

（三）黄牛改良

1980年、1987年分别进口西门塔尔种牛、蒙贝利亚牛107头，通过10多年在四川阳平种牛场风土驯化和选育提高，到2005年底已繁殖西门塔尔、蒙贝利亚牛4200头，为全国20多个省、市提供优秀种牛1703头，对西门塔尔牛纯繁和黄牛、牦牛杂交改良发挥了重要作用。1986—2004年，该场承担国家科委下达的“中国西门塔系牛开放育种核心群选育”课题，其成果获2004年国家科学技术进步二等奖，有35头西门塔尔牛进入全国核心群登记册，其中2005年有3头获全国高产奶牛奖。濮家騔、徐载春、王淮、段丽君等科技人员为该种牛场的兴建、引种、选育工作做出了贡献。

1984—1987年，省畜科所专家在宣汉县云蒙山合作牧场开展农户饲养西杂一代牛实用技术研究，发展乳役兼用杂种牛。1986年，合作牧场饲养牛只从400头增加到1160头，400户养牛户增收25.39万元，起到了示范作用。

1991—1994年，开展秸秆氨化技术研究和推广，提高黄、水牛产肉力综合技术研究示范，研究成年牛短期育肥技术、幼牛前期放牧补饲后期强制育肥技术、缩短母牛产犊间隔等关键技术。该研究成果在全省30多个县2.78万农户中推广。2001年，将牛杂交改良、细管冻精配种、高代杂交牛持续育肥、架子牛强度育肥、利用酒糟育肥肉牛等技术组装配套，改良配种22.5万头，新增出栏肉牛47.5万头。

2005年，为适应无公害畜产品基地的建设需要，省畜牧食品局制定《牛冷冻精液人工授精技术操作规程》《肉牛养殖综合配套技术规范》《无公害畜产品肉牛生产技术规程》《无公害畜产品肉牛》和《无公害畜产品肉牛养殖用饲料安全要求》等5个地方标准。同时将符合四川实际的肉牛杂交模式、牛舍改造、母牛饲养管理、犊牛早期断奶、肉牛育肥、优质牧草的种植与调制、牛粪的资源化利用等技术组装集成，建立了一套完善的四川无公害肉牛生产技术体系，通过3个市州级牛改中心、1055个乡镇人工授精站，在96个县建立310个优质肉牛育肥示范村，改良配种160余万头。

（四）奶牛改良

1987年开展“奶牛配合饲料实用技术研究”“提高奶牛群体生产性能技术研究”。1994年，四川省奶牛增产配套技术成果获农业部丰收奖。2005年，“奶牛乳房类的非抗菌素防治研究”，并开展了“高温高湿条件下奶牛养殖关键技术研究与应用”，在国内首次建立了奶牛体型外貌线性评定数据多样本、多性状一次性自动化处理模型；率先研究出脂肪（牛油）微胶囊包被氨基酸的工艺技术，其包被的赖氨酸和蛋氨酸效率分别达到72. 30%和70. 55%；提出了奶牛热应激调控综合技术，研制出2个抗热应激有效饲料配方，使热应激下的奶牛日产奶量少损失8%；开发出奶牛营养舔砖，使成年奶牛采食量提高10%—15%，产奶量提高13%—15%。通过该项目研究，奶牛生产水平明显提高，奶牛单产比项目实施前提高20%。

三、羊的研究及技术推广项目

1986—2005年，对羊的育种、杂交改良及饲养技术、疫病防治技术开展了重大研究和技术推广37项，其中对山羊的研究18项，对绵羊的研究11项，疫病防治技术研究8项。

山羊研究的课题有“四川铜羊生产性能研究”“提高雅安引进奶山羊生产性能研究”“肉用山羊两改一防技术示范推广”“山羊科学饲养综合技术试验示范”“川北丘陵山区种草养羊技术开发”“肉用山羊增产配套技术研究”“南江黄羊肉用新品种选育”“优质肉用山羊生产配套技术推广”“波尔山羊引种适应性，纯繁与杂交利用”“波尔山羊杂交利用研究”“波尔山羊胚胎工程技术产业化研究”“南江黄羊高繁品系培育研究”“乐至黑山羊品种选育与推广”“安哥拉山羊改良本地羊生产马海山”“四川各地黑山羊品种（群体）生产性能及遗传特征研究”等19项。

绵羊研究课题有“进口边区莱斯特羊纯繁保种研究与应用”“四川新区绵羊引种饲养及巫溪红池坝养绵羊研究”“半细毛羊综合增产技术”“提高新区细毛羊繁殖成活率的技术研究”“凉山半细毛羊新品种选育”“提高凉山40—50支纱半细毛羊产毛性能研究”“中国美利奴羊南移研究”“规模化塑料暖棚养绵羊技术”“羔羊生产增产配套技术”等11项。

羊疫病防治技术研究课题有“绵羊搔痒病（痒病）的发现与扑灭研究”“绵羊肺炎霉形体病的研究”“家畜棘球蚴病的流行病学调查及治疗药物筛选研究”“凉山州畜禽寄生虫综合防治措施研究和大面积推广应用”“四川山区家畜血吸虫病流行病学及防治技术研究”“斑点酶标株联快诊法检测日本血吸虫、肝片吸虫病技术的示范及推广应用”“家畜寄生虫病监测防治新技术研究与示范”“绵羊进行性肺炎的监测与防治”等8项。

四、羊的研究及技术推广

（一）养羊实用技术的推广

1990年，在国内首次大面积将山羊杂交、补饲和驱虫技术组装配套，开展了“两改一防”实用技术研究推广。在开县、云阳、奉节、马边、巫溪、南江等山羊主产区生产杂交肉羊22万只，补饲羊116万只、驱虫羊1332万只，只均产肉量提高5.88公斤，出栏提高22.46%，羔羊成活率68.11%，成年羊死亡率从10%降到4.4%，累计纯收益971万元，税收增收122万元。1996年，四川省畜牧业新技术推广项目分别下达“南江黄羊肉用性能增产配套技术”“肉用山羊两改一防技术示范推广”等项目。

（二）羊新品种选育

20世纪50年代开始，南江县引种四川铜羊和努比杂种山羊，同金堂黑山羊及南江本地山羊进行生产性杂交改良，形成了大量的杂交羊群，进行自群繁育品种选育。1986年前，四川省科委周世永与邓泽高对南江黄羊进行考察形成调研报告经省内刘相模教授等养羊专家鉴定认可为适合于山区放牧饲养的肉用山羊新品种群。建议省、部立题继续支持。1986年，《南江黄羊生产综合技术开发研究》列为省重点科研项目，《南江县山羊板皮出口基地建设》列入国家“七五”畜牧业基本建设项目、1991年农业部丰收计划项目。《南江黄羊肉用性能选育与杂交利用研究》列为“七五”“八五”农业部重大科技攻关项目。经10年努力，科技成果在1995年农业部组织鉴定认为：南江黄羊肉用品种经历40年的杂交育种，实现了体型外貌一致，具有产肉力高、繁殖力强、适应性好、遗传性能稳定等特点。1996年，省畜牧业新技术推广项目分别下达《南江黄羊肉用性能增产配套技术》《肉用山羊两改一防技术示范推广》。南江黄羊选育成果获1997年国家科技进步二等奖。1998年，经国家畜禽遗传资源管理委员会审定，农业部批准“南江黄羊”为肉羊新品种，是中国第一个肉用山羊新品种。

1986年，农业部下达凉山半细毛羊选育项目，作为“七五”国家重点科技攻关项目，由四川省畜科所、四川农业大学、凉山州畜牧局、凉山州畜科所共同承担。“48—50支半细毛羊新品种选育”又先后列为“八五”“九五”国家重点科技攻关项目。经过10年的努力，1995年圆满完成攻关任务，通过国家科委和农业部的验收，定名为“凉山半细毛羊”。1997年，获四川省科技进步一等奖。1998年，获国家科技进步三等奖。1986—1998年，在15个县推广公羊4621只，繁育出半细毛杂交改良羊80.25万只，改良羊适应性好，活重增加50%以上，产毛量提高3倍以上，经济效益显著。

（三）波尔山羊杂交利用

1994年8月，国家决定在1995—2000年期间安排1亿美元，引进100项国际先进农业科学技术，简称“948”项目。波尔山羊原产南非，生长快、产肉多、饲料报酬高。1996年，农业部“948”项目办公室下达“引进波尔肉用山羊加速山羊产业化进程”项目。四川被列为项目省，由四川省畜禽繁育改良总站主持从南非引入波尔山羊205只（公56只、母149只），在省阳坪种牛场成立波尔山羊纯繁场。1996—2005年，累计繁殖成活波尔山羊714只，推广种羊624只，建山羊人工授精站110个，发展养羊示范户7976户，在12个县实施杂交改良配种73.83万窝，生产波杂羊127.21万只，山羊杂交改面达43.63%，肉羊出栏率达155.43%，新增总产值2.99亿元，新增纯收益1.53亿元。项目实施中，通过对波尔山羊杂交利用的研究，四川在国内首次提出农村饲养条件下波尔山羊杂交利用适宜含血量为1/2，3/4波血杂交羊可用于山羊育种的成套饲养管理技术；筛选了出补饲配方，使2月龄至成年杂交羊体重比本地山羊分别提高50%—91.44%；制定“波尔山羊杂交及疫病防治技术规程”；开展波尔山羊胚胎工程产业化技术研究，提出胚胎移植技术操作规程和产业化运作模式，制定中国第一个山羊胚胎移植技术规程，胚胎回收移植器械率先实现国产化，提高了供、受体羊重复使用率并扩大受体羊选择范围和利用效果，2003年获省科技进步一等奖。

（四）保护山羊地方品种和遗传资源

2002年，开展了四川各地黑山羊品种（群体）生产性能及遗传特征研究。该项目在国内首次采取形态遗传标记、生化遗传标记、分子遗传标记和生产性能研究相结合的方法，完成对四川各地黑山羊品种（群体）的分布区、中心产区及数量调查和形态特征研究，并对四川省9个黑山羊品种（群体）进行种质特性研究，选育出了金堂、乐至、自贡黑山羊地方新品种，并通过审定和命名。2005年，10个主产县出栏黑山羊388.4万只，向全国推广3.3万只。通过大力推广黑山羊选育、人工种草、圈舍改造技术、规模化养殖等技术，各地黑山羊生产获了迅速发展，经济和社会效果显著。该项目获2005年四川省政府科技进步二等奖和国家神农中华农业科技二等奖。

第四节　禽、兔、蜂研究及技术推广

1986—2005年，四川在家禽育种、杂交改良及饲养管理技术研究推广、家禽疫病防治研究上的科技成果，获国家、部、省级奖励共56项，其中鸡14项、鸭15项、鹅6项、鹌鹑1项、家禽疫病防治20项。

在兔育种、杂交改良及饲养管理技术研究推广、兔疫病防治研究上的科技成果，获国家、部、省级奖励共18项，其中肉兔9项、毛兔2项、獭兔5项、兔疫病防治研究及技术推广2项。

在蜂育种、杂交改良、饲养管理及疫病防治技术研究和推广上的科技成果，获国家、部、省级奖励的共7项。

一、家禽研究及技术推广项目

1986—2005年，在鸡育种、杂交改良及饲养技术研究推广方面开展“提高养鸡大户经济效益及蛋鸡生产技术研究”“菜子饼在蛋鸡饲料中的作用”“商品蛋鸡成套制种技术”“养鸡工厂化、专业化及其加工配套技术”“成都黄羽肉鸡生产配套技术的推广”“成都发展现代化养鸡研究”“现代养鸡综合技术开发”“农户集体化养鸡配套技术在四川大中城市示范”“重庆市良种鸡及配套增产技术”“新原种鸡的选育——巴巴褐壳蛋鸡的选育”“褐壳蛋鸡新品系的选育和自别雌雄配套系”“四川山地乌骨鸡种质性能测定及选育技术”“丝羽乌骨鸡新品系及配套系的选育”“食品蛋、种蛋清选消毒技术的研究”等14项研究。

鸭育种、杂交改良及饲养技术研究推广方面开展“引进樱桃谷鸭饲养技术研究”“良种杂交肉鸭技术推广”“建立水禽基地开展水禽资源的综合开发利用”“建川杂种鸭养殖技术开发”“放牧饲养肉鸭补饲颗粒饲料配套技术”“中型白羽肉鸭杂交组合优选和配套技术”“重庆市良种鸭配套增产技术”“四川良种鸭配套技术推广”“大型肉鸭新品系选育及配套试验研究”“安宁河地区肉鸭规模化养殖技术研究与推广”“法国番鸭引种杂交改良及推广应用”“大中型肉鸭配套技术推广及番鸭杂交利用”“建昌鸭的选育和利用”“大面积推广良种杂交鸭”等15项研究。

鹅育种、杂交改良及饲养技术研究推广方面开展“群鹅养殖技术研究”“四川白鹅增产技术推广”“种草养鹅综合技术推广”“种草养鹅增产配套技术推广”“优良鹅种及饲养管理配套技术推广”“天府肉鹅品系选育及配套技术研究”等6项研究。针对鹌鹑开展“鹌鹑系列化生产技术的开发”

研究。

家禽疫病防治研究和技术推广开展“鸡微量元素硒和锌缺乏病的病理学研究”“鸭大肠杆菌性生殖器官的研究”“小鹅瘟抗原抗体检测技术”“鸭丝虫病原形态、生活史和防治研究”“鸡法氏囊病病原分离、病理学及防制研究”“鸡传染性鼻炎病原分离、血清弄鉴定防治技术研究”“鸭病毒性肝炎的研究”“四川地区鸡传染性支气管炎诊断防治研究”“鸡败血支原体减蛋综合症流行病学调查、病原分鉴及防治技术”“安宁河流鸭瘟、鸭霍乱综合防治措施研究”“四川鸡传染性法氏囊病流行病学调查病毒核酸电泳分析及防治技术”“家禽钙磷缺乏症的病理学研究”“新药‘救鸡宝’（禽保系）的研究”“禽传染性支气管炎（新变型）综合防治”“新药‘禽消炎’（炎喉通）颗粒剂的研究”“四川省禽流感疫情监测及综合防制技术研究”“禽病临床诊断彩色图谱”“鸡病原菌耐药性检测及安全高效新兽药研发”“规模化养鸭主要传染病防治关键技术研究和应用”等20项研究。

二、兔的研究及技术推广项目

1986—2005年，针对肉兔育种、杂交改良及饲养技术研究推广方面开展“四川白兔种质特性研究”“兔消化试验方法的研究”“提高商品肉兔生产力综合技术”“四川省商品肉兔配套技术开发”“齐卡肉兔配套系的引进与利用”“自贡、南充片区商品肉兔配套技术推广”“提高商品肉兔生产力综合技术推广”“肉兔新专门化母系培育及配套利用”“肉兔规模化养殖及产业化技术研究”“商品肉兔综合技术示范标准贯推”等11项研究。

针对毛兔开展“长毛兔生产技术开发研究”“石柱县长毛兔生产配套技术开发”“荥经长毛兔新品系的培育”3项研究。

针对獭兔开展“獭兔饲养及加工技术研究”“獭兔综合开发研究”“白色獭兔R新品系选育研究”“獭兔产业化技术研究与示范”“四川白獭兔良种良法示范推广”5项研究。

针对兔疫病防治研究和技术推广开展“兔瘟、兔巴氏杆菌病二联苗的研制和应用”“家兔石膏样毛癣病病原鉴定及药物配制的试验研究”2项研究。

三、养蜂研究及技术推广项目

1986—2005年，针对养蜂科学研究及技术推广开展“多箱体取高度蜜的关键技术措施”“蜂王浆优质高产配套技术研究推广”“应用半封闭式新技术提高意大利蜂经济性状的研究”“养蜂综合技术推广”“氟胺氰菊脂及其制品wghg's螨扑立克研究”“中华蜜蜂资源调查”“蜂产品优质高产配套技术推广”7项研究。

四、禽、兔、蜂研究及技术推广

（一）家禽科学研究

1. 鸡的研究及技术推广

蛋鸡研究。20世纪80年代，省畜科所在温江、夹江、资阳等县实施农户小群养鸡综合技术推广，开展“五改”，即改土鸡为良种鸡、改散养为圈养笼养、改自然孵抱为人工孵化、改喂单一饲料为喂配合饲料、改有病治病为程序免疫。这一综合技术取得成效后，1987年实施了商品蛋鸡生产技术试验示范项目，组装配套了科学建设鸡舍、选用高产商品鸡、推行“分段饲养”等现代养鸡综合技术，共建设示范养鸡大户48户，饲养商品蛋鸡6.66万只，每只产蛋200枚以上，实现总产值245.83万，纯利润75.3万元，户均利润1.56万元，最高参试户纯利润8万元，带动了一批养鸡大户，多增养商品蛋鸡40多万只。1988年，四川农业大学家禽育种学专家邱祥聘教授等组织实施了“成都白鸡”选育、“养鸡工厂化、专业化及其产品加工配套技术开发”等科技项目，初步建立起以科技为依托，工厂化养鸡为骨干，农村专业户养鸡为重点，实行工厂化、专业化养鸡技术配套，繁殖、饲养、加工、销售一条龙的养鸡模式。1996年开展了“新原种鸡的选育”“褐壳蛋鸡新品系的选育和自制雌雄配套系”研究，提供了新种源，使四川逐步摆脱种鸡依赖进口的局面。

肉鸡研究。1988年在成都率先开展黄羽肉鸡生产配套技术的推广，充分利用肉用专门化父系公鸡开展杂交，取得良好成效。1997年，四川农业大学、省畜科所、兴文、宜宾等县合作开展了四川山地乌骨鸡种质性能测定及选育技术研究。乐山市畜牧站也开展了四川山地乌骨鸡的纯繁选育提高与杂交利用，引进尼拉—黑康蛋鸡与四川山地乌骨鸡开展杂交，筛选出优质肉鸡的杂交组合，其杂交母鸡产蛋率提高80%，商品肉鸡出栏时间缩短60%左右，料肉比由1∶(4.5—4.8)降为1∶(2.8—3.2)。2003年，四川农业大学等单位开展了丝羽乌骨鸡新品系及配套等选育研究，选定一批高产新品系，进行了品系配合力测定，推广了一批配套品种，推动了优质肉鸡的发展。

2. 水禽的研究及技术推广

1986—1988年，四川农业大学曾繁同教授等专家开展了“提高四川麻鸭肉用性能研究”“建昌鸭的选育和利用”“建川杂交鸭养殖技术开发”“良种杂交肉鸭技术推广”“放牧补饲颗粒料的肉鸭配套技术推广”“中型白羽肉鸭杂交组合优选和配套技术”等项目研究。研究、筛选以建昌鸭为父本的杂交组合在稻田放牧饲养，在乐山、内江、南充地区等23个肉鸭主产县推广建川杂种鸭1020多万只，新增经济效益1115万元。筛选的天建杂交鸭以放牧型中型白羽肉鸭，在3个示范县推广93.14万只，新增纯收益157.1万元。

1986年，黄昌祥、张子元、张文爵、邓志鸣等专家赴英学习后，从英国分4批引进樱桃谷父母代种鸭7000只，分别安排到省畜科所、绵阳市、青神县饲养，省科委下达了樱桃谷肉鸭消化吸收的科研课题。1988年，研究组解决了幼鸭软足病和种蛋孵化率低等技术难题，使引进的樱桃谷父母代种鸭和繁殖的商品代肉鸭生产性能达到英国樱桃谷种鸭公司制定的标准，父母代种鸭育雏成活率达到93.6%，种蛋孵化率达到80%，商品代肉鸭47—50日龄体重达到3公斤以上，肉料比1∶3以下。1993年，绵阳市绵英种鸭公司建立了全国唯一的樱桃谷鸭祖代场和5个父母代种鸭场，向全国十多个省、市提供种鸭苗。

在樱桃谷肉鸭引种成功的基础上，四川农业大学以樱桃谷鸭等为亲本，经过10个世代选育，优选出天府肉鸭配套系，父母代年产种蛋240—250枚，商品肉鸭7周龄活重3—3.2公斤、肉料比1∶(2.5—3.1)。到1996年共推广父母代鸭71万只，年产商品肉鸭3186万只，实现纯利1.59亿元，达到国际先进水平，该成果获1997年省科技进步特等奖。

3. 禽病防控研究及技术推广

1987年，四川农业大学开展了鸭大肠杆菌性生殖器官病的研究。1990年，四川畜牧兽医学院开展了小鹅瘟抗原抗体检测技术研究。2004年，四川农业大学猪、鸡病原菌耐药性检测及安全高效新兽药研发成果获省科技进步一等奖。2005年，四川农业大学开展了规模化养鸭主要传染病防治关键技术研究与应用，获省科技进步二等奖。2005年，四川农业大学开展了畜禽疫病防控体系无公害系列药品开发与产业化示范，该项目通过对畜禽重要疫病的基础研究和新技术的组装集成，发现鉴定了雏鹅新型病毒性肠炎病毒，发现了鸭疫里默氏杆菌多糖输出蛋白基因、鸭瘟病病毒3个新的基因和鸭病毒性肝炎3D基因，建立了成都兴旺、成都精华、四川华神3个符合国家GMP标准的生产基地，研制了“鸭瘟鸭病毒性肝炎二联弱毒疫苗”和“鸭传染性浆膜炎灭活苗”。

（二）兔的科学研究

1. 肉兔研究及技术推广

1987年，德阳、乐山、成都、宜宾等市的21个县应用“提高肉兔生产力综合技术研究”成果，组织推广“两推、三改、四防”配套技术，大幅度提高了商品肉兔生产水平。其后，又扩大到自贡、南充等市40余个县，新增产值达5000多万元，推动了全省肉兔生产的发展。1990年，获农业部丰收一等奖，1991年，获国家级星火三等奖。

1986年，省畜科所与省外贸出口基地公司联合引进齐卡肉兔配套系曾祖代兔70余只。1987年，立题开展“齐卡肉兔配套系引进与利用研究”，经过4年多9个专题的研究，种群扩大到1000余只，核心群330只，完全保存了3个品系的曾祖代种兔，生产性能达到引进原种兔的生产水平，其商品兔90日龄均重达2.53公斤，料肉比3.28∶1，育肥成活率95%。1992年，该项目研究成果获省科技进步二等奖。

针对齐卡肉兔配套系母系繁殖性能出现分化的问题，1992年，农业部下达四川肉兔专门化母系新品系培育项目。1999年，肉兔新品系——齐兴肉兔通过省畜禽品种审定委员会审定，并获省科技进步一等奖。1993—2005年，四川又组织部分市县畜牧局开展以推广齐卡肉兔、齐兴肉兔配套利用及相关饲养技术为主要内容的优质肉兔生产配套技术项目，并制定《无公害畜产品肉兔生产技术规程》地方标准。项目采取部门促动、公司带动、养兔协会（或养兔经济联合体）联动的新型机制运作，实行订单养殖、优质优价以及利润第二次返还，形成了“公司+基地+养殖户”的养兔产业链，同时采用种养循环、沼气利用的模式处理兔粪尿，创造了显著的经济和生态效益。

2. 毛兔研究及技术推广

雅安市畜牧局、荥经县畜牧局和四川农大联合开展了荥经长毛兔选育及配套技术研究应用，该项目采用数量遗传学和分子遗传标记技术，利用BLUP法选用雅荥长毛兔类群和镇海巨高长毛兔作亲本，育成了遗传性能稳定、繁殖力高、产毛性能优越的荥经长毛兔新品系。2005年，经省畜禽品种审定委员会审定获证书。新品系成年公母兔体重分别达到3.9公斤和4.15公斤，窝产仔6.59只，年产毛量可达1100克以上，粗毛率13.7%，毛丛长度5.1厘米，其生产性能居国内同类型长毛兔的领先水平，填补了四川省没有自主培育的长毛兔品种（系）的空白。该项目同时进行了配套技术的研究应用，制定出了《荥经长毛兔出场质量》和《荥经长毛兔生产技术规程》，由省技术监督局颁布实施，成为四川省地方标准。

3. 獭兔研究及技术推广

1990年，省草原所从德国引进种獭兔。1993年，开始獭兔饲养及加工技术研究。省草原所针对中国獭兔种源长期依赖国外引进的问题，通过用德系、美系獭兔杂交，经过5个世代选育，培育出中国第一个獭兔新品系——白色獭兔R新品系。该品系皮品质好、生长快、繁殖力强、适应性广、遗传性稳定，研究成果获2002年省科技进步一等奖。通过新品系的饲养管理技术研究，制定《獭兔饲养技术规范》和《獭兔出场质量标准》，由省技术监督局颁布实施。

（三）蜂的研究及技术推广

1986年开始，养蜂科技人员就开展了蜂群早春快速繁殖、夺取油菜花蜜高产技术、蜜蜂人工授精技术、多箱体取高度蜜的关键技术等研究。1991年，开展蜂王浆优质高产配套技术研究推广。2001—2003年，组装配套良种引进、科学饲养及先进生产技术，在眉山、邛崃、绵竹等9个市县推广标准化生产蜂群93712群，引进优良蜂王812只，生产配套技术推广面87.3%，项目新增产值4275万元，新增纯收益2627万元，组织509户蜂农户均增收4万多元。

第五节　饲料、牧草、草原牧区研究及技术推广

1986—2005年，四川在饲料牧草、草原牧区畜牧业研究和技术推广上获国家、省、部级奖励的54项。其中，牧草、草原及牧区技术等方面获奖成果37项，饲料方面获奖成果17项。

一、饲料、牧草、草原生态研究及技术推广项目

1986—2005年，在饲料、牧草、草原牧区研究及技术推广方面开展了“微机筛选质优价廉饲料配方程序”“四川高寒草地畜牧业发展战略研究”“畜禽对硒等微量元素需要量及其缺乏症防治的研究”“高寒草地草畜结合技术组装配套开发”“收集、整理、编写《四川牧草、饲料作物品种资源名录》”“四川草地资源调查”“草原毛虫病毒杀虫剂大面积推广应用及发展研究”“四川农区酸性黄壤地区建立人工草地综合技术”“四川省栽培‘当家’草种区划研究”“四川盆西亚热带山地草地生态系统与山区畜牧业发展的研究”“高产牧草阿伯德多花黑麦草引种及栽培技术”“四川畜禽生长素及其质量标准研究”“川西北草地鼠虫害调查”“川西北高寒牧区草地优化经营研究”“四川省饲料工业发展预测及对策研究”“草粉生产技术及在猪饲粮中合理利用研究”“高寒草原畜牧业综合技术研究”“淀粉废渣厚层通气发酵制造饲料菌蛋白的生产试验”“蕉藕种植及作猪饲料的开发研究”“高产饲料大麦新品种威24”“利用畜禽屠宰物和菜籽饼生产复合蛋白饲料”“LASER-310微机饲料配方计算系统”“饲料型高产良种威24大麦示范推广”“阿坝州草粮（林、果、经）间（套、轮）作推广应用”“凉山州草粮（林、果、经）间（套、轮）作推广应用”“提高玉米秆秸青贮饲用价值关键技术研究”“《微机筛选质优价廉饲料配方程序》成果推广应用”“高蛋白牧草与粮食作物间套轮作技术研究”“牧草新品种涪陵十字马唐”“鸡粪再生饲料加工技术及成套设备的试验研究”“‘希望’牌优质畜禽饲料的开发”“推广秸秆氨化饲料发展牛羊生产”“猪血酶解工艺研究”“发酵血粉研究”“刺槐叶粉作饲料的利用技术”“酒糟合理利用研究”“棉籽饼（粕）去毒作饲料开发技术”“引进西德饲用作物的优选及应用”“甘孜州红豆草引进与利用”“畜用营养舔砖研制”“8505猪用全程添加剂配套利用技术”“乐山市草业开发技术研究及推广”“川引拉丁诺白三叶品种选育及应用研究”“饲用复合维生素研制与应用”“四川农区种草养畜综合配套技术推广”“优良牧草新品种‘川草1号’老芒麦选育及推广应用”“高效安全肉鸭饲料的研究开发”“宝兴鸭茅品种选育及配套技术研究”“盛世紫花苜蓿丰产栽培和利用关键技术研究与示范”“凉山光叶紫花苕良种繁育及大面积示范推广”“饲料安全技术体系研究”“草坪草种种质资源综合评价及草坪工程关键技术研究”“川西北牧区免耕种草技术研究与示范”“长江1号带状羊茅品种选育与应用”等54项研究。

二、饲料、牧草、草原生态研究及技术推广

（一）配合饲料及开辟饲料资源

1986年，四川农业大学营养研究所和省畜科所等专家教授开展了“畜禽对硒等微量元素需要量及其缺乏症防治的研究”“四川畜禽生长素及其质量标准研究”“《微机筛选质优价廉饲料配方程序》成果推广应用”“四川省饲料工业发展预测及对策研究”等研究，对四川饲料工业的发展起到重要的推动作用。在饲料资源开发方面，对蕉藕、草粉、刺槐叶粉、猪血粉、酒糟、棉籽饼、菜籽饼、营养舔砖的研究对开辟饲料资源，发展节粮型畜牧业发挥了重要作用。推广秸秆氨化、利用农区酸性黄壤土建立人工草地，对牛、羊生产发展发挥了示范作用。

（二）牧草育种及区域试验

1986年开始，四川先后从国外及其他省区引进了阿伯德多花黑麦草、斯特泼春大麦、川东鸭茅等24个牧草新品种。1999年开始，在6个不同生态区域、7个试验点建立了长期稳定的区域试验网络，共进行516个（次）品种的生产适应性和生产性能试验，其中引进品种300个（次）、地方品种50个（次）、野生驯化品种166个（次），通过试验筛选出较适合省内栽培的牧草品种80个。2002年开始，由省草原总站牵头建立了西南片区国家牧草种质资源圃，收集保存了无性材料300份、有性材料500份，为牧草新品种的选育提供了特制基础和试验平台。

1983年，四川在凉山州建立首个草种繁殖场。到2005年，全省已建10余个草种扩繁基地，占地10.5万亩，分布在川西北高原、川西南山地及盆周山区，拥有系列多花黑麦草、光叶紫花苕、燕麦、披碱草、老芒麦、红豆草、高羊茅、鸭茅等10个种类20多个品种，形成年产牧草种子5000吨的能力。

（三）草地生态保护

2005年，四川开展了免耕种草配套技术示范推广。该项目将农业免耕技术原理应用于高寒牧区草场改良和人工种草，在建址选择、地面处理、播种技术以及培育利用等方面进行了系统研究，并开展了免耕人工草地的生态生物学研究。研究提出了适合高寒牧区退化草地、卧圈地等免耕种草配套技术，免耕人工草地有效利用年限可达6年以上，免耕种植1年牧草，亩产鲜草达3500—5000公斤，牧草粗蛋白比翻耕人工草地提高2.1%，水土流失量减少71.8%，播后1—5年的产草总量比翻耕增产12.6%。将免耕草地的地面处理技术、杂类草防除技术、封育和增肥技术等组装集成，在甘孜、阿坝、凉山州的33个县推广免耕种草配套技术360万亩，加强了该地区的草地生态环境保护，解决了牧区冬草贮备，增强了畜牧业的防灾抗灾能力。

第六节　科技助农增收计划

一、畜牧科技助农增收计划项目

1999年3月，省政府印发《关于实施畜牧科技助农增收计划的通知》，要求全省组织5000名科技人员下乡，推广优质商品猪生产综合配套技术、优质肉羊生产综合配套技术、半细毛羊生产综合配套技术、肉牛短期快速育肥综合配套技术、优质禽兔生产综合配套技术、农区种草养畜综合配套

技术，通过6项综合配套技术的推广，农民畜牧业增收100元。为增添畜牧科技助农增收实效，省畜牧食品局随后下达增加“优质奶生产综合配套技术”“蜂产品优质高产配套技术推广”两项技术推广项目。该科技助农增收计划从1999年开始要求每年不间断的组织实施，达到以科技助农增收的目的。

二、畜牧科技助农增收计划实施及成效

省级畜牧兽医系统派出107名科技人员分赴18个市（州）110个县指导实施畜牧科技助农增收计划，自拟了畜牧业新技术推广项目331项省市（州）县乡四级共派出科技人员由1999—2001年的8958人增加到17995人，联系农户185189户，开展339项畜牧科技推广项目。全省项目区新增出栏商品猪1752.58万头，优质肉羊720万元，优质肉牛52.10万头，优质禽、兔85173万只，农区种草197万亩。新增半细毛羊94.51万只，奶牛10.8万头，奶产量20万吨，蜂蜜产量1000吨，蜂王浆产量63.5吨，花粉产量120吨。

1999—2005年，累计新增出栏DLY商品猪47311.68万头，优质肉羊302338万只，优质肉牛543.92万头，优质禽、兔349536.62万只，农区种草976.96万亩，新增存栏凉山半细毛羊112.48万头，奶牛15.8万头，蜂蜜产量1.2万吨，王浆80吨，蜂花粉150吨，新增纯收益542.5亿元，人平年增收80元以上。畜牧科技助农增收计划的实施促进了科研开发和成果转化。据统计共建示范乡（镇）916个，科技示范户61858户，户平均增收1452.53元，人平增收达415元。如“蜂产品优质高产配套技术”项目区，有506户示范，共养5万多群蜂，蜂蜜产量达2700多吨，王浆63.5吨，人均增收1400元，其中示范户90户，户均增收5500元，人均增收1800元。“优质禽兔生产”综合配套技术推广项目在158个示范乡（镇）建立科技示范户11880户，户均增收1392.7元，人均增收达398元，从而促进了项目县禽、兔生产的发展，项目县累计新增出栏优质禽、兔85173万只，新增产值达17806万元，项目区农业人口人均年增收462元。各市（州）结合当地畜牧生产实际，自拟331项畜牧科技增收计划成效显著。

实施7年累计新增出栏DLY外三元杂交猪4396.87万头，外调仔猪30161.8万头，新增出栏良种及改良羊4446.91万只，优质肉牛491.82万头，优质水禽114971.04万只，优质肉鸡117421.32万只，优质肉（獭）兔31971.31万只，农区种草779.96万亩，新增纯收益516.7亿元，人均增收50—77元，各项指标全面超额完成计划任务。

1999—2005年，科技助农增收计划实施7年来，共获农业部丰收奖11项，省政府科技进步奖5项、二等奖11项、三等奖22项，其社会经济效益显著。

第七节　畜牧业标准化体系建设

1986—2000年，畜牧业标准化工作以制定畜禽品种标准和畜禽饲养技术规程为重点，先后制定了南江黄羊等30个地方标准。2000年以后，国内畜产品质量安全事件时有发生，畜产品质量安全成为制约畜牧业发展的重要因素，加强标准化体系建设，保障上市畜产品安全提上了重要议事日程。1986—2005年，全省制定颁布了畜牧兽医地方标准176个，其中无公害畜产品生产技术规程40余个。同时，全省以实施“放心肉”工程为抓手，大力开展畜牧生产标准化的推广和应用，启动畜禽

标准化养殖小区建设，广泛开展无公害畜产品的生产技术宣传和培训，提高了畜产品的综合竞争力。2003年，四川省是全国猪肉中唯一没有检出“瘦肉精”的省份，当年出口猪肉7.23万吨、羊肉45吨，创汇1亿美元。2005年，在国内猪禽市场低迷，俄罗斯尚未开关的情况下，仍然出口冻猪肉12.54万吨，外销分割猪肉83.2万吨。

按照农业部《关于加快推进农业标准化工作的意见》精神，省政府将质量标准体系建设经费纳入省财政年度预算，省畜牧食品局制定了《关于进一步贯彻落实全国农业标准化工作的意见》《四川省无公害畜产品管理暂行办法》《四川省无公害畜产品和无公害畜产品认定程序》，对省畜产品安全检测中心、省兽药残留监控中心和省动物疫病监测中心的设施、设备进行了更新和添置。2004年5月，农业部畜禽产品质量监督检验测试中心（成都）通过了农业部的机构审查认可和国家计量双认证。2000年开始，全省启动了畜禽标准化养殖小区建设，到2005年已建立46个省级畜禽标准化养殖小区、8个国家级畜禽标准化示范基地。加强标准化生产科普知识宣传，利用科技下乡、科技入户等多种形式大张旗鼓地向广大养殖户宣传标准化养殖知识，掀起学标准、用标准的高潮。加强干部培训，省畜产品安全检测中心举办了市（州）县（区）管理和技术人员的畜产品安全知识培训班，省动物防疫监督总站举办了“兽药实验室规范化管理培训班”，省蜂业管理站举办了“蜂产品质量安全标准化技术培训班”。

第八节 畜牧兽医科技成果

1986—2005年，全省畜牧兽医科技人员秉承“科技兴牧”的理念，艰苦奋斗，发奋努力，取得了丰硕的科技成果，共获厅局级科技进步奖838项，部、省级奖励306项，国家级奖励8项。

一、畜牧兽医科技成果获厅局级奖励概况

1986—2000年，省畜牧局为加强畜牧兽医科技成果管理，制定了《四川省畜牧兽医科技成果管理试行办法》《四川省畜牧兽医科学技术进步厅局奖励试行办法》《四川省畜牧兽医科学技术进步厅局奖励行业评审标准》，每年进行评审、奖励，共授奖838项（其中，一等奖52项，二等奖172项，三等奖614项）。2000年，按照省政府138号令省级各部门不再设立科学技术奖的要求，终止厅局级科技进步奖励。

1986—2000年四川省畜牧兽医成果获厅局级科技进步奖统计表

表5－2　　单位：项

授奖年度	授奖数量	其中		
		一等奖	二等奖	三等奖
1986	73	4	7	62
1987	48	3	6	39
1988	86	4	13	69
1989	110	3	19	88
1990	82	4	19	59

续表5－2

授奖年度	授奖数量	其中		
		一等奖	二等奖	三等奖
1991	72	3	14	55
1992	35	2	9	24
1993	59	3	18	38
1994	46	4	11	31
1995	51	3	15	33
1996	44	3	8	33
1997	47	7	14	26
1998	36	3	8	25
1999	27	3	5	19
2000	22	3	6	13
合　计	838	52	172	614

二、畜牧兽医科技成果获国家和部（省）级奖励概况

1986—2005年，四川省畜牧兽医科技成果获国家、农业部、省政府科技成果奖励共计314项，其中获国家级科技进步、星火奖共9项（二等奖4项、三等奖3项、四等奖2项）；农业部科技进步奖15项（二等奖5项、三等奖10项），农业部丰收奖36项（一等奖5项、二等奖17项、三等奖14项）；四川省人民政府科技进步奖233项（特等奖1项、一等奖12项、二等奖46项、三等奖174项），四川省星火奖22项（一等奖3项、二等奖2项、三等奖12项、四等奖5项）。

按获奖成果的学科类别，国家和部（省）级划分共11类。猪杂交改良、育种及饲养技术等方面获奖成果42项；牛杂交改良、育种及饲养技术等方面获奖成果34项；羊杂交改良、育种及饲养技术等方面获奖成果29项；家禽杂交改良、育种及饲养技术等方面获奖成果36项；兔杂交改良、育种及饲养技术等方面获奖成果16项；蜂杂交改良、育种及饲养技术等方面获奖成果7项；畜禽营养、饲料研究等方面获奖成果28项；牧草、草原及牧区技术等方面获奖成果37项；兽药、疫苗研究等方面获奖成果10项；畜禽兽医、防疫技术等方面获奖成果61项；畜牧经济及软科学研究等方面获奖成果14项。

为便于查阅，载1986—2005年四川省获国家和部（省）级奖励的畜牧兽医科技成果一览表于志书附录中。

1986—2005 年四川省获国家和部（省）级奖励畜牧兽医科技成果的统计表

表 5－3　　　　　　　　　　　　　　　　　　　　　　　　单位：项

获奖年度	小计	国家级科技进步、星火奖				农业部科技进步奖			农业部丰收奖			省政府科技进步奖			省星火奖			
		一等	二等	三等	四等	一等	二等	三等	一等	二等	三等	一（特）等	二等	三等	一等	二等	三等	四等
1986	12	—	—	—	—	—	1	—	—	—	—	—	1	10	—	—	—	—
1987	21	—	—	—	—	—	2	—	—	1	—	—	5	13	—	—	—	—
1988	9	—	—	—	—	—	—	—	—	1	—	—	1	7	—	—	—	—
1989	16	—	—	—	—	—	—	2	1	1	—	—	2	10	—	—	—	—
1990	21	—	—	—	—	—	—	4	1	—	—	—	—	15	1	—	—	—
1991	41	—	—	2	—	—	1	2	—	2	—	—	3	18	1	2	6	4
1992	28	—	—	—	2	—	—	—	—	1	—	—	6	13	1	—	4	1
1993	15	—	—	—	—	—	—	—	1	1	1	—	2	10	—	—	—	—
1994	16	—	—	—	—	—	—	—	—	1	3	—	2	8	—	—	2	—
1995	13	—	—	—	—	—	—	—	1	—	3	1	1	7	—	—	—	—
1996	12	—	—	—	—	—	—	—	—	1	—	2	2	7	—	—	—	—
1997	17	—	1	—	—	—	—	1	1	1	—	2	2	9	—	—	—	—
1998	17	—	—	1	—	—	—	1	—	1	1	1	3	9	—	—	—	—
1999	13	—	—	—	—	—	1	—	—	—	1	1	2	8	—	—	—	—
2000	8	—	—	—	—	—	—	—	—	—	1	1	1	5	—	—	—	—
2001	10	—	—	—	—	—	—	—	—	1	1	1	3	4	—	—	—	—
2002	10	—	—	—	—	—	—	—	—	2	—	1	2	5	—	—	—	—
2003	11	—	—	—	—	—	—	—	—	1	2	1	3	4	—	—	—	—
2004	10	—	1	—	—	—	—	—	—	1	—	1	2	5	—	—	—	—
2005	15	—	2	—	—	—	—	—	—	1	1	1	3	7	—	—	—	—
合计	315	0	4	3	2	0	5	10	5	17	14	13	46	174	3	2	12	5

（一）获国家级科技进步奖、星火奖的科技成果简介

1991 年，《四川省商品肉兔配套技术开发》项目获国家级星火三等奖。项目组选择国内外有关先进技术进行组装配套，研究提出“两推”（推广经济杂交和仔兔补饲）、“三改”（改青料育肥为科学补料，改散养为笼养，改混养为分群饲养）、“四防”（防兔球虫病、兔瘟、巴氏杆菌病、螨病）为主要内容的《商品肉兔生产配套技术规程》。采用科研、院校和推广单位三结合的形式，建立专业配套、结构合理的技术队伍，采取技术培训、试验示范、科普宣传等措施保障技术规程落实。通过项目的实施，初步形成产前、产中、产后服务体系。参加项目实施的 20 个县共新建良种兔场 57 个、种兔专业户 286 户、有建档种兔 1 万余只，良种推广及杂交面提高 81%，培训人员 14 万人次。每县均设立了 1—3 个兔用饲料加工厂、点，共生产推销仔兔补饲料 114 万公斤，补饲仔兔 97 万窝，推广

肉兔配（混）合料711万公斤。推广使用“兔瘟—巴氏杆菌”二联苗270万头（份），种兔的防疫密度达95%，基本控制了兔瘟等传染病，取得了显著的社会经济效益。项目实施2年累计新增出栏肉兔314.16万只，多产胴体兔肉507万公斤，增加产值4000多万元，通过降低成本和提高效益，农民获纯收益达3000多万元。该项目是国内规模最大的肉兔饲养技术推广项目，达到同类技术国内先进水平，对促进四川肉兔生产做出重要贡献。

1991年，《建川杂种鸭养殖技术开发》项目获国家级星火三等奖。项目组针对四川以放牧为主的四川麻鸭肉用性能研究，筛选以建昌鸭为父本的杂交组合在稻田放牧饲养。建川杂交鸭30—60日龄、60日龄的屠体重、杂交优势率均在12%以上；建川杂种鸭比四川麻鸭提前15天达到1.5公斤上市体重；胸腿肌提高20%以上；增重245克、杂交鸭成活率提高5.4%，每只杂交鸭经济效益分别增加0.9和1.5元。项目组在乐山、内江、南充地区23个肉鸭主产县推广建川杂种鸭1020多万只，新增经济效益1115多万元。该项目以建昌鸭为父本，四川麻鸭为母本的杂交组合，采取以孵抱房为中心，制种户为基础，建立了杂交鸭制种体系；改单一饲料为雏鸭颗粒饲料和仔鸭补饲技术，改野营自温育雏为舍内自温育雏；建立了免疫程序，减少了死亡率，适应当时的稻田放牧饲养方式，为发展肉鸭生产做出显著贡献。

1992年，《大面积推广应用猪二号菌苗免疫防治牦牛布病新技术》项目获国家级星火四等奖。项目组在自然放牧和不检疫、不淘汰病畜条件下，对甘孜州、阿坝州28个布病疫区县的牦牛进行猪二号菌苗口服的推广应用，有效控制了川西北牦牛布病，各项技术指标均达到预期目的，超额完成了项目计划任务。试验证明，猪二号菌苗口服免疫防治牦牛布病新技术具有省时省力、简便实用、安全效果好的特点，填补了中国猪二号菌苗在野外布病疫区对牦牛群大面积口服免疫的安全性和预防效果研究的空白，解决了牦牛布病防治措施上的一大技术难题，为全国推广应用该新技术提供科学依据和良好的示范作用。

1992年，《母猪多胎高产综合技术示范》项目获国家级星火四等奖。项目组针对母猪生产中的薄弱环节，试验研究提出“二整、三早、四推广”的母猪多胎高产综合技术，即整顿猪群结构提高种猪群体质量，整顿人工授精站建立规范化技术规程；对仔猪实行早期护理、早期诱食和补饲、早期断奶；推广低精量塑料软瓶输精技术、推广情期内二次输精、推广仔母猪专用添加剂、推广颗粒饲料喂猪。通过2年技术培训和宣传，建立示范乡12个，示范母猪3.64万头，其情期受胎率、年产胎次、窝活产仔数、仔猪育成率及出售窝重分别由项目实施前的76%、1.4胎、9.04头、87%和100.6公斤，提高到87%、2.08胎、9.95头、94%和148公斤，母猪头平年增益223万元，项目新增纯收益1101.96万元。

1997年，《南江黄羊肉用新品种选育》项目获国家级科技进步二等奖（该项目1996年获四川省政府科技进步一等奖）。20世纪50年代以来，南江县引种四川铜羊和努比杂种山羊，同金堂黑山羊及南江本地山羊进行生产性杂交改良，形成了大量的杂交羊群，进行自群繁育品种选育。在此基础上1986—1990年项目组开展了南江黄羊肉用性能选育。1990—1995年，农业部继续将《南江黄羊肉用品种选育》列入重点科研攻关课题。1995年，农业部组织鉴定认为，南江黄羊肉用品种经历40年的杂交育种工作，实现了体型外貌基本一致，具有产肉力高、繁殖力强、适应性好、遗传性能稳定的特点，已形成了能繁母羊2.2万只，用其改良其他山羊、杂交增重效果好。1998年4月，农业部批准“南江黄羊”为肉羊新品种。1990—1996年，南江黄羊推广到全国14个省（区）111个县，推广种羊3.5万余只，通过纯繁和杂交利用共创造产值2.38亿元。

1998年，《凉山半细毛羊新品种选育》项目获国家科技进步三等奖（该项目1997年获四川省政府科技进步一等奖）。1986—1998年，国家科委和农业部下达了“48—50支半细毛羊新品种选育”的国家重点科技攻关项目。经过10多年的努力，项目组以粗毛羊为基础，通过杂交育种的方法培育出中国的粗档半细毛羊新品种，圆满完成了攻关任务，通过了国家科委和农业部的验收鉴定，同时通过畜禽品种审定委员会的审定，并批准命名为“凉山半细毛羊”。该品种的育成填补了中国没有48—50支半细毛羊的空白，其生产性能全面超过国内其他半细毛羊品种，接近世界上著名的粗档半细毛品种——新西兰罗姆尼的生产性能，在羊毛品质的一些指标上还有所超越，为改变中国48—50支半细毛长期依赖进口的局面打下基础。到1998年，凉山半细毛羊推广到凉山州的15个县及雅安、乐山、南充、攀枝花、阿坝等地（州、市），共推广种公羊4621只，并通过杂交繁育出半细毛杂交改良羊80.25万只。各地反应改良羊的适应性好，活重增加50%以上，产毛量提高3倍以上，极大改善羊毛品质，取得显著的经济和社会效益。

2004年，《中国西门塔尔牛新品种选育》项目获国家科技进步三等奖。项目组采用开放核心群育种（ONBS）技术路线，建立并完善开放核心群育种体系，育种区牛群规模达175万头，育种群规模达2万头。经过20多年的选育，培育出中国西门塔尔牛新品种，选育出的2178头核心群母牛产奶量达到了平均4300千克以上，根据97头育肥牛试验结果，平均日增重1106克，18—22月龄宰前活重573.6千克，屠宰率61.4%，净肉率50.01%，达到预期的育种目标。同时，项目组制定《中国西门塔尔牛品种标准》《高产西门塔尔牛饲养管理规范》《种公牛饲养管理规范》《种公牛后裔测定方案》以及《中国西门塔尔牛群改良方案》等一系列的规范和方案，并提出纯种高产母牛和三个类群核心群高产母牛的示范日粮配方以及不同性别、不同年龄阶段的配方标准。1995年以来，四川每年向全国提供特级、一级西门塔尔种公牛250头，改良黄牛近100万头，改良黄牛头数居国内各改良品种之首。

2005年，《伪狂犬病基因缺失疫苗的研究与应用》项目获国家科技进步二等奖。项目组在系统研究伪狂犬病毒分子生物学特性的基础上，致力于开发新型伪狂犬病基因工程疫苗，同时配套可区分疫苗接种和野毒感染动物的检测技术，以逐步实现对中国伪狂犬病的根除。项目组选择自行分离的伪狂犬病代表性毒株Fa株为起始毒株，对其开展分子生物学研究，探明了Fa株的BamHI和KpnI两种内切酶酶切位点，绘制了物理图谱，在此基础上采用鸟枪法构建了Fa株和MIII株的三个基因文库。通过对三基因缺失疫苗SA215株系统生物学特性研究，制定疫苗生产制造检验规程和质量标准，研制中国第一株具有完全知识产权的伪狂犬病三基因缺失疫苗，该疫苗通过评审获国家新兽药证书，是中国第一个问世的动物病毒基因工程疫苗。该项目产业化后，年生产及应用规模达200万头份以上，至2004年，累计在四川、广东、江西、河南、海南等省应用近800万头份，有效降低了仔猪死亡率，取得重大的经济和社会效益。该项目还将分子生物学技术与常规血清学技术有机结合，建立了伪狂犬病gE-ELISA检测技术，开发了放射性和非放射性核酸杂交检测技术、PCR检测技术、疫苗及配套检测技术，对中国伪狂犬病的预防控制有深远意义。

（二）获四川省人民政府科技进步特等奖、一等奖的科技成果简介

1997年，《大型肉鸭新品系选育及配套试验的研究》项目获省政府科技进步特等奖。项目组利用肉鸭优良基因库，采用家禽商业育种强化选择原理，成功育成了肉鸭商用配套系，达到或超过国

际优质肉鸭先进水平。天府肉鸭父系G增重迅速，母系M、L繁殖性能高，父母代年产种蛋240—250枚，GM、GL系商品代肉鸭7周龄活重3—3.2公斤，料肉比（2.54—3.1）：1。蜀川肉鸭父系C年产合格种蛋185—205枚，肉鸭7周龄活重3.12—3.35公斤，料肉比（2.55—2.9）：1。天府肉鸭制种容易，适合中国集约化肉鸭业的需要，很快形成了适合中国国情的肉鸭良种繁育体系。至1996年，已推广天府肉鸭父母代和蜀川肉鸭C系71万只，广泛分布于四川等南方6省，年产商品肉鸭3186万只，新增产值13亿元，纯利1.59亿元。

1995年，《狂犬病（HEP/BHK21）疫苗株及抗体检测技术的研究》项目获省政府科技进步一等奖。项目组对提取的狂犬病HEP/BHK21疫苗株免疫原性及其生物学特性进行了全面的研究，按有关规程试制9批共62.6万份疫苗，对半成品、冻干苗进行了毒力、安全、无菌、保存期和免疫持续时间等试验，各项检验合格。经10余个县市试用证明试制疫苗原性好，安全有效，免疫期在两年半以上。试验期间在国内首次建立检测犬血清抗狂犬病抗体的两方法（ABC-ELISA和SPA-ELISA），具有良好的特异性、灵敏度和重复性，有利于大面积免疫后检测。

1996年，《荣昌猪瘦肉型品系选育》项目获省政府科技进步一等奖。项目组在纯种选育的基础上适当导入外血，育成荣昌猪瘦肉型品系，与专门化父系配套生产商品杂优猪，提高商品猪质量。课题研究期间，推广示范品系种猪2334头，生产杂交商品猪6万头，取得直接经济效益58.55万元，社会效益557.45万元。

1998年，《细菌防治蝗虫的基础及应用研究》项目获省政府科技进步一等奖。项目组针对北方草地特殊的自然环境条件和蝗虫自身的生理特点，应用现代生物技术研制出了一种以从蝗虫体内分离出的致病菌为主体成分的复合细菌灭蝗剂，为蝗虫的生物防治开辟了新途径。课题研究期间，进行了8万余亩的草地蝗虫防治应用示范和3000余亩的竹林黄脊竹蝗防治应用示范，其防效率均在85%以上，达到草地蝗虫和竹林蝗虫要求。

1999年，《肉兔新专门化母系培育及配套利用》项目获省政府科技进步一等奖。项目组在成功引进ZIKA（齐卡）配套系兔的基础上，利用中国原有家兔品种资源培育出了高产肉兔配套系，提出了适合不同生产方式的新品系兔的最佳配套利用模式，以及一整套包括饲料营养水平、加工料型规格等内容的仔幼兔饲养管理技术。课题研究期间，向18个省市的100余个县市推广新品系兔9600只，配套生产商品兔1000余万只。

2000年，《禽传染性支气管炎（新变型）综合防治》项目获省政府科技进步一等奖。项目组采用鸡胚气管环纤毛指示系统，结合SPSS软件（统计产品与服务解决方案）对中国鸡传染性支气管炎病毒株进行了分型研究，探明了中国IBV主要流行株的血清型及其分布。在国内首次报道S1基因RT-PCR检测技术，并对IBV的18株分离株和8个标准株进行了分型研究，从分子水平上证实中国IBV毒株类型的多样性和存在不同程度的变异，揭示IBV毒株核苷酸序列和氨基酸序列与变异性之间的关系，获IBV免疫原基因S1基因cDNA的pUC19克隆质粒，并成功在大肠杆菌及真核酵母菌中表达出了IBVS1基因蛋白。建立和完善四种新的IB检测方法，研制出5种IB新疫苗，完善了IB综合防治配套技术。1996—2000年，在7个省市区65个鸡场试验示范，累计获经济效益15.13亿元。

2001年，《四川瘦肉型猪规模化养殖及产业化技术研究与开发》项目获省政府科技进步一等奖。结合四川养猪生产实际，项目组开展猪高效杂交配套系筛选与利用、猪饲料高效利用技术、猪场饲养工艺与科学管理技术、猪场疫病净化与猪群保健技术、猪场环境调控与粪污处理技术共5个专题的研究，提出规模化养猪关键技术22项。其中猪场粪污厌氧消化液可生化性改善技术处理新工艺等6项技术达国际先进水平，种猪遗传评估软件、猪场计算机信息网络系统、规模化猪场与酒厂生产废物循环利用模式等技术达国内领先水平。该项目技术转化快、辐射面广，5年新增社会纯收益2.1亿元。

2002年，《白色獭兔R新品系选育研究》项目获省政府科技进步一等奖。项目组将现代遗传育种理论和技术应用于獭兔杂交和继代选育法育种，培育出R新品系。其生长发育快，毛皮品质好，繁殖力强，适应性广，遗传性稳定。课题研究期间，在省内外獭兔饲养区推广种兔2.5万余只，建立二级良种扩繁场25个，改良农户养殖的獭兔150万余只。项目制定了《獭兔饲养技术规范》和《獭兔出场质量标准》作为四川地方标准颁布实施，填补了国内獭兔质量和饲养技术标准的空白。

2003年，《波尔山羊胚胎工程产业化技术研究与示范》项目获省政府科技进步一等奖。针对四川山羊业发展急需波尔山羊良种的实际，项目组以胚胎工程技术产业化为目标，对供、受体羊的选择与饲养、供体羊超数排卵及胚胎回收与鉴定、受体羊同期发情与胚胎手术移植、供受体羊术后管理等环节的关键技术进行了系统研究。项目组制定出中国第一个山羊胚胎移植技术规程，研制出波尔山羊胚胎回收和移植器械，率先实现胚移器械的国产化，提高供、受体羊重复使用率，并扩大了受体羊选择范围与利用效果。该项目实施到2003年底，新增社会总产值2307.6万元，新增社会纯收益2060.9万元，经济效益显著。

2004年，《猪、鸡病原菌耐药性检测及安全高效新兽药研发》项目获省政府科技进步一等奖。项目组在中国7个省（市、区）的规模化猪场、鸡场开展调查，完成475株猪源致病性大肠杆菌、83株鸡源致病性大肠杆菌、86株猪源致病性沙门氏菌和15株鸡源致病性沙门氏菌菌株的分离收集、菌种库建立、血清学调查、分子流行病学调查、药敏试验和安全用药规范的研究。特别是对鸡源致病性大肠杆菌Ⅰ型菌毛pilA基因进行了研究，在Genbank上注册了5个Ⅰ型菌毛基因序列，为防治猪、鸡大肠杆菌和沙门氏菌病提供了科学依据。项目组研制的3个新型复方新霉素抗菌制剂，均获4类新兽药证书，并投入批量生产和临床应用。

2005年，《草坪草种质资源综合评价及草坪工程关键技术研究》项目获省政府科技进步一等奖。项日组对草坪草、假俭草和结缕草的生物学和生态学特性进行了系统研究，构建了野生假俭草和结缕草的DNA指纹图谱，筛选出6份优良的种质材料；对国外引进的133个草坪草品种进行了适应性观察，筛选出98个优良品种，其中3个品种被国家草品种审定委员会审定登记为引进草坪草新品种。项目组还对草坪工程关键技术进行了系统研究，起草5个草坪行业国家标准，提出建设城市绿地、工程创伤生态恢复、运动—休闲等类型草坪的7套技术模式，成功应用于300余个草坪工程，填补了中国在相关领域的空白，获良好的经济效益和生态效益。

第三章　学会、书刊

第一节　学　会

学会是科学技术工作者的学术群团组织，主要任务是学术交流、科技培训、科普宣传。省级学会属省科协和主管厅局领导。四川省科协和省畜牧食品局管理的省级学会有两个：四川省畜牧兽医学会、四川省蜂业学会。

一、四川省畜牧兽医学会

四川省畜牧兽医学会成立于1960年，是四川省畜牧兽医工作者学术群团组织。1960年建会初期有80多名会员，到2005年发展到1061人，加上各专委会会员，总数达2300余人，多为高、中级科技人员及管理人员，覆盖全省畜牧兽医行业各大院校、科研单位、事业单位和企业。学会下设9个专委会，分别是养猪、养兔、养羊、家禽、兽医外科与小动物医学、兽医食品卫生、草地、动物预防医学、动物营养与饲料学专业委员会。

（一）主要学术活动

1987年6月，组织美籍华裔教授徐兆光作“生物技术在畜牧业生产上的应用”的学术报告。1987年9月，组织美籍华裔学者马清献作“台湾现代化养殖的兴起发展及其疫病防治”学术报告。1990年11月，在乐山市召开庆祝四川省畜牧兽医学会成立30周年暨“科技兴牧”学术年会，参会代表81人，收到学术论文18篇。1991年，组织优秀论文评选表彰活动，参评论文149篇，评出37篇优秀论文（一等奖4篇，2等奖10篇，3等奖23篇）。1991年，协助中国畜牧兽医学会家禽学分会在成都召开第五次学术年会。1992年，四川省农学会30周年庆，四川省畜牧兽医学会推荐选送5篇论文被采用。1994年，协助举办西南地区中西兽医结合学术研究会、四川省第六次中西兽医学术年会。1996年8月，召开第六届会员代表大会及学术年会，进行优秀论文评选，参评论文56篇。该学会与四川省畜牧食品局联合首届表彰、奖励从事畜牧兽医工作60年的老专家杨兴业、陈志平、杨凤、邱祥聘。1997年，召开养猪专业委员会成立大会暨学术年会，并邀请东北农业大学教授盛志廉作“猪的群体继代选育”学术报告。1998年，与四川省畜牧食品局联合召开全省畜牧业产业化学术研讨会、种草养兔学术研讨会，评选33篇优秀论文。1999年，召开种草养畜和种草养兔学术研讨会，邀请中国工程院院士任继周教授、中国农科院畜牧所李向林博士分别作了“农区种草是改进中国农业系统的重大步骤”和“南方草地畜牧业发展的战略思考”学术报告。2000年，召开养兔专委会成立暨学术年会，邀请全国畜牧兽医总站副站长、全国兔业会会长阎汉平作学术报告。2001年，与省畜牧食品局联合召开农村专业技术协会经验交流与学术研讨会。2002年，召开第七次会员代表大会暨学术年会，参评论文35篇。2003年8月，举办四川畜牧业可持续发展的战略与对策学术研讨会，征集论文80篇。2004年，与四川省畜牧科学研究院联合举办学术研讨会，130余人参加。2005年，召开学术年会，征集论文95篇。2005年8月，与四川省畜牧行业协会、四川省畜牧科学研究院联合举办“猪链球菌病学术报告会”。

（二）科技培训和科普宣传工作

1986年1月，与四川省兽医总站联合举办“进口奶牛饲养管理和疫病防治培训班”，学员41人。1986年8—9月，受省畜牧局科教处委托举办“专业户养鸡技术培训班”，培训专业户21人。1986年11—12月，与省饲料总站联合举办饲料质量检验技术培训班，培训学员23人。1987年10—12月，与省畜牧局科教处、省科委科干处、四川人民广播电台联合举办养兔实用技术广播函授培训班，学员3107人，主要为省内及云南、陕西、青海、新疆养兔专业户。1987年11—12月，举办兽医病毒讲习班，学员48人。1988年7—8月，举办第二期养兔实用技术广播函授培训班，学员2400人。1988—1989年，举办养鹅及活拔羽绒技术培训班，学员980人。1990年5月至1991年3月，与《天府牧业报》联合举办集体所有制畜牧兽医技术职称考试函授班，学员3010人。1990年，组织专家编写涉及养猪、兔、羊、鹅等技术的《科技兴农丛书》17套，首发4800余册。1995—1999年，与省畜牧局科教处联合开展畜牧兽医大专自学考试培训工作，编印辅导教材2万多册，在册学员1132人，毕业274人。2000—2005年，学会所属的9个专委会举办培训班、科普讲座共1483期，开展科技下乡294次，培训人员达13.45万人，发放资料48.29万册。

（三）学会获表彰、奖励情况

1986年11月，省政府表彰改革开放以来普及推广农业科学技术的先进集体和个人，四川省畜牧兽医学会被评为先进集体。1987年，四川省科学技术协会表彰、奖励的“先进集体”和“先进个人”大会上，四川省畜牧兽医学会被评为“先进集体”，杨兴业、宋育、黄昌祥、李治敏被评为“先进个人”。1989年，四川省科学技术协会表彰、奖励的“先进集体”和“先进个人”大会上，四川省畜牧兽医学会被评为“先进集体”，李治敏被评为“先进个人”。1989年，被农牧渔业部评为农业成人教育先进集体。1989年，被成都市教委成教办评为社会力量办学先进集体。1996年，被省委宣传部、省科委和省科协联合评为四川省科普工作先进集体单位。1999年和2000年，被中国畜牧兽医学会分别评为年度先进集体和第三届学会先进集体。2004年，被民政部评为“全国先进民间组织”。2004—2005年，连续两年被省科协评为学会工作先进集体。

（四）历届理事会组成

1960—2005年，更换理事会7届。1986—2005年，更换4届。历届理事总人数保持在50人左右，每届理事会成员更换1/3。第四届理事会（1986—1990年）理事长：杨兴业；副理事长：邱祥聘、刘昌谟、冯泽光、张新琴、龙天厚；秘书长：张悌贤；副秘书长：黄昌祥、陈代荣、宋育。第五届理事会（1991—1996年）理事长：龙天厚；副理事长：汪懋騑、刘昌谟、冯泽光；秘书长：黄昌祥；副秘书长：陈代荣、宋育、李治敏。第六届理事会（1997—2002年）理事长：唐宗长；副理事长：段诚中、郭万柱、黄昌祥；秘书长：黄昌祥；副秘书长：罗长荣、朱庆、李治敏。第七届理事会（2002—2005年）理事长：段诚中；副理事长：朱庆、向伯先、王红宁、廖党金、蒋小松；秘书长：向伯先；副秘书长：李学伟、黄邓萍。

二、四川省蜂业学会

四川省蜂业学会成立于1979年10月。1986—2005年，四川省蜂业学会先后开展“多箱体取成熟蜜”“蜜蜂早春快速繁殖技术”“蜜蜂杂种组合对比筛选试验”“蜜蜂人工授精应用”“蜂王浆优质高产配套技术研究推广”“养蜂综合高产技术研究推广”等20多项蜂业科研推广工作，科研及技术推广项目获省部级科技成果奖10多项。学会组织会员编写《华西养蜂全书》《四川养蜂》《转地放蜂》《家庭养蜂》《中蜂饲养原理与方法》《蜂王浆优质高产配套技术》《蜂花粉的生产与利用》等蜂业科技书籍，共发行10万多册。采取培训班、讲座、以会代训、跟踪转地蜂场指导及召开生产现场研讨会等形式，举办培训1500余次，培训人员8万余人次。引进国外蜂业科技人才4次，出国进修考察19人次，参加国际蜂业会议70人次。

1986—2005年，四川省蜂业学会更换三届理事会。第二届理事会（1986—1997）名誉理事长：刘国士；理事长：张新琴；秘书长：张全华。第三届理事会（1997—2001）名誉理事长：张新琴、李德荣、张全华；理事长：罗毅；秘书长：张家盛。第四届理事会（2001—2005）名誉理事长：罗毅；理事长：杜相富；副理事长：向伯先、赵平、张家盛、张全华、杨浩、翟文蓉、朱有炎、巨万栋、杜国平；秘书长：张家盛。

第二节 报　　刊

1986—2005年，四川畜牧兽医行业公开发行的报刊有4个，分别是《天府牧业报》（1998年停刊）、《四川畜牧兽医》杂志、《四川草原》杂志、《四川畜禽》杂志（1998年更名为《畜禽业》）。

一、《天府牧业报》

《天府牧业报》由省畜牧局与省畜牧兽医学会联办。1986年8月，经省委宣传部批准为旬报，公开发行。1987年9月，经省新闻出版局报刊整顿合格验收后改为周一刊，公开发行，发行量逐步达到4万余份。1998年，省新闻出版局整顿厅局主办行业报刊，《天府牧业报》停刊，人员与四川畜牧兽医杂志社合并。

《天府牧业报》的主要栏目有：法规园地、要闻简讯、畜牧兽医实用技术、基层站建设、专业户园地、牧业论坛、产品博览、致富经验、供求信息、市场预测、天南海北、三叶草、书讯、广而告知等。

1991年，天府牧业报社被批准为正县级自收自支事业单位，编制20人。《天府牧业报》历任总编辑为刘昌溴、汪懋騀、张新琴、屈坤宁，常务副总编为侯德慧，副总编为黄昌祥，侯德慧主持报社全面工作。

二、《四川畜牧兽医》杂志

《四川畜牧兽医》由省畜牧食品局主管，省畜牧食品局、省畜牧兽医学会、省畜牧科学研究院联合主办，国内外公开发行的畜牧兽医综合类科技期刊。1986年，正式交邮局公开发行，1999年，改季刊为月刊。1990年7月，获四川省首届科技期刊评比优秀期刊二等奖；1995年7月，获四川省首届优秀期刊评选优秀期刊；1998年5月，获首届全国畜牧兽医优秀期刊二等奖；2000年5月，获第二届全国畜牧兽医优秀期刊二等奖；2000 年 8 月，获四川省第二届科技期刊评比优秀期刊三等奖；2002 年 6 月，获第三届全国优秀农业期刊奖（1997—2001 年）；2002 年 9 月，获第三届全国畜牧兽医优秀期刊二等奖；2004 年 5 月，获第四届全国畜牧兽医优秀期刊一等奖。

《四川畜牧兽医》杂志主要读者对象包括行业管理部门、技术推广单位、科研机构与院校、基层畜牧兽医工作者、饲料兽药企业、养殖场和养殖农户。1986—2005 年，《四川畜牧兽医》杂志编辑出版 136 期，约 1900 万字，总发行量 260 万册，年发行量 7.2 万余册。栏目设置由 1998 年的 9 个扩大到 20 余个，有牧业论坛、产业化之路、防疫检疫、法规园地、市场经济、基层站建设、试验研究、综述、动药科技、饲养管理、畜禽养殖、草业科技、饲草饲料、健康养殖、特种养殖、新技术推广、动物保健、实用技术、专题论坛、牧业史志、畜产品加工、企业之窗、信息大观、行业动态等。

2001 年，省编委核定四川畜牧兽医杂志社为正县级自收自支事业单位，事业编制 14 人。《四川畜牧兽医》历任主编为杨兴业、龙天厚、段诚中，执行主编为侯德慧、钱亮。1999—2002 年，杂志社社长张安福，副社长钱亮、杨忠群。2002—2005 年，杂志社社长钱亮，副社长杨忠群。

三、《四川草原》杂志

《四川草原》创刊于 1980 年，是省畜牧食品局主管，省草原科学研究院和省畜牧兽医学会主办的畜牧类核心科技期刊。2003 年改为双月刊，2004 年改为月刊。2005 年更名为《草业与畜牧》杂志。1991 年，该刊获省政府科技进步三等奖。1992 年和 1995 年两度被评为全国中文畜牧类核心期刊，2000 年被评为四川省质量一级期刊。

1986—2005 年，《四川草原》共编辑出版 104 期，约 130 万字，总发行量 49.6 万册，年发行量 2.48 万册。主要设置栏目有：试验研究、牧草科学、草地生态（包括草地管理、草地保护）、昔日坪园艺、畜禽养殖、动物育种（包括动物繁殖）、品种改良、疫病防治、饲料园地、实用技术、综述、论坛等。

1986—1993 年，《四川草原》主编为张富川。1994—2005 年，主编为泽柏。

四、《四川畜禽》杂志

《四川畜禽》是省科技厅主管，省科学技术信息研究所主办的畜牧科技专业技术刊物。《四川畜禽》1990 年创刊，1992 年 6 月，由内部刊物转为公开发行，1998 年，更名为《畜禽业》。该刊先后获全国优秀畜牧兽医期刊评比一等奖、四川省优秀科技期刊评比三等奖。1998 年，被评为四川省一级科学技术期刊。

1990—2005 年，《四川畜禽》共出版 192 期，发行 100 多万册。设有产销分析、营养与饲料、实验报告、疫病防控、生产指导、科研综述、育种繁殖、兽医技术、问题与对策、畜牧论坛等栏目。

第三节　专著及科技书籍

1986—2005 年，四川省畜牧兽医科技人员（含退、离休及已故人员）担任主编、副主编或第一作者纂写、编辑、翻译并公开出版的专著和科技书籍有共 269 本（其中专著 46 本、教材 56 本、科普书籍 167 本），为畜牧业科技发展、教育培训、科普宣传起到了重要作用。

1986—2005 年四川省畜牧业专著一览表

表 5－4

序号	专著书籍名称	出 版 社	出版年份	备 注
1	《草原生态化学》	成都出版社	1986	根据单位推荐
2	《四川牧草、饲料作物名录》	四川民族出版社	1986	—
3	《四川省家畜家禽品种志》	四川科技出版社	1987	—
4	《中兽医临症要览》	四川科技出版社	1987	—
5	《种草养畜技术指南》	四川科技出版社	1988	—
6	《川西北草地鼠虫害调查》	中国农业出版社	1989	—
7	《四川畜牧兽医发展简史》	四川科技出版社	1989	—
8	《四川草地资源》	四川民族出版社	1989	—
9	《古代四川藏兽医概况》	四川科技出版社	1989	—
10	《中国牦牛学》	四川科技出版社	1989	—
11	《华西养蜂全书》	四川科技出版社	1991	—
12	《四川畜牧兽医研究所志》	成都科技大学出版社	1992	—
13	《中国培育猪种》	四川科技出版社	1992	—
14	《畜禽寄生虫病防治》	成都出版社	1992	—
15	《家禽学》	四川科技出版社	1993	—
16	《草地养羊学》	四川教育出版社	1993	—
17	《中国畜禽阉割术》	四川科学技术出版社	1994	—
18	《水禽疾病防治手册》	成都科技大学出版社	1994	—
19	《兽医方剂配伍》	四川科技出版社	1994	—
20	《草业生态工程》	成都科技大学出版社	1994	—
21	《中国兽医方剂学》	成都科技大学出版社	1995	—
22	《九龙牦牛选育研究》	四川民族出版社	1995	—
23	《禽病防治手册》	四川科技出版社	1996	—
24	《畜禽配合饲料手册》	四川科技出版社	1996	—
25	《实用畜禽中毒手册》	四川科技出版社	1997	—
26	《中国兽药知识大全》	四川科技出版社	1997	—
27	《养禽与禽病防治新进展》	中国农业出版社	1997	—
28	《常用藏药志》	四川科技出版社	1997	—
29	《英汉、汉英畜牧兽医词典》	成都科技大学出版社	1998	—
30	《四川省畜牧志》（1940—1985 年）	四川科技出版社	1998	—
31	《肉鸡育种》	荷兰互赫宁根大学出版社	1999	—

续表 5－4

序号	专著书籍名称	出　版　社	出版时间（年）	备　注
32	《四川牦牛》	四川民族出版社	1999	—
33	《猪、鸡饲料配制技术》	中国农业出版社	2000	—
34	《兽医手册》	中国农业科技出版社	2001	—
35	《动物微生物学》	四川科技出版社	2001	—
36	《动物营养学》	中国农业出版社	2002	—
37	《兽医病毒学》	四川科技出版社	2003	—
38	《配合饲料学》	中国农业出版社	2003	—
39	《中国家畜家禽寄生虫名录》	四川科技出版社	2004	—
40	《四川畜禽寄生虫志》	四川科技出版社	2004	—
41	《饲料生产手册》	四川科技出版社	2004	—
42	《动物寄生虫病学》	四川科技出版社	2004	—
43	《动物防疫检疫手册》	四川科技出版社	2004	—
44	《奶牛疾病诊疗大全》	中国农业出版社	2004	—
45	《中国家禽研究》	中国农业出版社	2005	—
46	《高速公路绿化工程技术》	中国农业出版社	2005	—

说明：为便于查录，1986—2005 年四川省畜牧兽医科技人员编辑出版科技书籍及专著一览表载于志书附录中

第六篇　畜牧经济

四川是全国的畜牧业大省，生猪、肉兔、水禽、蜜蜂等多项发展指标位居全国第一，而且占全国的比重大、贡献大、影响大。2005 年，全省出栏生猪、肉兔、水禽，公司养蜜蜂，肉类总产量、猪肉产量均居全国第一。

1986—2005 年，四川畜牧经济取得快速发展。“十五”期间畜牧业产值总量累计 4561 亿元，为“九五”期间的 1.7 倍，“八五”期间的 3.3 倍，“七五”期间的 7.8 倍。畜牧业产值年均递增速度达 9%，分别比“七五”“八五”“九五”年均递增速度快 1.1 个百分点、1.5 个百分点和 2.8 个百分点。畜牧业产值占农林渔牧业总产值的比重由 1986 年的 27.42%、1990 年的 32.42%、1995 年的 37.15%、2000 年的 41% 上升到 2005 年的 50%。2005 年畜牧业产值首次超过种植业，标志着四川畜牧业已由农户家庭经营副业跨越为农业经济中的主导产业。

1986—2005 年，四川畜牧业产业结构逐步得到调整；畜牧业优质品种推广面大幅度提高。

同时，畜牧业发展带动粮食生产、饲料加工、兽药生产等上游产业的发展，促进了食品加工、皮革、毛纺、生物制药等下游产业和餐饮服务行业的进一步发展，畜牧经济成为四川国民经济中重要的基础性产业。2005 年，四川肉类总产量 955.87 万吨，肉类外销占 30%，自食消费占 65%，其中加工产品比例为总消费的 20%，规模工厂化深加工占 5% 左右。肉类产品出口 13.85 万吨，创汇 2.16 亿美元。外销 87 万吨，猪肉外销量已占全国省际贸易总量的 1/3，占四川省出口创汇总额的近

1/9，是出口创汇最多的大宗产品之一。有肉类屠宰及加工企业1000家以上，乳品加工企业53家、蛋品加工企业15家、羽毛加工企业170家、皮革毛皮及其制品加工企业233家。

1986年，四川农村畜牧专业合作经济组织开始萌芽，1995年前后为起步期，2000年前后为发展期，包括技术交流型、技术服务型、技术经济实体型3种类型。到2005年，全省共发展辐射面广，带动力较强的畜牧专业合作组织493家，会员农户53.72万户。

1996—2005年，尽管四川省畜牧经济总体上持续稳定健康发展，但仍然面临着一些不可忽视的问题。包括投入不足，畜牧业生产方式比较落后，基础设施薄弱；重大动物疫病防控形势严峻，对畜牧业发展构成威胁；畜产品质量安全隐患依然存在；养殖户组织化程度较低，抗风险能力弱；流通加工发展滞后，缺少精深加工的拳头产品；畜牧业发展与生态环境保护的矛盾尖锐。这些问题制约着畜牧业发展，必须加大投入力度，改善投入结构；大力推进健康养殖技术，实施标准化生产，提高畜产品质量安全水平，促进畜牧业增长方式转变；加强疫情监测，健全动物疫病防控长效机制，提高畜牧生产组织化程度，推进畜禽产业化经营，以确保全省畜牧业健康发展。

第一章 速度、地位和结构、问题

第一节 发展速度及产业地位

一、畜禽生产

“七五”期间（1986—1990 年），四川生猪出栏增加 956.6 万头，增长 26.94%，年平均增长 5.38%。“八五”期间（1991—1995 年），生猪出栏增加 1336.79 万头，增长 29.65%，年平均增长 5.93%。“九五”期间（1995—2000 年），生猪出栏增加 750.18 万头，增长 12.83%，年平均增长 2.56%。“十五”期间（2001—2005 年），生猪出栏增加 2222.94 万头，增长 33.70%，年平均增长 6.74%。2005 年，全省出栏生猪 8817.31 万头比 1986 年增 5266.51 万头，增长 148.31%。

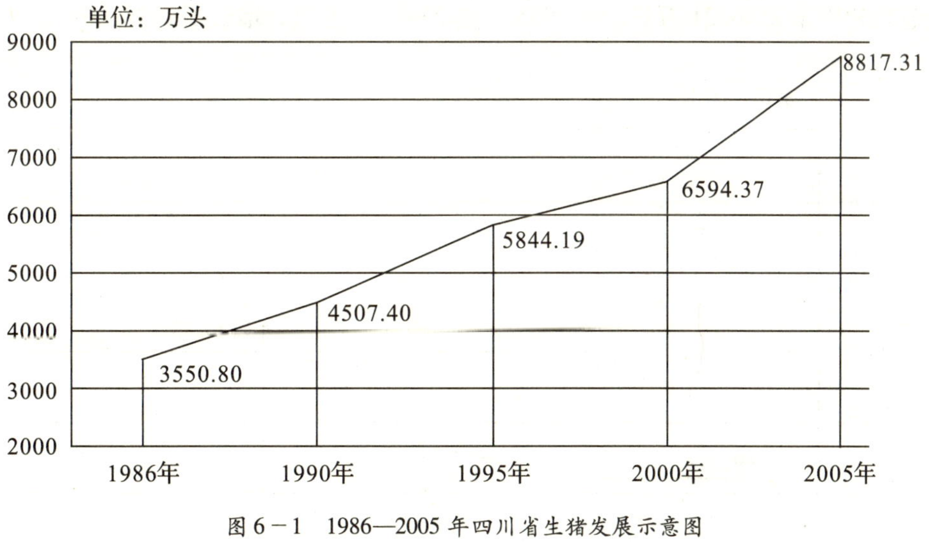

图 6－1 1986—2005 年四川省生猪发展示意图

“七五”期间（1986—1990 年），肉牛出栏增加 18.05 万头，增长 41.74%，年平均增长 8.34%。“八五”期间（1991—1995 年），肉牛出栏增加 82.67 万头，增长 134.88%，年平均增长 26.97%。“九五”期间（1995—2000 年），肉牛出栏增加 76.95 万头，增加 53.43%，年平均增长 10.68%。“十五”期间（2001—2005 年），肉牛出栏增加 145.88 万头，增长 66.03%，年平均增长 13.20%。2005 年，全省出栏肉牛 366.79 万头，比 1986 年增加 323.55 万头，增长 748.26%。

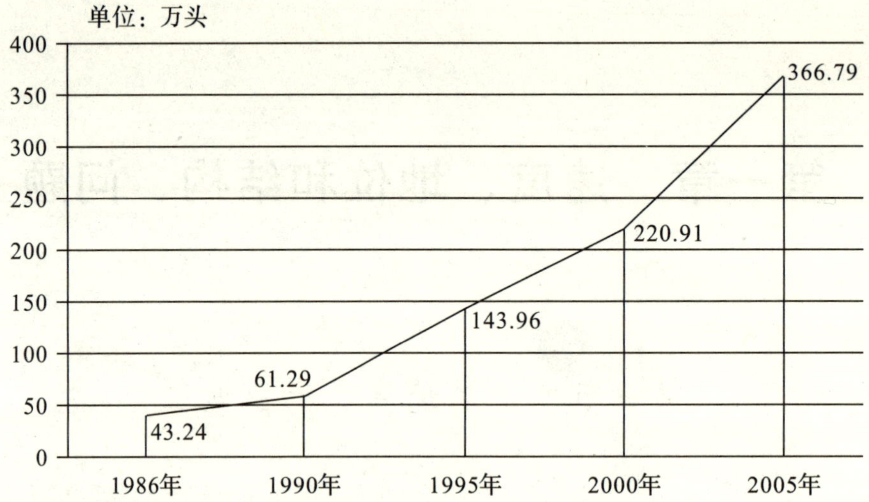

图6－2 1986—2005年四川省肉牛发展示意图

“七五”期间（1986—1990年），肉羊出栏增加15.15万只，增长7.7%，年平均增长1.54%。“八五”期间（1991—1995年），肉羊出栏增加215.3万只，增长101.64%，年平均增长20.32%。“九五”期间（1996—2000年），肉羊出栏增加822.31万只，增长192.52%，年平均增长38.50%。“十五”期间（2001—2005年），肉羊出栏增加1296.78万只，增长103.78%，年平均增长20.75%。2005年，全省出栏肉羊2546.21万只，比1985年增2349.54万只，增长了1194.66%。

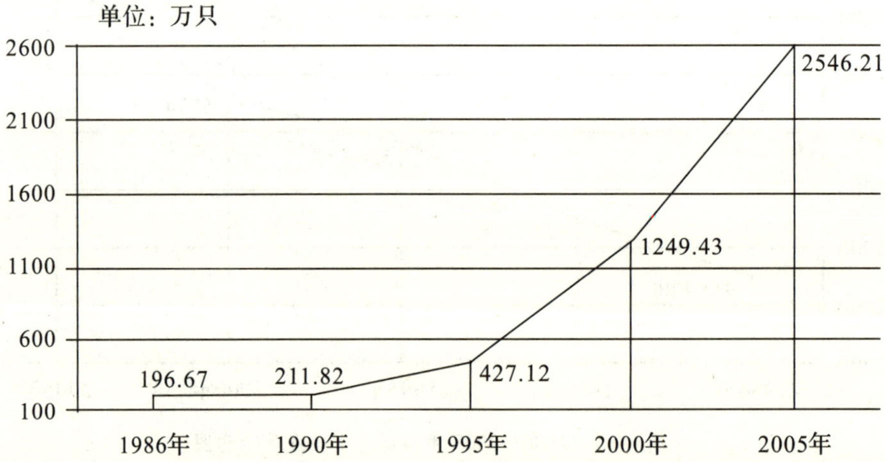

图6－3 1986—2005年四川省肉羊发展示意图

“七五”期间（1986—1990年），家禽出栏增加6717.46万只，增长53.36%，年平均增长10.67%。“八五”期间（1991—1995年），家禽出栏增加18756.41万只，增长97.15%，年平均增长19.43%。“九五”期间（1995—2000年），家禽出栏增加34229.47万只，增长89.92%，年平均增长17.98%。“十五”期间（2001—2005年），家禽出栏增加46991.89万只，增长65.00%，年平均增长13.00%。2005年，全省出栏家禽119283.77万只，比1986年增加106695.23万只，增长847.55%。

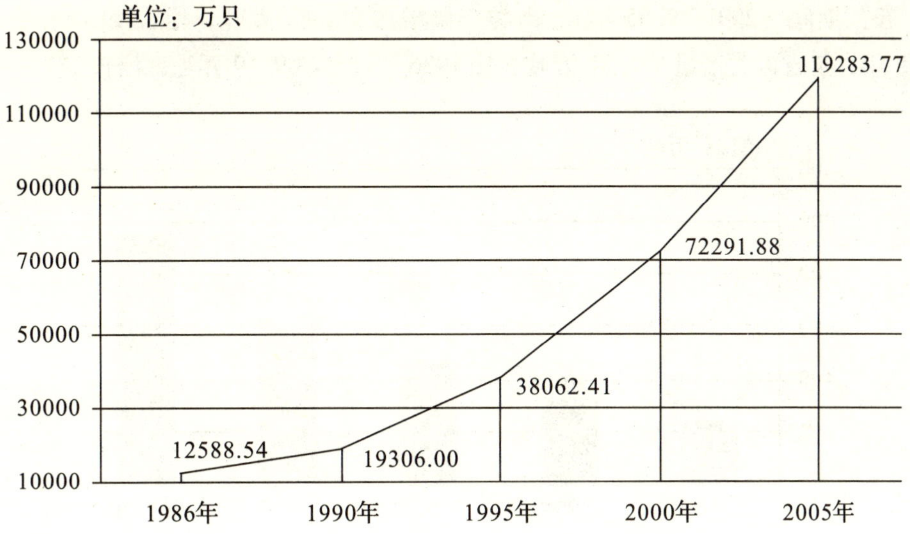

图6－4　1986—2005年四川省家禽发展示意图

“七五”期间（1986—1990年），兔出栏增加631.27万只，增长44.71%，年平均增长8.94%。“八五”期间（1991—1995年），兔出栏增加1422.61万只，增长69.62%，年平均增长13.92%。“九五”期间（1996—2000年），兔出栏增加3010.67万只，增长86.86%，年平均增长17.37%。“十五”期间（2001—2005年），兔出栏增加7647.52万只，增长118.08%，年平均增长23.61%。2005年，全省出栏兔14123.92万只，比1986年增加12712.07万只，增长900.38%。

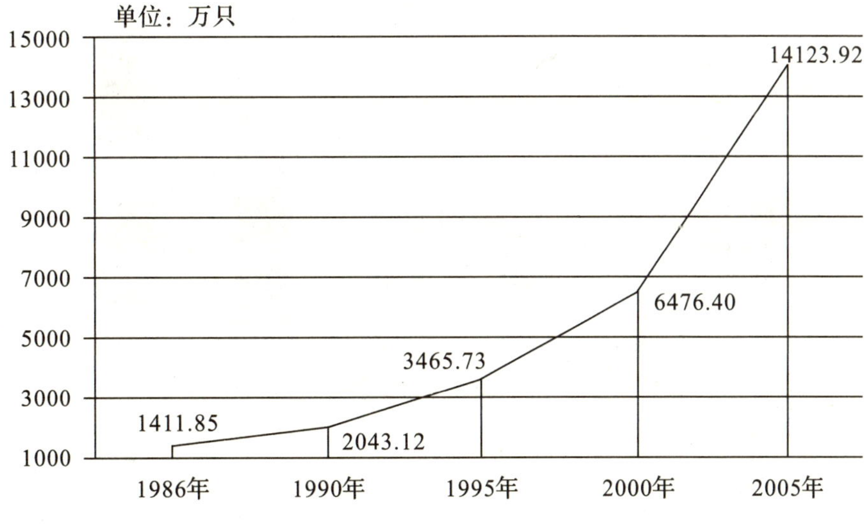

图6－5　1986—2005年四川省兔发展示意图

二、畜产品产量

“七五”期间（1986—1990年），四川肉类产量增加83.51万吨，增长33.85%，年平均增长6.77%。“八五”期间（1991—1995年），肉类产量增加146.3万吨，增长44.30%，年平均增长8.86%。“九五”期间（1996—2000年），肉类产量增加164.76万吨，增长34.57%，年平均增长

6.91%。“十五”期间（2001—2005年），肉类产量增加314.62万吨，增长49.06%，年平均增长9.81%。2005年，全省肉类产量955.87万吨，比1986年增加709.19万吨，增长287.49%。

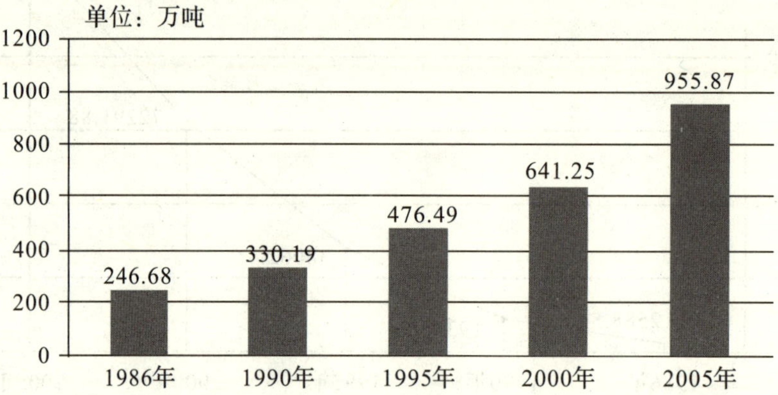

图6－6　1986—2005年四川省肉类产量发展示意图

“七五”期间（1986—1990年），禽蛋产量增加14.12万吨，增长67.94%，年平均增长13.58%。“八五”期间（1991—1995年），禽蛋产量增加25.04万吨，增长71.74%，年平均增长14.34%。“九五”期间（1996—2000年），禽蛋产量增加39.76万吨，增长66.33%，年平均增长13.26%。“十五”期间（2001—2005年），禽蛋产量增加57.46万吨，增长57.63%，年平均增长11.52%。2005年，全省禽蛋总产量157.16万吨，比1986年增加136.38万吨，增长656.30%。

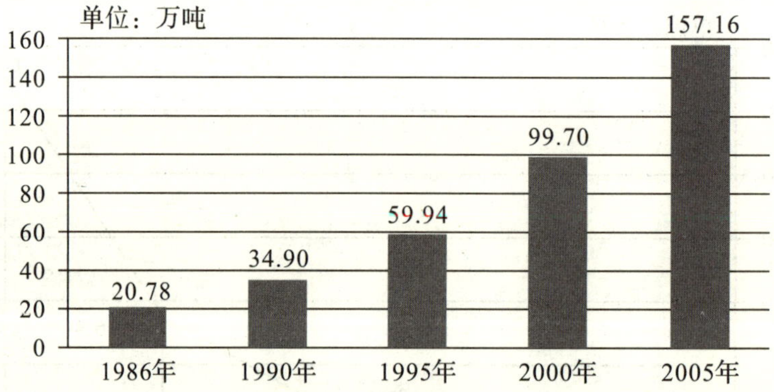

图6－7　1986—2005年四川省禽蛋产量发展示意图

“七五”期间（1986—1990年），奶类产量增加1.19万吨，增长5.66%，年平均增长1.13%。“八五”期间（1991—1995年），奶类产量增加1.54万吨，增长6.94%，年平均增长1.38%。“九五”期间（1996—2000年），奶类产量增加5.2万吨，增长21.92%，年平均增长4.38%。“十五”期间（2001—2005年），奶类产量增加30.11万吨，增长104.11%，年平均增长20.82%。2005年，全省奶类总产量59.03万吨，比1986年增加38.04万吨，增长181.22%。

“七五”期间（1986—1990年），蜂蜜产量增加2688吨，增长22.26%，年平均增长4.45%。“八五”期间（1991—1995年），蜂蜜产量增加3159吨，增长21.39%，年平均增长4.27%。“九五”期间（1996—2000年），蜂蜜产量增加4759吨，增长26.55%，年平均增长5.31%。

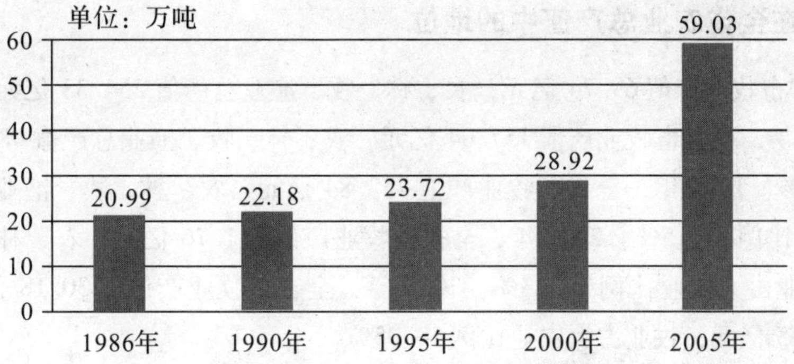

图 6－8　1986—2005 年四川省奶类产量发展示意图

“十五”期间（2001—2005 年），蜂蜜产量增加 12023 吨，增长 53%，年平均增长 10.6%。2005 年，全省蜂蜜产量 34704 吨，比 1986 年增加 22629 吨，增长 187.40%。

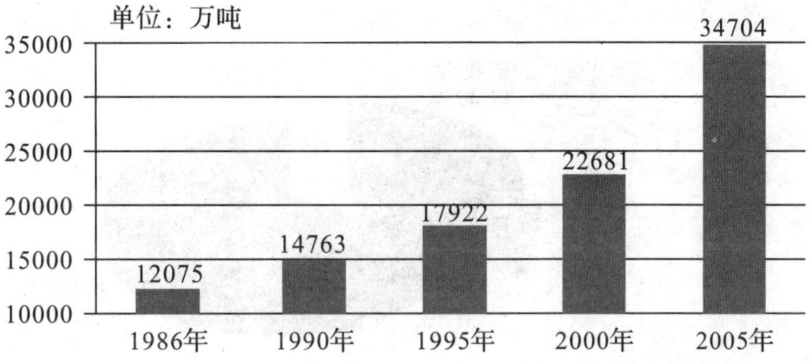

图 6－9　1986—2005 年四川省蜂蜜产量发展示意图

“七五”期间（1986—1990 年），绵羊毛产量增加 327 吨，增长 13.61%，年平均增长 2.72%。“八五”期间（1991—1995 年），绵羊毛产量增加 536 吨，增长 19.64%，年平均增长 3.92%。“九五”期间（1996—2000 年），绵羊毛产量增加 843 吨，增长 25.81%，年平均增长 5.16%。“十五”期间（2001—2005 年），绵羊毛产量增加 1693 吨，增长 41.21%，年平均增长 8.24%。2005 年，全省绵羊毛产量 5801 吨，比 1986 年增加 3399 吨，增长 141.50%。

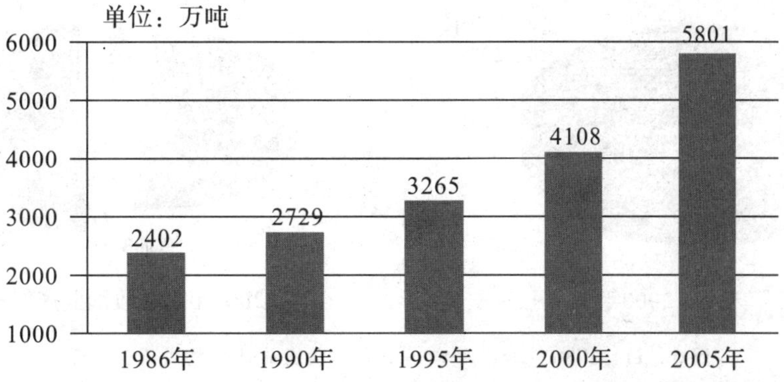

图 6－10　1986—2005 年四川省绵羊毛产量发展示意图

三、畜牧业在全省农业总产值中的地位

1986 年，全省畜牧业产值 69.74 亿元，农、林、牧、渔业总产值 254.33 亿元，牧业占大农业比例 27.42%。1990 年，全省畜牧业产值 157.04 亿元，农、林、牧、渔业总产值 484.31 亿元，牧业占大农业比例 32.43%。1995 年，全省畜牧业产值 413.84 亿元，农、林、牧、渔业总产值 1113.96 亿元，牧业占大农业比例 37.15%。2000 年，全省畜牧业产值 611.76 亿元，农、林、牧、渔业总产值 1483.52 亿元，牧业占大农业比例 41.23%。2005 年，全省畜牧业产值 1230.18 亿元，农、林、牧、渔业总产值 2457.45 亿元，牧业占大农业比例 50.05%。

"七五"（1986—1990 年），畜牧业产值增加 87.3 亿元，增长 125.17%，年平均递增速度 7.9%。"八五"期间（1991—1995 年），畜牧业产值增加 256.8 亿元，增长 163.52%，年平均递增速度 7.5%。"九五"期间（1996—2000 年），畜牧业产值增加 197.92 亿元，增长 47.82%，年平均递增速度 6.5%。"十五"期间（2001—2005 年），畜牧业产值增加 618.42 亿元，增长 101.08%，年平均递增速度 9.0%。

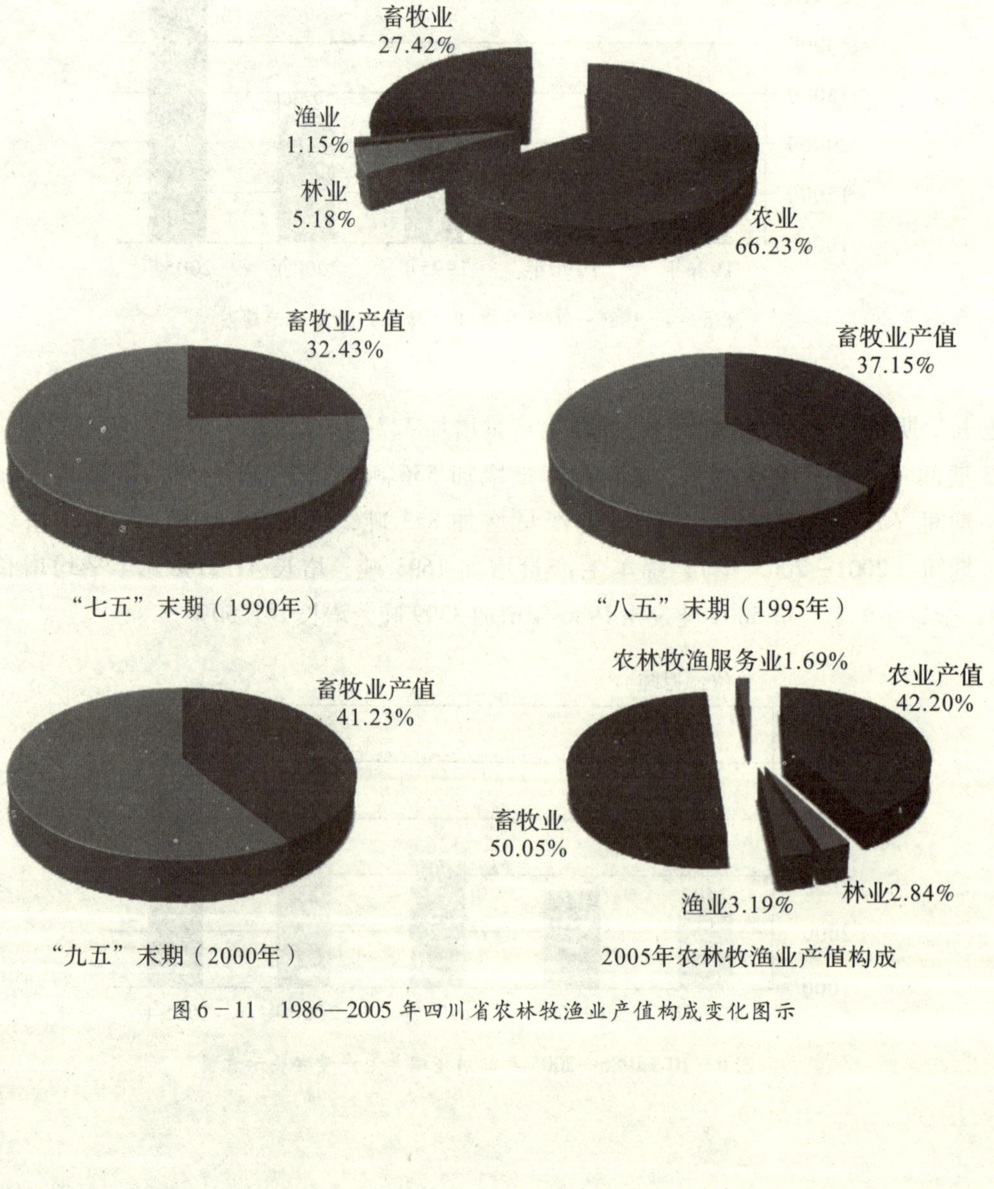

图 6－11　1986—2005 年四川省农林牧渔业产值构成变化图示

2005 年，全省农、林、牧、渔业总产值 2457.45 亿元，其中农业 1037.2 亿元，林业 69.94 亿元，渔业 78.48 亿元，牧业 1230.18 亿元，占总值 50.05%，标志着畜牧业由农户家庭经营副业跨越为农业经济的主导产业。

2005 年，畜牧业产值 1230.18 亿元，比 1986 年畜牧业产值 69.74 亿元，增加 1160.44 亿元，增长 16.6 倍。20 年间平均递增速度为 7.73%。

1986—2005 年四川省农业生产总量与速度表

表 6－1

指　标		单　位	2001—2005 年	1996—2000 年	1991—1995 年	1986—1990 年
一、总量指标	1. 农林牧渔业总产量	亿元	9564	7052	3781	1794
	农业	亿元	4422	3950	2217	1109
	林业	亿元	297	220	129	78
	牧业	亿元	4561	2727	1371	581
	渔业	亿元	284	155	67	26
	2. 农业增加值	亿元	6034	4434	2420	1210
二、年均递增速度（可比价）	1. 农业总产值	%	5.8	4.7	4.3	4.2
	农业	%	2.2	3.4	2	3
	林业	%	4.8	3	4.7	-4.5
	牧业	%	9	6.2	7.5	7.9
	渔业	%	13.3	12.1	12.9	13.4
	2. 农业增加值	%	5.6	5.1	5.6	3.1

上述图表反映出，2001—2005 年的“十五”期间四川农业生产总量远远超过前几个五年计划，为“九五”的 1.4 倍，“八五”的 2.5 倍，其中牧业和渔业生产总量超过“九五”和“八五”之和。“十五”期间农业总产值平均递增速度超过“七五”到“九五”期间的任何一个五年计划，“十五”是近二十年来四川畜牧业发展最好的时期。

四、四川畜牧业在全国畜牧业中的地位

（一）四川畜牧业在全国领先地位

四川是全国的畜牧业大省，2005 年，全省出栏肉猪 8817.31 万头，居全国第一，占全国出栏 75912.66 万头的 11.61%；全省出栏肉兔 14123.92 万只，居全国第一，占全国出栏 40882.96 万只的 34.54%；全省出栏水禽 57665.27 万只，居全国第一，占全国出栏 312034.70 万只的 18.48%；全省饲养蜜蜂 131.39 万箱，居全国第一，占全国蜜蜂 1101.66 万箱的 11.9%；全国肉类总产量 955.87 万吨，居全国第一，占全国 9026.54 万吨的 10.58%；其中全省猪肉产量 657.07 万吨，居全国第一，占全国猪肉产量 5731.80 万吨的 11.46%；全省畜牧业产值 1230.18 亿元，居全国第一，占全国畜牧业产值 13310.80 亿元的 9.24%，详见表 6－2。

2005 年四川省畜牧业在全国畜牧业中所占份额统计表

表 6－2

种类	项目	2005 年全国（万头、万吨）	2005 年四川（万头、万吨）	所占份额（%）	排列位
猪	存栏数	52352.24	5970.68	11.43	第 1 位
	出栏数	75912.66	8817.31	11.61	第 1 位
	肉产量	5731.80	657.07	11.46	第 1 位
牛	存栏数	14666.48	1161.23	7.91	第 2 位
	其中：奶牛	1266.58	17.57	1.38	第 14 位
	出栏数	5922.44	366.79	6.19	第 4 位
	肉产量	793.82	45.19	5.69	第 4 位
羊	存栏数	38280.01	2140.24	5.60	第 6 位
	出栏数	34585.87	2546.21	7.40	第 5 位
	肉产量	495.69	42.73	8.62	第 5 位
禽	存栏数	631857.22	47810.84	7.56	第 4 位
	出栏数	1216049.24	119283.77	9.80	第 2 位
	肉产量	1867.77	189.77	10.16	第 2 位
兔	存栏数	22909.08	5586.05	24.38	第 1 位
	出栏数	40882.96	14123.92	34.54	第 1 位
	肉产量	57.8543	19.12	33.05	第 1 位
肉类总产量		9026.54	955.87	10.58	第 1 位
禽蛋产量		3024.51	157.16	5.19	第 2 位
奶产量		2993.97	59.03	1.97	第 13 位
蜂蜜产量		27.89	3.47	12.44	第 2 位
畜牧业产值（亿元）		13310.8	1230.18	9.24	第 1 位

（二）2005 年四川省人均畜产品占有量与全国比较

2005 年，四川省猪肉、羊肉、禽肉、兔肉和蜂蜜的人均占有量均高于全国人均占有量，详见表 6－3。

2005 年四川省人均畜产品占有量与全国比较情况表

表 6－3

种类	全国人均占有量（公斤/人）	四川人均占有量（公斤/人）
肉类	71.82	120.10
其中：猪肉	45.29	81.60
牛肉	6.44	5.66

续表 6－3

种　类	全国人均占有量（公斤/人）	四川人均占有量（公斤/人）
羊肉	4.01	5.48
禽肉	14.97	24.52
兔肉	0.49	2.59
禽蛋	23.59	20.37
奶类	26.40	7.12
蜂蜜	0.26	0.48

第二节　产业结构及存在问题

一、1986—2005 年非猪（节粮性畜牧业）产值变化情况

2005 全省畜牧业非猪（牛、羊、禽、兔）占比达 47.4%，比 1986 年提高 37.4%。

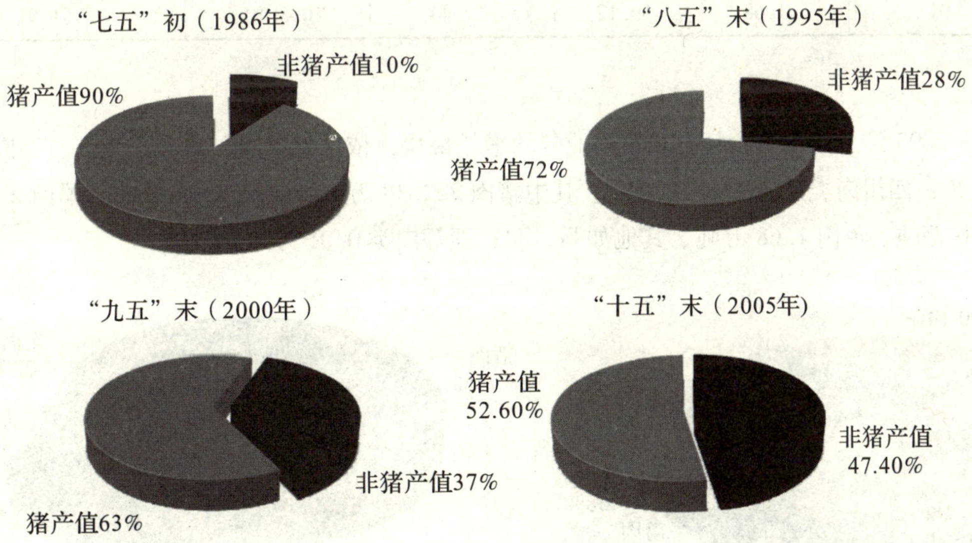

图 6－12　1986—2005 年四川省非猪（节粮性畜牧业）产值变化情况图

二、1986—2005 年主要畜产品构成变化情况

2005 年，肉类产量 955.87 万吨、禽蛋产量 157.16 万吨、奶产量 59.03 万吨，蛋奶产量占畜产品总产量的比重比 1986 年上升了 3.96%。

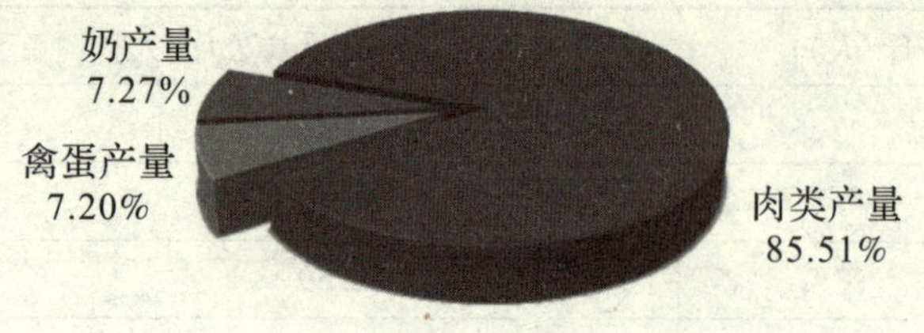

图 6－13 1986 年四川省主要畜产品构成情况图

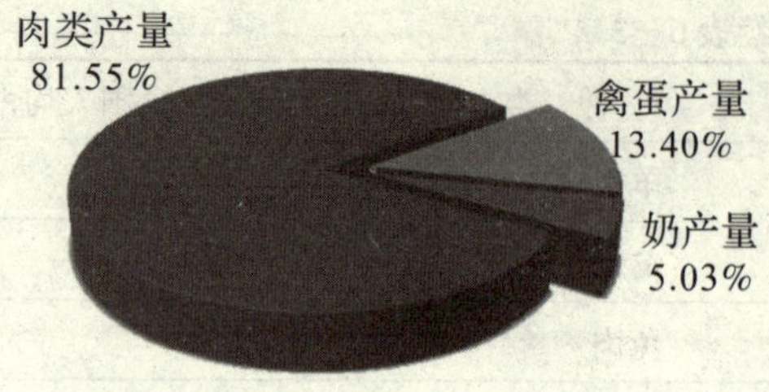

图 6－14 2005 年四川省主要畜产品构成情况图

三、1986—2005 年肉类产量及结构

1986—2005 年四川省肉类产量发展情况表

表 6－4

日期 名称	1986 年（万吨）	2005 年（万吨）	增加量（万吨）	增幅（%）	年平均增长速度（%）
猪　肉	222.38	657.07	434.69	195.47	9.77
牛　肉	3.99	45.19	41.20	1032.58	51.63
羊　肉	2.35	42.73	40.38	1718.30	85.92
家禽肉	16.30	189.77	173.47	1064.23	53.21
兔　肉	1.68	19.12	17.44	1038.10	51.91

1986—2005 年，四川草食牲畜和家禽业年均增长最快，依次是羊肉、禽肉、兔肉、牛肉。

1986 年，四川肉类产量 246.71 万吨，其中猪肉 222.38 万吨、牛肉 3.99 万吨、羊肉 2.35 万吨、禽肉 16.30 万吨、兔肉 1.68 万吨、其他如马、驴、骡等肉类 0.01 万吨。

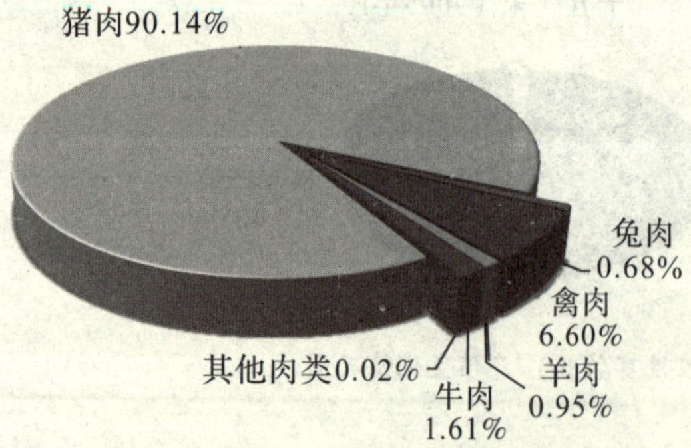

图 6－15 1986 年四川省肉类产量结构图

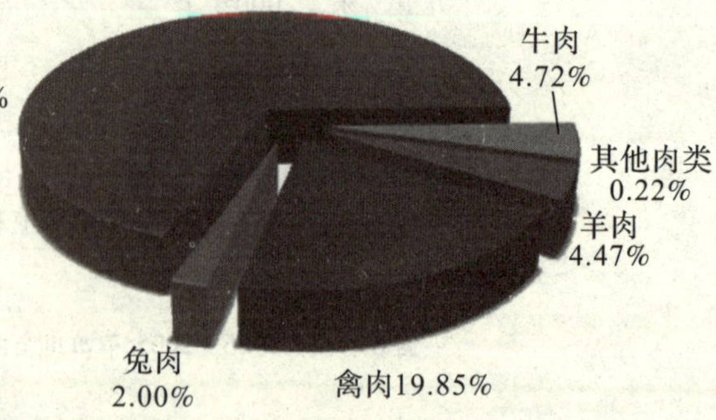

图 6－16 2005 年四川省肉类产量结构图

2005 年，四川肉类总产量 955.87 万吨，其中猪肉 657.07 万吨、牛肉 45.19 万吨、羊肉 42.73 万吨、禽肉 189.77 万吨、兔肉 19.12 万吨、其他如马、驴、骡等肉类 1.99 万吨。

四、存在问题

（一）规模养殖水平低，生产方式落后

2005年，四川畜禽规模养殖水平低于全国平均水平，生产以散养为主，生产方式落后。

2005年四川省规模养殖情况与全国比较情况表

表6－5

项　　目	全国（%）	四川（%）
年出栏50头以上的生猪规模养殖所占比重	41.22	19.23
年存栏2000只以上的蛋鸡规模养殖所占比重	40.54	28.58
年出栏10000只以上的肉鸡规模养殖所占比重	46.61	19.98
年存栏20头以上的奶牛规模养殖所占比重	28.84	22.20
年存栏50头以上的肉牛规模养殖所占比重	14.02	4.04
年存栏100只以上的肉羊规模养殖所占比重	17.29	3.95

（二）产业化水平低，资金投入结构不够合理

四川畜牧业龙头企业培育发展不足，企业辐射带动不强。2005年销售收入10亿元以上的畜牧业龙头企业仅有6家，畜产品精深加工率仅5%。龙头企业和专业合作组织带动养殖户仅占全省农户总数的24.25%。2005年中央财政专项资金中，用于疫病防治经费达1.6亿元，占91.2%，其中疫苗就占1.5亿元。在省财政的追加数中，用于防疫的经费4925.4万元，占全年追加数的82.33%。而用于科技创新、畜产品质量安全、畜牧业产业化以及对农民增收促进很大的畜牧专业合作组织方面的资金相对不足。

（三）市场体系不健全，缺乏预警和应急机制

畜牧业信息体系和市场预警机制不健全，市场价格动态数据采集不完善，不能及时、准确地向养殖者提供有关的市场信息和跟踪、服务，难以指导养殖户根据市场变化调节生产和规避风险。畜产品市场波动大、政府缺乏宏观调控能力。畜牧业基础设施建设不足，尚未建立促进养殖业稳定发展的保险和行业发展基金，难以保障畜牧业的稳定发展。

1986—2005年四川省畜牧业主要畜禽产品产量统计表

表6－6

年　份	肉类总产量（万吨）	禽蛋产量（万吨）	奶类产量（万吨）	蜂蜜产量（吨）	绵羊毛产量（吨）
1986	246.68	20.78	20.99	12075.00	2402.00
1987	270.77	29.70	20.79	14281.00	2551.00
1988	301.29	31.80	21.49	12561.00	2481.00
1989	309.60	33.22	22.01	15926.00	2530.00

续表 6－6

年　份	肉类总产量（万吨）	禽蛋产量（万吨）	奶类产量（万吨）	蜂蜜产量（吨）	绵羊毛产量（吨）
1990	330.19	34.90	22.18	14763.00	2729.00
1991	352.15	38.10	22.87	16044.00	2779.00
1992	373.15	42.92	23.09	15514.00	2861.00
1993	392.97	48.19	23.44	14702.00	3021.00
1994	429.61	54.30	23.45	15535.00	3008.00
1995	476.49	59.94	23.72	17922.00	3265.00
1996	505.84	66.82	23.99	18541.00	3269.00
1997	531.57	74.00	26.00	19403.00	3434.00
1998	568.11	80.00	27.00	21414.00	3760.00
1999	605.40	89.00	27.00	22829.00	3963.00
2000	641.25	99.70	28.92	22681.00	4108.00
2001	680.41	108.75	33.33	26567.00	4288.00
2002	735.83	121.11	39.31	29396.00	4800.00
2003	795.25	133.61	45.83	32944.00	5059.00
2004	870.61	145.21	53.00	32613.00	5375.00
2005	955.87	157.16	59.03	34704.00	5801.00

1986—2005 年四川省畜牧业主要肉类产品产量统计表

表 6－7　　单位：万吨

年　份	肉类总产量	其　中				
		猪　肉	牛　肉	羊　肉	禽　肉	兔　肉
1986	246.70	222.38	3.99	2.35	16.30	1.68
1987	270.77	242.47	4.57	2.40	19.40	1.93
1988	301.29	268.17	5.24	2.62	23.35	1.91
1989	309.49	274.63	5.69	2.59	24.61	1.97
1990	330.19	291.55	6.12	2.83	27.71	1.98
1991	352.99	309.58	7.23	2.97	30.93	2.28
1992	373.15	321.83	8.23	3.35	36.63	3.11
1993	392.97	333.83	10.04	3.93	41.83	3.33
1994	429.61	358.43	12.79	4.78	49.88	3.72
1995	476.49	393.83	15.63	6.23	56.82	3.97
1996	505.84	409.54	17.81	8.18	65.86	4.44

续表 6－7

年 份	肉类总产量	其 中				
		猪 肉	牛 肉	羊 肉	禽 肉	兔 肉
1997	531.57	424.39	19.30	10.04	72.75	5.01
1998	568.11	447.10	21.33	12.74	81.35	5.57
1999	605.40	464.03	22.87	15.74	95.92	7.14
2000	641.25	478.59	25.27	19.19	109.68	8.41
2001	680.41	495.41	28.36	22.84	121.94	10.09
2002	735.83	522.19	33.01	27.88	139.02	11.98
2003	795.25	554.38	37.31	32.58	154.57	14.29
2004	870.61	601.36	41.55	38.52	170.44	16.76
2005	955.87	657.07	45.19	42.73	189.77	19.12

1986—2005 年四川省畜牧业生产情况表（一）

表 6－8

年 份	猪年末存栏（万头）	大牲畜（牛马）年末存栏（万头）	羊年末存栏（万只）	其 中		家禽存栏（万只）	兔存栏（万只）
				山羊存栏（万只）	绵羊存栏（万只）		
1986	4491.00	877.00	770.00	431.00	339.00	13267.48	1612.17
1987	4587.40	895.00	785.00	450.00	335.00	13953.43	1516.19
1988	4730.90	910.00	821.00	466.00	340.00	15170.74	1329.36
1989	4756.00	921.00	806.00	476.00	340.00	16217.52	1221.68
1990	4841.60	936.00	832.00	486.00	346.00	17336.53	1617.50
1991	4886.80	953.00	822.00	469.00	353.00	17684.54	1626.19
1992	4933.00	947.00	828.00	478.00	550.00	19752.74	2154.62
1993	4948.40	999.00	852.00	495.00	357.00	22044.05	2331.29
1994	5106.70	1000.00	913.00	552.00	361.00	23678.00	2307.00
1995	5284.32	1035.00	1000.00	633.00	366.00	20139.65	1635.14
1996	5277.22	1049.00	1095.00	731.00	363.00	22463.77	1854.25
1997	5280.00	1073.00	1178.00	806.00	372.00	25004.50	2121.30
1998	5271.00	1092.00	1282.00	902.00	380.00	26551.46	2223.47
1999	5204.00	1113.00	1383.00	999.00	384.00	29651.83	2587.31
2000	5229.23	1132.00	1516.93	1125.39	391.54	32724.80	2881.98
2001	5222.77	1151.98	1633.31	1239.00	394.30	34113.56	3345.88
2002	5339.68	1176.86	1745.53	1344.45	401.08	37987.85	4038.95

续表 6－8

年份	猪年末存栏（万头）	大牲畜（牛马）年末存栏（万头）	羊年末存栏（万只）	其中		家禽存栏（万只）	兔存栏（万只）
				山羊存栏（万只）	绵羊存栏（万只）		
2003	5484.16	1208.72	1898.96	1487.82	411.14	41537.17	4807.96
2004	5717.30	1234.08	2040.89	1624.64	416.24	44949.57	5203.35
2005	5970.68	1253.75	2140.24	1719.87	420.37	47810.84	5586.05

1986—2005 年四川省畜牧业生产情况表（二）

表 6－9

年份	肉猪出栏数（万头）	牛出栏数（万头）	羊出栏数（万头）	兔出栏数（万只）	禽出栏数（万只）	其中水禽出栏（万只）
1986	3550.80	43.24	196.67	1411.85	12588.54	6015.30
1987	3744.60	49.08	193.26	1733.89	13906.71	6315.28
1988	4189.40	52.93	199.88	1686.04	16173.51	7829.37
1989	4306.70	56.38	199.58	1771.99	17383.51	8229.22
1990	4507.40	61.29	211.82	2043.12	19306.00	9893.92
1991	4699.30	71.11	227.47	2070.54	19356.69	8106.05
1992	4887.10	80.61	246.78	2786.93	25387.22	12414.30
1993	5009.77	97.80	274.58	2994.43	28066.92	13981.50
1994	5362.71	120.50	335.46	3254.47	32919.87	16567.03
1995	5844.19	143.96	427.12	3465.73	38062.41	19041.86
1996	6067.69	164.23	560.17	3836.80	44219.35	22032.57
1997	6234.00	186.20	701.70	4315.96	50708.75	24847.29
1998	6402.00	202.88	849.24	4856.90	56443.72	27905.05
1999	6439.00	233.30	1249.43	6476.40	72291.88	31529.21
2000	6594.37	220.91	1286.06	6685.79	74054.71	36411.33
2001	6778.21	244.98	1459.60	7644.44	79915.99	40135.04
2002	7090.87	276.01	1704.58	8843.50	89018.51	43949.44
2003	7490.28	310.04	1984.23	10587.21	97886.22	47673.06
2004	8103.34	337.87	2314.32	12344.65	107208.78	52197.13
2005	8817.31	366.79	2546.21	14123.92	119283.77	57665.27

1986—2005年四川省农林牧渔业总产值及占比重情况表（当年价）

表6－10　　单位：亿元，%

年份	农、林、牧、渔业总产值	农业	林业	渔业	牧业	牧业占大农业的比例
1986	254.33	168.46	13.18	2.95	69.74	27.42
1987	294.59	187.84	13.66	3.91	89.18	30.27
1988	361.11	213.69	15.99	5.41	126.02	34.90
1989	400.40	238.04	16.75	6.37	139.24	34.78
1990	484.31	301.46	18.51	7.30	157.04	32.43
1991	513.43	317.43	19.43	8.16	168.41	32.80
1992	565.62	344.52	22.23	9.46	189.41	33.49
1993	660.69	389.21	24.90	12.28	234.30	35.46
1994	930.80	521.00	28.48	15.99	365.33	39.25
1995	1113.96	645.17	34.32	20.63	413.84	37.15
1996	1274.32	750.07	38.58	24.35	461.32	36.20
1997	1395.43	798.22	41.37	28.30	527.60	37.80
1998	1455.19	823.72	45.87	31.45	554.15	38.08
1999	1444.86	792.80	45.34	34.09	572.63	39.63
2000	1483.52	785.37	49.13	37.26	611.76	41.23
2001	1534.89	728.35	50.85	41.00	673.09	43.85
2002	1658.58	773.65	53.86	45.72	752.88	45.39
2003	1784.48	804.70	59.25	53.33	832.34	46.64
2004	2252.28	987.69	62.65	65.75	1097.62	48.73
2005	2457.45	1037.20	69.94	78.48	1230.18	50.05

2005年四川省畜禽出栏前20强情况表

表6－11

位次	出栏肉猪（万头）		牛出栏头数（万头）		羊出栏只数（万只）		家禽出栏（万只）		兔出栏（万只）	
	县名	指标值	县名	指标值	县名	指标值	县名	指标值	县名	指标值
1	安岳县	193.05	若尔盖县	14.80	简阳市	127.26	仁寿县	3150.28	富顺县	952.39
2	巴州区	163.92	宣汉县	13.13	乐至县	109.36	双流县	3129.21	仁寿县	800.01
3	中江县	163.01	达县	10.60	仁寿县	99.51	大竹县	2801.25	荣县	705.82
4	三台县	160.26	通江县	9.70	富顺县	75.10	中江县	2427.90	双流县	525.30
5	邛崃市	157.42	平昌县	8.00	安岳县	65.57	旌阳区	2426.47	东坡区	511.23
6	简阳市	156.90	中江县	7.80	南江县	64.52	渠县	2304.00	宜宾县	502.32
7	仁寿县	155.09	巴州区	7.80	嘉陵区	60.01	达县	2123.07	井研县	462.13

续表 6－11

位次	出栏肉猪（万头）		牛出栏头数（万头）		羊出栏只数（万只）		家禽出栏（万只）		兔出栏（万只）	
	县　名	指标值	县　名	指标值	县　名	指标值	县　名	指标值	县　名	指标值
8	雁江区	133.12	红原县	7.71	荣　县	56.27	开江县	2095.98	中江县	422.30
9	宜宾县	131.11	阿坝县	7.62	剑阁县	55.85	东坡区	2070.27	资中县	403.44
10	武胜县	131.01	渠　县	7.50	雁江区	53.04	彭州市	2069.98	江油市	395.37
11	岳池县	128.05	德格县	7.27	盐亭县	52.01	安岳县	1916.58	大安区	381.18
12	达　县	126.08	理塘县	6.89	营山县	50.68	泸　县	1878.63	龙泉驿区	358.74
13	渠　县	125.01	万源市	6.56	会东县	50.18	广汉市	1870.00	仪陇县	352.51
14	安居区	124.12	色达县	6.26	蓬溪县	42.15	江油市	1745.00	彭山县	350.13
15	资中县	122.65	南江县	6.03	通江县	42.10	三台县	1727.07	简阳市	349.42
16	乐至县	120.42	大竹县	5.94	合江县	42.01	宜汉县	1700.03	泸　县	329.44
17	平昌县	118.37	三台县	5.92	会理县	41.61	南部县	1697.81	广汉市	282.00
18	射洪县	117.26	石渠县	5.88	宣汉县	40.25	简阳市	1696.65	贡井区	278.82
19	通江县	116.39	射洪县	5.31	金堂县	38.05	安　县	1600.50	威远县	275.50
20	广安区	115.68	犍为县	5.20	盐源县	34.81	宜宾县	1514.61	乐山市中区	265.98

2005 年四川省畜产品产量前 20 强情况表

表 6－12　　单位：亿元，%

位次	肉类产量		其中				禽蛋产量		奶类产量		蜂蜜产量	
			猪肉产量		禽肉产量							
	县　名	指标值	县　名	指标值	县　名	指标值	县　名	指标值	县　名	指标值	县　名	指标值
1	安岳县	20.80	安岳县	15.83	仁寿县	5.40	仪陇县	5.09	洪雅县	8.35	东坡区	0.78
2	仁寿县	19.32	简阳市	12.55	双流县	5.00	乐至县	3.73	若尔盖县	2.54	广汉市	0.20
3	简阳市	18.14	中江县	12.23	中江县	4.25	三台县	3.70	雨城区	2.46	绵竹市	0.19
4	中江县	18.12	巴州区	11.70	大竹县	4.18	大竹县	3.64	郫　县	2.33	双流县	0.14
5	渠　县	15.01	仁寿县	11.48	渠　县	4.08	巴州区	3.63	新都县	2.15	龙马潭区	0.14
6	达　县	14.87	邛崃市	10.55	达　县	3.82	南部县	3.39	红原县	2.07	江油市	0.13
7	巴州区	14.33	宜宾县	10.53	彭州市	3.70	简阳市	3.31	阿坝县	7.19	邛崃市	0.12
8	三台县	14.21	雁江区	10.32	东坡区	3.52	蓬安县	3.22	西昌市	1.67	丹棱县	0.11
9	宜宾县	13.78	三台县	10.21	旌阳区	3.33	中江县	3.18	石渠县	1.45	彭山县	0.10
10	邛崃市	13.61	安居区	9.68	广汉市	3.19	仁寿县	2.96	顺庆区	1.41	崇州市	0.09
11	大竹县	13.55	武胜县	9.54	安岳县	3.18	龙泉驿区	2.84	德格县	1.31	中江县	0.07
12	宣汉县	13.32	渠　县	9.50	开江县	3.16	安岳县	2.81	理塘县	1.20	西昌市	0.07
13	乐至县	12.91	达　县	9.46	简阳市	3.07	新都县	2.54	色达县	1.16	郫　县	0.06

续表6－12

位次	肉类产量		其中				禽蛋产量		奶类产量		蜂蜜产量	
			猪肉产量		禽肉产量							
	县　名	指标值	县　名	指标值	县　名	指标值	县　名	指标值	县　名	指标值	县　名	指标值
14	射洪县	12.69	乐至县	9.27	江油市	2.73	盐亭县	2.53	双流县	1.05	武胜县	0.06
15	雁江区	12.68	射洪县	9.15	宣汉县	2.65	崇州市	2.50	东坡区	1.05	龙泉驿区	0.05
16	南部县	12.40	南部县	9.14	新津县	2.56	乐山市市中区	2.42	涪城区	0.91	富顺县	0.05
17	资中县	12.12	资中县	9.08	三台县	2.53	营山县	2.35	温江区	0.91	旌阳区	0.05
18	安居区	12.11	岳池县	9.03	泸　县	2.49	江油市	2.35	甘孜县	0.90	罗江县	0.05
19	武胜县	11.78	平昌县	8.45	邛崃市	2.42	资中县	2.20	仁寿县	0.88	雁江区	0.05
20	通江县	11.06	宣汉县	8.41	安　县	2.40	安　县	2.20	白玉县	0.85	简阳市	0.05

第二章 畜产品加工 流通

第一节 畜产品加工

四川畜禽肉类加工中，以猪肉为主。20 世纪 90 年代初，四川畜禽肉类加工已初具规模，有香肠、腊肉、猪头、腊猪肝、心、舌、肚、耳等腌腊制品；有冻猪白条肉、冻猪分割肉、冻猪头、蹄和内脏，冻猪排骨等冷冻加工制品；有糟蛋、皮蛋、板鸭、板鹅等禽蛋制品；有盐水云腿、午餐肉、麻辣肺片、各类熏卤肉等熟食制品。

四川肉类屠宰及加工企业上千家，乳品加工企业 53 家，蛋品加工企业 15 家，羽毛加工企业 170 家，皮革毛皮及其制品加工企业 233 家。配有规模不等的屠宰车间、饲养车间、冷冻冷藏车间、分割肉车间、腌腊肉加工车间、炼油车间、制药车间、罐头车间、西式火腿加工车间、包装车间等，以及相应的卫生检疫机构。

一、畜禽肉类加工

2005 年，四川肉类总产量中销往省外约占 30%，主要以猪肉为主，外销占总出栏的 30%，近 2700 万头。肉类加工仍以猪肉屠宰及分割加工为主，是国内重要的猪肉原料基地。肉类自食消费占总产量的 65%，其中加工产品比例为总消费的 20%，企业深加工产品（香肠、火腿、火腿肠等）占 5%左右，其余均为餐馆、小作坊及家庭自制式酱卤和腌腊肉。酱卤肉在城镇消费量大、农村腌腊制品成为主要自食品。

2005 年，四川全省共出栏生猪 8817.31 万头、屠宰分割加工后调往其他省（自治区、直辖市）约 2700 万头，其中近 300 万头自营或转手出口新加坡、俄罗斯等国以及中国香港地区，其余销往上海、北京、河南等 20 多个省（直辖市）。河南双汇、南京雨润、河南春源、山东金锣等大型生猪加工企业每日在川收购生猪屠宰或直接收购白条、分割肉运出量达 2 万多头，年总量达 1000 余万头。2005 年，肉类总产量 955.87 万吨，外销（白条肉、分割肉、加工产品、活畜等）总量约 150 万吨。规模化大企业深加工产品 120 余万吨，小规模个体加工（主要为腌腊制品）20 多万吨，加工火腿肠 6 万吨，低温肉制品 5 万吨左右，腌腊肉制品 70—80 万吨，干肉制品（肉干、肉脯、肉松等）2 万多吨，罐头肉制品 2 万余吨。

1986—2005 年，四川牛肉出口量较少，通过加工肉干等传统产品每年运出省外大约 250—500 吨，折合肉牛 1.3—2.5 万余头；加工为火腿肠、罐头等每年出省约 150 吨，折合肉牛 5000—10000 头；甘孜、阿坝、凉山 3 个州有部分活牦牛外销或牛肉外运，大致在 10 万头左右。活羊或羊肉外销出省近 20 万只，2005 年羊肉出口 40 吨；兔屠宰分割加工后销出省外 1000—3000 万只，经山东等地转口出口欧盟近1500万只。

（一）猪肉制品

1996年，四川屠宰及加工企业共1038家。其中，省食品公司系统拥有冷库172座，冷藏能力为17.9万吨，有切肉机、绞肉机、灌肠机等加工设备537台。重庆、成都、德阳、内江、自贡、绵阳等大中城市和全省生猪生产县初步形成白条肉加工生产线、屠宰、脱毛、开边、内脏整理、风干等加工过程实现机械化。升华干燥无菌装罐、快速冷冻等技术和塑料新型包装的推广应用，使肉食品加工结构朝多样化、组合化、卫生化方向发展。

1986年以后，成都肉联厂引进红肠生产线，德阳肉食品厂引进西式火腿生产线，产品投放市场、填补四川空白。同年成都、德阳、遂宁等5家食品厂、罐头厂，开始利用大豆蛋白添加剂生产午餐肉、香肠、火腿等新品种罐头投入市场，从国外引进的红肠、西式火腿生产线，虽然产品质量上乘，但覆盖面小，规模不大，效益低。1990年以后，四川各地肉联厂加速技术改造，朝传统产品科学化、西式产品中式化、包装小型精美化、熟食品保鲜化的方向前进。新开发盐水云腿，属西式冷盘食品，按四川食用习惯配方加工制作而成，以满足人们生活水平提高后的需求。

1990年前后，四川冕宁加工火腿2万只，销往西昌、攀枝花、雅安、重庆等地。制成冕宁火腿，每年4—10月埋入荞麦、稻谷或木炭中保存10个月以后，改为仓库挂架贮藏，可保存数年。四川广元剑门火腿厂，年加工2万只具有四川地方特色的“川味火腿”“蟠桃火腿”等系列产品，销往北京、上海、西藏、成都等地。遂宁火腿厂引进浙江金华火腿技术，生产龙凤火腿上市。

（二）牛、羊肉制品

四川省牛、羊肉加工一直是薄弱环节。1990年以来，会理、会东先后建立冷冻厂，生产剔骨冻羊肉，每年销往北京、河南、广州等地25万公斤。酉阳县麻石区兴建畜禽畜产品加工厂，设有300吨冷库和牛、羊肉加工车间，年屠宰加工羊肉加工羊3万—5万只、牛1万头。

达县灯影牛肉始于清朝光绪年间（1875—1908年），加工成薄而透明的牛肉片，置于灯光下能透过肉片显影，1986年以来，生产灯影牛肉30吨，销往国内外市场。火边子牛肉产于自贡市，新建“火边子牛肉”加工车间，选取牛后腿肉，切成薄片，摊放于铁制平坑烘烤，再刷上香料而成，年产1.6万公斤。

四川成都、古蔺、宣汉、阆中和原重庆市加工牛肉干历史悠久，生产具有一定规模。重庆老四川牛肉干，阆中牛肉又名张飞牛肉干制作工艺独特，选用鲜嫩牛肉为原料，用丁香、白芍、草果、砂仁、红花、桔皮等20多种香料浸制，并用松枝、松叶、松果烟熏而成，1926年修的《阆中县志》记载“牛肉腌而火熏之，便于作路菜或为馈品”。清末和民国时期麻辣肺片，又名牛肺片、盆盆肉，浑名“两头望”，为成都皇城坝回民特制，常见于成都街头巷尾。成都提督街郭朝华夫妇制作方法独特，为区别他家肺片，冠以夫妻二字，夫妻肺片由此而来。

（三）兔肉制品

四川兔肉批量加工首数冻兔。1990年，宜宾、夹江、罗江、广汉、广元、苍溪、剑阁等8个冻兔厂年加工能力8000吨。其中，宜宾、夹江冻兔厂加工代骨冻大级、中级去骨冻兔、冻兔后腿等产品814吨。当年，南充地区与新疆共同投资750万元，联合办年加工200吨的苍溪冻兔厂，产品由新疆包销。

兔肉腌制品主要有缠丝兔、盐干兔、力斯野香烤兔等。1986年，广汉缠丝兔销量13.27万只。

20世纪90年代，广汉4个缠丝兔加工厂年加工量约30万只，成都、宜宾、德阳三台等地也设有加工厂，全省最高年加工近百万只，销中国各省和港澳地区。1990年，四川省兔业研究会与仁寿跃宗食品厂合作研制成功力斯野香烤兔，吸取了缠丝兔的加工特点，融欧洲现代食品加工技术、风味和中国中药为一体的力斯野香烤兔，畅销省内外。

熟兔肉制品逐渐受人青睐，用凉拌、油烹、卤煮等加工制作多种兔肉制品，出现在城镇的街头巷尾。成都的凉拌兔丁有“二姐兔丁”“太婆兔丁”“红星兔丁”等六七家。麻辣之余，略带回甜，加芹菜、大葱调合，别具一格。彭州市“邹胡子兔”经过盐腌、风干、卤煮、炒炼制作而成。

（四）禽肉制品

四川禽肉除规模化企业深加工的系列产品外，加工量最大的是屠宰后的白条鸡、白条鸭、白条鹅，作坊式烧腊店加工的卤肉、板鸭、油淋鸭、盐水鸭（鸡）、烤鸡、烤鸭、凉拌鸡等，这些产品遍及全省大中小城镇，占城镇居民食肉总量的20%左右。

禽肉加工主要是鸡、鸭、鹅肉制品，清朝《成都通览》在成都肉铺中，列有盐鸡、盐鸭、卤鸡、卤鸭、烟熏鸭、板鸭等。20世纪80年代后期，主产区相继建成鸡、鸭、鹅加工厂，加工专业户，生产熏、卤、烤及冻白条制品的批量进入市场。1987年，成都市邛崃建成年加工250万只肉鸭生产线，岳池县鸭业公司建设200吨冻库肉鸭加工厂，营山县星火区建成100吨冷库的五香板鸭厂，酉阳县建成麻旺板鸭厂。1989年，江安县肉联厂加工生产冻白条鸭25万只。1991年，成都肉类批发市场成交冻鸡120吨。1989年，随着种草养鹅技术推广，乐山市中区100多个卤鹅摊点，每天销售3000多只鹅，禽类加工生产具有一定规模的有建昌板鸭、白市驿板鸭。

白市驿板鸭加工始于清朝光绪初年。其制作工序是宰杀肥鸭、洗净、晾干、用盐、糖、三奈、八角、柑橘等10多种调料和香料反复腌渍后，绷撑整形，上炕熏烤而成。1990年，巴县白市驿板鸭厂建成，年产量40万只，销往国内外。

二、乳制品加工

四川牧区早已用鲜牦牛奶手工生产酥油、奶饼等，供牧民生活之用。民国时期，牧区每年产酥油300多万公斤，当地消费一半，外销一半。

1986年，重庆市乳制品公司收购鲜奶1678.8万公斤，加工巴氏消毒奶574.6万公斤，酸奶16.6万公斤、奶粉538万公斤、冰淇淋5.8万公斤、麦乳精19.5万公斤；成都市东风乳牛场加工酸奶398.6吨、麦乳精897.9吨、炼乳190吨、奶粉1214.3吨；宜宾、雅安等地还利用摩拉杂交水牛挤奶，生产鲜奶、加工黄油、奶酪等。奶粉是乳制品的主要品种，产量占乳制品90%。1984年，宣汉县云蒙山合作示范牧场建成日处理鲜奶5—20吨的奶粉厂。

1986年，省阳平种牛场建成日处理鲜奶5吨的奶粉厂。1990年，四川奶粉加工量增至2000吨，省阳平种牛场奶粉厂生产奶粉177吨。

随着奶粉加工的发展，奶粉加工品种逐渐增多。1986年，红原县奶粉厂生产母乳婴儿奶粉、儿童奶粉、调制奶粉、老年低脂高蛋白奶粉、孕妇奶粉等。1997年，红原奶粉厂从丹麦引进三用净化机和一条自动包装线，当年奶粉厂生产奶粉82.9吨。

乳与乳制品加工企业，主要分布于大、中城市，原分属于农垦、畜牧、轻工、乡镇和个体等。“十五”期间经企业改制，现乳品企业均属私营加工企业，原料乳基地由畜牧系统指导管理。

2000年前，有各类乳品生产厂、作坊21个，按全国乳品行业加工产量区分标准归类，均属中小型企业。2005年新建、改扩建乳品加工企业53个，涌现了新希望乳业、菊乐食品有限公司、绵阳雪宝乳业有限公司、西塔乳业有限公司、阿坝牦牛集团、四川奶奇乐、金堂蒙牛、南充李子园乳业有限公司、自贡一对山乳业公司、雅安熊猫乳业公司等大型乳品加工企业。生产的主要产品有：巴氏杀菌奶、超高温灭菌奶、花色奶、酸奶、奶粉、冰淇淋等百余个品种。

乳品加工生产设备有国内外奶粉生产线14条，液态奶灌装线186条。其中，新希望乳业有限公司32条、菊乐食品公司26条、雪宝乳业公司6条、金堂蒙牛16条、沙河宝龄4条、南充李子园3条、泸州维维4条、西昌三牧2条、西昌美日2条、西昌绿源2条、成都光明74条、绵阳海丰2条、绵阳龙正2条、自贡一对山4条、达州西塔2条、阿坝牦牛6条、雅安熊猫2条、泸州五峰2条、南充天意3条、眉山妙氏2条、奶奇乐4条。

各乳品加工企业日处理鲜奶能力为20—800吨，日生产奶粉30—200吨，总计全省各乳品加工企业生产奶制品单班已达5000吨左右，双班达10000余吨，因奶源紧缺，加工设备达不到满负荷运转的要求。

三、禽蛋加工

蛋类加工起于清朝，清朝《成都通览》列有皮蛋、盐蛋、灰蛋、五香蛋、糟蛋等。1986年，德阳市皮蛋厂加工无铅糖心皮蛋80万枚出口。1987年，德阳市皮蛋加工厂16家，全省以永川皮蛋厂、绵竹皮蛋厂、德阳皮蛋厂等具有一定加工规模。1990年，全省共加工盐、皮蛋1186吨。

永川皮蛋厂创于19世纪，已有200多年历史。加工生产的双鸭牌无铅松花皮蛋，用新鲜鸭蛋、植物灰等科学配方加工、设计各式包装6种。1986年，加工生产146万枚。1990年，加工生产250万枚销往北京、上海、天津、湖北、广东、云南、新疆等14个省、市、区。

四、皮、毛及畜产品副产品加工

（一）皮毛加工

1. 皮革加工

四川皮革加工以牛皮、羊皮、猪皮、兔皮等做原料。四川1980年收购牛皮50万张，羊皮300万—400万张，猪皮600万张。20世纪80年代中期，西昌市、泸定、汶川等地相继建皮革服装厂，加工制作皮衣、裤、裙、靴、手套等产品，西昌皮革总厂加工生产“索玛花牌”系列皮服。1986年，乡镇企业生产牛皮革16.4万张，猪皮革21.6万张、重革455吨、轻革13.5万平方米、裘衣1.17万件。发展多种皮革制品档次逐步提高，品种有正面、修面、软面鞋面革、沙发革、皮凉革、服装革、箱包革、轮带革、裘具革等。乡镇企业革制品中，皮鞋业发展较快，乡镇企业皮革厂（含作坊）3053家，产皮鞋845.8万双。1987年，生产猪皮服装34.14万件。1990年，有皮革及其制品企业233家，其中制革企业34家，皮革制造企业194家，毛皮革鞣制及制品企业5家，年制革能力500万张。

肉兔经3个月饲养后宰杀，将鲜皮剥下贴于归石灰壁或土墙上，经三、四月风干为生皮，再经过加工硝制为熟皮。成都裘皮衣厂增设兔裘皮生产线，加工兔裘皮上衣、坎肩等产品，主销美国。1987年后，随着活兔上市日龄缩短，兔皮成熟度及张幅面积等指标不符合要求，造成全省兔裘皮制品产量大减。1989年，全省加工兔皮褥子5万条，兔裘皮加工业不景气。2005年，獭兔存栏170万只，獭兔皮年产100万张以上，大部分以生皮销售到河北、广东等地，一张优质獭兔皮售价20元以上，经济效益显著。

1986—2005年，随着产业结构的逐步调整，全省生产皮革600多万张，其中牛皮革260多万张、羊皮革250多万张、獭兔裘皮10多万张，大量的皮革销往浙江、广东、山东、河北等省。随着改革开放的不断深入，抓大放小，允许多种经济成份并存、竞争，据不完全统计，全省有大大小小的皮革加工厂近1000余家，成都地区制革企业上百家，在不断涌现新企业的同时，又有大量的企业倒闭、破产，以至被兼并，充分体现出了优胜劣汰的市场经济发展规律。发展最快的是民营和私人企业，现已经成为四川皮革加工业发展的主力。如省内最大的制革厂振静皮鞋有限公司（私营），2000年销售额2.5亿元，年产猪皮革200多万张，生产猪皮服装38万件，牛皮革35万余张，牛皮服装近20万件。成都地区排名第一的仍是私营企业——成都立申实业有限公司，1998年荣获成都市人民政府表彰的优秀民营生产企业。

皮革化工企业经过不断开发新产品，如什邡亭江化工厂，组建新产品开发队伍，依托四川大学的科研力量，依靠科技，研发包括鞣剂、复鞣剂、加脂剂、深饰剂、助剂五大类60多个品种。并拥有国家级新产品5个，产品获省级以上科技成果奖19项，其中省部级科技进步奖3项，国家和省级星火科技奖3项，企业在全国皮化行业中首先通过了ISO 9002质量体系认证。在国内制革行业产量大幅下降的1999年，该厂生产产品1.5万吨，实现产值7000万元，亭江皮化综合实力已排中国皮化企业前例。川化集团成都望江化工厂是1998年中国第一家引进意大利全套皮化生产技术的厂家，通过十多年的不断创新，至2005年已有各类助剂、鞣剂、加脂剂、深饰剂的四大系列90多个品种，年产10000吨的产品投入市场。从1993年开始，销售收入、税利以每年15%的速度增长。

2. 羊毛加工

1937年抗日战争全面爆发后，外省部分设备和人员迁入四川，在重庆、乐山建厂，为重庆毛纺厂、川康毛纺厂。1970年，兴建康定毛纺厂，年生产加工能力1200锭。1973年后，这3座毛纺厂，每年约需羊毛5000吨，四川省仅能供应500吨，占10%。20世纪80年代，凉山、甘孜、阿坝州相继建立西昌、昭觉毛纺厂、羊毛被厂，泸定牛羊绒分梳厂，加工生产毛呢、毛料、羊毛被等。四川省纺织工业厅在成都温江建成精制毛纺厂。1990年，全省有毛被机958台，其中精梳毛织机516台、粗梳毛织机323台、提毛毯机149台、生产毛毯机2328台，初步形成现代乱纺加工工业体系。

3. 兔毛加工

1986年后乐山、成都、南充、石柱、苍溪等地，先后建立兔毛分署（分级）毛纱、兔毛制品等加工厂8家，年加工能力200—300吨。其中属纺织工业部门6家，年加工能力200吨。1987年，乐山川康毛纺厂加工生产兔毛纱50吨，大部分出口。1987年后，四川开始组织“一条龙”兔毛产品开发。乐山川康毛纺厂从意大利引进两套兔毛针织设备，当年投产出口兔毛纱创汇45万美元。1989年和1990年，石柱县建立石柱利华兔毛制品厂、石柱双庆兔毛纺织厂两个乡镇企业，加工生产纯毛被、防寒服及纯兔毛毛绒等系列产品销省内外及港澳地区。2000年以后，在广元苍溪、青川、旺苍等县得到较快发展，2005年，全省毛兔存栏量达400多万只，兔毛年产量6700吨，成为全国兔毛主产省之一。

（二）副产物加工

猪鬃是猪鬣、猪脊毛、尾毛经梳理加工去掉绒毛而成，主要用于牙刷、衣刷、鞋刷、发刷、刮笔、胡刷、油漆刷、机器刷以及酸液作业、高温作业、军用枪炮用刷等。1990年，四川收购猪鬃

5.55 万箱，出口猪鬃 2.8 万箱。

羽绒制品，1986 年，加工出口标准毛 94 吨，被子、服装等羽绒制品 4 万件。四川轻工系统加工生产羽绒服 5.94 万件，羽绒枕垫 19.91 万只。1990 年四川省羽绒加工企业发展到 170 家以上，公司加工生产羽绒服、羽绒被、羽绒裤、羽绒背心、鞋套等产品，具有一定规模羽绒厂有 30 多家。巴中县羽绒厂年生产出口水洗羽绒 40 吨，出口水洗高级羽绒 30 吨，出口羽绒被 3000 床，羽绒服 5000 件，产值 1050 万元；乐山市有羽绒厂 6 家，年加工羽毛 1200 吨。

肠衣是由新鲜猪、羊等小肠刮制加工，除去脂肪杂质后剩下的一层透明衣膜。多用作生产香肠、腊肠外衣以及做了弦、琴弦、球拍弦及医用缝合线等原料。

生化制药资源十分丰富，每年可得猪血 15 万吨（可产血粉 3 万吨）、猪骨 55 万吨、胰脏 0.35 万吨、猪心 7 万吨、肝脏 15 万吨、猪肾 1.8 万吨、猪脑 0.7 万吨、猪胃 4 万吨、猪肺 7 万吨、猪脾脏 0.6 万吨、睾丸 0.4 万吨以上，生化制药资源名列全国第 1 位。1986—2005 年间，多家国外厂商来川洽谈要货或合作投资开发，由于四川省当时生猪饲养 90% 以上属分散饲养，分散屠宰，使用众多宝贵原料无法收集和利用。2000 年，河南双汇、南京雨润、山东金锣与得利斯等肉品加工大型企业，在川投资兼并某些肉品加工企业（肉联厂）后，才相继开展了不同层次的综合利用生产工作。

生化制药的生产历史起步较晚，始于 20 世纪 70 年代末，20 世纪 80 年代为发展高峰期，建有 9 个生化制药厂，建有血粉厂（车间）10 个，生产的成品药达 40 多种，20 世纪 90 年代后方稳步发展，肠衣、肉脏制品已逐步销售省外和国际市场。

第二节　畜产品流通

一、畜产品贸易

（一）国际贸易

1986—2005 年，畜牧业持续发展，畜产品实现由供求基本平衡到部分产品供大于求的转变。畜产品对外贸易流通主要以猪肉为主，但出口量非常小，1997 年，冻猪肉出口 27945 吨，1998 年，出口 35465 吨，1999 年，出口 8881.1 吨，2000 年开始，逐年增加，2000 年，四川猪肉出口 19300 吨，2001 年，出口 36400 吨，2002 年，出口 43200 吨，2003 年，出口 75100 吨，2004 年，四川猪肉出口创历史高峰，出口 150600 吨，2005 年，受猪链球菌病影响，出口 138500 吨。四川猪肉产品主要出口俄罗斯、新加坡、欧盟等国外市场。

1986—2005 年，获检验检疫部门卫生注册的出口肉类加工企业 27 家，其中 20 个肉类加工厂获俄罗斯卫生注册，1 家猪肉加工厂获新加坡注册，1 家兔肉加工厂获欧盟注册。有 14 家肠衣加工企业获检验检疫部门卫生注册，其中有 11 家获欧盟注册。有 35 个畜产品和 15 个动物生化制品加工企业获检验检疫部门卫生登记。有 2 个蜂产品加工企业获检疫部门卫生注册。2002 年，四川出口动物产品 1868 批次，50565.6 吨，20316 桶，货值 10497.11 万美元；2003 年 1—8 月出口动物产品 1102 批，货值 7555.9 万美元，具体情况见表 6－13。

2002 年四川省出口动物产品情况统计表

表 6－13

品　种	批次	数量（吨、桶）	货值（万美元）	出口国家或地区
冻猪肉	939	42651.00	5495.10	俄罗斯、新加坡等国以及中国港澳地区
蜂产品	76	3010.60	511.80	墨西哥、波兰等
猪肠衣	187	20316.00	1350.00	欧盟、美国等
动物生化产品	279	245.60	1671.40	美国、欧盟等
畜产品（猪鬃、羽毛绒）	368	4008.38	1371.00	日本、美国、欧盟、印度等
其他动物产品	19	650.00	97.80	日本等
合　计	1868	50656.60/20316	10497.11	—

四川出口动物产品可分为三大类，第一类是动物源性食品，主要包括冻猪肉、盐渍猪肠衣和蜂产品，2002 年，动物源食品占整个动物产品出口的 70%，是四川主要的出口动物产品；第二类是畜产品，包括猪鬃、羽毛绒等，占 13%，是四川传统出口商品；第三类是动物源性生化制品，主要包括肝素钠、硫酸软骨素、胰酶、胱胺酸等，占 16%。从出口的情况看，冻猪肉和畜产品有恢复性增长，2003 年 1—8 月，出口同比分别增长 35% 和 18%；出口肠衣和蜂产品由于受欧盟技术壁垒的影响，出口量持续下降，2003 年 1—8 月，肠衣出口比去年同期减少 20.7%。从出口市场看，冻猪肉主要出口俄罗斯和以及中国香港、澳门地区，分别占 50% 和 40%；猪肠衣主要出口到欧盟和美国，分别占 80% 和 15%；蜂产品主要出口波兰、墨西哥等国家，动物源生化制品主要出口美国，占 90%；猪鬃主要出口欧盟、俄罗斯和印度；羽毛绒主要出口日本、韩国和美国。

（二）国内贸易

畜产品省际间贸易量历年均居全国首位。1997 年重庆直辖后，四川外销猪肉达 39.21 万吨，1998 年外销 23.85 万吨，1999 年外销 31.18 万吨，2000 年外销 48.34 万吨，2001 年外销 68.33 万吨，2002 年外销 61 万吨，2003 年外销 74.8 万吨，2004 年外销 95 万吨，2005 年外销 87 万吨。外销量占出栏量的 30% 左右，肉牛外调出省约 5 万头，三州外调活牦牛约 10 万头左右，外调羊 10 万余只，禽肉 10 万余吨，兔 10 万余只，低温制品 1.6 万余吨，腌腊肉制品 100 万余吨，干肉制品（肉干、肉脯、肉松等）2000 吨，罐头肉制品 1.5 万余吨。

畜产品市场行情及效益分析。据 2005 年统计分析，猪粮比价一般在4.2∶1达到盈亏平衡点。饲料价格上扬，猪肉外销量增加、消费需求量增加，拉动生猪价格上涨，都会带来生猪价格周期性变化。生猪市场经历了“逐渐回落—短暂低迷—大幅上升”3 个阶段。2005 年 12 月，仔猪、活猪、猪肉价格分别达到 7.6 元/公斤、7.81 元/公斤、13.64/公斤。牛肉均价 16.9 元/公斤。羊肉均价 16—17元/公斤。2005 年，鸡蛋价格总体形势较好，饲养蛋鸡有利可图。四川省存栏蛋鸡 2000 只以上养殖场达 3983 个，存栏蛋鸡 2558.58 万只，存栏量同比增长 18.86%，蛋价保持在 8 元/公斤以上。活鸡价格 2005 年上半年处于低价徘徊，下半年回升到 14.5 元/公斤，肉雏鸡价格走势与活鸡基本相同，12 月达到 2.98 元/公斤，同比上涨 13.7%。

二、畜产品市场

四川根据中央农村经济体制改革精神，为大力发展农村经济，促进农副产品流通，各地采取了多种有效措施，增加对城乡集贸市场建设的投入。1980—1988 年，四川省市场建设总投入 2.6 亿元，新改扩建市场 4623 个，市场面积达 1664.5 万平方米，比 1978 年前增加了 2.1 倍。1988 年，全省共有城乡集贸市场 7045 个（含重庆），其中，农村市场有 6368 个，农副土特产品专业市场 300 余个。1989—2000 年，是加快市场建设培育和完善各类市场的时期，市场建设体系已初步形成。在此期间，省政府和有关部门先后下发《关于城乡集贸市场建设的若干规定》《加快重点农副产品专业批发市场建设的意见》《关于培育和发展全省市场体系的通知》等一系列加强市场建设方面的文件。1990—2005 年，四川省投入市场建设的资金达 40 亿元，新增各类市场 2000 余个，并对原有 80% 以上的市场进行了不同程度的改扩建。至 2005 年四川省共有市场 7500 余个，其中畜产品专业批发市场 700 余家。

根据《四川省畜牧业发展“九五”计划和 2010 年规划》《四川省人民政府关于印发四川省农业产业化实施大纲（试行）的通知》要求，在畜产品市场体系建设中，坚持以市场为导向、以骨干加工企业为龙头，以建设畜禽商品生产基地为基础，以社会化服务为纽带，采取市场牵龙头、龙头连基地、基地带农户的发展思路，积极推行“公司+农户”、专业大户带小户的生产经营模式，全面实施产加销、牧工商一条龙经营。实施猪、牛、羊、鸡、鸭、鹅、兔、蜂八畜禽种的“八龙兴牧”战略，在全省逐步实现区域化养殖、专业化生产、社会化服务、现代化加工、一体化经营的畜牧业产业发展新格局。1991 年 10 月，重点培育完善了川猪外销的主要渠道——成都肉类产品中心批发市场（原商业部与四川省人民政府共同创立的全国性肉类产品批发市场）；扩建了西南地区最大的水禽专业集散地——隆昌禽苗专业批发市场，年交易禽苗 6000 万只—12000 万只，交易金额 1.8 亿元—2.5 亿元，市场覆盖全国 22 个省（市、区）的近 400 个县，该市场曾得到国务院总理温家宝和农业部副部长万宝瑞的肯定和称赞。泸州仔猪批发市场、成都西部禽蛋批发市场、成都青白江区唐家寺牲畜市场、隆昌禽苗专业市场、广元川北畜产品批发市场、凉山会东县堵格牲畜交易市场、广汉市禽苗批发交易市场、成都青羊区农产品综合批发市场、凉山越西普雄牲畜交易市场、广安武胜县仔猪批发市场均被农业部命名为全国定点鲜活农产品中心批发市场。泸州仔猪批发市场年外销仔猪 100 万头以上，市场覆盖整个西南片区及部分沿海省市，1998 年，仔猪外销进入了越南、老挝两国市场；唐家寺牲畜市场历史久远，是当时西南地区最大的商品牛交易市场，年交易商品牛 10 万头左右，市场覆盖全国 12 个省（市、区）；成都西部禽蛋批发市场是四川最大的禽蛋交易市场，日成交量 60 吨左右，成交金额达 40 万元，市场覆盖川西、川北及云、贵、西藏等地区。1990—1998 年，是加快市场建设培育和完善各类市场初步形成市场体系的阶段，四川省人民政府和有关部门先后下发了《关于城乡集贸市场建设若干规定》《加快重点农村产品专业批发市场建设意见》《关于培育和发展全省市场体系的通知》等一系列加强市场建设方面的文件。1990—1995 年，四川省投入市场建设资金达 23.9 亿元，新增各类市场 1905 个，并对原有 80% 以上的市场进行了不同程度的改扩建。

2000—2005 年，四川被农业部确定的全国牲畜产品定点市场有 12 家：泸州仔猪批发市场、隆昌禽苗专业市场、成都西部禽蛋专业市场、成都青白江唐家寺畜牧市场、广元川北畜产品批发市场、凉山会东县堵格牲畜交易市场、广汉禽苗批发交易市场、成都青羊区农产品综合批发市场、越西普雄牲畜交易市场、武胜县仔猪批发市场、达州市浦家牲畜交易市场、江油仔猪批发市场。区域性及地区性批发市场11个：成都市青羊区农产品综合批发市场、广安市武胜仔猪批发市场、南充市高坪区川北家禽市场、凉山州越西县普雄牲畜交易市场、达州市通川区牛羊交易市场、成都双流县华阳小家禽交易批发市场、攀枝花市牛羊批发市场、泸州市合江县九支畜产品交易市场、凉山州昭觉县四开畜产品交易市场、广元市朝天区川北农贸市场、巴中市南江县黄羊交易市场。在四川省范围内逐步建设形成了包括全国性定点市场——区域性批发市场——地区性批发市场——集贸市场在内的多层次畜产品市场体系。

第三章　畜产品安全

第一节　畜产品卫生质量安全

20世纪80年代后期到90年代初期，四川省提出了让人们吃上“放心肉”的议题，省政府提出实施“放心肉工程”的计划和措施，加大对人畜共患病的防制，强化产地检疫、屠宰检疫和上市动物产品的检疫，后又在“无规定动物疫病区”内加大对布病、结核、口蹄疫、禽流感、狂犬病、炭疽、囊虫病等人畜共患病的防制，以确保畜产品安全和人体健康。1992年，省政府颁布《四川省生猪定点屠宰管理办法》，1994年5月，省政府颁发《关于上市猪肉卫生质量管理的决定》，1994年8月，省政府发布《关于切实整顿猪肉市场的紧急通知》，采取一系列有力措施，让人们吃上安全、放心的畜禽产品。全省先后建立2600多个“放心肉”销售点，并公开向社会承诺“放心肉”的一系列措施，取得较大成效。1995年，国家工商局、农业部、卫生部等组织的畜产品肉类安全卫生大检查，四川居全国领先地位，并获优秀奖（全国仅三个优秀奖）。

20世纪90年代后期，一些国家畜产品安全事件频发，成为国际社会关注的焦点。1996年，欧洲部分国家发生“疯牛病”，特别病牛肉及病牛肉骨粉作为“饲料”的广泛销售，影响和涉及全球；1999年，比利时发生二噁英事件导致国家政治局势动荡；中国在2000年前后，先后发生了“红心蛋”“多宝鱼”“瘦肉精”“大头奶粉”“三鹿奶粉”等事件，对畜牧业造成巨大冲击，引起全社会高度关注。2000年，全国饲料中“瘦肉精”检出率高达20%，生猪屠宰环节“瘦肉精”检出率达24%，多名运动员因食用含有“瘦肉精”的猪肝、猪肉被查出“兴奋剂”而遭禁赛，广东河源地区因食用含“瘦肉精”的猪肉致使484人中毒住院。1998年，四川省配合饲料中抽检、黄曲霉毒素B_1和重金属铅，其中黄曲霉毒素B_1超标率达21%；在销售市场查出了禁用的“瘦肉精分配剂”和“瘦肉精”。因此，2000年在全省范围内开展了大规模饲料安全检查，重点检查盐酸克伦特罗、呋喃唑酮、地西泮等违禁品为主，以后每年都开展全省性饲料安全大检查，并严格整顿饲料生产和饲料市场。

在兽药生产经营方面，更是从生产企业条件的衡量监定和GMP达标，生产及检验人员素质水平的提高，多项标准的建立和完善等入手，严格各环节的检验监测和监督管理，严格控制兽药残留和危害。1999—2005年，四川省主抓以下几方面工作：一是国家和农业部已公布禁用的添加剂，如一些镇静剂、兴奋剂、激素类药及类固醇类物质，有“三致”（致突变、致癌和致畸）作用和过敏物质的“药物”等，在四川坚决不准用，撤销了一批生产文号、不准再生产。6年多时间，先后多次对一些农贸市场、屠宰场、食品加工厂、超市、大型饲养场、畜禽产品和生产等检查和抽样检验，共检牛奶、猪肉、猪肝、鸡肉、鸡蛋等一万多批次，对盐酸克伦特罗、安定类药、氯霉素、氯羟吡啶、已烯雌酚、呋喃唑酮、青霉素、七种磺胺类药、恩诺沙星、卡巴氧、噁喹酸、氟甲奎、苏丹红、甲硝唑、二甲哨唑、盐霉素、喹诺酮、莱克多巴胺、喹乙醇等30多种物质及残留情况进行了检测，检出不合格物品49批次。二是不断建立和完善一些检测规范、标准，6年中先后制定了《牛奶中氯霉素残留量检测——高效液相色谱法》《猪肝中已稀雌酚残留检测——高效液相色谱——质普联用法（GC-MS)》等12个兽药残留地方标准，并通过省技术监督局认证发布。到2005年，全省兽药残留监控已覆盖全省所有市（州），共检测4470批次，检测物品10多种，控制所含残留物20多种（类）。三是根据国家有关规定，兽药企业严格标明药物“停药期”“慎用”和“禁用”事项。四是检测情况公布，公开透明，接受社会各方监督，五是大力宣传中兽医药的好处，宏扬中兽医药，鼓励和支持开发、使用中草药制剂。

第二节　畜产品安全统筹管理体系的建立和发展

2001年前，在整个畜产品安全管理机制、体系和具体工作基本上都是分散在原有的动物防疫监督、兽药监督检验、饲料监测管理之内，没有从畜产品的整个质量安全的安全统筹计划和规范，也没有专门的行政处室统筹管理。2001年5月，经省编委批准，在省畜牧食品局内建立了“四川省畜产品安全检测中心”负责全省畜禽产品监测监控工作。中心由分管副局长兼任主任，饲料、兽医、兽药机构的主要负责人任副主任，全省还建立了17个区域性的产品安全留检测中心，部分县（市、区）还建立了畜禽产品安全快速检测机构。

第三节　畜产品安全的监测

2000年前，四川省没有畜产品安全检测机构，没有系统的检测仪器，没有法定的可用检测方法和标准，也没有能够检测畜产品中违禁物质的技术人员。2001年5月，省编制委员会批准在四川省饲料工作总站增挂四川省畜产品安全检测中心牌子，负责全省畜产品安全检测和监控工作。2002年，四川省畜产品安全检测中心开始正式对畜产品中违禁物质和兽药残留进行检测，先后检测了肉、蛋、奶中的盐酸克伦特罗、沙丁胺醇、莱克多巴胺、硝基呋喃代谢物、氯霉素、三聚氰胺、苏丹红等20余种违禁药物、违禁添加剂和兽药残留。

2004年5月，四川省畜产品安全检测中心承建的“农业部畜禽产品质量安全监督检验测试中心（成都）”通过农业部的机构审查认可和国家计量双认证。

2005年农业部实施“无公害食品行动计划”，对20个城市畜产品质量例行监测，安排四川省畜产品安全检测中心（以下简称“检测中心”）完成对昆明的监测工作。这是农业部畜禽产品质量安全监督检验测试中心（成都），通过双认证以后承担的首次对外省的畜产品监督检验任务。检测中心人员先后五次赴昆明屠宰场、超市和农贸市场抽样检测畜产品500头份（猪肉100头份、猪肝150头份、猪尿250头份）。猪肝、猪尿检测盐酸克伦特罗均为阴性，猪肉检测磺胺有一批超标。

第四节 无公害畜产品认证和管理

无公害农产品是国家公共安全标志，目的是保障基本安全，满足大众消费。2001 年 4 月，农业部启动“无公害食品行动计划”，在北京、天津、上海和深圳四个城市进行试点。2001 年 9 月，四川省政府办公厅发出《关于发展无公害农产品的通知》，要求各地和有关部门调整思路，加强领导，制订规划，落实措施，促进全省无公害农产品工作的健康发展。

2002 年 4 月 12 日，四川省畜牧食品局制定《四川省无公害畜产品管理暂行办法》，提出“产地认定+产品认证”的无公害畜产品认证模式。明确无公害畜产品概念：是指有毒有害物质残留量控制在质量安全允许范围内，经省无公害畜产品认定机构认定，符合国家无公害畜产品行业标准和四川省地方标准，并经许可使用认定专用标志的畜产品。四川省畜牧食品局负责全省无公害畜产品的认定工作，四川省畜产品安全检测中心具体承办。各市、州、县畜牧管理部门负责本辖区内无公害畜产品管理和指导工作。规定了无公害畜产品证书及图形标志式样。2002 年 4 月底，农业部和国家质检总局发布《无公害农产品管理办法》。

2002 年 11 月，四川省畜牧食品局颁发《四川省无公害畜产品生产基地和无公害畜产品认定程序》，对产地认定和产品认证程序、要求进行细化规定。2003 年 4 月，农业部颁发《无公害农产品产地认定程序》和《无公害农产品认证程序》，全国统一产地认定和产品认证程序。

2002 年 7 月 29 日，四川省颁发第一批无公害畜产品证书。获证产品为洪雅牛奶和井研猪肉，使用四川省统一制定的无公害畜产品证书和标志。2003 年 4 月，农业部开展全国统一标志的无公害农产品认证，四川等 26 个省（自治区、直辖市）8000 多个地方认证产品向全国统一认证转换，其中四川省转换的畜产品 212 个，转换数量超过其他省（市、区），位居全国畜牧业第一。

2002—2003 年，四川省畜牧食品局制定《无公害畜产品　猪肉》《无公害畜产品　生猪生产技术规程》等 14 个四川省地方标准，规范无公害畜产品养殖过程和产品质量。除猪肉外，牛肉和羊肉标准中也将盐酸克伦特罗作为必检指标。四川省畜牧食品局提出“无公害畜产品基地饲料安全要求”，要求在无公害畜产品基地实行饲料市场准入。

2004 年 8 月，四川省畜牧食品局建立无公害畜产品及其基地发生安全事故报告制度。凡发生畜产品中毒；发现在无公害畜产品生产基地销售、使用违禁药；无公害畜产品生产基地发生重大疫情；涉及无公害畜产品生产企业与基地的违规、违法行为被媒体曝光等事件应在当天内向四川省畜牧食品局电话报告，3 天内书面报告。

截至 2005 年底，全省 21 个市（州）无公害畜产品工作机构和人员全部落实。认定无公害畜产品产地 364 个，获农业部无公害农产品证书 222 个，位居全国畜牧业第一。2005 年底，四川省畜产品安全检测中心在全国无公害畜产品工作总结会上做了典型交流发言。无公害畜产品产地覆盖全省畜禽主要生产区。全省有 11 个市（州）无公害畜产品产地分布于所有区（县），90% 的市（州）产地分布超过 50% 的区（县）。无公害畜产品已涵盖生猪、肉牛、肉羊、禽蛋、肉禽、生鲜乳等主要畜产品。在历次农业部和四川省监督抽查中，未检出不合格产品。

第四章 畜牧产业化

第一节 产业化政策

1997年，《中共四川省委、四川省人民政府关于加快农业产业化发展的若干意见》出台；1998年5月，中共四川省委办公厅、四川省人民政府办公厅转发四川省科学技术协会、四川省农村工作委员会、四川省经济体制改革委员会、四川省农业厅、四川省畜牧食品局《关于进一步办好农村专业技术协会发展农业产业化经营的意见》的通知；1999年，四川省人民政府出台《四川省人民政府关于积极推进四川省农业产业化经营的通知》，提出四川农业产业化经营发展的目标和重点、政策扶持、财政投入体系和管理办法，要求省级龙头企业带动农户在5000户以上，助农增收水平超过当地农民平均收入水平，并从1999年起对省级重点龙头企业实行分年度表彰，从政策方面予以扶持；省级龙头企业实行名额控制，动态管理、优存劣汰；省级龙头企业研究开发新产品、新技术、新工艺所发生的各项费用，经省科委认定和省地税局批准后，允许据实列支；对省级和省级试点地区的龙头企业所需生产性用地，优先安排用地计划指标，按程序办理用地审批手续。2001年，中共四川省委、四川省人民政府为加速四川农业产业化经营进程，实现农业和农村经济的跨越式发展目标，印发《关于大力扶持龙头企业发展，加速推进农业产业化经营的意见》。1997年，四川省人民政府发出《关于加快畜牧业产业化，把四川建成畜牧业强省的通知》。

2000—2001年，四川省农业产业化工作领导小组印发《关于确定四川省农业产业化经营80家省级重点龙头企业的通知》中，畜牧业占16家。2002—2003年，四川省农业产业化工作领导小组印发的《关于确定四川省农业产业化经营115家省级重点龙头企业的通知》中，畜牧业占35家，其中种畜及畜禽产品加工销售龙头企业24家，奶牛业5家，饲料兽药业4家，牧草生产加工业2家，占确定命名的30%。2004—2005年度，四川省农业产业化工作领导小组印发的《关于确定四川省农业产业化经营150家省级重点龙头企业的通知》中，畜牧业占46家。

2001—2005年，四川省格瑞现代农业发展股份有限公司等11家龙头企业被农业部、国家发展和改革委员会、财政部、商务部、中国人民银行、国家税务总局、中国证券监督管理委员会、中华全国供销合作总社认定为国家级龙头企业。

2005年，有各类畜牧业龙头企业1000余家，规模较大、带动力较强、辐射面较广、助农增收成效较明显的畜牧龙头企业297家。其中，猪肉加工企业155家，实现销售收入228.58亿元；肉牛加工企业60家，实现销售收入10.24亿元；羊肉加工企业12家，实现销售收入1.82亿元；禽肉加工企业17家，实现销售收入10.79亿元；兔肉（毛）加工企业13家，实现销售收入2.66亿元；其他为饲料加工企业和养殖生产企业，年销售收入455.7亿元。有100余家企业通过了质量体系认证；有

27家肉类加工企业通过出口注册，其中，猪肉25家、羊肉1家、兔肉1家。全省有11家畜牧业企业被列为国家级龙头企业，有63家畜牧业企业被列为省级龙头企业。

第二节 专业合作经济组织

农村新型专业合作经济组织（协会），是农村改革和市场经济发展中出现的新生事物，并随着改革的不断深入和市场经济的发展而日益壮大。

一、发展阶段

四川农村畜牧专业合作经济组织总体上处于初级阶段，大致经历了3个时期：

（一）萌芽期

1986年，农村畜牧专业合作经济组织开始萌芽，在推行家庭承包经营中，一些技术性较强的多种经营生产项目实行分户经营后，有些农户不懂生产养殖技术，不熟悉市场营销，生产经营遇到了困难，针对这一新情况，经各地政府和畜牧技术人员的参与服务，有的经县（乡）政府有关部门牵头与村（社）合作，把农户组织起来成立农民专业技术协会，称为“官办”或“半官办”协会。

（二）起步期

1995年前后，养殖、营销专业户、专业大户大量涌现，成为推动农村经济发展的重要力量，他们成功地经营，给农民提供了最现实的榜样。专业大户随着市场的开拓，市场的竞争日益激烈，为扩大规模、降低饲养和营销成本及抵御市场风险，增强市场的竞争力，迫切需要专业大户与大户之间，专业大户以及自愿参与的农户之间的合作，形成合力。因此，以专业大户为主，联合若干农户建立起来的农村专业合作经济组织（协会），在这一时期有了较快发展。如家禽养殖协会、养羊协会等大批涌现。

（三）发展期

2000年前后，四川农村畜牧专业合作经济组织进入一个新的发展阶段，除数量稳步发展外，更重要的是质量有了显著提高，形成一批有规模、上档次的合作经济组织（协会），如隆昌县家禽技术协会、仁寿县团结乡养羊协会、泸县喻寺乡仔猪协会、南江县南江黄羊协会、大竹县星火禽业协会、仪陇县养兔协会等。特别是四川省畜牧食品局2001年6月在泸州召开四川省首届畜牧业专业技术协会工作会议后，各级畜牧主管部门从思想上高度重视发展畜牧专业合作经济组织，从行动上大胆思索、认真研究办法，结合当地实际，加大引导和支持力度。2002年以来，高度重视农村专业合作经济组织的发展，推进了四川农村经济跨越式发展。2003年5月，省委召开四川省农村专业合作经济组织发展工作会。2003年6月，省委、省政府在峨眉山市召开各市州分管农村工作的领导人和相关部门负责人参加的“全省农村专业合作经济组织座谈会”。2003年7月，省委办公厅、省政府办公厅印发《关于大力发展农村专业合作经济组织的意见》，要求各级党委、政府要高度认识，把发展农村专业合作经济组织放在农村工作的重要位置；正确定位，切实遵循发展农村专业合作组织的基本原则；政策引路，积极支持农村专业合作经济组织兴办和发展；加强领导，为农村专业合作经济组织发展搞好服务。

二、主要类型

四川省畜牧业农村专业技术协会主要有3种类型：

（一）技术交流型

主要是乡镇政府或专业户牵头，没有产权关系，是松散的农民自我技术服务、信息交流的群众性组织。据统计，2000年省委农工委、省体改委、省科协、省农业厅、省畜牧食品局5家联合命名的30个畜牧业“百强农村专业技术协会”中，技术交流型占20%，有6家。即：成都市龙泉驿区十陵镇家禽协会、德阳旌阳景福禽苗孵化养殖协会、隆昌县家禽技术服务协会、五通桥区养鸡协会、南充市高坪区长乐养鸭协会、新津县养兔协会。

（二）技术服务型

为会员提供良种、市场信息、运销等服务，无产权关系，协会与会员的关系比技术交流型紧密一些。技术服务型占30%，有9家，具体为泸县喻寺良种猪生产技术协会、泸州市龙马潭区胡市镇水禽专业协会、泸州市龙马潭区罗汉镇禽蛋开发协会、双流县肉鸭协会、广元市中区龙潭乡仔猪协会、仪陇县养兔产业协会、雅安对岩镇坎坡村奶牛协会、洪雅县联合乡养毛兔协会、渠县兔业协会。

（三）技术经济实体型

这种协会合作经济特性较强，会员和协会形成利益与共，风险共担的经营机制，有的协会把营销、加工利润再次返还给会员。技术经济实体型占50%，有15家为：仁寿县养羊业股份合作协会、宣汉县胡家区奶牛饲养协会、蓬溪县鸣凤养羊协会、安岳县驯龙科学养猪协会、大竹县星火禽业协会、德阳市奶牛协会、泸州市江阳区养殖营销专业技术协会、彭州市三界镇志诚养殖专业技术协会、泸州市龙马潭区鱼塘镇肉鸡开技术协会、苍溪县东溪区养兔协会、广元市朝天区南江黄羊协会、旺苍县毛兔协会、南江县长赤区养猪专业协会、南江县南江黄羊发展协会、名山县茅河乡家禽养殖协会。

畜牧部门结合当地实际，在原发展的基础上采取“因地制宜、分层组建、民办公助”，以探索、创新、巩固、提高、扩展等方式推动其发展与完善，从而使畜牧业农村专业合作经济组织的发展显现出了全新的局面，取得了显著的成效。2005年，畜牧行业已发展农村专业合作经济组织4000个，占全省农村专业合作经济组织13386个的近30%；并涌现出了400余家经济规模较大、带动农户能力强、辐射面广、带动29万余户农户增收致富的合作经济组织，其中47家于2005年被四川省科学技术协会等6个厅局联合命名为四川省“百强农村专业技术协会”。

第三节 龙头企业

2005年，四川畜牧业有63家省级龙头企业，固定资产72.59亿元，销售收入385.5亿元，带动农户330.22万户。在603家龙头企业中销售收入1亿元以上的29个，1亿—2亿元的8个，2亿—5亿元的13个，5亿—10亿元的7个，10亿—20亿元的3个，20亿—50亿元的2个，100亿元以上的1个。

四川省被农业部、国家发展和改革委员会、财政部、商务部、中国人民银行、国家税务总局、中国证券监督管理委员会、中华全国供销合作社总社认定为国家龙头企业的有11家，固定资产

45.78 亿元，销售 260.5 亿元，带动农户 105.99 万户。这 11 家是：四川格瑞现代农业发展股份有限公司、四川新希望集团有限公司、成都大业国际投资股份有限公司、四川井研县食品有限公司、四川华侨凤凰集团股份有限公司、四川隆生集团有限公司、四川菊乐集团有限公司、资阳四海发展实业有限公司、四川高金食品股份有限公司、绵阳铁骑力士实业有限公司、通威股份有限公司。在这些企业的有力带动下，涌现出了一些形式多样、各具特色的产业化经营典型，探索和积累了一些成功经验。在四川省农业产业化现场会上，省长张中伟指出："公司+农户"，实质是龙头带户，关键在"带"字上。产业化是一个过程，有一个量变到质变的过程。起步阶段，一定要从本地实际出发。在抓龙头带农户，"五专"带农户方面勇于实践，大胆探索。从农业产业化起步阶段来看，"五专"带农户更具有普遍性。一是专业大户带农户。如宜宾长宁县三元乡养鸭大户已带动 182 户 723 人养鸭，全乡养鸭收入达 67 万元。二是专业协会带农户。全省农村各种专业协会应运而生，已成为农科教、产供销相结合的纽带和桥梁。如仁寿县团结乡养羊协会带动全乡养羊收入 275 万元，人平增收 359 元。三是专业村社带农户。四是专业场站带农户。如阳坪种牛场带动农户饲养奶牛发展。五是专业市场带农户，如隆昌县禽苗专业市场很有特色。

生猪产业化方面，有威远食品公司肉联厂"厂户携手"的典型，也有泸州仔猪协会带动农户发展优质外销仔猪的模式等。如威远食品公司肉联厂通过统一提供优良种猪、统一科学饲养、统一防疫的"三统一"和保证收购、保证优价、保证资金的"三保证"等服务方式，与养猪户建立了密切、稳定的产销关系，初步形成了"肉联厂+种猪场+基地+农户"经营模式，加工产值达 7000 多万元，实现利润 300 多万元，产品销往中国香港特区和俄罗斯、荷兰、阿联酋等国家，创汇 658.6 万美元，同时带动养猪户户平增收近 1 万元。井研县食品有限公司技改扩建，形成年屠宰加工 50 万头生猪的生产能力；对新加坡注册成功后，该厂即向新加坡出口冻猪肉 5 吨；2001—2005 年，该厂共向新加坡出口猪肉 7095 吨，创汇 1651 万美元；对新加坡注册的成功，也促进了该厂猪肉向其他国家和地区的出口，2001—2005 年，向法国、俄罗斯、乌克兰、吉尔吉斯斯坦、哈萨克斯坦、巴西、阿联酋、泰国、朝鲜、越南、中国香港等国家和地区出口猪肉 16000 吨，创汇 2600 万美元；2001—2005 年，全厂出口猪肉共创汇 4251 万美元。2001 年，井研县被农业部评为"全国动物防疫先进县"，促进了该县及全乐山市规范化、集约化养猪的快速发展，如井研千佛猪场的扩大建设和饲养管理水平迅速提高，该猪场从年出栏 2000 头的小猪场变成为年出栏 10 万多头的标准化、现代化猪场，专门饲养出口新加坡等国的生猪，成为国家首家"非免疫无口蹄疫猪场"。该公司发展成为具有近 10 亿元资产的大集团公司（四川蓝雁集团，下属 8 个子公司），成为无公害猪肉生产基地、农业产业化国家重点龙头企业、四川省农业产业化经营省级重点龙头企业、国家级农业标准化示范项目外向型生猪基地。该公司兴建千佛种猪扩繁场、马踏牧源种猪场，与更多养殖户签订产销合同，按最低保护价或高于市场价收购，初步建立起"利益共享、风险共担"的联结机制。

在牛羊产业化方面，有省阳平种牛场、宣汉县云蒙山合作示范场以场带户发展农村奶牛产业化的典型，也有新都星澳公司加农户发展肉牛产业化的典型，还有会理建昌集团公司、南江县黄羊开发总公司、仁寿县团结乡养羊协会带动农户发展肉羊产业化的典型等。早在 20 世纪 80 年代初期，宣汉县就采取国家与农户"联合办场，分户养牛，集中加工，统分结合"的方式创办了云蒙山合作示范牧场，经过 10 多年的努力和探索，现已发展到 7 个乡、39 个村、157 个社、3700 多户农户，饲养良种奶牛和西门塔尔杂交牛 6000 多头，并创办了云蒙山乳品厂，年产奶粉 1600 吨，取得了比较显著的效益，发挥了很好的示范、带头作用。

在小家禽畜产业化方面，有双流广华公司、西昌华宁公司、内江种鸡场发展肉鸡和蛋鸡产业化的模式；有隆昌县禽苗市场、水禽协会发展水禽产业化的模式；有温江农友家禽研究所及温江禽蛋市场带动农户饲养蛋鸡的产业化模式；有郫县格全、邛崃家禽公司、南充市园通有限公司、绵阳市绵英种鸭有限公司为农户提供鸭苗、饲料等全套服务，回收产品加工，开拓市场，促进农户集约化饲养肉鸭的典型及肉鸭产业化模式；2002年，井研哈哥兔业有限公司年加工肉兔1200万只，积极扶持肉兔养殖户、建立兔协兔业合作社等组织，与养殖户签订二次结算返利合同，充分发挥龙头企业的带动作用。肉兔产业化模式还有省草原所科技开发中心实施獭兔一条龙开发的獭兔产业化模式等。

以上各种模式或典型，其共同特点和主要经验：一是依托当地畜禽资源优势，以市场需求为导向，有重点地发展主导产业和产品，较好地组织和引导农民生产，这是产业化得以发展的基础。二是组织（企业、协会、市场）加农户的模式，实现了统分结合，较好地解决了产销或产加销脱节的问题，这是产业化发展的关键和重要环节。三是不同程度地改变了过去组织（企业）同农户单纯的买卖关系，通过合同契约、股份合作、系列服务等实行利润返还，股份分红，建立稳定的购销关系，并在一定程度上建立起了组织（企业）与农户的经济协作关系，这是产业化发展的内在动力。

从畜牧业产业化的各种形式来看，产业化的基本框架已经形成，它们或多或少具备了产业化的雏形，既适合当前的生产力水平，又符合社会主义市场经济体制的要求。通过这些丰富多样的产业化经营形式，带动了分散的农户生产走向市场，促进了科技成果向生产领域的转化，推动了区域性主导产业和产品开发，也带动了农业产业升级，必将推动全省畜牧产业化的发展。

加快畜牧业产业化进程：一是依据畜牧资源分布和区域经济发展状况，制定畜牧产业化发展的中长期规划，确立主导产业，搞好区域布局，确定了优先发展的重点，使畜牧产业化的发展思路更加清晰。二是突出抓好龙头企业建设。鼓励龙头企业跨地区、跨行业经营，通过股份制和股份合作制等多种途径实现强强联合，争创名牌产品，增加辐射能力，使经济效益和社会效益都能进一步提高。三是重视优质畜产品基地建设，以特色产品带动规模经济发展，形成产品集中、量大质优、产销畅通的优质畜产品基地。如泸州的仔猪批发市场、省草原研究所的獭兔科技开发中心等。

第四节　省级畜牧业协会

一、四川省饲料工业协会

1987年10月，四川省饲料工业协会召开第一届会员代表大会，通过《四川省饲料工业协会章程》，理事会成员共89人，会长管学思、秘书长李俊德。1987—1994年，协会业务归省经委管理，1995年，四川省饲料工业办公室划归省畜牧食品局管理。1997年10月，四川省饲料工业协会召开第二届会员代表大会，修改协会章程，理事会成员137人，会长冯元蔚、秘书长李德华。2002年12月，四川省饲料工业协会召开第三届会员代表大会，通过新修改的协会章程，理事会成员163人，会长冯元蔚、秘书长李淳。

1998年5月，与中国国际贸易促进会成都分会联合举办中国（成都）首届国际饲料工业展览交易会，130个厂商，2000多人参加开幕式。

1998年10月，由协会承办的第十一届全国大中城市饲料工业发展研讨会在蓉召开，5省10个大城市70名代表参加会议。

2000年6月，与四川省动物保健品协会联合举办2006中国（成都）饲料与动物保健品展览交易会，国内外174家厂商单位参会。

2001年9月，中国饲料工业协会主办，四川省饲料协会承办的全国饲料工业质量管理研讨会在蓉召开，出席专家、代表70余人，中国工程院院士张子仪、中国农业大学教授戎易等10位专家作学术报告。

2001年10月，协会创办内部杂志《西部饲料》双月刊，2003年8月改为月刊。

2002年4月，与省动保协会联合举办第二届中国成都饲料与动物保健品展览交易会，来自国内外220多个企业和单位参加了交易会。

2004年4月，与省动保协会联合举办第三届中国成都饲料与动物保健品展览交易会，全国21个省（市、区）200多个企业参展、展位300个。

2005年12月，与四川农业大学营养所联合举办了动物营养科技成果交流会，来自全国100多家企业代表和畜牧科研院所专家共200多人参加大会。

二、四川省养猪行业协会

1993年9月，四川省养猪行业协会经省民政厅批准，在广汉市召开成立大会。原副省长、省政协副主席刘昌杰，省政府副秘书长刘宗彬出席成立大会，参加代表200余人。会议通过"协会"章程选举产生第一届理事会，共有理事76名，常务理事35名，理事长张新琴，副理事长罗毅、周世永、文心田、黄昌祥、段诚中、谭明万，协会秘书长由黄昌祥兼任。会上著名动物营养学家和四川农业大学名誉校长杨凤教授、乔绍权教授分别作了学术报告。1993年9月至1999年5月，为第一届理事会。1999年5月21日在成都双流召开四川省养猪协会第二届会员代表大会，出席代表80余人。会议选举23位常务理事。理事长由罗毅担任；副理事长由文心田、段诚中、李维禄、潘德明、王兴成、黄昌祥、向伯先担任；秘书长由黄昌祥兼任。协会设置、种猪发展饲料饲养、疫病防制、规模化养殖4个专委会。主要做了6方面工作。

（一）相关课题调研论证

1994年，抓住向欧盟申请猪肉出口注册的有利时机，省猪协组织科研院校及有关部门领导在成都对四川省建立出口优质商品瘦肉猪生产示范区方案进行了论证，方案被采纳后，省上投入项目资金实施，农业部把四川列为无特定病原示范区的重点省，加强建设。1995年，针对四川省规模养猪发展过热这一动向，及时邀请了部分民营规模猪场，在温江召开了成都地区规模养猪座谈会，分析生猪生产形势，交流发展经验，指导生猪产业发展。1995年，省猪协配合行政业务部门在德阳召开了出口优质商品猪基地建设现场会，参观学习蜀龙养殖场和专业养猪示范村，促进出口优质商品猪生产基地示范区建设。受四川惠民集团委托草拟兴建万头猪场建设的可行性报告，并组织有关专家进行了论证，派员对该场进行技术指导，依托该场出栏宰杀的商品猪，建立了"放心肉"专销点。

（二）协助开展生猪育种攻关项目

1996年配合大专院校、科研单位争取国家"九五"重中之重的科技攻关项目"瘦肉型猪规模养殖及产业化技术研究开发"，招标确定专题主持单位和主持人，并择优选择一批规模养殖示范场和示范县，牵头组织召开了多次规模养猪专业户（场）的座谈会，开展技术讲座和咨询。同时，组织一些专家承担了国家科技攻关项目中的子课题，对规模饲养1000头左右的猪场进行技术组装和模式探索，多次组织专业技术人员深入猪场指导，推进示范点建设。

（三）协助抓好生猪良种场建设

1995年7月，组织全省一定规模的种猪生产经营单位、科研院校专家教授，在温江成立了四川省养猪行业协会种猪发展分会，由省原种猪场牵头开展工作。省猪协逐步建立了种猪场微机网络中心站，入网的规模种猪场有16个场，并开展多次电脑技术培训，初步建立起为重点种猪场联合育种和现代管理提供信息服务的网络平台。

（四）开展现代养猪技术推广和培训

省猪协先后接待过美国饲料谷物协会、美国史克美占公司、丹麦猪协代表团、法国布列尼大区猪协、泰国正大集团等来川考察的代表专家，开展技术咨询交流，在加强对外交流和招商引资方面进行了有益的探索。在技术培训方面，1994年，与美国饲料谷物协会联合邀请台湾养猪专家在成都举办了一期现代养猪技术讲座，参会人员150余人；1996年，分别在绵阳、乐山市种猪场召开高床养猪现场会，参会共200多人次；1998年5月，与省政协智力支边领导小组联合在峨眉山市举办规模化养猪实用技术培训，省政协副主席陈昌智出席会议并讲话，参会培训人员50多人；1998年11月，与成都正大联合召开规模养猪实用技术讲座，参会培训人员70余人，并参观现代化养猪高床分娩栏、保育栏、食槽及水泥制漏缝地板等设施情况。

（五）开展新技术推广和科普宣传

1994年以来，重点推广养猪生产中如何提高产仔率、仔猪成活率、日增重为重点的综合配套技术。如母猪和仔猪高床饲养技术、仔猪保温箱技术、仔猪补铁补硒的富铁力使用等。同时省猪协不定期编印《四川养猪行业通讯》，共计16期5000余份，免费发给全体会员和有关单位，提供信息服务，加强行业间的信息交流。

（六）推进生猪产业化经营

1997年，经省民政厅批准，省猪协组织全省规模猪场主和企业家成立了省养猪行业协会规模养猪分会，组织专家教授多次深入猪场，提供技术服务，推进养猪产业化进程。省猪协还积极衔接中国养猪行业协会，争取上级的指导和帮助。组织协会会员参加在青岛召开的全国第二届养猪行业交易会和在厦门召开的首届畜牧饲料博览会，超额完成上级下达的任务，获全国养猪行业协会组织奖第一名。

2003年12月，该协会合并入四川省畜牧业协会。

三、四川省家禽协会

1991年9月，四川省家禽业协会成立，该协会是由从事家禽（包括养禽、禽产品加工、禽用饲料、饲料添加剂、设备、药械原材料等）的生产、经营、管理、科研、教学等单位和个人自愿参加的行业组织，是具有法人资格的社会团体，其宗旨是对家禽行业进行指导、协调、服务，维护会员和行业的合法权益，在政府与家禽行业生产者之间起桥梁和纽带作用。

1991年10月，协会召开首届会员代表大会，选举了第一届领导成员，名誉理事长刘昌杰，顾问刘忠彬、邱祥聘，理事长汪懋騉，秘书长袁季广，选举理事45人，常务理事23人。1997年2月，协会在内江召开第二次会员代表大会，选举了新一届协会领导成员，顾问邱祥聘、周世永、张新琴、刘永好，会长屈坤宁，秘书长袁季广，选举理事57人，常务理事32人。1999年3月，根据国务院新颁布实施的《社会团体登记管理条例》的规定，协会在成都召开了理事扩大会议，增补、改选了协会新的领导班子，顾问邱祥聘、屈坤宁、周世永、张新琴、刘永好，会长袁季广。副会长曾凡同、刁运华、李炳林、李维禄、鞠友国、胡明辉、陈佳荣。秘书长马敏。协会成立以来，主要做了6方面工作。

（一）维护合法权益

协会急会员之所急，想会员之所想，及时反映会员的呼声，发挥协会的桥梁纽带作用，维护行业和会员的合法权益。如1997年所发生的“药白蛋”风波，给消费者带来恐慌，给会员的正常生产经营带来打击。针对传媒的失实报道，协会充分发挥专业权威性和影响力，通过报刊肃清影响，保护会员的正当利益。

（二）举办交易交流会

协会于1991年、1995年、2000年分别成功举办了“首届四川家禽交易会”“第九届中国家禽交易会”和“2000年中西部地区家禽交易会”，在行业内产生了深远的影响。不仅把交易会办成了洽谈贸易、促进经济发展的盛会，而且办成了学术氛围浓厚的科技交流会。

（三）促进企业协作

针对禽业市场竞争越来越激烈，种禽的价格受市场影响大、波动大的特点，协会根据具体情况把种禽场联合起来，定期开展活动，交流信息，通报行情，对出现的问题进行分析讨论，提出行之有效的应对措施，积极防范风险。

（四）推广先进技术

协会大力推广科学、先进的养禽技术，经常举办学术报告会，邀请国内、省内著名专家、教授讲课，并与美国大豆协会联合举办多期肉鸡、蛋鸡、肉鸭技术讲习班，将国外最新饲养技术引进四川省。协会各大型种禽企业也经常举办各种形式的培训班，把优良的种禽和先进的管理饲养技术推广到农户。

（五）行业管理

依据国家颁布的行业管理规定，协会配合主管部门组织专家制定有关行业标准，对种禽场进行检查、验收，对提高全省种禽质量、规范种禽生产发挥了积极作用。

（六）信息服务

协会于1993年创办了内部刊物《四川禽业通讯》，并于2001年率先创建了协会网站“四川家禽信息网”，利用一刊、一网及时反映禽业动态，介绍养禽新技术、新产品，收集发布各大种禽场产品行情。为养禽户提供信息、技术咨询，尽力为会员和养禽户排忧解难。

2003年12月，该协会合并入四川省畜牧业协会。

四、四川省动物保健品协会

四川省动物保健品协会（以下简称“动保协会”）于1994年2月经批准成立，具有社会团体的法人资格，受四川省畜牧食品局、四川省民政厅管理。第一届会员190人，理事63人，顾问张新琴，理事长唐宗长，副理事长张全华、杨松沛、冯汝函、刘书奇，秘书长张全华（兼）；第二届会员471人，理事69人，会长唐宗长，副会长杨松沛、张履平、罗长荣、张翔，秘书长杨松沛（兼）；

第三届会员520人，理事88人，顾问屈坤宁，会长杨松沛，副会长李淳、张履平、戴正瑞、程江、谢青，秘书长谢青（兼）。于1994年6月被中国动物保健品协会批准为正式会员，并增补为理事单位。2005年为中国动物保健品协会副理事长单位。

四川省动物保健品协会的宗旨是：对全省动物保健品生产、经营企业进行技术上的指导、服务、协调以及维护会员单位的切身利益。省动保协会自成立以来，在充分发挥“桥梁、纽带、服务、自律”作用的同时，始终坚持“与政府同步、与企业同行、与企业同心”的办会原则，并为此做了大量的工作。

四川省动保协会积极向中国动保协会推荐四川省质量信得过的优秀企业，1998—2002年，四川省6家动保企业被中国动保协会授予产品质量信得过企业，2003年四川省动保企业又有3家优秀企业被授予“中国动物保健品行业50强”企业。同时，省动保协会与省兽药监察所共同成功研制“止痢泰宝片”“炎喉通颗剂”“百病神威注射液”“猪康肥注射液”“特效水肿灭”“双黄连注射液”“救鸡宝”“强力热痛灵注射液”“咽喉通”等兽药新产品。其中，“救鸡宝”和“咽喉通”获了省政府科技进步三等奖。研制的新兽药进入市场领域，取得很好的经济效益和社会效益。省动保协会还与省饲料工业协会共同连续举办了五届“中国（四川）饲料暨动物保健品交易会”，充分显示四川兽药业的整体实力。同时，积极配合中国动物保健品协会在四川成功举办两届“中国动物保健品暨兽医技术展览会”和全国首次“中国兽药高峰论坛”及学术交流会等。

为了确保实现农业部有关兽药生产企业必须在2005年前全面实施《兽药生产质量管理规范》（兽药GMP）的规定，省动保协会与省兽药监察所密切配合，积极帮助企业进行兽药GMP的硬件、软件的设计，在设计和建设中尽量为企业节约投资，始终把为企业服务放在第一位。2005年已有55家兽药生产企业通过了农业部兽药GMP的验收。

四川省动保协会与省兽药监察所采取了定期和不定期的GMP培训。截至2005年，共计培训GMP企业员工数千人。

四川省动保协会与四川省兽药监察所一起创建了“四川兽药网”、《四川兽药信息》（其前身为1997年创办的《四川动物保健品信息》，2005年更名为《四川兽药》，为内部杂志）。“四川兽药网”的创办，标志着四川动物保健品行业的信息化、正规化建设走上正轨有了重大突破。

2005年，发展团体会员单位66个，其中动保生产企业60家、动保经营企业3家、科研单位3个，会员总数已达到500多人。

五、四川省畜牧业协会

四川省畜牧业协会是按省畜牧食品局要求，在原四川省家禽业协会、四川省养猪业协会、四川省畜产品加工协会基础上合并成立的，2003年12月，经省民政厅核准登记。协会扩大了业务范围，增加了肉牛、奶牛、羊、兔、马、特种养殖、畜牧机械、生物技术、咨询服务等内容。它是从事畜牧业及相关行业的企业、事业、行政单位和个人组成的全省性行业联合组织，是具有法人资格的非盈利性的社会团体。其宗旨是在行业中发挥协调、咨询、服务作用，协助政府进行行业管理，维护会员和行业的合法权益，推动全省畜牧业健康发展。协会于2003年12月在成都召开了成立大会，选举第一届领导班子，名誉会长陈文光，会长李昌平，秘书长刁运华，副秘书长马敏（常务）、刘勇、钱亮。选举理事108人，常务理事48人。

经过2年多的发展，协会逐渐发展壮大，协会现已成立了羊业、禽业2个分会，共拥有256家会员单位，涉及猪、禽、肉牛、奶牛、羊、兔、畜产品加工、畜牧机械、生物技术等各个领域。协会做了以下专项工作。

（一）自身建设

协会加强了秘书处建设，购置相应的办公设施，组织专职人员到协会秘书处处理日常工作，建立了有效的管理机制和严格的工作规章制度，创建了畜牧业信息网站和协会内部刊物“四川畜牧业”（季刊），完善了会员单位数据库。为了适应畜牧生产形势需要，更好地服务于各会员单位，协会分别于2004年、2005年成立了畜牧业协会羊业、禽业分会，力争在各个畜禽行业内为会员单位提供更加优质的服务。

（二）维护行业利益

2004—2005年，四川省畜牧业先后经历了两次禽流感疫情冲击，2004年，发生口蹄疫疫情，2005年，发生猪链球菌疫情，给畜牧业造成一定的影响和损失。面对严峻疫情形势，协会于2004年组织有关单位，邀请四川电视台、四川日报与华西都市报等省内主要媒体召开了新闻记者现场介绍会，正确引导健康禽产品的消费，呼吁各地政府维护健康畜禽产品的正常流通。2005年，及时组织召开两次全省畜牧生产形势座谈会，分析猪禽生产中面临的严峻问题，寻找解决这些问题的对策。协会还分别向会员单位下达《关于打好禽流感阻击战的紧急通知》，向中国畜牧业协会和四川省畜牧食品局提交《关于禽流感给四川省家禽业的影响情况汇报》《关于促进全省当前畜牧生产发展的几点建议》，争取到行政主管部门的重视和支持，并及时出台了相应支持畜牧业发展的政策和意见，受到会员单位的一致好评。

（三）搭建交流平台

协会成立以来，每年组织省内企业参加行业内的全国和地方优秀产品展销会，促进省内企业与国内外企业的交流与合作，为企业提供了一个有效的交流平台。2004年，协会还成功组织了“杰威杯”草业诗歌征集和评选活动，弘扬了畜牧文化，展示了畜牧从业者的风采。

（四）促进交流合作

协会于2005年9月协助中国畜牧业协会举办全国畜牧行业协会工作研讨会。来自全国22个省级畜牧业协会的秘书长、会长等30多人参加了会议。各协会以“联谊交流、共谋发展”为主题，采取主题发言和自由讨论相结合的形式相互交流了本协会的运作经验，对一些焦点、热点问题各抒己见，并达成许多共识。协会为行业企业提供先进的畜牧技术。如与美国大豆协会合作先后举办了多期家禽和养猪方面的技术培训班和研讨会，向省内行业企业传授了国际先进的养殖和管理技术。

（五）配合制定行业标准

开展相关科技推广和标准的制定工作，与四川省畜禽繁育改良总站共同制定《鸡苗出场质量》标准。标准的制定和贯彻推广，提升了四川省鸡场质量管理水平。协会每年通过举办科技下乡培训会和组织人员到全省各地赶场等方式，及时把先进的养殖技术和书籍资料送到千家万户农民手中。

（六）咨询服务

热情接待会员，认真处理养殖户的来信来访，提供技术信息咨询，积极向他们推荐会员单位优质可靠的种畜禽、饲草饲料、药品药械等。每季度保质保量编印和发行会刊《四川畜牧业》，为加强会员间的交流与合作提供有力平台。通过四川畜牧信息网及时有效向全省畜牧行业同仁提供畜牧相关信息，针对疫情、疫病发布相关信息，正确引导生产发展，增强行业信心。

第五节　畜禽标准化示范小区

2000年以来，各级畜牧部门大力推行适度规模标准化养殖。一是依托特色农业发展项目，引导农户按照“人畜分离、独立建圈、沼气配套、标准化生产”模式，发展“一村一品”的生态养殖小区。二是“依托入户”工程，推广良种良法，开展标准化圈舍改造，逐步提高农户的健康养殖和质量安全水平。三是建立无公害畜产品生产基地的养殖小区。2001—2004年，农业部安排了农业标准化项目资金，包括洪雅县奶业标准化生产综合示范区建设、荣县国家级生猪标准化示范县建设、南江县南江黄羊标准化示范区建设、仪陇县国家獭兔标准化示范县建设等，这些建设项目完成后经组织专家验收合格。

通过项目的实施，推动了项目县畜禽标准化进程。洪雅县2002—2005年项目建设期间共建成奶牛标准化生产综合示范小区20个，饲养奶牛4000头，人工种草6000多亩，项目结束时，新增奶牛24555头，全县共计达4.285万头，奶产量达8.35万吨，累计增加16.4万吨。个体平均产奶量6200公斤。项目期间共培训技术人员和养殖户5000多人次，产生了较大的社会经济效益和示范效应。通过该项目的启动，洪雅县已成为全省最大的无公害牛奶生产基地，被中国奶协授予全国牛奶生产强县。荣县国家级生猪标准化示范县建设项目采取“公司+基地+农户”订单养殖模式，以良种、饲料、饲养、防疫、屠宰“五统一”为核心内容，认真规范生猪饲养、加工、销售各环节技术和管理，狠抓标准化生猪养殖技术推广培训，定期开展猪肉质量安全监测。建立3个核心示范区，集中成片发展年出栏10头以上养猪户932户，完成任务46.15%；年出栏50头以上的规模养猪户87户，完成任务43.5%。项目示范区标准主要环节应用覆盖率、入户培训率、简明手册入户率、兽药饲料及添加剂等投入品档案管理覆盖率分别达到82%、91%、91%和90%。南江黄羊标准化示范区建设项目建成南江县关田乡东坝村、石矿乡土寨村、八庙乡华山村3个无公害南江黄羊标准化示范区，饲养一级基础母羊1642只，建羊舍3208平方米、运动场4700平方米，建人工授精站2个，人工种草1800亩。每个小区修建青贮、氨化池2口，共200立方米。建成的3个示范区南江黄羊饲养量达到7450只，年出栏肉羊4000余只。项目期内共办培训班30期，受训人数达2000余人次，印发技术资料5000份，摄制并下发技术光碟100张。仪陇县獭兔标准化示范县建设项目由龙头企业四川哈哥兔业有限公司作支撑，形成了生产、加工、销售产业链。在仪陇县果山乡梅子垭村、复兴镇万兴村建立了2个獭兔标准化核心示范区，发展獭兔标准化示范户200户，每户饲养四川白獭兔种兔20只，年饲养量达到500只，年出栏优质商品獭兔400只以上，户平养兔产值达到17500元，纯收入达7080元。人均纯收入增加1500元以上。促进该县獭兔业发展，年出栏商品獭兔47万只，成为全省之冠。

2004年，省财政总投资200万元，共建10个畜禽标准化养殖小区（生产示范基地），每个投资20万元。包括眉山市东坡区，德阳市旌阳区，遂宁市蓬溪县、安居区生猪标准化生产示范基地；简阳市、南江县、资阳大业育种有限公司肉羊标准化生产示范基地；荣县、井研县肉兔标准化生产示范基地；省草原研究所在红原县牦牛标准化生产示范基地。

2005年，省财政总投资160万元，共建8个畜禽标准化养殖小区（生产示范基地），每个投资20万元。包括大竹县、泸县、什邡县、安岳县无公害生猪标准化养殖小区建设；富顺县、仁寿县无公害肉羊标准化养殖小区建设；宜宾县无公害肉兔标准化养殖小区建设；江油市无公害獭兔标准化养殖小区建设。

四川省志·畜牧志

第七篇　机构沿革与职能

1986—2005年，四川省各级畜牧兽医管理机构逐步建立健全。1986年，省级机构为四川省农牧厅畜牧局（副厅级），经过多次整合，到1993年归并到四川省畜牧食品办公室（正厅级），1996年，更名为四川省畜牧食品局，2000年6月前为四川省人民政府直属行政机构，2000年7月后为四川省人民政府直属事业局，参照《中华人民共和国公务员法》管理。

1986年，四川有市（地、州）20个，单独设立畜牧局的有7个，即广元、乐山、雅安、万县、涪陵、达县、凉山。1988年5月，经国务院批准，将原涪陵地区石柱土家族自治县、彭水苗族土家族自治县、黔江土家族苗族自治县、酉阳土家族苗族自治县、秀山土家族苗族自治县，设立黔江地区，同时设地区畜牧局。1988年，四川省市（地、州）增加至21个。市（地、州）单独设立畜牧局也随即增至8个。20世纪90年代初期，四川省实施畜牧体制改革，肉类食品行业与畜牧行业联合。此间试点地、县建立畜牧食品局，同时将畜牧事业单位统辖于畜牧兽医技术服务中心管理，增加了管理层次，削弱了技术服务力量，此种状况于20世纪90年代中期得以扭转。到1997年3月重庆成为中央直辖市后，万县市、涪陵地区、黔江地区3个市地畜牧局随之划归重庆市管辖。1998年，四川又先后设立了广安、巴中、眉山、资阳4个市并设置了市级畜牧局。到2005年，四川省21个市（州）除成都市是农业委员会、攀枝花市是农牧局外，其于19个市（州）都设置了畜牧（食品）局。到2005年12月，四川省181个县（区、市）有177个设置畜牧兽医机构。其中，行政编制机构55个，事业编制人员参照公务员法管理的机构56个，事业编制机构66个。乡镇畜牧兽医机构较为健全，2005年全省共有乡镇畜牧兽医站5278个。其中，区联站421个，乡镇独立站4857个；人、财、物三权归县的4494个，乡镇畜牧兽医站三权全部或部分下放乡镇管理的784个。

1986年，四川省畜牧食品局直属事业单位11个。从1988年到2003年，先后又建立了后勤服务中心、市场信息中心、草原监理站和绿野综合开发中心、原种猪场、原种鸡场、畜牧饲料总公司、新牧食品工业有限公司。2005年，四川省畜牧食品局机关内设11个处（室），直属事业单位14个。

第一章　行政机构

第一节　省级管理机构

1985—2005 年，四川省级畜牧兽医管理机构逐步建立并走向独立完善。省级畜牧兽医管理单位从省农牧厅分离出来并更名为四川省畜牧局，之后又撤销归并到省畜牧食品办公室（正厅级单位）。省畜牧食品办公室整合省畜牧局、省饲料工作办公室、省食品公司建立一级厅局，对全省畜牧生产、兽医、兽药、畜产品、饲料加工一体化进行管理与服务，其后又更名为省畜牧食品局。在 20 年里，省级畜牧兽医管理单位的内设处室经历了恢复、增设、更名、增挂牌子等过程，逐渐理顺内部管理关系并适应全省畜牧兽医监管工作的需要。1985 年 10 月，省农牧厅党组同意畜牧局恢复草原处。1987 年 10 月，四川省直机关工会工作委员会批复成立四川省农牧厅畜牧局机关工会委员会。1989 年9 月，四川省机构编制委员会（以下简称省编委）同意省农牧厅畜牧局设立监察审计处，与纪检组合署办公，同时将原局政治处更名为人事处。1990 年 8 月，省编委同意畜牧局人事处增挂就业服务处牌子，对外使用就业服务处印鉴，负责本机关待业人员的安置和直属单位就业服务工作。1991 年 2 月，四川省人民政府批复将四川省农牧厅畜牧局更名为四川省畜牧局。内设办公室、政治处（人事劳动处）、计划财务处、生产处、草原处、科技教育处、监察审计处、直属机关党委、纪检组、机关工会。1991 年 4 月，省畜牧局机关党委更名为省畜牧局直属机关党委。1991 年 5 月，省编委同意省畜牧局设立兽医药政处；1991 年 6 月，省编委核定省畜牧局增编 8 名工作人员（含老干部司机 2 名）。1992 年 5 月，省政府决定成立四川省畜牧食品办公室作为省政府直属的正厅级单位，负责管理省畜牧局、省食品公司和省饲料工业办公室的工作。内设 8 个处，省编委明确人员编制控制数 67 人。1992 年 11 月，为进一步深化畜牧食品工作体制改革，加强宏观调控，减少管理层次，充分发挥四川省畜牧业的优势，省政府决定撤销四川省畜牧局。原省畜牧局担负的行政职能交由省畜牧食品办公室承担。1995 年 12 月，省政府决定四川省畜牧食品办公室更名为四川省畜牧食品局，内设 11 个处（室、委），即办公室、计划财务处、生产科教处、市场流通处、牧区处、饲料工业处（挂四川省饲料工业办公室牌子）、外事外经处、政策法规处、人事劳动处（挂离退休人员工作处的牌子）、监察审计处（纪检组与其合署办公）、直属机关党委。核定行政编制 67 名，其职能从 3 个方面转变：从部门的直接管理转向宏观的行业管理和调控；从主要利用行政手段转向依靠经济、法律和必要的行政手段，通过市场引导畜牧食品饲料行业发展；从单一的畜牧生产管理转向畜牧生产、兽医、兽药、畜产品、饲料加工一体化的管理与服务。1997 年 7 月，经多次协调，省政府按参照其他工业行业协会亦实行行业主管部门归口管理的原则，同意四川省饲料工业协会由省畜牧食品局主管。2000 年 7 月，根据中共中央、国务院批准的《四川省人民政府机构改革方案》，设置四川省畜牧食品局为省政府直属事业单位，省政府授权对全省畜牧食品、兽医兽药和饲料进行行业管理。内设8个职能处室和机关党委，核定总编制为51名。同年8月，增设离退休人员工作处，新增编制3名。2000年9月，省畜牧食品局对内进一步理顺关系，建立处室归口协调制度。办公室归口协调后勤服务中心业务工作；生产科教处归口协调省畜牧科学研究院、畜禽繁育改良总站、畜牧兽医杂志社、养蜂管理站、阳平种牛场、原种猪场、原种鸡场、龙日种畜场业务工作和草原研究所的科研工作；草原处归口协调省草原工作总站业务工作和省草原研究所在牧区开展的业务工作；2000年11月，将兽医兽药的行政管理职能由政策法规处交由兽医兽药处；兽医兽药处归口协调兽药饲料监察所、动物防疫监督总站业务工作；饲料处归口协调饲料工作总站、饲料检测二站的业务工作；市场与经济信息处归口协调市场信息中心业务工作。并强调归口协调不是直接管理。归口协调主要是通过组织、检查、督促、确定工作原则、调整实施计划等手段，保证各项业务工作按相关计划和政策法规规定及领导的管理意图顺利进行。2001年10月，省编委同意省畜牧食品局增挂政策法规处牌子。2002年3月，省人事厅同意四川省畜牧食品局依照国家公务员制度进行管理。

办公室 协调机关政务和政策法规工作；承办重大会议的组织和重要文件的起草工作；负责信息、宣传、保密、信访、文秘、档案、目标管理和外事工作；负责机关财务、后勤、基本建设等行政管理工作。

人事劳动处 负责局机关及直属单位的组织人事、劳动工资、机构编制工作；负责畜牧兽医技术人员职称评聘、继续教育及专业技术人员培训和各类专家的选拔、管理工作；指导畜牧科技队伍建设；承办和管理直属单位领导班子和畜牧业国外智力引进工作；负责局机关计划生育工作。

计划财务处 研究拟定畜牧业发展中长期规划和年度计划并组织实施；负责国家和省畜牧业建设项目投资计划和资金的拨付管理，统一归口管理国家、省财政安排的各类畜牧业专项资金，负责省级畜牧事业经费预决算的编制并实施综合平衡、监督管理；负责留省专项资金的财务管理；监督管理直属单位国有资产；负责畜牧生产统计和定点调查工作，承担畜牧业对外经济合作和外资项目管理工作。

生产科教处 研究拟定畜牧科技与农区畜牧发展规划与政策；指导畜牧科技、农区畜牧业生产、畜牧服务体系建设；负责农区畜牧建设项目的组织实施；负责畜禽良种登记管理和优良畜禽品种的推广工作；组织科技协作，技术推广及科技成果的评审、转化工作；负责畜牧生产宏观指导、产业化推进与业务技术的培训、教育工作；指导畜牧食品行业学会、协会的工作。

兽医兽药处 负责草拟兽医兽药地方法规、规章，组织制定兽药地方标准、兽药残留标准并监督实施；草拟全省兽医兽药发展的中长期规划，并组织实施；制定重大动物疫情的扑灭、控制预案，并组织实施；制定全省动物疫病的防疫计划，并组织实施；审核发放兽药、饲料药物添加剂生产许可证和产品批准文号，审核发放兽药制剂室生产许可证；审批国家已注册的国外兽药的进口，核发“进口兽药许可证”，负责出口兽药的发证工作；负责动物防疫监督员的培训考核和证书发放工作，指导市、州对动物检测员的培训考核。

饲料处（四川省饲料工业办公室） 负责全省饲料工作，贯彻执行国家有关饲料工业的法律法规和方针政策，制定饲料工业发展规划；草拟饲料法规、规章及饲料地方标准并监督实施；负责审核工业饲料生产企业的生产条件，审查、发放饲料添加剂、添加剂预混合饲料产品的批准文号；组织制定全省饲料质量的监察检查计划，并组织实施；组织制定全省饲料残留的监测计划，并组织实施；负责饲料开发和饲料行业的统计工作；指导饲料工业协会工作。

草原处　贯彻实施草原法律、法规，组织草拟地方性草原法规并监督实施；负责草地发展规划和草地建设、保护及开发利用工作；负责牧区人、草、畜三配套和牧区畜牧兽医体系建设；指导牧区畜牧业生产、草地生态治理和全省的种草养畜、退耕还牧还草工作；负责草原防火工作；负责审核、颁发牧草种子的生产、经营许可证及进出口审批。

市场与经济信息处　研究拟定畜禽及畜禽产品市场建设规划并组织实施；研究拟定促进畜牧业产前、产中、产后一体化服务的政策措施并负责畜牧业产业化项目的组织实施；预测并发布畜禽及畜禽产品和畜牧生产资料供求信息，开展市场信息咨询服务，促进产品销售；指导畜牧业信息系统建设。

监察审计处（与纪检组合署办公）　负责局机关和直属单位的纪检、监察、审计工作和党风廉政建设工作；指导局机关各处室和直属单位建立健全各项廉政制度和监督约束机制，并监督实施；指导并协助有关部门做好畜牧食品系统纪检、监察、审计工作。

离退休人员工作处　负责局机关离退休人员，指导直属单位离退休人员的管理和服务工作。

直属机关党委（机关工会、机关团委）　负责局机关及直属单位的党务、群众、共青团、妇联、工会等。

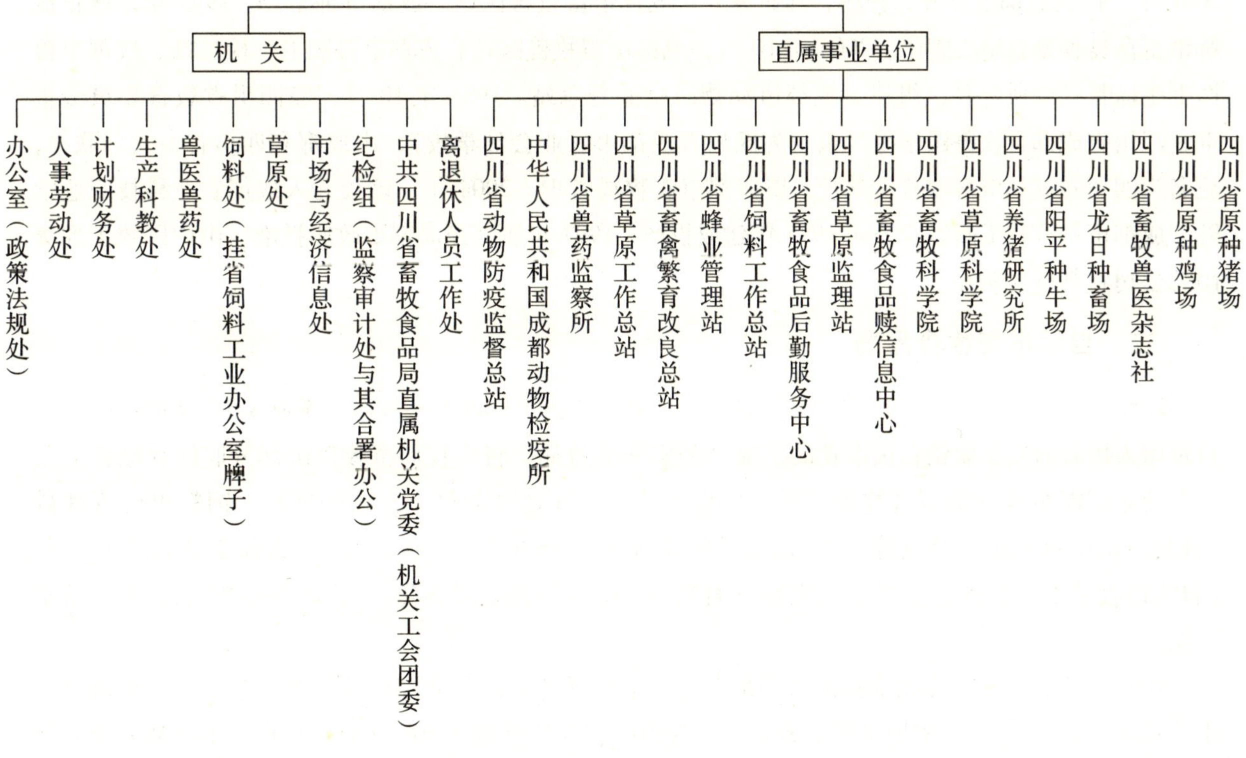

图7－1　2005年12月31日，四川省畜牧食品局组织机构设置图

第二节　市（州）管理机构

一、成都市农业委员会

1983年7月，成都市畜牧水产局、成都市农林局、温江地区农业局合并，成立成都市农牧局。局下设畜牧科。1985年9月，成都市农牧局机关“科”改“处”，畜牧科改为畜牧处。1997年5月，成都市农牧局下设畜牧兽医处、饲料工业处（挂市饲料工业办公室牌子）。2001年9月，成都市农牧局下设畜牧饲料处、兽医兽药处。2002年1月，成都市机构编制委员会办公室同意成立成都市奶业管理办公室，与成都市农牧局下的畜牧饲料处合署办公，实行“两块牌子，一套人员”。2005年2月，撤销成都市农牧局，成立成都市农业委员会，下设畜牧饲料处（挂市饲料工作办公室、市奶业管理办公室牌子）、兽医兽药处。

直属事业单位：畜牧兽医站、兽医卫生检疫站；1991年，成立兽医卫生监督检验所，与成都市兽医卫生检疫站合署办公。2002年，撤销成都市养蜂管理站，其业务并入成都市畜牧兽医站。2001年，撤销成都市蜜蜂原种场，其业务并入成都市畜牧兽医站。成都市种畜场，1999年，增挂成都市畜禽良种繁育中心牌子。2005年10月，成都市畜牧兽医站、成都市兽医卫生检疫站、成都市兽医卫生监督检验所合并，组建了成都市动物防疫监督总站。1988年10月，经四川省教育委员会批准，四川省成都畜牧兽医学校（前身为四川省成都市农业会计学校），由成都和四川省畜牧局联办，更名为四川省成都市畜牧兽医学校，属成都市农牧局管理。2004年，该校并入成都农业科技职业学院。成都市华蓉牧工商联合公司1985年建成投产，1997年底，经成都市政府批准，由中国牧工商集团总公司将其整体兼并。

二、自贡市畜牧食品局

1986—1996年，为自贡市农牧局。具体负责畜牧兽医工作的为畜牧科，编制8人。1996年5月，自贡市人民政府发文撤销自贡市食品工业办公室和农牧局，将农牧局畜牧兽医部分职能和原食品工业办公室职能组建自贡市畜牧食品局。内设办公室、计划财务科、畜牧管理科、饲料兽药管理科（挂自贡市饲料工业办公室牌子）、蔬菜产销管理科（自贡市蔬菜办公室）、食品工业行业管理科（自贡市食品工业办公室）、人事监察科（直属机关党委与其合署办公）。行政编制25名，事业编制5名。

2001年8月，自贡市政府批准自贡市畜牧食品局更名为自贡市畜牧局，内设办公室（保留自贡市蔬菜办公室牌子）、计划财务科、畜牧生产管理科、饲料兽药管理科（对外挂自贡市饲料工业办公室牌子）、自贡市食品办公室、人事监察科（直属机关党委与其合署办公）。自贡市食品工业办公室移交市经贸委。人员编制行政23名，事业2名。2005年，仍是自贡市畜牧局，内部机构及职能不变。

三、攀枝花市农牧局

1986年为渡口市农牧局。1987年，渡口市更名为攀枝花市，渡口市农牧局更名为攀枝花市农牧局，下设市畜牧站、兽医站、动物检疫站，编制37人。

1987年2月，经攀枝花市政府批准农牧局增设畜牧处，2002年2月，将畜牧站更名为畜牧兽医站。2002年9月，市兽医站更名为动物防疫监督站。2004年初，在攀枝花市畜牧站增设草原监理站，为两块牌子一套人马。2005年2月，攀枝花市动物检疫站与动物防疫监督站合并组建新的攀枝花市动物防疫监督站，为全额拨款事业单位，核定编制37名。2005年，仍是攀枝花市农牧局，内部机构不变。

四、绵阳市畜牧食品局

1986年，为绵阳市农牧局，由一名副局长分管畜牧工作。1991年11月，中共绵阳市委、市政府决定设置市畜牧局，管理市畜牧站、兽医诊断室、动物检疫站、饲料质量监督检验站、种畜场、家畜冷冻精液站、乳品管理站、种畜场、种鸭场、牧工商公司。1992年7月，市政府决定将市食品工业办公室、市饲料工业办公室、市食品公司与市畜牧局合并，组建绵阳市畜牧食品总公司，同时增挂绵阳市畜牧食品办公室牌子，保留政府职能。1994年12月，市政府决定将食品公司分离，单独建立绵阳市畜牧食品局。1998年至2003年10月，该局下属有经营性质事业单位市种畜场、市种鸭场、市乳品管理站、市冻精站进行了民营化改制。1998年，从市兽医站、市动物检疫站、市兽医诊断室分别划转编制成立绵阳市兽医卫生监督检验所；2003年，局直属事业单位进行分类综合改革，撤销市饲料质量监督检验站，在市畜牧站增挂市饲料质量监督所和市乳品管理站牌子。撤销市兽医站、市兽医诊断室组建市动物防疫监督站；撤销市兽医卫生监督检验所、市动物检疫站，组建市兽医卫生监督所。2005年，仍是绵阳市畜牧食品局，职能和内部机构不变。

五、德阳市畜牧食品局

1986年，德阳市畜牧兽医机构为德阳市农牧局畜牧科，编制6人。1991年4月，经德阳市人民政府批准设置德阳市畜牧局，与德阳市农牧局实行两块牌子，一套班子，内部分工，各负其责。1997年3月，德阳市畜牧食品局与德阳市农牧局正式分设。德阳市畜牧食品局隶属于德阳市人民政府领导。内设办公室（挂计划财务科牌子）生产科、政策法规科（挂工业办公室牌子），编制17人。局直属事业站6个（畜牧站、动物防疫监督管理站、养蜂管理站、奶业管理站、畜牧兽医管理站、饲料监察管理站）。核定编制34人。在岗人员中高级技术职称7人，中级技术职称9人。2005年，仍是德阳市畜牧食品局，内部机构及职能不变。直属的纯种猪繁育场和种鸡场于2005年完成了改制工作。

六、乐山市畜牧局

1985年5月，乐山撤销地区建市，同时设置乐山市畜牧局。内设办公室、政工科、计财科、生产经营科，直属单位有畜牧站、兽医站、畜禽检疫站、检疫室、科教站、饲草饲料站、冻精站、畜牧服务公司、饲料添加剂厂、兽药厂、种畜场等，有职工86人。

2001年，市行政机构改革后，畜牧局为市政府直属单位，市政府授权对其全市畜牧食品、兽医兽药和饲料进行行政管理。内设办公室、生产科、行政执法科。直属单位在原有基础上增设了兽医卫生监督检验所、家畜血吸虫防治工作站（与兽医站合并办公）。2002年，根据市政府转制文件精神，畜牧服务公司、种畜场、家畜冷冻精液站、种鸡场等妥善安排职工后，转为民营企业或撤销、合并。2005年，仍是乐山市畜牧局，内部机构不变。

七、泸州市畜牧局

1986—1991 年，为泸州市农牧局，下设畜牧站。1991 年 8 月，泸州市政府编制委员会发文设立泸州市畜牧局，为泸州市农牧局领导下的副县级机构。行政编制 3 人，事业编制 30 人。局内设办公室和 6 个直属事业单位（泸州市畜牧繁殖改良站、兽医防疫站、动物检疫站、饲料饲草站、科教站、畜禽服务公司）。1996 年 9 月，经泸州市人民政府批准将泸州市畜牧局由二级局升格为一级局。

2001 年 9 月，泸州市畜牧局定为泸州市政府直属事业单位，市政府授权对全市畜牧生产、动物防疫、兽医兽药、种畜禽和饲料进行行业管理。内设办公室、计财科、生产科和兽医兽药科，编制为 16 人。局直属机构有动物检疫站、科教站、饲料饲草站、畜牧繁育改良站、兽医防疫站，编制 36 人。2005 年仍是泸州市畜牧局，内部机构及职能不变。

八、内江市畜牧食品局

1986 年，为内江市畜牧处。内设办公室、政工科教科、经营管理科。直属单位有畜牧站、品种改良站、兽医站，职工 53 人。1988 年，实行畜牧、食品产销管理体制改革，四川省编制委员会通知决定撤销内江市畜牧处，成立内江市畜牧食品局。将内江市商业局管理的内江市食品公司、内江市肉类联合加工厂划归内江市畜牧食品局管理。内设办公室、企业管理科、业务一科、业务二科、政工科技科。编制 30 人。

1998 年 3 月，内江市畜牧食品局缩编为 14 人，内设办公室、政工科教处、生产处、企业管理处、计划财务处、饲料兽药处、流通处。2005 年，仍是内江市畜牧食品局，职能和内部机构不变。编制 22 人。

九、宜宾市畜牧局

1986 年，为宜宾地区农牧局，一名副局长分管畜牧工作。1997 年 3 月，宜宾撤地建市，将宜宾地区畜牧局与农业方面合并，更名为宜宾市农牧局。同年 5 月，经市编制委员会批准将农业、畜牧分别设置为宜宾市农业局和宜宾市畜牧局，市畜牧局定为宜宾市政府正县级工作机构，设办公室、政工科教科、政策法规科（挂饲料工业办公室牌子）、生产财务科。直属机构设畜牧站、兽医站、动物卫生检疫站、种畜场、父母代种鸡场、畜牧服务公司。

1998 年 2 月，经市政府同意，由市财贸工作委员会下属的饲料工业管理职能调整由市畜牧局承担，宜宾市饲料工业办公室挂靠市畜牧局，1998 年 3 月，市机构编制委员会批准将宜宾地区畜牧兽医训练班更名为宜宾市畜牧兽医技术培训中心。

2001 年 8 月，宜宾市畜牧局改为市政府直属事业单位，人员参照公务员法管理，编制 14 人。直属事业单位 5 个：畜牧站、兽医站、动物卫生检疫站、种畜场、畜牧兽医技术培训中心。父母代种鸡场改为企业。同年 11 月，市政府批准畜牧局内设办公室、政工科教科、生产发展科、饲料工业科（挂市饲料工业办公室牌子）。2003 年 9 月，经宜宾市编制委员会批准，宜宾市饲料兽药检验所为市畜牧局管理的自收自支事业单位，其人员全员聘用，企业化管理。2005 年，仍是宜宾市畜牧局，职能和内部机构不变。

十、遂宁市畜牧食品局

1986 年，为遂宁市农牧局，由一名副局长分管畜牧兽医工作，设畜牧站、兽医站、饲料监测站和兽医卫生监督检验所，共有16人。1996年10月，经市编制委员会批准设置遂宁市畜牧食品局，为市政府主管畜牧生产、兽医兽药和饲料工业的直属工作机构，行政编制15人，内设办公室、计划财务科、生产科教科、饲料工业科、政策法规企业管理科。局直属事业编制18人，设兽医站、畜牧站、饲料监测站、兽医卫生监督检验所以及兽药、饲料检测中心。1997年3月，成立遂宁市饲料工业办公室。2001年11月，机构改革将“政策法规企业管理科”更名为“兽医兽药科”。2005年，仍是遂宁市畜牧食品局，职能和内部机构不变。

十一、南充市畜牧局

1986—1990年，为南充地区农牧局。1990年5月，地区编制委员会决定撤销南充地区农牧局，分别建立农业局、畜牧局。1993年，南充地区撤地建市，将南充地区畜牧局更名为南充市畜牧局。1997年，南充市人民政府决定市畜牧局内设办公室、计划财务科、生产流通科（与南充市饲料工业办公室合署办公）、人事科（与纪检监察合署办公）、政策法规科。2001年，市政府又将畜牧局内设机构调整为4个：办公室（人秘科）、项目计划科、生产流通科（挂南充市饲料工业办公室牌子）、政策法规科，直属单位有畜禽良种繁育改良站、兽医卫生监督管理检验所、兽医防疫检疫站（畜产品安全检测中心）、饲料站、畜牧经济管理站。2005年，仍是南充市畜牧局，职能和内部机构不变。

十二、广安市畜牧食品局

1993年8月，广安五县（市）从南充地区分出成立地区时，在农牧局设畜牧生产科，管理全地区畜牧业。1994年12月，成立广安地区畜牧局，内设办公室、生产科教科。1996年9月，广安地区畜牧局更名为广安地区畜牧食品局。1997年1月，增设饲料工业管理科、市场流通科、政策法规科。1999年1月6日，广安撤地改市后，更名为广安市畜牧食品局。职工23名，其中行政编制13名，事业编制10名。2001年12月，市政府决定撤销政策法规科和饲料工业管理科，设立兽医兽药饲料管理科和计划财务科，市场流通科更名为市场与经济信息科。直属机构有畜禽良种繁育改良站、动物防疫监督站、饲料工业管理站。2005年，仍是广安市畜牧食品局，职能和内部机构不变。

十三、达州市畜牧食品局

1986年，为达县地区畜牧局，内设办公室、业务科、科教科、政工科、计财科。直属事业单位有市防检站、改良站、饲草站、牧工商公司、达县地区牲畜运输检疫站。1988年，成立饲料监测管理站；1992年10月，成立兽医卫生监督检验所，1993年11月，牲畜运输检疫站更名为动物卫生检疫站，与兽医卫生监督检验所一个机构两块牌子。编制39人。

1997年5月，达县地区畜牧局更名为达州地区畜牧食品局。局机关编制25人，内设办公室、政工科、生产科教科、计划财务科、政策法规科。直属企业有地区种畜场、家畜冷冻精液站、牧业开发总公司、祖代种猪场。事业单位有畜禽防疫站、动物卫生检疫站、品种改良站、饲料饲草站、饲料监测站，职工156人。1999年12月，更名为达州市畜牧食品局。2005年，仍是达州市畜牧食品局，职能和内部机构不变。

十四、巴中市畜牧食品局

1993年11月，成立巴中地区，设地区农业局种畜科。1996年5月，成立巴中市畜牧食品局，内设办公室、法制科、计划财务科、生产科教科。局直属事业单位有畜禽防疫站、畜禽品种改良站、饲料饲草工作站、兽医卫生监督检验所。行政编制8人、工勤人员1人、事业编制21人。

2000年12月，撤销巴中地区建立巴中市，巴中地区畜牧局更名为巴中市畜牧食品局。2002年，机构改革为行政局。内设办公室、法制科、生产科教科，行政编制9人。2003年，新增巴中市畜产品安全检测中心。2005年，仍是巴中市畜牧食品局，职能和内部机构不变。

十五、广元市畜牧食品局

1985年5月，经国务院批准设立广元市，同年6月设置广元市畜牧局，为广元市人民政府工作部门序列局。设办公室、计财科、广元市兽医防疫站、品种改良站、饲料饲草站、兽医诊断化验室、动物检疫站。1989年11月，增设人事监察科，经营管理科和市畜牧科教管理站。1992年10月，广元市畜牧局更名为广元市畜牧食品局。2001年12月，市畜牧食品局为市人民政府工作部门序列局。设办公室、人事劳动科、计划财务审计科、生产教育科、兽医兽药执法管理、饲料饲草科（挂广元市饲料工业办公室牌子）、市场经济信息科和直属机关党委。2002年9月，市畜牧食品局增设广元市蜂业管理站、广元市畜产品安全检测中心，分别与市畜牧生产站、市饲料管理站实行两块牌子，一套人马。2005年，仍是广元市畜牧食品局，职能和内部机构不变。全局共有职工84人。

十六、雅安市畜牧局

1986—2001年，为雅安地区畜牧局，下设办公室、畜牧站、兽医站和药检科，编制20人。1994年，又增设了兽医卫生监督检验所和饲料监察站。1995年，成立了雅安地区饲料工业办公室，办公地点设在地区畜牧局。

1997年，雅安地区机构编制委员会核定雅安地区畜牧局内设办公室、政策法规监察科、生产科教站、饲料工业站、流通管理站、繁育改良站。行政编制9名，机关后勤事业编制2名，事业编制25名。

2001年，雅安地区撤地建市，经中共雅安市委、雅安市人民政府批准，雅安市畜牧局为市政府工作部门，负责对全市畜牧生产、动物疫病防治、兽药和饲料行业进行管理。内设办公室、动物生产科、动物保护科，行政编制8名，工勤人员2人，事业编制25名。2003年，工勤人员增至3名。2005年，仍是雅安市畜牧局，职能和内部机构不变。

十七、眉山市畜牧局

1997年5月，国务院批复调整乐山市行政区划，成立眉山地区。同年8月，眉山地区行署批准设置眉山地区畜牧局，为行署组成部门。1997年9月，中共眉山地委批准成立地区畜牧局党组。1997年9月，地区行署批准成立地区饲料办公室，与畜牧局合署办公。1997年12月，地区行署批复畜牧局“三定”方案，内设办公室、计划财务科和生产科教科。下设兽医站、畜牧站、饲料饲草站、兽药监察站、兽医卫生监督检验所和畜牧兽医服务中心。行政编制7人，事业编制29人。

2000年12月，眉山撤销地区设市后，更名为眉山市畜牧局。2001年11月，机构改革，市畜牧局为市政府组成部门，内设科室和下设事业单位未变，行政编制9人，事业编制29人。2003年10月，成立眉山市奶业发展办公室，挂靠市畜牧局。2005年，仍是眉山市畜牧局，职能和内部机构不变。

十八、资阳市畜牧食品局

1998年6月，中共资阳地委、资阳地区行署确定建立资阳地区畜牧食品局（挂食品饲料办公室牌子)，为资阳地区行署直属事业单位。由原内江市畜牧食品局划分到资阳地区畜牧食品局13人(行政11人，事业2人)。内设办公室、政工处、生产科教处、饲料兽药处、流通处、法规处。

2000年12月，资阳撤地建市。资阳地区畜牧食品局更名为资阳市畜牧食品局（资阳市饲料办公室)。为市政府直属事业单位，市政府授权对全市畜牧食品兽药兽医和饲料进行行业管理，内设办公室、政工科、生产科教科、兽医兽药科、饲料科、流通科。设立直属单位3个，动物防疫监督站、畜牧站、饲料监测站。

2005年，仍是资阳市畜牧食品局，职能和内部机构不变。2005年12月，资阳市机构编制委员会发文，撤销资阳市饲料监测站，成立资阳市畜产品安全检测中心，核定事业编制8人。

十九、阿坝藏族羌族自治州畜牧局

1986年，为阿坝藏族羌族自治州农牧局，设置畜牧科。1998年2月，经州机构编制委员会批准撤销州农牧局，分别设置州畜牧局和农业局，均列入州人民政府工作部门序列。州畜牧局内设办公室、政工科、计划财务科、科技教育科、生产科（挂草原防火办公室牌子)，行政编制24名。2001年和2003年内设机构进行了两次调整后，设办公室、人事科、生产科教科（挂草原防火办公室牌子)、项目投资管理科、产业化办公室，行政编制16名。直属单位有草原监理站、动物防疫监督站、畜禽繁育改良站，编制64名。畜牧兽医科学研究所于2004年与州农科所、林科所、信息所合并成阿坝州科学研究院，下设畜科所。兽医生物药品厂在2001年前属阿坝州畜牧局主管，2002年与成都维尔乐元亨药业有限公司合作，更名为利亨生药药业有限公司。2005年，仍是阿坝州畜牧局，职能和内部机构不变。

二十、甘孜藏族自治州畜牧局

1986—1990年，为甘孜藏族自治州农牧局。1990年，经州编制委员会批准设置甘孜藏族自治州畜牧局，为主管全州畜牧、草原、兽医兽药和饲料工业的州政府工作部门。内设纪检组、办公室、人事科、产业指导科（挂草原防火指挥部办公室牌子)、计划财务科（挂审计科牌子)、政策法规科(挂经济信息科牌子)，编制22人。局直属机构有动物检疫站、兽医卫生监督检验所、草原监理站、草原工作站、兽医工作站、家畜改良站、液氮站、乾宁种畜场、昌台种畜场、畜牧兽医技术服务中心、畜牧业科学研究所。2005年，仍是甘孜州畜牧局，职能和内部机构不变。

二十一、凉山彝族自治州畜牧局

1986—1990年，凉山州畜牧局内设办公室、人事科、计划财务科；直属事业单位有畜牧站、兽医防检站、草原站、牧业经营管理站、牧业科教站、“草地——城市农业系统开发示范项目”办公室、四川省农广校凉山畜牧分校及凉山州畜牧兽医科学研究所。直属企业单位有凉山州畜牧局试验养殖场、七里坝种羊场、乌科畜种场、螺髻山种畜场、牧工商联合公司、畜牧饲料研究所。

1990年以后，随着畜牧业的发展，凉山州对畜牧机构进行了调整、完善。到2005年内设行政机构有办公室、人事科、计划财务科、法规科（对外挂凉山州人民政府饲料工业办公室牌子)；事业单位有凉山州畜牧站、动物防疫监督站、动物产品安全监测检验中心、草原站、草原监理站、凉山州畜牧局螺髻山自然保护区管理处、牧业经营管理站、牧业科教站、四川省农业广播电视学校畜牧分校、凉山州“草地——城市农业系统开发示范项目”办公室，在职职工296人，其中公务员2人，事业人员71人。直属单位有凉山半细毛羊原羊场、七里坝种羊场、父母代种鸡场、祖代种场、凉山州畜牧兽医科学研究所。企业单位有凉山州牧工商联合公司、凉山州畜牧饲料厂。2005年，仍是凉山州畜牧局，职能和内部机构不变。

第三节 县级畜牧兽医管理机构

2005年，全省县（区、市）畜牧兽医机构共有177个。其中，行政机构55个，人员参照公务员法管理的事业机构56个，事业机构66个。2005年，全省共有乡镇牧兽医站5278个，见表7－1。

2005年四川省县级畜牧（食品·农牧）局一览表

表7－1

地（市、州）畜牧（农牧）局	县（市、区）畜牧（食品）局	县（市、区）农牧局
成都市农业委员会	新都区、温江区、双流县、金堂县、郫县、大邑县、新津县、蒲江县、崇州市、邛崃市、彭州市、都江堰市	青江白区、龙泉驿区
自贡市畜牧局	荣县、富顺县、大安区、自流井区、沿滩区、贡井区	—
攀枝花市农牧局	米易县、仁和区	盐边县、东区、西区
泸州市畜牧局	泸县、古蔺县、叙永县、合江县、江阳区、纳溪区、龙马潭区	—
德阳市畜牧食品局	绵竹市、广汉市、罗江县、中江县、什邡市、旌阳区	—
绵阳市畜牧局	涪城区、游仙区、江油市、安县、梓潼县、三台县、北川县、平武县、盐亭县	—
广元市畜牧食品局	利州区、元坝区、朝天区、旺苍县、苍溪县、剑阁县、青川县	—
遂宁市畜牧食品局	船山区、安居区、蓬溪县、射洪县、大英县	—
内江市畜牧食品局	市中区、东兴区、资中县、隆昌县、威远县	—
乐山市畜牧局	市中区、五通桥区、沙湾区、金口河区、峨眉山市、犍为县、井研县、夹江县、沐川县、峨边彝族自治县、马边彝族自治县	—
南充市畜牧局	阆中市、营山县、南部县、仪陇县、蓬安县、西充县、高坪区、嘉陵区、顺庆区	—
宜宾市畜牧局	宜宾县、南溪县、江安县、长宁县、高县、筠连县、珙县、兴文县、屏山县	翠屏区
广安市畜牧食品局	广安区、岳池县、武胜县、邻水县、华蓥市	—
达州市畜牧食品局	通川区、达县、大竹县、渠县、开江县、宣汉县、万源市	—
巴中市畜牧食品局	巴州区、通江县、南江县、平昌县	—
雅安市畜牧局	雨城区、名山县、荥经县、汉源县、石棉县、天全县、芦山县、宝兴县	—
眉山市畜牧局	东坡区、仁寿县、彭山县、丹陵县、洪雅县、青神县	—

续表7－1

地（市、州）畜牧（农牧）局	县（市、区）畜牧（食品）局	县（市、区）农牧局
资阳市畜牧食品局	雁江区、简阳市、安岳县、乐至县	—
甘孜藏族自治州畜牧局	色达县、理塘县、白玉县、石渠县、德格县、巴塘县	康定县、泸定县、丹巴县、雅江县、稻城县、乡城县、甘孜县、炉霍县、得荣县、道孚县、新龙县、九龙县
阿坝藏族羌族自治州畜牧局	红原县、壤塘县	汶川县、理县、茂县、阿坝县、若尔盖县、松潘县、九寨沟县、黑水县、金川县、小金县、马尔康县
凉山彝族自治州畜牧局	西昌市、会理县、会东县、普格县、宁南县、德昌县、冕宁县、盐源县、木里县、昭觉县、金阳县、布拖县、美姑县、雷波县、越西县、喜德县、甘洛县	—

第二章　省直属事（企）业单位

第一节　事业单位

一、四川省动物防疫监督总站

中共四川省委1978年8月批准在四川省畜牧局下设四川省畜牧兽医总站后，先后多次对四川省动物检测诊断和动物疫病防控机构进行充实调整。1980年，四川省畜牧局为正厅级局，1981年，省编委批准建立四川省兽医防疫检疫总站，为省畜牧局管理的直属事业单位。1982年2月，省编委明确四川省兽医防疫检疫总站为正县级事业单位，核定编制75名。1992年6月，根据人事部、卫生部、农业部文件精神，建立四川省动物血吸虫病防治站，为省畜牧局管理的副县级事业单位，确定编制10名由四川省兽医防疫检疫总站连人带编一并划拨，但办公仍与四川省兽医防疫检疫总站合署办公，同年，批准成立四川省兽医卫生监督检验所，经省编委批准与四川省兽医防疫检疫总站两块牌子、一套人马。1998年6月，根据《中华人民共和国动物防疫法》的有关规定，撤销原增挂在省兽医防疫检疫总站的四川省兽医卫生监督检验所牌子和撤销中华人民共和国成都动物检疫所牌子，将省兽医防疫检疫总站与省动物血吸虫病防治站合并，更名为四川省动物防疫监督总站，主要行使《中华人民共和国动物防疫法》授予动物防疫监督机构的职能，即对家畜家禽和人工饲养、合法捕获的其他动物疫病的预防、控制和扑灭；对动物和动物产品的检疫；依法对动物防疫工作进行监督。同年5月，农业部职业技能鉴定指导中心批准成立四川省兽医职业技能鉴定站（牌子挂在四川省动物防疫监督总站，工作由四川省动物防疫监督总站执行），负责组织开展全省动物疫病防治员和动物疫病检验员等工种的职业技能考核考试和鉴定工作，2002—2005年期间，共开展职业技能鉴定20期，鉴定合格并获证书5899人。2001年5月，增挂四川省动物疫病监测诊断中心牌子，负责全省动物疫病监测、诊断和疫情监督工作。内设办公室、财务科、防疫科、监督管理科、血防科。2003年，增设重大疫病防治科、无害化处理场和检疫隔离场管理科（简称两场管理科）、基层管理科、诊断室。2005年12月，仍是四川省动物防疫监督总站，正县级事业单位，职能和内部机构不变。

二、中华人民共和国成都动物检疫所

由于成都—香港空中直航开通，农牧渔业部根据国务院国函宗96号文精神，于1982年3月批准暂由“四川省兽医防疫检疫总站”挂“中华人民共和国农牧渔业部成都动物检疫站”牌子，“指定两人执行对外动检工作”。

1985年3月，省编委正式批准建立“中华人民共和国农牧渔业部成都动物检疫站”，并明确为

县级事业单位与四川省兽医防疫检疫站合署办公。1988 年 9 月，又更名为“中华人民共和国成都动物检疫站”，核定编制 15 人，仍属县级事业单位，与四川省兽医防疫检疫站合署办公，主要负责成都海关进出口动物、动物产品的检疫，指导四川全省交通检疫有关业务。1993 年 4 月，“中华人民共和国成都动检所”与“成都植物检疫所”整合，各划 7 个编制，共同成立“中华人民共和国动植物成都检疫所”并将该所上交国家动物植物检疫总所统一管理，人、财、物和业务工作归农业部管理，但党组织关系仍挂靠四川省农业厅。

三、四川省兽药监察所

1985 年 5 月，省编委同意四川省兽药管理检验所更名为四川省兽药饲料监察所，承担全省兽药管理检验工作和饲料监察工作，核定编制 40 名。1985 年 11 月，省编委明确其为正县级事业单位。1987 年 10 月，省畜牧局同意其内设一科五室，即药政科、饲料检验室、办公室、化学药品检验室、抗生素检测室、中药检验室。1989 年 3 月，省编委划转 10 名编制到新成立的四川省饲料工作总站（饲料监察不再归兽药监察所）。2001 年 5 月，该所增挂四川省兽药残留监控中心牌子。2002 年5 月，因四川省饲料工作总站增挂了四川省饲料监察所牌子，四川省兽药饲料监察所也相应更名为四川省兽药监察所。四川省动物保健品协会的日常事务由四川省兽药监察所牵头。2005 年，仍是四川省兽药监察所，正县级事业单位，职能和内设机构不变。

四、四川省草原工作总站

1984 年 6 月，省编委批准成立，核定事业编制为 40 名。主要开展牧草技术推广、示范、培训和草原生态保护与牧草生产技术规范指导，牧草品种改良和资源保护，牧草质量检测等工作。1987 年 2 月，该站增挂“四川牧草种子检验中心”牌子，实行一套机构两块牌子。1989 年 3 月，建立四川省饲料工作总站时，其饲料职能部分相应划出，并划转 10 名编制归省饲料工作总站。内设办公室、草原建设科、草原保护科、草原监测科、牧草种子科、草坪科和牧草种子检验中心。2005 年，仍是四川省草原工作总站，正县级事业单位，内设机构不变。

五、四川省畜禽繁育改良总站

1986 年 2 月，省编委批准建立四川省畜禽繁育改育总站，并明确为正县级事业单位，核定编制 60 名，行政管理归省畜牧局。2004 年 11 月，经省编制委员会批准增挂四川省种畜禽质量检测站牌子。主要开展畜牧业技术推广、示范、培训和畜牧生产技术规范指导，畜禽品种改良和资源保护，种畜禽质量检测等工作。内设办公室、财务科、种畜科、草食牲畜科，下辖种公牛站（成都市龙泉驿区）、波尔山羊种羊场（成都市大邑县）、四川省家畜冷冻精液中心站等。四川省畜牧业协会的日常事务由四川省畜禽繁育改育总站牵头。2005 年，仍是四川省畜禽繁育改良总站，正县级单位，内设机构不变。

六、四川省蜂业管理站

1986 年 2 月，四川省编委批准成立，为副县级事业单位，核定编制 10 名。主要承担养蜂、蜜蜂育种、蜂产品质量检验、新产品开发研究、技术推广等工作。2002 年 3 月，更名为四川省蜂业管理站，明确为正县级单位。2002 年 12 月，增挂四川省蜂产品质量检验中心牌子（为一套人马，两块牌子）。内设办公室、生产发展技术管理科、蜂产品质量监督管理科、蜜蜂品种及资源保护科。

2005年，仍是四川省蜂业管理站，正县级单位，内设机构不变。

七、四川省饲料工作总站

1989年3月，省编委批准成立四川省饲料工作总站，承担全省饲料的生产管理、质量监督检验和先进技术的开发、推广工作，核定编制20名，由四川省兽药饲料监察所和省草原工作总站各划转10名事业编制。1997年11月，中华人民共和国农业部授权四川省饲料工作总站成立“农业部饲料质量监督检验测试中心（成都）”。1998年，农业部职业技能鉴定指导中心批准成立“四川省饲料职业技能鉴定站”，负责组织开展全省所有饲料工种的职业技能考核考试和鉴定工作，1999—2005年，共开展职业技能鉴定16期，鉴定合格并获证书1172人。2001年5月，增挂四川省畜产品安全检测中心牌子，负责全省畜产品安全的检测和监控工作。2002年5月，增挂四川省饲料监察所牌子。2003年4月，中华人民共和国农业部授权四川省畜产品安全检测中心承建农业部畜产品质量安全监督检验测试中心。内设办公室、生产技术开发科、业务科、监测一室、监测二室。2005年12月，仍是四川省饲料工作总站，正县级事业单位，职能和内部机构不变。

八、四川省畜牧食品后勤服务中心

1993年4月，为推进后勤服务工作社会化，进一步加强对省畜牧食品办机关院内10个单位后勤服务的统一管理，省编委同意成立四川省畜牧食品后勤服务中心，为省畜牧食品办直属正县级事业单位。核定事业编制25名，由院内所属单位连人带编划拨。中心成立后应实行独立核算，自负盈亏，逐步向企业化过渡。1995年12月，四川省人民政府办公厅《关于印发四川省畜牧食品局职能配置、内设机构和人员编制方案的通知》进一步明确，局机关后勤中心已成立，不再另作批复。省机构编制委员会原核定机关后勤服务中心事业编制25名不变；鉴于中心承担着局机关后勤服务工作，同意在中心25名编制中，由财政补贴经费的事业编制6名。但随着省级机关国有资产实行统一管理等因素影响，后勤服务中心经费预算形式带来的负面因素日益凸显，2003年9月，四川省畜牧食品局多次与省编办沟通协调，要求解决预算管理方式，省编委也积极同省财政厅衔接，并去函建议省畜牧食品后勤服务中心25名编制的经费仍维持原有渠道不变，即继续实行“核定收支、定额补助”的预算管理办法。

九、四川省草原监理站

省编委于2001年11月15日批准成立，正县级事业单位。核定编制10名，由省动物防疫监督总站和省畜禽繁育改良总站各划拨5名事业编制构成。主要承担全省草原执法和监督管理工作。内设办公室、执法监理科、建设监测科。2005年，仍是四川省草原监理站，内设机构不变。

十、四川省畜牧食品市场信息中心

2003年10月，经省编制委员会批准成立四川省畜牧食品信息中心，该中心为正县级事业单位，隶属于四川省畜牧食品局，与省畜牧技术培训中心两块牌子一套人马。主要职能：收集整理畜牧业生产动态、市场供求、畜牧科技、供销价格等信息，做好分析处理并及时向生产和流通部门反馈；逐步建立完善信息网络体系，为省畜牧食品局的客观决策和广大生产经营者服务；承担和组织主管部门委托的非经营性公益活动及畜牧业新技术推广。

十一、四川畜牧兽医杂志社

四川畜牧兽医杂志社系原天府牧业报社更名而来。1985 年 4 月，四川省科技委员会同意《四川畜牧兽医》由内部发行改为国内公开发行。1986 年 8 月，中共四川省委宣传部同意省畜牧局、省畜牧兽医学会共同创办《天府牧业报》。1987 年 2 月，省编委同意《天府牧业报社》为副县级事业单位，核定事业编制 12 名，实行企业管理，独立核算，自负盈亏。1994 年 2 月，省编委鉴于天府牧业报已从旬刊改为周一刊，并兼办四川畜牧兽医杂志（季刊），同意天府牧业报社为正县级事业单位，核定自收自支编制 20 名。1997 年 11 月，国家新闻出版总署通知停办《天府牧业报》。1998 年 5 月，省科委同意《四川畜牧兽医》由季刊改为月刊。2000 年 3 月，国家新闻出版署颁发《四川畜牧兽医》期刊出版许可证，国际标准刊号 ISSN1001-8964，国内统一刊号 CN51-1181/S。2001 年 4 月，省编委同意将天府牧业报社更名为《四川畜牧兽医》杂志社，编制核减为 14 名，仍为正县级自收自支事业单位。

十二、四川省畜牧科学研究院

1986 年 2 月，省编委明确四川省畜牧兽医研究所为正县级科研事业单位，核定编制 220 名。1986 年 6 月，四川省农牧厅同意其建立四川省畜牧兽医研究所实验兽药厂。1999 年 1 月，省编委同意省畜牧兽医研究所更名为四川省畜牧科学研究院。更名后，隶属关系、机构规格、人员编制、经费开支渠道及内设机构等均不作变动。2003 年 10 月，划拨编制 3 名到省畜牧食品市场信息中心。2005 年 12 月省畜牧食品局同意其设立四川省饲料科技研发中心。院内设管理机构有：办公室、科技处、人事处、财务处、后勤服务中心。科研开发机构有：饲料研究所、家禽研究室、兽医研究所、养猪研究所、养兔研究所、草食家畜研究所、生物技术研究所、兽医生物研究所、四川省珍贵动物技术服务中心、四川省种猪性能测定中心、四川省养猪研究基地、四川省畜牧工程咨询中心、四川省奶业技术研究中心、四川省畜牧高科技园区、四川省饲料科技研发中心、四川省优质鸡工程技术研究中心、动物遗传育种四川省重点研究室、中国农业科学院西南畜牧研究中心。科技企业有：四川省畜牧饲料有限公司、四川鼎尖动物药业有限公司、四川省大恒家禽育种有限公司。

十三、四川省草原科学研究院

四川省草原研究所系原省生物研究所设在红原县的草原工作站扩建而来，起初由阿坝州委和省科委双重领导。1980 年 4 月省政府同意改为省畜牧局直接领导。1986 年 2 月，省编委明确四川省草原研究所为正县级科研事业单位，核定编制 120 名。2003 年 4 月，省畜牧食品局批复其内设机构调整，同意该所人事劳资科更名为人事处，计划财务科更名为计划财务处，科技开发科更名为科技处，牧草研究室更名为牧草研究中心，草原研究室更名为草地资源环境研究中心，畜牧研究室更名为牦牛研究中心，獭兔研究室更名为草食家畜研究中心，生态草业科技开发中心更名为草业工程研究中心，化验室更名为分析测试中心，资料室更名为文献信息中心，新设高原特种植物研究中心。2003 年10 月，划拨编制 23 名到省畜牧食品市场信息中心。2005 年 8 月，经省编委同意将研究所更名为四川省草原科学研究院，更名后，隶属关系、机构规格、人员编制、经费开支渠道及内设机构等均不作变动。内设办公室、科技处、人事处、计划财务处。科学研究体系有：牧草研究所、草地资源环境研究所、牦牛研究所、獭兔研究所、草坪研究所、草地勘察设计研究所、草业机械装备研究中心。科学支撑体系有：综合实验室、草业科技培训中心、文献信息中心、四川草业杂志社、草地动植物标本室；四川省阿坝红原基地、新津科研基基地、郫县犀浦科研基地。全院正式职工91 人。当时有专业技术人员 64 人，其中高级专家 19 人，中级专业技术人员 16 人。博士 2 人、硕士 14 人、本科 27 人、专科 26 人、中专（高中）12 人、初中以下 10 人。

十四、四川省养猪研究所

四川省养猪研究所是专门从事猪的繁殖育种、饲料营养、疫病防治研究、科技产品开发和技术推广工作的农业科研单位。1986 年 2 月，省编委明确四川省养猪研究所为正县级科研事业单位，核定编制 245 名，差额补贴。1993 年，被四川省人民政府命名为“文明单位”。1995 年 4 月，省政府同意经费形式由差额预算改为全额预算管理。1997 年 6 月，根据四川省委、省政府意见，随重庆市直辖，该所成建制全部划转给重庆市农牧渔业局管理。

十五、四川省阳平种牛场

四川省阳平种牛场隶属于省畜牧食品局，正县级事业单位。1986 年 2 月，省编委核定四川省阳平种牛场在原有职工 116 人的基础上新增加 24 人，共核定事业编制 140 人，实行企业管理，差额补贴。1991 年，新增编制 15 人，共计 155 人。新增 15 名人员的经费由单位自行解决，财政不予拨款。1997 年 12 月，四川省畜牧食品局同意成立四川省阳平乳制品厂，属四川省畜牧食品局国有企业，与阳平种牛场实行两块牌子，一套人马。1999 年 8 月，经四川省经济体制改革委员会批复，同意设立四川省阳平乳品饮料股份有限公司，同年 9 月，经四川省工商行政管理局批准登记注册。2002 年 4 月，四川省畜牧食品局同意四川阳平乳业集团乳制品厂与四川新希望农业股份有限公司合资组建四川新阳平乳业有限公司。

2004 年 4 月，四川省畜牧食品局批复同意四川省阳平种牛场上报的减员分流方案，71 名符合条件的职工都自愿申请，经审核同意于 2004 年 12 月了结事业单位身份。

2004 年 12 月减员分流前，四川省阳平种牛场在册职工 76 人，退休职工 39 人。内设机构：行政办公室、人事劳动科、财务科、生产科技科、草业公司、种牛公司、物业公司、保卫科、牧草试验中心。2005 年，减员分流及实施职工聘用上岗制后，在册职工 76 人，退休职工 39 人。内设机构变更为：行政办公室、人事劳动科、财务科、后勤保卫科、种牛科、草业科、牧草试验中心。

十六、四川省龙日种畜场

四川省龙日种畜场隶属于四川省畜牧食品局，正县级事业单位。1986 年，省编委核定四川省龙日种畜场编制 180 人，实行企业管理，差额补贴。2003 年 9 月，增挂四川省牦牛原种场牌子。内设行政办公室、劳动人事科、计划财务科、生产科技科、保卫科、生产一队、生产二队、生产三队。2003 年，将 3 个生产队分别更名为生产示范一分场、生产示范二分场、生产示范三分场。

主要职责是：为川西北牧区提供良种种畜；保存川西北牧区草地畜牧业的主要畜种——牦牛、藏绵羊、河曲马等珍稀遗传资源；开展本品种选育，良种扩繁与改良利用；进行良种引进及示范推广；牦牛、绵羊的科学养殖示范；并为川西北牧区草地畜牧业科研、新技术示范、培训、教学提供平台。全场草场总面积 31 万亩，可利用草地面积 27 万亩。

十七、四川省原种鸡场

四川省原种鸡场建立于 1988 年 6 月，属四川省畜牧局领导的正县级事业单位，实行企业管理，独立核算，自负盈亏。省编制委员会核编80人，在职职工24人。内设办公室、生产技术科、销售科、饲料厂。承担饲养引进现代和父母代蛋用鸡场。占地52亩。2002年，实行了改制，保留四川省原种鸡场的牌子。2003年5月，正式成立四川省正鑫生物科技有限责任公司，为民营企业。24名职工与省原种鸡场解除了劳动关系，不再保留全民所有制事业单位职工的身份。

十八、四川省原种猪场

四川省原种猪场成立于1989年4月，经省编委批准为全民所有制自收自支的事业单位。由农业部和四川省政府投资固定资产3500多万元，占地211.76亩，是一个集科研、生产经营为一体的大型综合性猪场。核心任务是从国内外引进繁育、推广优良猪种。设育种科、饲料厂、添加剂等生产实体部门，并设有办公室、财务科、销售科。编制为80人。实际有正式职工42人，大中专科技人员35人，占83%。

2001年9月，省编委批准增挂四川省猪育种中心牌子，下设动物遗传育种研究室、饲料营养研究室、兽医诊断及疫病监测室。

2003年11月，实行了“分离式”改制，保留四川省原种猪场牌子，将部分资产剥离出来，组建四川正原猪业有限责任公司。参与改制职工42人均与四川省原种猪场了断全民制事业单位职工的身份关系，并得到了妥善安置。新组建的四川正原猪业有限责任公司注册地址仍在四川省成都市温江区和盛镇渡口村。生产销售长白、大约克夏、杜洛克原种及长大、大长二元母猪等。

第二节　省属企业

一、四川省牧工商联合总公司

四川省牧工商联合总公司与四川省兽医药械物资公司是两块牌子一套人员，统一领导、统一经营、统一核算的国有公司。下设成药科、原药科、生药器械科、饲料科、畜产品科、财务科、办公室、营业部。

按1999年省委、省政府《四川省党政机关与所办经济实体和管理的直属企业脱钩工作的实施意见》和2004年《四川省省级机关与所办经济实体和管理的直属企业脱钩调整改制的实施方案》，2003年，两公司在职职工60人，离退休人员9人，按国家标准计发了安置费和经济补偿金，全体职工与公司解除了劳动合同关系，不再保留全民所有制职工身份。

二、四川省畜牧饲料总公司

1993年3月，四川省畜牧食品办公室委托四川省饲料工作总站筹建四川省畜牧饲料总公司。同年12月，四川省经济委员会批准成立四川省畜牧饲料总公司，规定公司系独立核算、自主经营、自负盈亏，具有法人资格的全民所有制经济实体。

1993年11月，四川省计委批复四川省畜牧食品办公室关于请求审批“西南饲料市场”建设项目建议书报告，同意立项，由四川省畜牧食品办公室正式委托四川省畜牧饲料总公司筹建西南饲料市场。

1994年初，由四川省饲料工作总站牵头，联合四川省饲料添加剂实验厂、四川省精华饲料添加剂厂、成都新世纪饲料研究所、大邑庄园饲料厂四家企业，以联营方式进行四川省畜牧饲料总公司的工商注册登记，注册资本为700万元，为全民一集体联营性质。

1994年，四川省畜牧食品办公室与成都市锦江区三圣乡签订土地长期租赁协议，租用“西南饲料市场”项目建设用地23亩。1995年1月，“西南饲料市场”项目开始动工建设，同年底建成，取名为“西南饲料兽药市场”并开业运营。

由于四川省饲料添加剂实验厂、四川省精华饲料添加剂厂、成都新世纪饲料研究所、大邑庄园饲料厂四家企业联营资本金没有到位，1999年11月，经四川省畜牧食品局报四川省国资委同意，对四川省畜牧饲料总公司组织形式及注册资金进行了变更，并于2000年进行了工商注册变更登记，公司性质变更为国有独资，注册资本86万元。

2006年12月，西南饲料兽药市场所占土地被成都市政府统征，该市场被拆除，四川省畜牧饲料总公司停业。

三、四川绿野开发中心

四川省绿野开发中心是中华人民共和国农牧渔业部畜牧局与四川省人民政府共建草地——城市农业系统开发示范项目时成立。1986年6月，成立项目总指挥部，下设四川草地——城市系统开发项目总体规划成都销售培训中心子项目，1988年3月，将该项目更名为成都农村牧业综合开发中心，属于四川省畜牧局直属企业。1989年10月，更名为四川省绿野草业开发部。1990年9月，更名为四川绿野草业开发中心，属独立核算、自主经营、自负盈亏、具有法人资格的全民所有制经济实体。核定编制80名，在职职工28人。设办公室、财务科、牧草种子销售科、经营部。该中心属于省脱钩办规定的脱钩企业，但由于无力偿还周转金，至2005年12月都没有脱钩。公司已停业，28名职工除保留两人经管中心遗留的国有资产外，其余26名职工在中心领取基本生活费，社会保险金由中心缴纳。6名退休职工已移交省退休管理站。

四、四川省新牧食品工业有限公司

四川省新牧食品工业有限公司是为了与外方合资加快四川猪肉深加工开发，经省政府批准成立的公司，归四川省畜牧食品局管理。1996年7月，在四川省工商局登记，注册资金5000万元，实际资金到位1300万元，为国家大二型企业。

2000年，按省委、省政府要求，省直机关与所办经济实体和管理的直属企业脱钩。2001年，四川省脱钩办公室备案审核时，确定将新牧公司整体移交四川省国有资产管理公司。

四川省志·畜牧志

附　录

一、名　录

四川省级历届畜牧管理机构负责人名录

表附－1

机构名称	职　务	姓　名	任职年度	中共党内职务	任职时间	备 注
四川省畜牧局	局　长	王维训	1979. 12—1983. 11	党组书记	1979. 12—1983. 11	
	副局长	扎　舍	1979. 12—1983. 11	党组成员	1979. 12—1983. 11	
	副局长	张　征	1979. 12—1983. 11	党组成员	1979. 12—1983. 11	
	副局长	杨玉成	1979. 12—1983. 11	党组成员	1979. 12—1983. 11	
四川省农牧厅畜牧局	副厅长兼局长	陈庆福	1983. 01—1986. 11	局分党组书记	1983. 05—1986. 11	
	副局长	刘昌谟	1983. 01—1986. 11	分党组副书记	1983. 05—1986. 11	
	副局长	辜卫忠	1983. 01—1986. 11	分党组成员	1983. 05—1986. 11	
	副局长	胡炬前	1983. 07—1986. 11	分党组成员	1983. 07—1986. 11	
	副局长	敬全林	1984. 04—1986. 11	分党组成员	1985. 04—1986. 11	
	副局长	张新琴	1985. 04—1986. 11	分党组成员	1985. 04—1986. 11	
	顾问	杨玉成	1983. 12—1986. 11			
	局　长	汪懋騩	1986. 11—1992. 05	厅党组成员、分党组书记	1986. 11—1992. 05	
	副局长、副厅巡视员	刘昌谟	1986. 11—1990. 12	分党组副书记	1986. 11—1991. 04	
	副局长	胡炬前	1986. 11—1992. 05	分党组成员	1986. 11—1992. 05	
	副局长	敬全林	1986. 11—1992. 05	分党组成员	1986. 11—1992. 05	
四川省农牧厅畜牧局	副局长	张新琴	1986. 11—1988. 07	分党组成员	1986. 11—1988. 07	
	副局长	雷大晋	1989. 09—1992. 05	分党组成员	1989. 09—1992. 05	
	顾问	杨玉成	1986. 12—1989. 11			
四川省畜牧局	局　长	罗　毅	1992. 05—1992. 12			
	副局长	唐宗长	1992. 05—1992. 12			
	副局长	敬全林	1992. 05—1992. 12			

续表附-1

机构名称	职 务	姓 名	任职年度	中共党内职务	任职时间	备注
四川省畜牧食品办公室	主 任	张新琴	1992.05—1996.02	党组书记	1992.05—1996.02	
	副主任兼畜牧局长	罗 毅	1992.05—1996.02	党组成员	1992.05—1996.02	
	副主任	房楚材	1992.05—1996.02	党组成员	1992.05—1996.02	
	副主任	胡炬前	1993.05—1996.02	党组成员	1993.05—1996.02	
		胡国华		党组成员、机关党委书记	1993.05—1995.12	
	副主任	唐宗长	1994.08—1996.02	党组成员	1994.08—1996.02	
	助理巡视员	高洪光	1995.04—1996.02			
		胡长现	1995.04—1996.02	党组成员、纪检组长		
	副主任	黄德益	1993.05—1996.02	党组成员		
四川省畜牧食品局	局 长	屈坤宁	1996.02—2005.12	党组书记	1996.02—2005.12	
	副局长、巡视员	罗 毅	1996.02—2000.05	党组副书记	1997.01—2000.05	
	副局长	房楚材	1996.02—1997.12	党组成员	1996.02—1997.12	
	副局长	胡炬前	1996.02—1996.12	党组成员	1996.02—1996.12	
四川省畜牧食品局	副局长	唐宗长	1996.02—2006.01	党组成员	1996.02—2005.12	
	副局长	黄德益	1996.02—1997.01	党组成员	1996.02—1997.01	
		胡长现		党组成员、纪检组长	1996.02—2005.12	
	副局长	刘隆平	1996.12—2000.05	党组成员	1996.12—2000.05	
	助理巡视员	黄昌祥	1997.06—2002.08			
	副局长	李昌平	1998.05—2006.01	党组成员	1998.05—2005.12	
	助理巡视员	黄从文	2002.10—2005.12	党组成员、机关党委书记	1998.04—2002.10	
	副局长	但其明	2000.12	党组成员	2000.12—	
	副局长	兰明建	2002.02	党组成员	2002.02—	
		舒 军		党组成员、机关党委书记	2002.10—	
	助理巡视员	向伯先	2002.10		2002.10—	

1986—2005年四川省获省级劳动模范及享受省级劳模以上待遇的畜牧兽医人员名录

表附-2

姓名	获的称号	获此称号的时间和依据	获此称号时所在单位及职务\职称	获的其他主要荣誉	备注
沙马阿支	全国五一劳动奖章	1988年4月，中华全国总工会授予（证书003016号）	先后任凉山州畜牧兽医研究所副所长、调研员，省政协六、七、八届委员，省第七届青联委员	1988年4月中华全国总工会授予“全国优秀科技工作者”称号	
	四川省职工劳动模范	1988年3月，省政府授予（证书001613号）			
周传良	全国民族团结进步先进个人	1988年4月，国务院授予	凉山州畜牧局职工	1983年国家民委、劳动人事部、国家科协授予“民族地区科技进步先进工作者”	
周名海	四川省农业劳动模范	1989年10月，省政府授予（证书890144号）	四川省草原所副所长、研究员、中国牦牛品种协会理事		
张敬贵	四川省农业劳动模范	1989年10月，省政府授予（证书890106号）	宣汉县畜牧局高级畜牧师		
朱绍全	四川省农业劳动模范	1989年10月，省政府授予（证书890144号）	四川省阳坪种牛场职工		
刘道俊	四川省劳动模范	1995年省政府授予	通江县畜牧食品局职工	1997年、2003年两次被达州市委、市政府评为学术带头人	
	全国五一劳动奖章	1998年中华全国总工会授予			
张安福	全省模范军队转业干部	2001年7月，《中共四川省委、四川省人民政府关于表彰全省模范军队转业干部和军队转业干部安置工作先进单位、先进个人的决定》（川委发〔2001〕27号）	四川畜牧兽医杂志社社长、高级政工师	1991年在部队荣获三等功一次；被成都军区空军评为优秀共产党员	省委、省政府文件中明确其“享受省、部级劳动模范待遇”
蒲朝龙	人民满意的公务员	2004年8月，中共中央组织部、中共中央宣传部、中华人民共和国人事部、中央精神文明建设指导委员会（国人部发〔2004〕75号文）	雅安市畜牧局党组书记、局长，研究员	2005年中国农学会授予“全国优秀农业科学工作者”、省科协授予“四川省优秀科技工作者”、雅安市委市政府授予“雅安市首届拔尖人才”等称号	中央四部委文件中明确其“享省部级劳动模范和先进工作者待遇”

续表附-2

姓 名	获的称号	获此称号的时间和依据	获此称号时所在单位及职务＼职称	获的其他主要荣誉	备 注
龚兰英	全国三八红旗手	2004年，中华全国妇女联合会	汉源县畜牧局职工	2002年6月获雅安市首届“十佳百名优秀人物”和“十佳妇女标兵”称号；2003年9月被评为雅安市“优秀乡土人才”	文件中明确其“享受省级劳动模范待遇”
孙远程	四川省劳动模范	2005年4月，省政府川府发〔2005〕12号文授予	南充市兽医防疫检疫站站长、高级兽医师	四川省防治高致病性禽流感先进个人（省政府表彰）	
秦 锻	四川省劳动模范	2005年4月，省政府川府发〔2005〕12号文授予	南充市嘉陵区畜牧局副局长		
张正军	四川省劳动模范	2005年4月，省政府川府发〔2005〕12号文授予	洪雅县畜牧局奶牛协会会长		
石一日约	四川省劳动模范	2005年4月，省政府川府发（2005）12号文授予	金阳县畜牧局草畜工作站站长、畜牧师	2004年4月评为凉山州劳动模范	
刘 勇	四川省劳动模范	2005年4月，省政府川府发〔2005〕12号文授予	西昌华宇有限公司董事长兼总经理、高级畜牧师		
张永华	四川省劳动模范	2005年4月，省政府川府发〔2005〕12号文授予	峨边县畜牧局党组成员、支部书记	2001年乐山市政府授予农业科技先进工作者、乐山市科技兴村先进个人	
冉光品	四川省劳动模范	2005年4月，省政府川府发〔2005〕12号文授予	巴中市巴州区总畜牧师		
张祖雨	四川省劳动模范	2005年4月，省政府川府发〔2005〕12号文授予	自贡市动物防疫监督站（所）副站（所）长、高级兽医师	曾获市农业科技先进工作者称号	
杜华珍	四川省劳动模范	2005年4月，省政府川府发〔2005〕12号文授予	西充县凤鸣绿色产品有限公司职工		

说明：部分劳模获奖依据因原始资料提供不完整缺少相关文号

1986—2005年四川省获国家、省、部级奖励的畜牧兽医科技成果一览表

表附－3

编号	获奖年度	成果名称	获奖单位	获奖人员	授奖单位及等级
			1986年		
1	1986-1	猪的营养需要与饲料配方的研究	东北农学院；北京农业大学；上海市畜牧兽医研究所；四川农业大学	许振英 徐孝义 杨胜 聂光达 杨凤	农业部科技进步二等奖
2	1986-2	四川省大面积推广猪的经济杂交和仔猪补饲技术	四川省畜禽繁育改良站；四川省畜牧兽医研究所；四川省养猪所；成都市、德阳市、绵阳市、宜宾市、泸州市、内江市、乐山市、县畜牧局等单位	袁季广 谷海源 张明本 段诚中 濮家騋	省政府科技进步二等奖
3	1986-3	微机筛选质优价廉饲料配方程序	四川省畜牧兽医研究所	袁西浩 谢选武 万晓农 曾开权 刘仰华	省政府科技进步三等奖
4	1986-4	牛体（牦牛、杂牛）人工培植天然牛黄的试验	阿坝州人工培植天然牛黄试验协作组；壤塘县兽防站；阿坝州兽防站；马尔康兽防站	周开文 李美祥 谢兴国 铙大芬	省政府科技进步三等奖
5	1986-5	长毛兔生产技术开发研究	安岳县科委；四川农业大学	程济栋 杨朝麟 贾厚仲 冷顺烈 余广海	省政府科技进步三等奖
6	1986-6	多箱体取高度蜜的关键技术措施	四川省养蜂学会	李德荣 张全华 叶志安	省政府科技进步三等奖
7	1986-7	提高商品猪瘦肉率及分割肉价值的研究	绵阳地区畜牧技术推广所；绵阳地区食品公司；盐亭县、绵阳市、遂宁县、北川县、剑阁县畜牧局及食品公司；绵阳地区种畜场	朱碧臣 毛东林 黄先全 胡南辉 陈代前	省政府科技进步三等奖
8	1986-8	四川铜羊生产性能的研究	四川省畜牧兽医研究所；成都科技大学	邓泽高 文光华 兰永亿 舒子贞 郭梦能	省政府科技进步三等奖
9	1986-9	四川省高寒草地畜业发展战略研究	西南民院畜牧兽医研究所	蔡立 陈智华 赵长林 刘中原 文桢中	省政府科技进步三等奖
10	1986-10	四川猪乙型脑炎病毒、猪细小病毒的分离与鉴定	四川省养猪研究所	郇捷 曹国文 乔代蓉 黄旭雯 罗建模	省政府科技进步三等奖
11	1986-11	兽医激光手术前麻醉研究	四川农业大学	陈昌均 王成文 杨元碧	省政府科技进步三等奖
12	1986-12	密毛蕨叶诱发黄牛膀胱肿瘤的实验性研究	乐山市畜牧局；四川农业大学；华西医科大学；峨边县畜牧局；马边县畜牧局；乐山市中区畜牧局	赵双正 胡未一 朱堂 孟宪钦 李正川	省政府科技进步三等奖

续表附-3

编号	获奖年度	成果名称	获奖单位	获奖人员	授奖单位及等级
			1987年		
13	1987-1	提高中国牦牛生产性能技术的研究	中国牦牛科研协作组	贲正坤 雷焕章 李孔亮 李庆余 马宗祥 刘国梁	农业部科技进步二等奖
14	1987-2	猪三联苗免疫方法的研究	四川省兽医药械公司；农业部成都药械厂；什邡县畜牧局；邻水县畜牧局	范志明 高瑞伦 唐绍基 廖显登 邱弟清	农业部科技进步二等奖
15	1987-3	四川省大面积推广青贮饲料，促进养猪业持续丰收	四川省草原工作总站；内江市畜牧处；南充地区农牧局；遂宁市畜牧站；重庆市农牧渔业局饲料处；乐山市草原工作站；万县地区饲料站；绵阳市畜牧站；泸州市畜牧站；达县地区饲草饲料站；涪陵地区饲草饲料站；四川省畜牧兽医研究所；宜宾地区畜牧站；隆昌县畜牧站	杨惠清 王远庆 黄昌祥 柏 凡 刘天福 彭增泽 罗蜀农 全学相 张德明 张明芬 周建秋 郑洪灿 刘丙全 周敦厚 何道刚 王碧光 黄五一 文传良 王捷康 杨荣清 昊立元 曾守成 刘德鑫 刘宗杨 周普和 杨永富 唐赞毅 李代宏 张玉文 朱兴涛	农业部丰收二等奖
16	1987-4	畜禽对硒等微量元素需要量及其缺乏症防治的研究	四川农业大学动物营养研究所	杨 凤 端木道 王康宁 王兴佳 姜树林	省政府科技进步二等奖
17	1987-5	引进樱桃谷鸭饲养技术研究	四川省畜牧兽医研究所；绵阳市农牧局；青神县科委；隆昌县畜牧局；乐山市科委农医科	张子元 张良才 姜小雨 叱利民 刘建中	省政府科技进步二等奖
18	1987-6	提高商品肉兔生产综合技术	四川省畜牧兽医研究所；广汉县畜牧局；德阳市中区畜牧局	唐良美 颜洁邦 刘曼丽 周述辉 张继国	省政府科技进步二等奖
19	1987-7	四川省畜禽寄生虫区系调查研究	四川省畜牧兽医研究所；四川省畜牧兽医学院；阿坝州畜牧兽医研究所；凉山州畜牧兽医研究所；绵阳地区畜牧局；乐山地区畜牧局；成都市畜牧局；攀枝花市农委；涪陵地区畜牧局	蒋学良 陈代荣 杨明富 张翠阁 官国均	省政府科技进步二等奖
20	1987-8	四川省扑灭猪五号病综合防治技术	四川省防治牲畜五号病指挥部办公室；四川省兽医防疫检疫总站；四川省食品公司；成都市、重庆市、绵阳市、内江市、自贡市、乐山市、绵竹县防治牲畜五号病指挥部；成都肉类联合加工厂	戚 淳 王子均 徐宝强 曾纪达 袁 伟	省政府科技进步二等奖
21	1987-9	高寒草地草畜结合技术组装配套开发试验	红原县草原工作站	张晋侦 魏泽忠 王祥龙	省政府科技进步三等奖

续表附－3

编号	获奖年度	成果名称	获奖单位	获奖人员	授奖单位及等级
22	1987–10	收集、整理、编写《四川牧草、饲料作物品种资源名录》	四川省草原研究所；四川省畜牧兽医研究所；四川省养猪研究所；西南民族学院；中科院成都分院生物系；凉山州草原站；凉山州畜科所；甘孜州畜科所；阿坝州草原站	杜　逸　赵阳辉　盘朝帮　郭云海　陈修鸾	省政府科技进步三等奖
23	1987–11	提高猪配合饲料质量的综合技术开发	四川省养猪研究所；泸县畜牧局；泸县粮食局；泸州市农牧局	明再勉　骆　意　罗蜀农　范首君　曾杏江	省政府科技进步三等奖
24	1987–12	奶牛配合饲料实用技术	四川省畜牧兽医研究所；成都市凤凰山乳牛分场；成都市苏坡乳牛场；成都市复合添加剂厂；成都将军碑饲料厂	谢选武　邓泽高　聂　建　刘必慧　宋紫华	省政府科技进步三等奖
25	1987–13	提高养鸡大户经济效益技术开发及商品蛋鸡生产技术试验示范	四川省畜牧兽医研究所；温江县畜牧局；成都市华蓉牧工商联合公司；成都市农牧局畜牧处；成都市金牛区畜牧水产局	陈佳荣　左学权　赵思钰　周继湘　周鸿宾　严崇光	省政府科技进步三等奖
26	1987–14	菜籽饼饲料在蛋鸡生产中的作用	四川省畜牧兽医研究所	胡元玉　曾榜铭　周洪群　陈佳荣　郭秀莲	省政府科技进步三等奖
27	1987–15	盆周农村户养兼用杂种牛实用技术研究	四川省畜牧兽医研究所；宣汉县云蒙山联办示范牧场	徐载春　钟世府　陈修鸾　王　淮　张敬贵	省政府科技进步三等奖
28	1987–16	提高奶牛群体生产性能技术改进研究	四川农业大学畜牧学系；雅安地区畜牧局；重庆长江农工商公司；成都农垦农工商公司；汉源县畜牧局；荥经县畜牧局	肖永祚　蒋国材　周荣家　孔　义	省政府科技进步三等奖
29	1987–17	牛胚胎移植技术应用研究	中国科学院遗传研究所；成都市农垦农工商联合企业总公司；成都市凤凰山乳牛分场；四川省畜禽改良总站；四川省畜牧兽医研究所	陈秀兰　谭丽玲　廖景亚　廖和模　严忠全	省政府科技进步三等奖
30	1987–18	商品蛋鸡成套制种技术	四川省畜牧兽医研究所；成都市华蓉公司种鸡场；成都市金牛区种鸡场	陈健秋　王碧和　罗才英　王志巧	省政府科技进步三等奖
31	1987–19	简阳县畜牧体制改革研究	四川省农工委；四川省畜牧局；简阳县畜牧局；“简阳县畜牧体制改革研究”课题组	张新琴　谢自均　朱明华　黄昌祥　周敏谦	省政府科技进步三等奖
32	1987–20	猪丹毒研究——四川省猪丹毒流行病学调查及其病原菌分型鉴定等研究	四川省畜牧兽医学院；成都肉联厂；重庆肉联厂	佘永建　胡世君　周光荣　周秀富　黄　伟	省政府科技进步三等奖

续表附-3

编号	获奖年度	成果名称	获奖单位	获奖人员	授奖单位及等级
33	1987-21	应用核技术测定毛孕酮含量进行乳牛早孕诊断的研究	四川农业大学；雅安市种牛场	刘显义 陈发菊 张永乐 郭大智 宋雪华	省政府科技进步三等奖
			1988 年		
34	1988-1	良种杂交肉鸭技术推广	四川省畜禽繁育改良总站；四川农业大学家禽研究室；四川省畜牧局科教处；乐山市畜牧局；南充地区畜牧局畜牧站；内江市畜牧处、畜牧站；名山县、乐山市中区、峨眉县、眉山县、营山县、南溪县、邻水县、开江县、雅安县、大邑县、夹江县、乐至县、井研县畜牧局	高洪光 曾凡同 李权世 黄国清 任大维 曹正农 刘 洪 郭建林 陈元昌 李明全 李绍康 文模孝 黄仕开 杨 军 王泽玉 黄昌祥 柏 凡 黄培祖 李成章 徐秋明 彭伦辉 袁永函 黄龙江 黄国际 文建秋 敖安蓉 郭济春 刘文锋 毛德坤 卢永春	农业部丰收二等奖
35	1988-2	四川省草地资源调查	四川省畜牧局；甘孜州、阿坝州、凉山州畜牧局；四川农业大学；中国科学院成都生物研究所；四川省自然资源研究所；西南民族学院	周寿荣 张家盛 倪炳炽 姜跃祖 魏泰昌 杜 逸 王普峰	省政府科技进步二等奖
36	1988-3	草原毛虫病毒杀虫剂大面积推广应用及发展研究	四川省草原工作总站；四川大学生物工程学系；四川省草原研究所	李昌平 刘世贵 王志中 杨志荣 钱 亮	省政府科技进步三等奖
37	1988-4	四川农区酸性黄壤地区建立人工草地综合技术	四川省畜牧兽医研究所；四川省阳平种牛场	曾开权 王德华 曹成禹 刘光华 宿维元	省政府科技进步三等奖
38	1988-5	改良牦牛四季泌乳试验	四川省草原研究所；四川省阿坝州畜科所；四川省红原县瓦切牧场；四川省农垦局	郎 杰 黄正华 马吉安 周名海 贲正坤	省政府科技进步三等奖
39	1988-6	“养鸡工厂化、专业化及其加工配套技术开发”系统工程的设计和实施	成都市科委；省科委星火办；成都市金牛区科委；双流县、温江县科委	熊之林 林 刚 周世永 邓志鸣	省政府科技进步三等奖
40	1988-7	四川省栽培“当家”草种区划研究	四川省畜牧兽医研究所；四川省草原工作总站；四川省草原研究所；西南民族学院牧医系；中国科学院成都生物所	曾明义 曾开权 刘忠敏 李昌平 王化春	省政府科技进步三等奖
41	1988-8	奶、牦、犊牛腹泻病原调查及其防治方法的研究	西南民族学院畜牧兽医系；自贡市马鞍山奶牛场	王清江 袁圣蓉 刘内生 于学辉 胡忠民	省政府科技进步三等奖
42	1988-9	猪鸡微量元素硒和锌缺乏病的病理学研究	四川农业大学兽医学系	冯泽光 冯 健 崔恒敏 王德俊 任 侃	省政府科技进步三等奖

续表附-3

编号	获奖年度	成果名称	获奖单位	获奖人员	授奖单位及等级
			1989 年		
43	1989-1	四川盆西亚热带山地草地生态系统与山区畜牧业发展的研究	四川农业大学；云南农业大学；四川省草原研究所；四川省南江县饲草站；四川省雅安地区饲草站；四川省邻水县畜牧局	周寿荣 于友民 蒲朝龙 张世勇 李知照 韩学瑞 周兆琼 毛 凯	农业部科技进步三等奖
44	1989-2	建立水禽基地开展水禽资源的综合开利用	四川省隆昌县畜牧局	郭洪泗 但仲权 黄喜概 徐云根 李辑永 郭继春 姜中华 曾祥楷 金家信 李代明 蒲常学 张帮成 彭增泽 杨官成 门学才	农业部科技进步三等奖
45	1989-3	四川省大面积推广科学养猪综合技术	四川省畜禽繁育改良总站；四川省畜牧兽医研究所；四川省养猪研究所；成都市、重庆市、乐山市、南充市、内江市、绵阳市、德阳市、宜宾市、自贡市、达县市、雅安市、遂宁市县畜牧局、站等单位	段诚中 李德华 叶玉南 刁运华 何道明 赵应安 梅明光 蒋必忠 张征宇 张 尧 张泽田 王实夫 辜义森 刘福元 黄友荣 王邦清 许心诚 吴仁宾 周仁淑 陈侠飞 杨树清 刘孝直 亢正生 赵祥英 高 蓉 康兴发 彭万泉 钟香友 蒋建军 兰洪西 高洪光 张登华 聂 建 付幼群 胡成剑 康大才 张世华 黄国清 郑周全 陈绍忠 李良刚 刘德华 肖培明 邹发洪 任世荣 康文凯 杨合时 赵 明 张夕全 郑万吉	农业部丰收奖一等奖
46	1989-4	成都黄羽肉鸡生产配套技术的推广	成都黄羽肉鸡科研生产联合体；成都市农牧局；四川省畜牧兽医研究所；中国农业科学院畜牧所；成都市畜牧兽医站；都江堰市畜牧兽医站；大邑县畜牧局；温江县畜牧局；彭县畜牧局；成都市第二农科所；温江县公平镇政府；温江县柳林乡政府；龙泉驿区西河乡政府	陈富臣 何加荣 陈佳荣 杨丕玫 汪懋騉 黄梅南 刘树人 郑孔谦 彭祯祥 王长芬 竹镜明 余建明 钱桂芬 吴世品 钟维斌 霍 英 李 东 各海源 杨静山 余富良 张浩然 李文龙 徐宝康 严火珍 刘明对 潘信贤 高帮荣 刘树全 满玉琴 赵建丽	农业部丰收奖二等奖
47	1989-5	瘦肉猪配套技术在基地县开发应用	四川农业大学；省畜科所；省养猪所；简阳县、郫县、新津县、德阳市中区畜牧局	罗治安 刘君锡 刘树橙 黄昌祥 柏 凡 曾代勤 李正确	省政府科技进步二等奖
48	1989-6	绵羊搔痒病（痒病）的发现与扑灭	四川农业大学；凉山州畜牧局；四川省畜牧局	冯泽光 董学虎 敷先成 刘昌谟	省政府科技进步二等奖
49	1989-7	高产牧草阿伯德多花黑麦草引种及栽培技术	四川省草原研究所；南部县畜牧局	盘朝邦 陈 琳 刘国藩 何志明 谢世财	省政府科技进步三等奖

续表附-3

编号	获奖年度	成果名称	获奖单位	获奖人员	授奖单位及等级
50	1989-8	四川畜禽生长素及其质量标准研究	西南民族学院畜牧兽医系；四川省兽药监察所；西南民族学院兽药厂；成都兽药厂；重庆市江北区农业局	王万钦 周国忠 丁建民 汤宗武	省政府科技进步三等奖
51	1989-9	提高农村红苕饲喂肉猪的利用研究	四川省养猪研究所	明再勉 于 莉 刘作华 万有能	省政府科技进步三等奖
52	1989-10	杜洛克猪的品种性能和适应性测定	四川省畜牧兽医研究所；内江地区种猪场；仁寿县种猪场；重庆市种畜场养猪分场	林小伟 马瑞兰 何志刚 高先文 胥 丹	省政府科技进步三等奖
53	1989-11	提高母猪年生产力综合技术措施的研究	四川省养猪研究所；绵竹县畜牧局	陈先达 朱华明 黄正平 石大兴 李晓燕	省政府科技进步三等奖
54	1989-12	川西北牛、羊及黑白花奶牛遗传标记的研究	西南民族学院；四川大学	余桂馨 陈守筠 樊云碧 徐小波 王之淑	省政府科技进步三等奖
55	1989-13	提高雅安引进奶山羊生产性能的研究	四川农业大学；雅安市畜牧局	徐刚毅 黎云贵 郑 铭 宁守蓉 王 超	省政府科技进步三等奖
56	1989-14	进口边区莱斯特羊纯繁保种措施的研究与应用	凉山州畜牧兽医研究所；凉山州畜牧站；凉山州乌科种羊场；凉山州螺髻山种羊场；凉山州青口种羊场	郑洪明 潘英均 敖学成 宋坚忠 周绍铭等	省政府科技进步三等奖
57	1989-15	牦牛布鲁氏菌病疫区应用猪二号菌苗免疫示范推广及效力试验研究	四川省兽医防疫检疫总站；中国兽药监察所；阿坝州畜牧兽医工作站；阿坝县畜牧兽医站；红原县曾防站	余 勇 谭本旭 龙荣升 王浔娥 戚汉君等	省政府科技进步三等奖
58	1989-16	绵羊肺炎霉形体病的研究	四川省畜牧兽医研究所	胡景韶 胡成隆 张道永 蒋学良 向俊琳	省政府科技进步三等奖
			1990 年		
59	1990-1	建昌鸭的选育和利用	四川农业大学家禽室；四川省西昌市建昌鸭种鸭场；凉山州畜牧局；四川省畜禽繁育改良总站	曾凡同 王林全 李志忠 李权世 唐乾元 高洪光 杨志勤	农业部科技进步三等奖
60	1990-2	菜籽蛋白提取脱毒同步法新工艺生产饲料蛋白	四川大学；四川省轻化工学院；湖北省枝江县油脂化工厂	何狄平 陈澄华 黎跃忠 姚正勤 向云峰 伍明华 余 链 李正碧	农业部科技进步三等奖
61	1990-3	中华蜜蜂资源调查	中国农业科学院养蜂研究所；广东省昆虫研究所；四川省畜牧兽医研究所；皖北农学院；吉林省养蜂研究所；中国科学院动物研究所	杨冠煌 许少玉 孙庆海 杨民悦 李桂仙 张思万 赖友胜 李位三 葛风晨 吴燕如 林桂莲	农业部科技进步三等奖

续表附-3

编号	获奖年度	成果名称	获奖单位	获奖人员	授奖单位及等级
62	1990-4	猪囊虫病早期诊断与治疗研究（协作）	吉林农业大学；吉林省榆树县畜牧局；内蒙古林西县畜牧局；吉林省农安县畜牧局；内蒙古赤峰市兽医站；吉林省东丰县畜牧局；四川省凉山州兽医防检站；河北省石家庄地区、内蒙古克什克腾旗、内蒙古巴林右旗兽医站	韩　宇　胡耀辉　顾万军　陈晓平　陈　义　李清阳　王　玉　李映堂　李德福　曹光楠　赵洪儒　巩宝才　何绍江　赵洪明　高俊青	农业部科技进步三等奖
63	1990-5	四川省商品肉兔配套技术开发	四川省畜牧兽医研究所；四川农业大学畜牧系；德阳市畜牧站；乐山市畜牧站；宜宾地区畜牧站；双流县畜牧兽医工作站；德阳市中区畜牧局；大邑县畜牧局；宜宾县畜牧局；什邡县畜牧局；彭山县畜牧局；眉山县畜牧局；中江县畜牧局畜牧站；广汉市畜牧食品局；井研县畜牧局；仁寿县畜牧局；犍为县畜牧局；高县畜牧站；五通桥区畜牧站	宋　育　唐良美　毛德坤　俞汉庚　黄有全　王光棣　王　勇　贺天弼　文韵良　帅蔚文　钟洪林　梁开秀　李培基　孙克勤　钟荣安　谭本裕　罗康民　张玉文　帅国民　何述清　杨朝麟　邓汝渊　柏　凡　高青竹　余广海　陈晓光　杨秀鸿　黄勉成　万庆铭　孙元昌　程济栋　黄国清　李富恒　刘宏晓　李素莲　全有庆　范　宣　铁中民　徐应海　费乾元　罗应亮　谭　海　夏应起　孙白云　郑碧忠　杨家华　杨　良　曾举华　代显明　辜翔荣	农业部丰收奖一等奖
64	1990-6	川西北草地鼠虫害调查	四川省草原研究所；四川省草原工作总站；甘孜州草原站；阿坝州草原站；凉山州草原站	吴正雄　钱　亮　杨盛强　王子中　李昌平	省政府科技进步三等奖
65	1990-7	川西北高寒牧区草地优化经营研究	四川省草原研究所；四川省农牧厅畜牧局草原处；甘孜州农牧局；红原县人民政府	泽　柏　李昌平　李才旺　姜文康　阿　久	省政府科技进步三等奖
66	1990-8	四川省饲料工业发展预测及对策研究（1986—2000）	四川农业大学动物营养研究所；四川省科委业务处	杨　凤　胡泽暄　邓吉辉　蒲继烈　姜树林	省政府科技进步三等奖
67	1990-9	草粉生产技术及在猪饲粮中合理利用研究	四川省畜牧兽医研究所；四川省草原工作总站	徐载春　刘永钢　曹成禹　刘光华　曾洪光	省政府科技进步三等奖
68	1990-10	优质瘦肉猪生产、加工基地建设技术开发	简阳县人民政府；四川省养猪研究所；简阳县畜牧局	黄正才　雷兴国　谭明万　赖履福　刘树橙	省政府科技进步三等奖
69	1990-11	《四川家畜家禽品种志》	四川家畜家禽品种资源办公室；四川省畜牧兽医研究所；四川农业大学；四川省草原研究所；西南民族学院	邱祥聘　龙天厚　李永桂　高冰飞　蔡明光	省政府科技进步三等奖

续表附－3

编号	获奖年度	成果名称	获奖单位	获奖人员	授奖单位及等级
70	1990-12	成都市发展现代化养鸡方案研究	成都市科技发展研究中心；四川省科委业务处；成都市科委农业处；成都市农牧局畜牧处	周世永 郭裕德 熊芝林 陈富臣 林 刚	省政府科技进步三等奖
71	1990-13	引进外援项目，发展四川部分地区草食家畜的开发研究	四川省畜牧局小母牛项目办公室	濮家駜 李永桂 高洪光 徐刚毅 全有庆	省政府科技进步三等奖
72	1990-14	《四川畜牧兽医》杂志为发展畜牧业商品经济服务	四川省畜牧局；四川省畜牧兽医学会；四川省畜牧兽医研究所	侯德慧 李名远 张悌贤 余文正 牟文贵	省政府科技进步三等奖
73	1990-15	鸭大肠杆菌性生殖器官病的研究	四川农业大学兽医系	谢镜怀 廖德惠 吴永林 张尔亮 程安春	省政府科技进步三等奖
74	1990-16	小鹅瘟抗原抗体检测技术	四川省畜牧兽医学院	余永建 黄 伟 周光荣 胡世君 周秀富	省政府科技进步三等奖
75	1990-17	猪瘟兔化弱毒牛肾细胞疫苗的研究	金堂县畜牧局兽医诊断室；四川省兽医总站兽医诊断室	徐和友 涂素华 黄人凤 巫丽华 李丹明	省政府科技进步三等奖
76	1990-18	动物绿脓杆菌感染菌型调查及防治研究	四川省畜牧兽医研究所	胡景韶 张道永 王文贵 陈志平	省政府科技进步三等奖
77	1990-19	鸭丝虫病原形态、生活史和防治研究	四川农业大学兽医系；乐山市畜牧局兽医站；宜宾地区畜牧局兽医站	李明忠 李明伟 赵双正 张光泰 程泽江	省政府科技进步三等奖
78	1990-20	家畜棘球蚴病的流行病学调查及治疗药物筛选	甘孜藏族自治州畜牧科研所	陈德明 毛光辉 翁家英 曹玉琼 雷汉康	省政府科技进步三等奖
79	1990-21	建川杂种鸭养殖技术开发	四川省畜禽繁育改良总站；四川农业大学家禽研究所；四川省畜牧局科教处；乐山市、南充市畜牧局畜牧站	高洪光 王林全 曾凡同 李权世 黄国清 黄忠群 柏 凡 任大雄	四川省星火一等奖
			1991 年		
80	1991-1	四川省商品肉兔配套技术开发	四川省畜牧兽医研究所；乐山市农业科学研究所；四川省畜牧局科教处；四川农业大学畜牧系；乐山市农林技术开发中心	唐良美 郭代荣 黄昌祥 杜明芳 杨朝麟 宋 育 李长根	国家星火奖三等奖
81	1991-2	建川杂种鸭养殖技术开发	四川省畜禽繁殖改良总站；四川农业大学家禽研究室；乐山市畜牧局畜牧站；南充地区农牧局畜牧站；内江市畜牧食品局畜牧中心	高洪光 王林全 李权世 黄国清 黄昌祥 柏 凡 任大雄	国家星火奖三等奖
82	1991-3	绵羊进行性肺炎的监测与防治方法	中国农科院哈尔滨兽医研究所；四川省凉山州畜牧局	魏仁仙 彭达春 韩慧珠 王 微 刘丽娟 李维刚 沈荣里 胡朝元 田 楠 朱 锦 唐乾元 杨类乾 程 江	农业部科技进步二等奖

续表附-3

编号	获奖年度	成果名称	获奖单位	获奖人员	授奖单位及等级
83	1991-4	中国美利奴羊南移的研究	新疆石河子农学院；四川省纺织工业厅；四川省涪陵地区畜牧局；华中农业大学；四川省南川县畜牧局；新疆石河子市纤维检测站；湖北省宣恩县畜牧局；新疆农垦学院；四川省涪陵地区轻纺局；湖北省鄂西州畜牧局	王　牛　吕维斌　万伯仲　宗贤嫱　李芙蓉　傅寅生　万晓春　李昌林　王文顺　刘洪模　王　伦　王金富　曹天星　戴成寿　朱韵皆	农业部科技进步三等奖
84	1991-5	中国亚热带草山草坡种草养畜综合配套技术	中国农业科学院畜牧研究所；中国农业科学院兰州畜牧研究所；甘肃省草原生态所；福建省农学院畜牧兽医系；中国科学院综合考察委员会；北京农业大学畜牧系；江西省农牧渔业厅畜牧兽医局；湖南省畜牧局；四川省巫溪县人民政府；湖北省农业科学院畜牧兽医研究所	陈哲忠　黄文惠　王　培　苏水金　蒋文兰　廖国藩　刘玉红　姚树清　吴克谦　周省善　李向东　林智贵　张志美　林洁荣　张明忠	农业部科技进步三等奖
85	1991-6	商品肉猪生产配套技术推广	重庆市畜禽品种改良站；重庆市农牧渔业局畜牧处；合川县畜牧兽医站；合川县濮横湖乡畜牧兽医站；北碚区东阳镇畜牧兽医站；巴县畜牧兽医站；北碚区畜牧兽医站；重庆市兽医防疫站；巴县长生桥镇畜牧兽医站	吴小娟　何学良　刘业华　赵祥英　刘忠全　粟　剑　王思海　陈侠飞　付幼翔　冉元智　赵家模　苏仕文　刘炳全　李华勤　陈中然　黄明亮　陈开明　梁开列　钟吉云　刘平安　李永伦　侯丽萍　刘道一　杨润香　程其英　李盛财　李乾文　罗纯孝　叶培明　唐登贵	农业部丰收奖二等奖
86	1991-7	四川省淘汰役牛短期育肥技术示范推广	通江县畜牧局；犍为县畜牧局；广元市畜牧局；四川省畜牧局科教处；古蔺县畜牧局；中江县畜牧局；沐川县畜牧局；峨边彝族自治县畜牧局；叙永县畜牧局；宜宾县畜牧局；峨眉山市畜牧局；涪陵市畜牧局；宝兴县畜牧局；四川畜牧兽医研究所；乐山市畜牧局	郭以信　邹发洪　雷文美　吴志强　高成忠　罗宗玉　王　维　蒲维国　杨成勇　杨美健　张永华　马维骏　杨国才　杨明德　胡会平　文韵良　陈元江　蒲晓明　宋林邦　王建武　文本长　邹立和　凌君华　郭发元　陈志清　胡奎虎　黄显忠　晏家象　黄力平　张清明	农业部丰收奖二等奖
87	1991-8	四川农村养猪主要日粮类型及平衡饲养技术的研究	四川省畜牧兽医研究所；德阳市畜牧局	周梅卿　曾榜铭　张　纯　刘宗敏　李　淳　江朝元　刘宗柏	省政府科技进步二等奖
88	1991-9	猪低精量人工授精的规范化研究	四川农业大学；营山县畜牧局；广汉市畜牧中心；三台县畜牧局；南充地区畜牧局；乐山市畜牧局；遂宁市农牧局畜牧站	郑鸿培　白登良　曾先文　黄通良　王金江　王邦清　罗　巍	省政府科技进步二等奖
89	1991-10	四川省畜禽疫病普查	四川省畜牧局；四川省兽医防疫检疫总站；自贡市畜牧兽医站；四川省养猪研究所；四川畜牧兽医学院	罗若兰　胡诚隆　罗长荣　张　东　程　江　叶成儒　刘永芬	省政府科技进步二等奖

续表附-3

编号	获奖年度	成果名称	获奖单位	获奖人员	授奖单位及等级
90	1991-11	高寒草原畜牧业综合技术研究	阿坝州畜科所；若尔盖县农牧局；若尔盖县辖曼种羊场；红原县农牧局	李声源 雍从立 郭隆波 宋远军 陈 勇	省政府科技进步三等奖
91	1991-12	开发蚕沙作猪饲料研究	南充地区畜牧局；营山、蓬安、南充县畜牧局；南充市繁殖场	钶玉钊 王邦清 陈家树 唐作杰 白登良	省政府科技进步三等奖
92	1991-13	淀粉废渣厚层通气发酵制造饲料菌蛋白的生产试验	中国科学院成都生物研究所	马最瑶 徐成基 张 晖 冷 俐 苏成瑞	省政府科技进步三等奖
93	1991-14	蕉藕种植及作猪饲料的开发研究	乐山市饲草饲料工作站；仁寿县畜牧局；沐川县畜牧局；犍为县畜牧局	李正川 张泽田 张立乾 廖兴庆 张玉文	省政府科技进步三等奖
94	1991-15	高产饲料大麦新品种威24	四川省农科院	尹光容 饶世达 李果成 钟锡煊 杨季生	省政府科技进步三等奖
95	1991-16	利用畜禽屠宰物和菜籽饼生产复合蛋白饲料	四川大学；四川草原研究所；四川省开县食品公司临江肉类联合加工厂	李用诚 张学方 袁定义 韩以才 夏昌涛	省政府科技进步三等奖
96	1991-17	LASER-310 微机饲料配方计算系统	万县地区科协微机应用开发组	程开福 丁原新 胡 刚 徐 青 朱 杰	省政府科技进步三等奖
97	1991-18	四川新区绵羊引种饲养适应区研究及巫溪县红池坝绵羊饲养试验	四川省草原研究所；巫溪县畜牧局；四川省畜禽繁育改良总站；巫溪县牧工商公司	何贵明 王教勋 王惠琴 刘达明 奉孝书 谭经绪	省政府科技进步三等奖
98	1991-19	放牧饲养肉鸭补饲颗粒饲料配套开发研究	乐山市畜牧局；乐山市饲料公司；峨眉山市畜牧局；洪雅县畜牧食品局；乐山市市中区畜牧局	黄国清 官少林 黄新生 周 岷 阮胜新	省政府科技进步三等奖
99	1991-20	奶牛胚胎分割技术	成都市农垦总公司；中国科学院遗传研究所；成都市凤凰山乳牛场；四川省农场管理局	陈秀兰 张 莹 廖和模 吴德国 严中全	省政府科技进步三等奖
100	1991-21	瘦肉型商品猪育种方法改进研究	四川农业大学畜牧系	肖永祚 张俊生 邵永中 向定辉 李芳琼	省政府科技进步三等奖
101	1991-22	蜂王浆优质高产配套技术研究推广	四川省养蜂管理；眉山县养管理站	张全华 孙白云 王顺海 柳建勋 蒋立华	省政府科技进步三等奖
102	1991-23	肉用山羊两改一防技术示范推广	四川省畜牧兽医研究所；西阳县畜牧局；简阳县畜牧局；南江县畜牧局；通江县畜牧局	熊朝瑞 邓泽高 刘礼仁 孔志红 杨子爵	省政府科技进步三等奖
103	1991-24	《四川草原》十年情报服务效益	四川省草原研究所	张富川 杜修贵 朗 杰 泽 柏 李才旺	省政府科技进步三等奖
104	1991-25	计算机在四川省畜牧业生产管理上的开发研究	四川省畜牧局；中国科学技术大学	钟云龙 汪懋騉 张润东 董 漾 王丽妮	省政府科技进步三等奖

续表附-3

编号	获奖年度	成果名称	获奖单位	获奖人员	授奖单位及等级
105	1991-26	兔瘟、兔巴氏杆菌病二联苗的研制和应用	四川农业大学；四川省兽医生物药品厂；四川省兽医防疫检疫总站；雅安地区畜牧局兽医站	余广海　蒋元林　曾纪达　张跃明　赵双正	省政府科技进步三等奖
106	1991-27	家兔石膏样毛癣病病源鉴定及药物配制的试验研究	四川省畜牧兽医研究所	周述辉　曾洪良	省政府科技进步三等奖
107	1991-28	生理与病理条件下十八反的比较研究	四川农业大学兽医学系	王天益　毛健宇　柳仲华　汪开毓　汪明月	省政府科技进步三等奖
108	1991-29	鹌鹑系列化生产技术的开发	希望科技研究所；新津县畜牧局；新津县鹌鹑养殖领导小组；新津县科技联合开发服务中心；新津县农办多经科；成都市新津希望公司料厂；成都新津鹌鹑蛋罐头厂；新津顺平鹌鹑良种场	陈育新　张心如　钟光林　唐秋华　谭正平　刘永行　何应全　沈昌明　徐长久	四川省星火奖一等奖
109	1991-30	大面积推广应用猪二号菌苗免疫防治牦牛布病新技术	四川省兽畜防疫检疫总站；甘孜州畜牧兽医工作站；阿坝州畜牧兽医工作站；炉霍县畜牧兽医工作站；康定县畜牧兽医站；松潘县畜牧兽医站	余　勇　张大维　李元义　何　谦　谭本旭　叶成儒　邹国腾	四川省星火奖二等奖
110	1991-31	母猪多胎高产综合技术示范	四川省养猪研究所；泸县畜牧局；隆昌县畜牧食品局；泸州市中区农林畜牧局	骆　意　曹大云　郭洪泗　江兴泽　刘作华　练保田　李缉永	四川省星火奖二等奖
111	1991-32	川西北高原地区羊皮资源的开发	西南民族大学	黄友鹰　王　杰　欧阳熙　王　永	四川省星火奖三等奖
112	1991-33	饲料型高产良种威24大麦示范推广	中江县种子公司；中江县农业局；中江县政府农业办公室	邓伯淳　李运榜　李果成　谢先泽　李　建	四川省星火奖三等奖
113	1991-34	山羊科学饲养综合技术试验示范	万县地区畜牧局；万县畜牧局开县畜牧局；云阳县畜牧局；奉节县畜牧局	童仲生　邱祥益　冉崇富　张　铭　冉　荣	四川省星火奖三等奖
114	1991-35	现代养鸡综合技术开发	成都市科学技术研究设计院；四川省原种鸡场；成都市华蓉牧工商联合公司；成都正大有限公司	周铁茅　王碧和　卢中达　张燕飞　吴传瑛	四川省星火奖三等奖
115	1991-36	川北丘陵山区农户种草养畜技术开发	四川省草原研究所；四川省草原工作总站；四川省剑阁县畜牧局	蒲　翔　范成强　蒋　东　冯明根　白权敏	四川省星火奖三等奖
116	1991-37	四川省113个县用新药驱除猪体内主要寄生虫防治技术推广应用	四川省兽医防疫检疫总站；德阳市兽医站；涪陵地区兽医站；成都市畜牧兽医站	陈代荣　石　谦　谢智明　张霞清　何德渊	四川省星火三等奖

续表附-3

编号	获奖年度	成果名称	获奖单位	获奖人员	授奖单位及等级
117	1991-38	阿坝州草粮（林、果、经）间（套、轮）作推广应用	阿坝州农牧局草原站	陈 涛 杨世钧 肖庆云 阚 聪 王明贵	四川省星火奖 四等奖
118	1991-39	金牛区农户养奶牛配套技术开发	成都市金牛区科委；成都市金牛区畜牧局；成都市金牛区畜牧兽医站	郑联德 黄贵春 周学舫 陈大双	四川省星火奖 四等奖
119	1991-40	农科教结合抓培训，靠科技兴牧奔小康	乐山市畜牧科教站；乐山市教委成教处；乐山市委组织部组织处	胡未一 赵家骥 金之孝 安保胜 魏成松	四川省星火 四等奖
120	1991-41	四川省动物蓝舌病的调查和病原分离	四川省兽医防疫检疫总站；云南省畜牧兽医研究所；万县地区动物检疫站；攀枝花市动物检疫站	林理惠 黄巧玲 孙有荣 吴恩林 康长风	四川省星火 四等奖
			1992 年		
121	1992-1	大面积推广应用猪二号菌苗免疫防治牦牛布病新技术	四川省兽医防疫检疫总站；甘孜州畜牧兽医工作站；阿坝州畜牧兽医工作站；炉霍县畜牧兽医工作站；康定县畜牧兽医站；松潘县畜牧兽医站	余 勇 张大维 李元义 何 谦 谭本旭 叶成儒 邹国腾	国家星火奖 四等奖
122	1992-2	母猪多胎高产综合技术示范	四川省养猪研究所；泸县畜牧局；隆昌县畜牧局；泸州市中区农林畜牧局	骆 意 曹大云 郭洪泗 江兴泽 练保田 李缉永	国家星火奖 四等奖
123	1992-3	仁寿等 3 县市商品瘦肉猪生产配套技术推广	四川省畜禽繁育改良总站；仁寿县畜牧局；广汉市畜牧食品局；彭县畜牧局；四川省兽医防疫检疫总站	袁季广 张泽田 胡成剑 潘信贤 曾传坤 袁志江 何兴梧 王明轩 李权世 周敦厚 杨万良 张登华 陈代荣 王长芬 谭本裕 李文辉 刘兴玉 李年德 钟廾贵 周良兴 谢贤富 徐秋林 王德贵 罗秀琼 刘安荣 李正清 张继伦 唐发珍 彭登富 杨仁民	农业部丰收奖 二等奖
124	1992-4	凉山州草粮（林、果、经）间（套、轮）作推广应用	凉山州草原工作站；喜德县畜牧局；布拖县畜牧局；昭觉县畜牧局；会东县畜牧局；普格县畜牧局	王洪炯 周茂康 安云生 苏德应 苏建华 敖学成 阿的作哈	省政府科技进步 二等奖
125	1992-5	齐卡肉兔配套系的引进与利用	四川省畜牧兽医研究所；德阳市中区多经办；仁寿县畜牧局；彭县畜牧局	唐良美 刘曼丽 兰永亿 谢晓红 曾洪良 陈文昭 刘 林	省政府科技进步 二等奖
126	1992-6	应用“半封闭式新技术”提高意大利蜂经济性状的研究	成都蜂业研究所；成都市养蜂站	翟文蓉 刘集生 潘启彬 杨石泉 郭世崇 徐克明 刘元国	省政府科技进步 二等奖

续表附-3

编号	获奖年度	成果名称	获奖单位	获奖人员	授奖单位及等级
127	1992-7	中型白羽肉鸭杂交组合优选和配套技术示范	四川农大畜牧系；四川省畜禽繁育改良总站；峨眉山市畜牧局；名山县畜牧局；营山县畜牧局	曾凡同　袁季广　马　敏　王林全　周贻昌　白登良　卢永春	省政府科技进步二等奖
128	1992-8	石柱土家族自治县长毛兔生产配套技术开发	石柱县畜牧局；石柱县长毛兔育种协会；石柱县畜牧兽医学会	陈以宁　冉剑波　肖家禄　熊宜强　谭智忠　江兴平　马学祥	省政府科技进步二等奖
129	1992-9	农村鸡新城疫疫苗用量及免疫程序研究	内江市东兴区畜牧中心；农业部成都药械厂	郑自才　高瑞伦　石仕权　余登成　许心诚　王菊龙　杨光秀	省政府科技进步二等奖
130	1992-10	提高玉米秆秸青贮饲用价值关键技术研究	四川农业大学	吴彦奇　徐刚毅　韩延明　郑　铭　刘　谦	省政府科技进步三等奖
131	1992-11	《微机筛选质优价廉饲料配方程序》成果推广应用	四川省畜牧兽医研究所	万晓农　段诚中　刘明辉　高冰飞　刘仰华	省政府科技进步三等奖
132	1992-12	高蛋白牧草与粮食作物间套轮作技术研究	四川农业大学；彭山县农业局；省草原总站；凉山州畜牧局	周寿荣　蒲朝龙　毛　凯　干友发　何　健	省政府科技进步三等奖
133	1992-13	牧草新品种涪陵十字马唐	武隆县畜牧局；涪陵地区饲草饲料站	邹祥铭　朱韵皆　张友明　杨　强　杨建才	省政府科技进步三等奖
134	1992-14	鸡粪再生饲料加工技术及成套设备的试验研究	四川省农业机械研究所；温江农友家禽技术研究所	罗志伟　陈佳荣　蒋立茂　张九明　陈代国	省政府科技进步三等奖
135	1992-15	群鹅养殖技术研究	四川省畜牧兽医研究所；开江县科委；新津县畜牧局；仁寿县畜牧局	张子元　吴　勇　姜小雨　张　斌　蒋隆富	省政府科技进步三等奖
136	1992-16	制定《建昌马标准》	四川农业大学畜牧学系；凉山州畜牧局	董为德　董学虎　罗良方　徐月洪　游　健	省政府科技进步三等奖
137	1992-17	四川省丘陵地区养猪技术综合开发	遂宁市中区畜牧局；四川农业大学	邱志成　杨　凤　王贤伦　乔绍权　唐振祥	省政府科技进步三等奖
138	1992-18	三台县畜牧业科技综合开发及推广应用	三台县畜牧局；四川农业大学畜牧系	袁启松　郑鸿培　王金江　谢厚清　夔永前	省政府科技进步三等奖
139	1992-19	国际农发会雅安畜牧项目科学管理研究	雅安地区畜牧领导小组办公室；雅安市国际农业发展基金畜牧贷款项目领导小组办公室；荥经县国土农发基金会畜牧项目小组办公室；天全县畜牧项目领导小组办公室；芦山县畜牧项目领导小组办公室	张君稳　郑开基　夏佑全　袁华强　彭天才	省政府科技进步三等奖

续表附-3

编号	获奖年度	成果名称	获奖单位	获奖人员	授奖单位及等级
140	1992-20	国产双甲脒防治畜禽主要外寄生虫研究	四川省畜牧兽医研究所；松潘县畜牧局；马边县畜牧局；双流县畜牧局；仁寿县畜牧局	蒋学良 周婉丽 姜芝桂 杨 锋 陈立强	省政府科技进步三等奖
141	1992-21	凉山州畜禽寄生虫综合防治措施研究和大面积推广应用	凉山州兽医防疫检疫站；美姑县兽医防疫检疫站；昭觉县兽医防疫检疫站；会东县兽医站；盐源县兽医站	唐乾元 何绍江 朱 锦 蒋进明 罗锦定	省政府科技进步三等奖
142	1992-22	常规冷库及贮藏时间对出口冻猪、牛、兔肉品质变化影响的研究	四川省商检局	曹同雪 相春茹 李仲仪 蒋挺魁 石如彦	省政府科技进步三等奖
143	1992-23	“希望”牌优质畜禽饲料的开发	成都希望科学技术研究所；新津希望饲料厂	陈育新 张心如 刘永言 杜干英 刘永行 刘永好	四川省星火奖一等奖
144	1992-24	推广秸秆氨化饲料发展牛羊生产	四川省饲料工作站；四川省饲料处；绵阳市畜牧局	李德华 王远庆 曾晓芳 王乃真 张仕华	四川省星火奖三等奖
145	1992-25	牦牛高寒草地暖季育肥技术开发示范	红原县农牧局；四川省畜牧局；西南民族学院；四川省草原研究所；红原县瓦切牧场	文淑义 俄基甲 陈 宇 肖志清 朗 杰	四川省星火奖三等奖
146	1992-26	养蜂综合技术推广	四川省养蜂管理站	张全华 王顺海 叶志安 刘集生 潘启彬	四川省星火三等奖
147	1992-27	仔猪注射补铁配套技术研究及大面积推广	重庆市兽医防疫站；重庆市农牧渔业局；綦江县兽医防疫检疫站	苏承宗 戴祥文 杨 惠 熊仲良 周德群	四川省星火三等奖
148	1992-28	大曲酒糟作肉猪饲料效果研究	四川省农业科学院水稻高粱研究所；四川省养猪研究所	洪 松 刘作华 李永寿 范首君 林德明	四川省星火四等奖
1993 年					
149	1993-1	肉用山羊增产配套技术	四川省畜禽繁育改良总站；四川省畜牧食品办科教处；四川省畜牧兽医研究所；四川省万县地区畜牧局；云阳县畜牧局；奉节县畜牧局；巫溪县畜牧局；马边彝族自治县畜牧局；南江县畜牧局	王教勋 邓泽高 周光明 杨 明 熊朝瑞 袁明仲 贺能万 肖前兵 胡道成 周登钊 奉孝书 杨子爵 邱祥益 侯建中 唐 开 刘良旭 赖纯明 周家兴 杨锦华 张 铭 童仲生 王火明 姚盛明 刘大华 郑光华 周柞平 徐若非 刘顺喜 谭怀远 谌迁贵 肖登富 胡斯元 卢志平 黄 林 贾旌旗 张兴发 冉成洲 贺世然 罗少平 胡佑林 吴尚强 陈兴泽 黄文轩 熊永康 阿枝批尔 唐家敏 李邦银 张发正 胡志英 黄次荣	农业部丰收奖一等奖

续表附-3

编号	获奖年度	成果名称	获奖单位	获奖人员	授奖单位及等级
150	1993-2	自贡、南充片区商品肉兔配套技术推广	自贡市农牧局；南充地区畜牧局；四川省畜牧局科教处；四川畜牧兽医学院；荣县畜牧局；苍溪畜牧局；泸县畜牧局；阆中县畜牧局；富顺县畜牧局；南充县畜牧局；沿滩区农牧林业局；南部县畜牧局；贡井区农林农机水电局；大安区农牧林业局	刘永芬 任大维 余广海 付 刚 黄天善 吴维定 张继峰 陶治国 曹大云 浦秀壮 黄文清 秦 锻 杨华贵 陈 浩 曾永谦 廖志刚 曾令江 杨树森 张纯德 魏大菊 甘德风 刘文峰 张计良 吴光文 廖 刚 曾衍兴 黄家启 仰泽兴 赵 明 周国发	农业部丰收奖二等奖
151	1993-3	商品瘦肉猪生产配套技术推广	重庆市畜禽品种改良站；重庆市农牧渔业局畜牧处；江津市、江北县、綦江县、永川市、长寿县畜牧站；江津市店子乡人民政府，江北县、石船乡畜牧兽医站；綦江县盖石乡畜牧兽医站	吴小娟 粟 剑 王思海 王友明 王永花 黄昌恩 何学良 晋友强 杨昌明 李献伟 刘中文 黄 智 赵应其 高永宁 罗昌富 刘万泉 将廷煊 刘德宏 凌承建 李启钰	农业部丰收奖三等奖
152	1993-4	猪血酶解工艺研究	四川农业大学；郫县清水河肉联厂	胡惠民 陈一资 黄乾明 王得众 纪斗朝 郭德彬	省政府科技进步二等奖
153	1993-5	提高商品肉兔生产力综合技术推广	省畜科所；省畜牧食品办生产科教处；自贡市农牧局	唐良美 刘永芬 黄昌祥 李素莲 余广海 张继国 富 刚	省政府科技进步二等奖
154	1993-6	发酵血粉研究	四川农业大学	王文仕 方尚文 赵金全 彭广能 王英柱	省政府科技进步三等奖
155	1993-7	刺槐叶粉作饲料的利用技术	四川省畜牧兽医研究所；巴中县畜牧局；丰都县畜牧局	徐载春 田育军 杨家豹 刘永钢 冉光品	省政府科技进步三等奖
156	1993-8	红苕日粮浓缩饲料、添加剂预混料养猪技术推广	四川省饲料工作总站；四川省畜牧兽医研究所	曾开权 曾榜铭 李德华 周梅卿 魏 敏	省政府科技进步三等奖
157	1993-9	獭兔饲养及加工技术研究	乐山市五通桥区畜牧局；四川农业大学畜牧系；西南民族学院牧医系；成都科技大学皮革系；四川省家畜改良总站；四川省草原研究所新津养殖场；峨眉山市畜牧局	曾举华 张自强 黄友鹰 骆鸣汉 付昌秀	省政府科技进步三等奖
158	1993-10	麦洼牦牛选育与提高的研究	四川省草原研究所；四川省龙日种畜场	肖志清 江乾伦 高景福 周名海 汤从贵	省政府科技进步三等奖
159	1993-11	种草养奶牛综合技术示范推广	四川省畜禽繁育改良总站；四川省阳坪种牛场；四川省草原工作总站；洪雅县畜牧食品局	肖素兰 方绍华 张新跃 李国清 苟春福	省政府科技进步三等奖
160	1993-12	四川省畜牧业技术政策	四川省畜牧食品办公室	兰明建 黄昌祥 杨惠清 王植力 董 漾	省政府科技进步三等奖

续表附－3

编号	获奖年度	成果名称	获奖单位	获奖人员	授奖单位及等级
161	1993－13	农户家庭养猪适度规模经营研究	四川省委农村政策研究室；四川省畜牧食品办公室	张新琴 黄昌祥 牟文贵 王顺希 赵贵勋	省政府科技进步三等奖
162	1993－14	川西北草地牛皮蝇咀病的研究	西南民族学院；阿坝州畜科院；北京农业大学	蒋锡仕 黄孝玢 宋远军 阿世明 邓孝廷	省政府科技进步三等奖
163	1993－15	藏兽医的发掘与整理	甘孜州畜牧业科学研究所；甘孜州畜牧局	邓世金 江毓烈 张伟辉 何世贵 杜金香	省政府科技进步三等奖
			1994 年		
164	1994－1	四川省肉牛短期育肥综合技术推广	四川省饲料工作总站；四川省畜牧食品办生产科教处；巴中、兴文、盐亭、平昌、南江、宣汉、南川、通江、犍为、古蔺、安岳、叙永、营山县畜牧局	李德华 梁大华 路饮芳 王远庆 杜中平 张德明 李永强 陈明鸣 唐世界 王寿高 凌君华 郁成忠 张立乾 谭 海 冯维藏 吴 平 杨树清 刘海涛 冯建国 曾荣辉 杨春宇 疗杨富 王 斌 刘双华 杜远芳 李 明 黄仕刚 兰明建 张清明 曾汝华	农业部丰收奖二等奖
165	1994－2	商品瘦肉猪配套技术推广	四川省畜禽繁育改良总站；内江东兴区、资中县畜牧局；资中县、内江东兴区畜牧中心；四川省兽医防疫检疫总站	李权世 许心诚 王代宣 袁季广 施成瑜 郑兴友 曾传坤 黄朝菱 曾华富 王 敏 王自厚 詹 彬 陈代荣 蒋友华 朱开祥 佘登成 苟大森 邱公才 刘正荣 陈召文	农业部丰收奖三等奖
166	1994－3	四川白鹅增产技术推广	四川成都市畜牧兽医站；彭州、郫县、蒲江、龙泉驿区畜牧局；成都市农牧局畜牧处、科教处	吴明友 刘启能 张登华 张建宇 王世诚 杨新元 王响太 彭林木 阚 聪 杨大鹏 陈德生 雷三斌 徐召清 刘俊刚 魏富候 杨谜福 方志斌 王孝和 袁志江 欧阳木香	农业部丰收奖三等奖
167	1994－4	半细毛羊综合增产技术	四川省农牧厅农场管理局；四川省阿坝州若尔盖县农牧局	吴华友 李华荣 李玉传 邹道荣 黄金贵 王晓春 田晓丹 雷德谦 仁 青 如 杰 赵大森 甘继云 吉松富 余斯刚 纳 科 付 洪更登泽里 张兴光	农业部丰收奖三等奖
168	1994－5	九龙牦牛种质特性及选育研究	西南民族学院；九龙县畜牧局；甘孜州家畜改良指导站	钟光辉 刘成烈 倪银安 字向东 文勇立 叶子月哈 阿什木罕	省政府科技进步二等奖
169	1994－6	提高黄、水牛产肉力综合技术研究示范	四川省畜牧食品办公室；四川省通江县畜牧局；四川省犍为县畜牧局；四川省巴中县畜牧局；四川省古蔺县畜牧局；四川省沐川县畜牧局；四川省叙永县畜牧局	黄昌祥 李德华 郭以信 吴志强 梁大华 兰明建 罗宗玉	省政府科技进步二等奖

续表附－3

编号	获奖年度	成果名称	获奖单位	获奖人员	授奖单位及等级
170	1994-7	酒糟合理利用研究	四川省养猪研究所	邓吉辉 骆 意 万有能 黄 健 童晓莉	省政府科技进步三等奖
171	1994-8	棉籽饼（粕）去毒作饲料开发技术	四川省农业科学院棉花研究所；四川省简阳县供销合作社	胡尚钦 王均明 鄢金士 杨 晓 文建平	省政府科技进步三等奖
172	1994-9	引进西德饲用作物的优选及应用	四川省畜牧兽医研究所；南江县畜牧局；南江县北极种畜场；阿坝州家畜改良指导站；小金县畜牧局	王德华 陈修鸾 李建华 左学明 贾正贵	省政府科技进步三等奖
173	1994-10	大曲酒糟作肉猪饲料效果研究	四川省农业科学院水稻高粱研究所；四川省养猪研究所	洪 松 刘作华 李永寿 范首君 林德明	省政府科技进步三等奖
174	1994-11	四川省种草养鹅综合技术推广	四川省草原工作站；四川省草原研究所；西南民族畜牧兽医研究所	张新跃 龙光录 刘国藩 郭万祥 李元华	省政府科技进步三等奖
175	1994-12	农户集约化养鸡配套技术在四川省大中城市示范推广	四川省畜牧兽医研究所；四川省畜牧食品办公室；农友家禽研究所；乐山市畜牧站	谷海源 李素莲 张久明 黄国清 李金忠	省政府科技进步三等奖
176	1994-13	辽宁绒山羊和藏山羊的杂交试验研究	四川省畜牧食品办草原处；甘孜州畜科所；道孚县农牧局；金川县农牧局	文淑义 王秋福 蒋忠荣 胡 勇 王承德	省政府科技进步三等奖
177	1994-14	四川省鸡法氏囊病病原分离、病理学及防制研究	四川省畜牧兽医学院	周继勇 朱周福 胡世君 汤 明 李继祥	省政府科技进步三等奖
178	1994-15	中国牦牛肉的利用研究	西南民族学院；色达县牦牛制品厂	黄友鹰 田淑琴 宁 茂 张 琦 杨豫康	四川省星火三等奖
179	1994-16	牦牛与牧草新技术推广	四川省草原研究所；四川省壤塘县草原站；四川省红原县瓦切牧场；四川省红原县龙壤乡人民政府	陈 琳 朗杰泽仁 泽 柏 蒲 翔 邓永昌	四川省星火三等奖
			1995年		
180	1995-1	四川省种草养鹅增产配套技术推广	四川省草原工作总站；乐山市饲草饲料工作站；眉山县畜牧局；彭山县畜牧局；丹棱县畜牧局；夹江县畜牧食品局	张新跃 郭万祥 李元华 李正川 张志敏 谌怀儒 盛光远 李得明 徐百鸣 彭茂蕾 吴华秋 刘汉林 何光武 肖 飚 龙光录 章仕林 商再平 岑学富 王晓斌 邓金元 赵学明 肖仲云 彭开林 彭继银 侯云富 张玉文 马玉萍 王福荣 叶志松 张 灵 陈思全 李云树 高堂军 马维骏 江 林 宋彬泉 黄春芳 汪泽民 李俊杰 李学明 彭建均 黄修灿 卢仕富 许富均 曹正琼 曾建华 胡凤平 何学华 宋晓华 刘淑玉	农业部丰收奖一等奖

续表附-3

编号	获奖年度	成果名称	获奖单位	获奖人员	授奖单位及等级
181	1995-2	优良鹅种及饲养管理配套技术推广	重庆市畜牧兽医研究所；重庆市农牧渔业局；巴县畜牧兽医站；永川市畜牧兽医技术服务中心；大足县畜牧兽医站；荣昌县畜牧站；永川县化龙镇畜牧兽医站；大足县双塔区畜牧兽医站；大足县三驱区畜牧兽医站；綦江县石角镇畜牧兽医站；綦江县三角镇畜牧兽医站；綦江县古南镇畜牧兽医站；巴县白市松岭乡畜牧兽医站；巴县长生惠民乡畜牧兽医站	李授章 冯大胜 彭祥伟 李兴癸 冉元智 张会龙 付幼翔 张明均 李启钰 赵祥英 黎 强 胡 源 郭 军 曾绕华 何富强 刘道一 肖明云 罗德行 罗增辉 张庆辉	农业部丰收奖三等奖
182	1995-3	四川省奶牛增产配套技术	四川省农牧厅农场管理局；成都市农垦奶业公司；自贡市牛奶发展办公室；德阳市市中区园艺场；凉山州农业局；宜宾市畜牧场；攀枝花市综合农场；凉山州物业经营管理站	李华荣 张文钰 马天福 洪孝云	农业部丰收奖三等奖
183	1995-4	重庆市《良种蛋鸡及配套增产技术》	重庆市畜牧总公司；重庆市农牧渔业局畜牧处；重庆市畜禽品种改良站；长寿县畜禽服务公司；江津市畜牧生产站；合川市畜牧局；北碚区畜牧兽医站；铜梁县畜牧业服务公司；巴县畜牧兽医站；华渝牧工商公司	肖建国 陈侠飞 罗恩全 夏洪禄 李 科 周世泽 罗昌富 黄明亮 韩 燕 冯明伦 徐长宏 倪世杰 陈代荣 殷藤香 王发明 刘平安 彭安亨 柳卫东 杨万勇	农业部丰收奖三等奖
184	1995-5	狂犬病（HEP/BHK_{21}）疫苗株及抗体检测技术的研究	四川农业大学；四川省兽医防疫检疫总站；四川省高教科技联合开发中心	郭万柱 冯炳芳 蒋文灿 陈代荣 赵锦芳 汪铭书 王实夫 余广海 罗时南	省政府科技进步一等奖
185	1995-6	大面积推广良种杂交肉鸭配套技术	四川乐山市畜牧站	黄国清 宫少林 阮胜新 赵国基 何学华 谢吉先 吴碧华	省政府科技进步二等奖
186	1995-7	甘孜州红豆草引进与利用	甘孜州草原工作站；甘孜县畜牧局；道孚且农牧局；炉霍、石渠、理塘县畜牧局	何 涛 唐启孟 张平森 彭永东 马建生	省政府科技进步三等奖
187	1995-8	鱼微生物饲料添加剂研究开发及应用	四川农业大学；四川省水产局；乐山市水产站；雅安地区畜牧局	何明清 王红宁 向贵友 吕遂俊 柳 萍	省政府科技进步三等奖
188	1995-9	畜用营养舔砖研制	四川省畜牧兽医研究	徐载春 徐保田 田育军 杨泽全 李 宁	省政府科技进步三等奖
189	1995-10	提高新区细毛羊繁殖育成率的技术研究	四川省草原研究所；南川县畜牧局；涪陵地区畜牧局；武隆县畜牧局	周名海 刘洪模 范成强 姚福吉 余 波	省政府科技进步三等奖

续表附-3

编号	获奖年度	成果名称	获奖单位	获奖人员	授奖单位及等级
190	1995-11	四川省鸡传染性鼻炎病原分离、血清型鉴定防治技术研究	四川省畜牧兽医研究所	张道永　王文贵　林　毅 王泽州　杨晓梅	省政府科技进步三等奖
191	1995-12	奶牛乳房炎的非抗菌素防治研究	四川畜牧兽医学院；成都市农垦局；重庆市沙坪坝区农业局；万县市乳品公司	王　健　莫昌兰　黎晓敏 罗江培　李前勇	省政府科技进步三等奖
192	1995-13	商品肉兔综合规范的制定与贯推	四川省畜牧兽医研究所；四川省畜牧食品局	黄邓萍　唐良美　黄昌祥 詹学英　李素莲	省政府科技进步三等奖
			1996 年		
193	1996-1	重庆市良种鸭及配套增产技术	四川重庆市农牧渔业局畜牧处；重庆市畜牧兽医科学研究所；重庆市畜禽品种改良站；九龙坡区、巴南区、江津、永川、铜县、大足县畜牧局（畜牧技术服务中心）	耿继平　陈侠飞　冯大胜 杜芳植　陈鸿树　刘玉海 李真银　胡　源　李中芬 蔡运荣　郭利敏　罗恩全 肖国良　冉元智　刘成仁 曹树萍　孟代彬　李启钰 胡万年　唐邦海　周祖华 王友明　彭国庆　陈世江 金　斌　刘道一　戚开华	农业部丰收奖二等奖
194	1996-2	荣昌猪瘦肉型品系选育	四川养猪研究所；四川农业大学	龙世发　蒋必光　魏以忠 宋　育　范首君　李学伟 刘宗慧　郭宗义　刘树橙	省政府科技进步一等奖
195	1996-3	南江黄羊肉用新品种选育	南江县畜牧局；四川省畜牧兽医研究所；四川省畜禽繁育改良总站；南江县北极种畜牧场；南江县元顶子牧场；南江县黄羊育种科研所；达县地区畜禽繁育改良站	王维春　熊朝瑞　周光明 贾正贵　何焕周　贾旌旗 邓泽高　罗　鸣　王教勋	省政府科技进步一等奖
196	1996-4	鸭病毒性肝炎的研究	四川农业大学	程安春　蒋文灿　杨邦玲 何启盖　汪铭书　廖德惠 谢镜怀　陈孝跃	省政府科技进步二等奖
197	1996-5	四川瘦肉猪专门化母系Ⅰ系选育及配套利用	四川省畜牧科学研究院	龙天厚　刘君饧　林小伟 吕学斌　马瑞兰　周学万 高冰飞	省政府科技进步二等奖
198	1996-6	新原种鸡的选育（巴巴褐壳蛋鸡的选育）	四川省原种鸡场；成都秋实家禽研究所	陈建秋　虎　彪　杨文志 丁利江　郑小平	省政府科技进步三等奖
199	1996-7	褐壳蛋鸡新品系的选育和自别雌雄配套系的研究	四川农业大学	朱　庆　杨志勤　邱祥聘 曾凡同　谢后清	省政府科技进步三等奖
200	1996-8	四川地区鸡传染性支气管炎诊断防治研究	四川农业大学；成都市种畜场	王红宁　张联盟　钟妮娜 吴全忠　黄　勇	省政府科技进步三等奖

续表附-3

编号	获奖年度	成果名称	获奖单位	获奖人员	授奖单位及等级
201	1996-9	8505猪用全程添加剂配套利用技术	四川省养猪研究所；四川省养猪所饲料添加剂厂	童晓莉 刘作华 曾凡群 曾杏江 杨松全	省政府科技进步三等奖
202	1996-10	鸡败血支原体减蛋综合症流行病学调查、病原分鉴及防治技术	四川省畜牧科学研究院；广汉市畜牧局种禽场；温江农友家禽研究所；乐山、峨眉山畜牧局	张道永 林 毅 王泽洲 王文贵 李 力	省政府科技进步三等奖
203	1996-11	利用猪肥膘肉开发新型食品研究	西南农业大学；资中第一罐头食品厂；达州食品公司	李洪军 吴永娴 贺雅非 傅承德 尚勇彪	省政府科技进步三等奖
204	1996-12	368味兽用中药材11种元素的测定与分析	四川省畜牧兽医学院	王 健 贾仁勇 黎晓敏 宋维平 杨本登	省政府科技进步三等奖
			1997年		
205	1997-1	南江黄羊肉用新品种选育	南江县畜牧局；省畜牧科学研究院；省畜禽繁殖改良总站；南江黄羊科研所；南江县北极种畜场；南江县元顶子牧场；达川地区畜禽品种改良站	王维春 熊朝瑞 周光明 贾正贵 何焕周 贾旌旗 罗 鸣 王教勋 邓泽高	国家科技进步二等奖
206	1997-2	麦洼牦牛群体选育	四川省草原科学研究院；四川省农牧厅；红原县瓦切牧场	朗 杰 李华荣 钟传友 吴贤智 索 朗	农业部科技进步三等奖
207	1997-3	四川省良种肉鸭配套技术推广	四川省畜禽繁育改良总站；乐山市、眉山县、夹江县、德昌、大竹、峨眉山、乐山市中区、泸县、富顺、新津、资中、洪雅、成都龙泉驿、彭山县畜牧局（畜牧食品局、畜牧中心）	黄国清 刁运华 史延康 付昌秀 马 敏 张学文 何学华 曾汝华 刘仁忠 谢吉先 郑洪灿 舒华贵 马卫萍 王柳清 曾华富 董望年 李秀荣 舒保全 张志敏 陈启明 谢德培 陈守明 黄新生 李忠林 练宝田 宋志明 林秀华 王 敏 张元清 曾仰双 阮胜新 官少林 陈德先 喻俊良 李桂秀 余敬波 李艳玲 陈德祥 谢仲先 唐胜辉 唐焱彬 罗祥林 刘家祥 宋家明 杨春宁 杨新元 盛光远 李金忠 张明安 宋彬泉	农业部丰收奖一等奖
208	1997-4	四川优良猪及配套饲养技术的推广	四川省畜牧兽医研究所；四川农业大学；四川省养猪所；德阳市中区、资阳、仁寿、绵竹、广汉、什邡、绵阳游仙区、双流县、内江东兴区、乐山市中区畜牧局（畜牧中心）	段诚中 刘君锡 乔绍权 张明本 吕学斌 陈先达 付茂忠 王光棣 刘世奎 李文辉 何志平 朱华明 卿三明 颜泽礼 黄勇富 杨思雄 向长友 许心诚 屈 东 黄允栋 李华兴 刘显河 邓克勤 王治国 谭本裕 马万伦 姜定荣 杨克美 黄朝菱 罗祥林	农业部丰收奖二等奖

续表附-3

编号	获奖年度	成果名称	获奖单位	获奖人员	授奖单位及等级
209	1997-5	大型肉鸭新品系选育及配套试验的研究	四川农业大学；四川省畜牧兽医研究所	王林全 王继文 曾繁同 邱祥聘 姜小雨 张子元 史若星 杨志勤 张良才 吴 勇 刘广生	省政府科技进步特等奖
210	1997-6	凉山半细毛羊新品种选育	凉山州畜牧局；四川农业大学；四川省畜牧兽医研究所；凉山州畜牧兽医科研所	胡德忠 陈圣偶 文光华 杨光富 郑洪明 宋坚忠 木乃尔什 骆佳锐 吴登俊	省政府科技进步一等奖
211	1997-7	四川山地乌骨鸡种质性能测定、选育技术开发研究	四川农业大学；四川省畜牧兽医研究所；兴文县、宜宾、沐川、叙永、洪雅、珙县畜牧（畜牧食品）局	杨志勤 李晴云 刘兴辉 朱 庆 杜华锐 蒋建平 翟春林	省政府科技进步二等奖
212	1997-8	安宁河流鸭瘟、鸭霍乱综合防治措施研究	西南民族学院；西昌市、凉山州、德昌、米易县畜牧局	刘亚刚 刘内生 李 建 余 琼 岳 华 蒋朝龙 袁圣蓉	省政府科技进步二等奖
213	1997-9	獭兔综合开发研究	四川省草原研究所	范成强 陈 琳 刘汉中 蒲 翔 余志菊	省政府科技进步三等奖
214	1997-10	四川鸡传染性法氏囊病流行病学调查病毒核酸电泳分析及防治技术	四川省畜牧兽医研究所；四川省兽医防疫总站；乐山市、龙泉驿、绵阳、峨眉山、金堂、内江畜牧局、鸡场；温江农友家禽研究所	王泽洲 严宝玉 林 毅 杨晓梅 张道永	省政府科技进步三等奖
215	1997-11	四川山区家畜血吸虫病流行病学及防治技术研究	四川省畜牧兽医研究所；四川省兽医防疫检疫总站	颜洁邦 戴卓建 谢智明 毛光琼 阳爱国	省政府科技进步三等奖
216	1997-12	中国家猪染色体带型研究	四川联合大学	王子淑 王喜忠 邵岳生 田素娟 廖承勇	省政府科技进步三等奖
217	1997-13	瘦肉型配套系猪饲养管理技术研究	四川农业大学动物营养研究所；四川省畜科所；四川省养猪研究所	陈代文 邓吉辉 邹成义 刘忠敏 魏述芳	省政府科技进步三等奖
218	1997-14	乐山市草业开发技术研究及推广	乐山市饲草饲料站；省草原工作总站；眉山、五通、峨边、丹棱、洪雅、井研、仁寿、夹江、彭山等饲草（畜牧）站	李正川 张新跃 帅蔚文 马维骏 张学文	省政府科技进步三等奖
219	1997-15	成都市优质肉牛育肥配套技术研究	成都市农牧局畜牧处；成都市科技情报研究所；邛崃、金堂县畜牧食品局	陈富臣 屈智敏 伍长筠 康文凯 汤守富	省政府科技进步三等奖
220	1997-16	优质肉用山羊生产配套技术推广	四川省畜禽繁育改良总站；富顺、南江、大邑、梁平畜牧局	周光明 李 明 钟厉亨 杨子爵 何家良	省政府科技进步三等奖
221	1997-17	猪三元杂交配套技术推广	四川省畜禽繁育改良总站；射洪县、西充县、南充市嘉陵区、岳池县畜牧局	刁运华 曾传坤 王国兴 袁灿龙 向伯先	省政府科技进步三等奖

续表附-3

编号	获奖年度	成果名称	获奖单位	获奖人员	授奖单位及等级
1998 年					
222	1998-1	48-50 支半细毛羊新品种选育	凉山州畜牧局；云南省畜牧兽医研究所；四川农业大学；四川省畜牧兽医研究所；凉山州畜科所；云南昭通地区畜牧站；富源县畜牧站；四川昭觉县畜牧局；天津市农业科学院	胡德忠 高源汉 黄光壁 陈圣偶 文光华 杨春荣 郑洪明 宋坚忠 李兴燕	国家科技进步三等奖
223	1998-2	全国畜禽疫病及防制策略	全国畜牧兽医总站；甘肃农业大学；中国农科院兰州兽医研究所；西北农业大学；中国农业大学动物医学院；农业部动物检疫所；内蒙古、云南、四川、吉林省兽医防疫检疫总站	刘 齐 朱维琴 张 澍 苏增华 王振环 王锡真 李东诚 刑 仲 吕文顺 张伯澄 许应忠 罗长荣 徐剑琴 孙考取 盖华武	农业部科技进步三等奖
224	1998-3	以综合防制五号病为主的养猪增产配套技术	四川省兽医防疫检疫总站；四川德阳市、自贡市、内江市、遂宁市、资阳市、荣县、德阳市旌阳区、蓬溪县、射洪、遂宁市中区、自贡沿滩区、岳池县、中江、威远县畜牧食品局（畜牧局）	罗长荣 袁 伟 程兴洋 江朝元 蒋建华 杨树森 赵孝广 梁伦德 何泽仁 向平朊 向 勇 吴惠荣 邓天荣 颜邦森 黎香文 王天富 廖 奇 汪树成 吴 昊 程顺时 谢天佑 蒋晓岗 蒋礼文 刘琮珂 李正清 陈德斌 张文爵 余放鸣 杨华兴 邓荣富	农业部丰收奖二等奖
225	1998-4	四川省种草养肉羊综合配套技术推广	四川省草原工作总站；四川省畜牧兽医研究所；广元朝天区、南充市高坪区、马边县畜牧局	郭万祥 李元华 张新跃 夏先玖 蒲元成 许国宁 冯德刚 高明军 谢平利 杨春宇 杨晓庆 肖素兰 李正川 王廷武 张计良 庞明财 梁蜀林 叶学中 王 照 向春涛	农业部丰收奖三等奖
226	1998-5	细菌防治蝗虫的基础及应用研究	四川联合大学；四川省草原工作总站；重庆市森林病虫防治检疫站	刘世贵 杨志荣 郭万祥 葛绍荣 朱 文 周 俗 巩受歧 吴栋国 罗春勇	省政府科技进步一等奖
227	1998-6	新荣昌猪Ⅰ系推广及其配套利用	重庆市养猪科学研究院；四川省原种猪场；泸县畜牧局；内江市畜牧中心；资阳市畜牧中心；资中县畜牧中心	曾代勤 杨光希 练保田 蔡建洪 王 敏 孙高树 王金勇	省政府科技进步二等奖
228	1998-7	凉山光叶紫花苕良种选育及应用	凉山州草原工作站；昭觉县畜牧局；布施县、普格、喜德、会东、会理、盐源县畜牧局	马家林 刘 凌 何 萍 沈和松 沙马黑则 阿迷科土 王洪炯	省政府科技进步二等奖
229	1998-8	出口商品瘦肉猪无特定传染病区域综合技术示范	四川省兽医防疫检疫总站；德阳市兽医站；什邡市、中江县、资阳市兽医站	罗长荣 余 勇 周明忠 石 谦 罗若兰 朱庭云 吴兴国	省政府科技进步二等奖

续表附-3

编号	获奖年度	成果名称	获奖单位	获奖人员	授奖单位及等级
230	1998-9	牦牛杂种优势利用新途径研究	四川省草原研究所	周名海 罗光荣 泽柏 高景福 钟传友	省政府科技进步三等奖
231	1998-10	家禽钙磷缺乏症的病理学研究	四川农业大学	崔恒敏 钟妮娜 罗玲萍 王德俊 朱贵水	省政府科技进步三等奖
232	1998-11	川引拉丁诺白三叶品种选育及应用研究	雅安地区畜牧局；四川农业大学	蒲朝龙 周寿荣 张新全 毛凯 陈元江	省政府科技进步三等奖
233	1998-12	饲用复合维生素研制与应用	四川省畜牧兽医研究所	邝声跃 张纯 黄德兴 曹冶 唐凌	省政府科技进步三等奖
234	1998-13	氟胺氰菊脂及其制品 wgng's 螨朴立克	四川资阳市蜂药厂	汪尤金 徐荣翰 黄臣群 陈正婉 汪伦	省政府科技进步三等奖
235	1998-14	新药“救鸡宝”（禽保系）的研究	四川省兽药饲料监察所；成都中医药大学；农业部成都药械厂；眉山县兽医站	杨松沛 卢亚艺 肖丹 廖成斌 唐棣	省政府科技进步三等奖
236	1998-15	提高能繁母牛繁殖力综合技术示范	四川省兽医防疫检疫总站；宣汉县、巴中市、南江县、古蔺县畜牧局	喻以权 明智勇 李维虎 周哲学 何秀英	省政府科技进步三等奖
237	1998-16	中国牦牛奶的利用研究	西南民族学院；红原县奶粉厂；阿坝县畜牧局；四川省红原绿色食品集团公司	黄友鹰 程良 代启明 伍红 杨福全	省政府科技进步三等奖
238	1998-17	猪囊虫病防治早期诊断及综合防制技术研究	阿坝州畜牧兽医工作站；金川县畜牧兽医工作站；茂县畜牧兽医工作站	雷德林 余家富 冯正平 王文辉 马绍辉	省政府科技进步三等奖
			1999 年		
239	1999-1	种草养畜禽综合配套技术示范推广	山东省、内蒙古、甘肃、广东、青海、四川、新疆、河南省、辽宁省草原工作站	闰汉平 刘琳 员旭疆 曲绪仙 山薇 陈淑琴 蒋桂芳 王充耕 陈三有 巩爱歧 张新跃 宋江泉 朱伟然 姜玖连 卓坤水	农业科学进步奖二等奖
240	1999-2	以综合防制五号病为主的养猪增产配套技术	四川省动物防疫监督总站；四川省养猪研究所；泸州市、资阳地区、德阳市兽医站、泸县、资阳市、什邡、广汉市畜牧局	罗长荣 袁伟 田薇 王长彬 陈玉森 刘世奎 付福章 张平贵 刘晓益 沈义刚 蒋建华 黄仁树 杜信长 李贵元 刘德体 严华忠 钟永凤 郑忠顺 苏向东 唐永红	农业部丰收奖三等奖
241	1999-3	肉兔新专门化母系培育及配套利用	四川省畜牧科学研究院	唐良美 谢晓红 黄邓萍 兰永亿 龙继蓉 雷岷 向俊林 张杰 刘曼丽	省政府科技进步一等奖
242	1999-4	四川不同类型草坪建植与管理技术研究	四川省草原工作总站；四川农业大学；成都市园林局	白史且 吴彦奇 肖飙 张友金 吴先镇 管小红 陈艳宇	省政府科技进步二等奖

续表附－3

编号	获奖年度	成果名称	获奖单位	获奖人员	授奖单位及等级
243	1999－5	引进、推广畜禽良种及综合配套技术	美国国际小母牛项目组织成都办事处；四川农业大学；四川省畜禽繁育改良总站；四川阳平种牛场；大邑县、雅安市畜牧局；洪雅、简阳市畜牧局	徐刚毅　濮家騋　陈太勇 傅昌秀　甘继云　揭素威 郑　铭	省政府科技进步二等奖
244	1999－6	优良牧草新品种“川草1号”老芒麦选育及推广应用	四川省草原研究所	柏正强　杨智永　王元富 盘朝邦　李才旺	省政府科技进步三等奖
245	1999－7	高寒牧区暖棚养畜及配套技术研究示范推广	甘孜州畜科所；四川省草原研究所；甘孜州畜牧局；甘孜州草原站	多　嘎　罗光荣　丁晓洵 马建生　李太强　泽　柏	省政府科技进步三等奖
246	1999－8	四川省畜禽品种资源多样性补充调查	四川省畜禽繁育改良总站；凉山州畜牧站；宜宾市畜牧站；绵阳市畜牧站；甘孜州家畜改良站	林小伟　朱秋云　刘　建 肖素兰　刘兴文	省政府科技进步三等奖
247	1999－9	牦牛遗传多样性研究	西南民族学院	陈智华　钟金城　胡欧明 肖学奎　张成忠	省政府科技进步三等奖
248	1999－10	四川省消灭马鼻疽及稳定控制马传贫综合防治技术应用	四川省动物防疫监督总站；凉山州动物防疫监督站；甘孜州畜牧局；雅安地区畜牧局；阿坝州畜牧局	石　谦　周明忠　罗长荣 陈　康　李元义　张耀明	省政府科技进步三等奖
249	1999－11	安宁河各地区肉鸭规模化养殖技术研究与推广	凉山州畜牧兽医研究所；凉山州畜牧站；西昌、德昌畜牧局	傅　平　曾汝华　廖和丽 刘　建　罗锦定	省政府科技进步三等奖
250	1999－12	黄牛改良综合技术示范	四川省畜禽繁育改良总站；汉源县畜牧局；宣汉县云蒙山牧场	傅昌秀　王建文　李体伦 郁成忠　赵益元	省政府科技进步三等奖
251	1999－13	法国番鸭引种杂交改良及推广应用	四川省简阳现代农业有限公司；四川格瑞现代农业股份有限公司；四川兴蜀现代农业发展有限公司；简阳市畜牧食品局、市科委	钟世全　蒋增木　付子奎 雷兴国　李柏云	省政府科技进步三等奖
2000年					
252	2000－1	大中型肉鸭配套技术推广及番鸭杂交利用试点示范	四川省畜禽繁育改良总站；四川省原种猪场；广汉市、蓬溪县、新津县、什邡、渠县、隆昌县畜牧局（畜牧食品局）	刁运华　马　敏　曾仰双 蔡玖宗　谭本裕　张　平 王柳清　曾汝华　吴志斌 郭洪泗　龙云澍　向伯先 黄康其　钟先木　刘家祥 兰　彬　李　曾　姜中华 黄兴伦　周仲云	农业部丰收奖三等奖
253	2000－2	禽传染性支气管炎（新变型）综合防治	四川农业大学；中国农业大学；华南农业大学；郑州牧业工程高等专科学校	王红宁　甘孟侯　黄　勇 王林川　刘兴友　吴　琦 柳　萍　张桂云　黄亚东	省政府科技进步一等奖

续表附-3

编号	获奖年度	成果名称	获奖单位	获奖人员	授奖单位及等级
254	2000-3	猪囊虫病防治关键技术研究	四川大学；凉山州动物防疫监督站；昭觉县畜牧局；甘孜州畜科所	刘世贵　高　荣　何绍江 朱　锦　卓　麟　何秀琼 孟民杰	省政府科技进步二等奖
255	2000-4	乳肉兼用牛四川山地类群选育	四川省畜牧科学研究院；宣汉县畜牧局	徐载春　王　淮　赵益元 任登华　刘德安	省政府科技进步三等奖
256	2000-5	种猪性能测定技术研究	四川省畜牧科学研究院	段诚中　吕学斌　何志平 陈晓晖　应三成	省政府科技进步三等奖
257	2000-6	新药“禽消炎”（炎喉通）颗粒剂的研究	四川省兽药饲料监察所；四川兴牧兽药研究所；成都中医药大学；西南民族大学	杨松沛　肖　丹　卢亚艺 岳　华　赵　平	省政府科技进步三等奖
258	2000-7	麦洼牦牛生理生化特性及应用的研究	西南民族学院	郑玉才　田淑琴　邓孝廷 徐崇荣　胡小成	省政府科技进步三等奖
259	2000-8	斑点酶标株联快诊法检测日本血吸虫、肝片吸虫病技术的示范及推广应用	四川省动物防疫监督总站；成都市、绵阳、德阳、眉山市兽医站	毛光琼　阳爱国　谢智明 赵隆祥　宋彬泉	省政府科技进步三等奖
2001年					
260	2001-1	良种猪及增产配套技术推广	四川省畜禽繁育改良总站；仁寿县畜牧局；彭州市畜牧局；郫县畜牧食品局；仁寿县陵阳区畜牧兽医站；彭州市畜牧兽医站；郫县畜牧技术推广站；郫县安德镇畜牧兽医站；仁寿县钟祥区畜牧兽医站；郫县唐昌镇畜牧兽医站；仁寿县文林镇畜牧兽医站；彭州市九尺镇畜牧兽医站；仁寿县彰加镇畜牧兽医站；仁寿县禄加区畜牧兽医站；彭州市利安乡畜牧兽医站	刁运华　曾传坤　刘德辉 张登华　徐昭清　胡成军 徐立良　赵明贵　曾仰双 刘长玉　尚勋清　钟开贵 曾秀芳　彭开林　杨富坤 杨仁民　马最祥　廖正海 曾　洪　刘俊英　杨乃琼 胡　宇　杨德银　卓显阳 叶　俊　李　静　周冰泉 易　志　王长喜　伍俊祥	农业部丰收奖二等奖
261	2001-2	规范化塑膜暖棚养羊技术推广	四川省甘孜藏族自治州畜牧科所；甘孜州草原站；康定、理塘、石渠、色达、德格、炉霍、道孚县畜牧局	多　嘎　丁晓涛　马建生 四郎泽仁　土登朗卡　张大征 旦　灯　肖福芳　李长安 尼　玛　李太强　益　洛 杜　柱　龚建明　皮明新 余　庆　李德平　吴春明 兰　伟　泽仁扎西　白玛拥登	农业部丰收奖三等奖
262	2001-3	四川瘦肉型猪规模化养殖及产业化技术研究与开发	四川省畜牧科学研究院；四川农业大学；农业部沼气科学研究所	段诚中　王康宁　张道永 李学伟　吕学斌　姚爱莉 高冰飞　付茂忠　王红宁 曾友为	省政府科技进步一等奖

续表附-3

编号	获奖年度	成果名称	获奖单位	获奖人员	授奖单位及等级
263	2001-4	伪狂犬病病毒分子生物学及基因缺失疫苗株的研究	四川农业大学动物生物技术中心	郭万柱 娄高明 汪铭书 徐志文 于小玉 汪开毓 王琴	省政府科技进步二等奖
264	2001-5	川西北牧区家庭牧场优化模式研究与示范	四川省草原研究所；西南民族学院；甘孜州畜科所；阿坝州畜科所；四川大学	泽柏 刘亚刚 雍丛立 丁晓涛 李才旺 文勇立 多嘎	省政府科技进步二等奖
265	2001-6	优质肉牛生产配套技术示范推广	四川省畜禽繁育改良总站；四川省饲料工作总站；汉源、宣汉、峨边县、万源、中江县畜牧局	柏凡 王建文 余龙君 赵益元 张永华 张运昌 谭海	省政府科技进步二等奖
266	2001-7	波尔山羊引种适应性、纯种繁育及其利用研究	四川农业大学；四川省波尔山羊种羊场	徐刚毅 黄华强 张红平 李国清 朱孝弟	省政府科技进步三等奖
267	2001-8	四川省禽流感疫情监测及综合防制技术研究	四川省动物防疫监督总站；成都市畜牧兽医站；凉山州动物防疫监督总站	张东 石谦 陈代平 王泽洲 杨维德	省政府科技进步三等奖
268	2001-9	高效安全肉鸭饲料的研究开发	四川铁骑力士实业有限公司	冯光德 何建 豆松方 杨玉峰 李自金	省政府科技进步三等奖
269	2001-10	DLY三元杂交高瘦肉型猪成套技术推广	乐山市畜牧局	黄国清 陈瑞国 史延康 谢吉先 万永东	省政府科技进步三等奖
			2002年		
270	2002-1	农村条件下瘦肉型猪生产配套技术推广	四川省畜禽繁育改良总站；四川省畜牧科学研究院；井研县畜牧局；广汉县畜牧局；旌阳区畜牧食品局；青神县畜牧局；四川省种畜禽调剂中心；《四川省畜牧兽医》编辑部	刁运华 曾传坤 万昭军 万永东 周志开 胡勇 任志 林小伟 曾仰双 应三成 李志学 何发桂 张继伦 范宣 蒋琳 李三元 李泽明 周英寿 钟世明 曾德才 吕学斌 钱亮 关云秀 徐琼 陈昌贵	农业部丰收奖二等奖
271	2002-2	羔羊生产增产配套技术	四川省畜禽繁育改良总站；简阳市畜牧食品局；乐至县畜牧食品局；仁寿县畜牧局；富顺县畜牧局	傅昌秀 周光明 郑水明 赖自力 刘德辉 钟厉享 秦段 张俊洪 蒋传跃 杨仁明 陈朝康 文顺强 洪传幸 林世武 唐贵汉 谭光琴 胡传明 李绪述 文永照 任俊祥	农业部丰收奖二等奖
272	2002-3	白色獭兔R新品系选育研究	四川省草原研究所	范成强 余志菊 刘汉中 蒲翔 简文素 陈琳 关云秀 谢云清 郭小林	省政府科技进步一等奖
273	2002-4	天府肉鹅品系选育及配套技术研究	四川农业大学；四川省畜禽繁育改良种站；隆昌、南溪、名山、郫县畜牧食品局	王继文 马敏 王林全 刁运华 史若星 郭洪泗 陈俊金	省政府科技进步二等奖

续表附-3

编号	获奖年度	成果名称	获奖单位	获奖人员	授奖单位及等级
274	2002-5	动物血吸虫病综合防治技术研究与推广应用	四川省动物防疫监督总站；成都、攀枝花、眉山、绵阳、凉山州、德阳、乐山市兽医站	谢智明 毛光琼 阳爱国 苏学文 曹利强 赵隆祥 周仁江	省政府科技进步二等奖
275	2002-6	四川省外种猪选育研究	四川农业大学；省畜科院；绵阳市种畜场；省原种猪场；德阳市纯种猪繁育场	罗安治 李学伟 应三成 帅素容 余若蓉	省政府科技进步三等奖
276	2002-7	提高凉山半细毛羊产毛性能研究	四川农业大学；省畜科院；凉山州畜牧局	吴登俊 骆佳锐 刘 键 文光华 杨光富	省政府科技进步三等奖
277	2002-8	波尔山羊杂交利用研究	四川省畜牧科学研究院；四川省畜禽繁育改良总站；仁寿县、简阳市畜牧局	熊朝瑞 陈天宝 牟伯勤 郑水明 张质彬	省政府科技进步三等奖
278	2002-9	麦洼牦牛种质特性及品种资源保存利用研究	四川省畜禽繁育改良总站；西南民族学院；阿坝州家畜改良站；四川省龙日种畜场	林小伟 钟光辉 文勇立 左学明 错尔基	省政府科技进步三等奖
279	2002-10	禽病临床诊断彩色图谱（多媒体科教光盘）	西南民族学院；四川省动物防疫监督总站；重庆市兽医防疫站	岳 华 汤 承 余 勇 石 谦 汤 明	省政府科技进步三等奖
			2003年		
280	2003-1	优质肉牛生产配套技术推广	四川省畜禽繁育改良总站；四川省饲料工作总站；汉源县畜牧局；中江县畜牧局；三台县畜牧局；宣汉县畜牧局；峨边县畜牧局；古蔺县畜牧局	傅昌秀 柏 凡 王建文 钟荣安 李多强 左都贵 邬忠义 仲传武 赵益元 王金和 申洪兵 高庆军 黄安学 林顺全 蒋宗福 刘期华 蒲海平 邹晓彬 龚 平 王 旭 张仕华 张以信 桑 鼎 张忠全 岳映忠	农业部丰收奖二等奖
281	2003-2	优质瘦肉猪高产技术	四川省畜禽繁育改良总站；资中县畜牧中心；彭山县畜牧局；威远县畜牧食品局；雁江区畜牧中心	刁运华 林小伟 曾仰双 马 敏 曾华富 章仁林 周自新 周 攀 王 敏 舒保全 张优林 刘湿河 彭刚强 赵 琴 王大平 吴光文 谢菊蓉 段 军 吴培俊 马雪冰	农业部丰收奖三等奖
282	2003-3	四川农区种草养畜综合配套技术推广	四川省草原工作总站；四川省草原科学院；四川省畜牧科学院；德阳市饲料监察所；洪雅、彭山、井研、仁寿、夹江、成都市龙泉驿、双流、金堂、眉山、简阳县（市、区）畜牧（食品）局	张新跃 李元华 何光武 蒲 翔 侯 众 陈艳宇 王福荣 章仕林 李志学 刘玉祥 宋彬泉 杨 玲 徐忠贵 刘期华 宋锡义 蒋 琳 邹贵太 王 照 陈德生 冯炳志	农业部丰收奖三等奖
283	2003-4	波尔山羊胚胎工程技术产业化技术研究与示范	四川省畜牧科学研究院；四川键宇胚胎工程有限公司	李 键 张 红 马保华 邓小东 曹 冶 李 红 周洪群 熊朝瑞 和力新	省政府科技进步一等奖

续表附-3

编号	获奖年度	成果名称	获奖单位	获奖人员	授奖单位及等级
284	2003-5	肉兔规模化养殖及产业化技术研究与开发	四川省畜牧科学研究院	黄邓萍　王　卫　谢晓红　雷　岷　白国勇　刘明辉　万昭军	省政府科技进步二等奖
285	2003-6	四川省动物疫病监测诊断体系规范化建设与应用	四川省动物防疫监督总站；四川省动物疫病监测诊断中心；自贡市、内江市、成都市兽医站	余　勇　王泽洲　张永宁　张代芬　陈　斌　张　东　石　谦	省政府科技进步二等奖
286	2003-7	宝兴鸭茅品种选育及配套技术研究	四川农业大学；雅安市畜牧局	张新全　蒲朝龙　杜　逸　帅素蓉　张锦华　杨春华　陈元江	省政府科技进步二等奖
287	2003-8	丝羽乌骨鸡新品系及配套系的选育	四川农业大学；成都市黄忠养殖实业有限公司	邱祥聘　杨发秀　周世永　朱　庆　杜晓惠	省政府科技进步三等奖
288	2003-9	猪禽蛋白营养代谢规律及其调控	四川农业大学	陈代文　张克英　王之盛　吴　德　周安国	省政府科技进步三等奖
289	2003-10	食品蛋、种蛋清洗消毒技术研究与应用	四川省畜牧科学研究院	杜华锐　蒋小松　李晴云　姜小雨　刘光华	省政府科技进步三等奖
290	2003-11	优质肉猪生产配套技术推广	四川省畜牧科学研究院；省兽药饲料监察所；四川省原种猪场；四川省畜禽繁育改良总站；四川省饲料总站	万昭军　杨松沛　向伯先　付茂忠　龚建军	省政府科技进步三等奖
2004年					
291	2004-1	中国西门塔尔牛新品种选育	中国农业科学院畜牧研究所；内蒙古通辽市家畜繁育指导站；内蒙古通辽高林屯种畜场；新疆呼图壁种牛场；四川省阳平种牛场；四川省畜牧科学研究院；新疆自治区畜禽改良总站；山西省农业科学院畜牧研究所；辽宁省阜新种牛场；吉林省查干花种畜场；吉林省农业科学院畜牧分院；内蒙古通辽市嘎达苏种畜场；黑龙江省齐齐哈尔种畜场；四川省云蒙山牧场；新疆库车县畜牧局	许尚忠　陈幼春　贾恩棠　李俊雅　王雅春　王　淮　沙比乐哈孜　段丽君　邵志文　王晓华　钱松晋　杨效民　徐载春　董自山　周梦尧　马洪祥　季守财　马如信　周光瑞　潘志成	国家科技进步奖二等奖
292	2004-2	蜂产品优质高产配套技术推广	四川省蜂业管理站；邛崃市、眉山市东坡区、绵竹市、什邡市、彭州市、双流县、平武县、米易县、都江堰市畜牧食品（畜牧）局	赵　平　邹志坚　王顺海　李念周　黄安学　刘桂舟　朱华明　刘继友　尹华泰　肖怀龙　杨泽平　刘元国　杨绍鹏　周志元　马　光　张家盛　罗　勤　谢兴宇　武仁智　马思明　梁以升　郑言良　汪　齐　陈培斌　周丽霞	农业部丰收奖二等奖

续表附-3

编号	获奖年度	成果名称	获奖单位	获奖人员	授奖单位及等级
293	2004-3	猪、鸡病原菌耐药性检测及安全高效新兽药研发	四川农业大学；四川大学；四川动物防疫监督总站	王红宁 刘书亮 黄 勇 周 生 吴 琦 柳 萍 马孟根 余 勇 吴祥辉	省政府科技进步一等奖
294	2004-4	家畜寄生虫病监测防治新技术研究与示范	四川省畜牧科学研究院；四川凉山半细毛原种场	廖党金 官国均 林 毅 戴卓建 向歪元 俄木阿延 石雁羽	省政府科技进步二等奖
295	2004-5	安哥拉山羊改良本地山羊生产马海毛研究	西南民族大学；凉山州畜科所；茂县农牧局；成都纺织商等专科学校	王 杰 覃志红 欧阳熙 王同军 李 一 丁庆明 王 永	省政府科技进步二等奖
296	2004-6	南江黄羊高繁品系培育研究	南江县畜牧食品局；四川省畜牧科学研究院；巴中市畜牧食品局；四川农业大学；南江县南江黄羊育种科学研究所	王维春 熊朝瑞 贾旌旗 张国俊 陈 瑜	省政府科技进步三等奖
297	2004-7	盛世紫花苜蓿丰产栽培和利用关键技术研究与示范	四川省草原科学研究院；广元市元坝区畜牧局	卞志高 卢克俊 邓永昌 董昭林 仁青扎西	省政府科技进步三等奖
298	2004-8	网络技术在畜牧科技信息传播交流中的应用与开发	四川省畜牧科学研究院	张大江 和力新 殷明郁 李 斌 魏 甬	省政府科技进步三等奖
299	2004-9	凉山光叶紫花苕良种繁育及大面积示范推广	凉山州草原工作站；凉山州畜牧兽医科研所；昭觉、普格、会东畜牧局	何 萍 傅 平 敖学成 杨文儒 沙马甫日	省政府科技进步三等奖
300	2004-10	眉山市无规定动物疫病区综合技术示范	眉山市兽医站；眉山市兽医卫生监督检验所；眉山市兽药监察站	向丕元 底思军 苏学文 杜秀萍 陈 竹	省政府科技进步三等奖
			2005 年		
301	2005-1	伪狂犬病基因缺失疫苗的研究与应用	四川农业大学；四川华神农大动物保健有限公司；韶关学院；四川省动物防疫监督总站	郭万柱 娄高明 徐志文 孙迎中 石 谦 王 琴 王 印 王小玉 季永诚	国家科技进步二等奖
302	2005-2	裸露坡面植被恢复综合技术研究	北京林业大学；西南交通大学；四川省草原科学研究院等	韩烈保 周德平 白史且	国家科技进步二等奖
303	2005-3	四川白獭兔良种良法示范推广	四川省草原研究院；仪陇县、南部县、江油市、新津县、南充市、夹江县、大英县、开江县、黑水县畜牧局	何贵明 阿 琳 范成强 泽 柏 文 武 汪 平 徐全健 刘守怀 胡金华 余志菊 皮 俊 金文虎 刘汉中 江 波 王文艺	农业部丰收奖二等奖
304	2005-4	杜长大（外种猪三元杂交）优质肉猪配套技术推广	乐山市畜牧局、畜牧站、种畜场；井研、犍为、乐山市中区、沙湾区、五通桥区、峨眉山市、夹江县畜牧局	陈瑞国 田福全 季永诚 阮胜新 薛才斌 尹建宏 刘 红 吴志强 彭建康 黄新生 曾远桥 徐秋明 唐 眉 罗 巍 高泽洪 胡光玉 朱光全 张德明 李林刚 谢吉先	农业部丰收奖三等奖

续表附-3

编号	获奖年度	成果名称	获奖单位	获奖人员	授奖单位及等级
305	2005-5	草坪草种种质资源综合评价及草坪工程关键技术研究	四川省草原科学研究院；北京林业大学；四川大学；内蒙古农业大学	韩烈保 白史且 严淑霞 张丽霞 曾会明 金 洪 泽 柏 崔文山 肖 飏	省政府科技进步一等奖
306	2005-6	规模化养鸭主要传染病防治关键技术研究和应用	四川农业大学；华中农业大学；西南农业大学；卫生部武汉生物制品研究所；卫生部成都生物制品研究所；四川省兽医生物药品厂	程安春 汪铭书 苏敬良 廖德惠 谢镜怀 陈孝跃 崔恒敏	省政府科技进步二等奖
307	2005-7	四川省无规定动物疫病区建设及综合配套技术示范推广	四川省动物防疫监督总站；四川省畜牧食品局；四川省畜产品安全检测中心；四川省动物疫病监测诊断中心；内江、遂宁、广安、自贡市动物防疫监督总站	余 勇 石 谦 唐宗长 王泽洲 张 东 周明忠 谢智明	省政府科技进步二等奖
308	2005-8	兽用多肽药物GnRH-A新工艺新产品研究及推广	四川省农业科学院；四川省兽药监察所；四川省精科生化制品有限责任公司	宋 艳 曹 阳 胡大方 谢 青 杨松沛 马世荣 欧阳华学	省政府科技进步二等奖
309	2005-9	饲料安全技术体系研究	四川农业大学	陈代文 张克英 余 冰 丁雪梅 冯光德	省政府科技进步三等奖
310	2005-10	奶牛胚胎移植关键技术研究及产业化示范	四川农业大学；四川西部国际农业投资咨询有限责任公司；雅安市农业高科技生态园区有限责任公司	赖松家 张 明 邓俊良 赵 波 刘 平	省政府科技进步三等奖
311	2005-11	獭兔产业化技术开发研究与示范	四川省草原科学研究院；四川省内江市益东兔业有限责任公司；仪陇县畜牧局；新津县畜牧局；南部县畜牧局	刘汉中 汪 平 文 斌 徐全健 刘守怀	省政府科技进步三等奖
312	2005-12	川西北牧区免耕种草技术研究与示范	四川省草原科学研究院	泽 柏 董昭林 戴良先 李洪泉 邓永昌	省政府科技进步三等奖
313	2005-13	长江1号带状羊茅品种选育与应用	四川省草原工作总站；四川省长江草业研究中心	何丕阳 张新跃 何光武 苟文龙 肖 飏	省政府科技进步三等奖
314	2005-14	乐至黑山羊品种选育与推广	乐至县畜牧食品局	文光照 唐贵汉 赖自力 胡 萍 宋良安	省政府科技进步三等奖
315	2005-15	《四川省兽药标准》（2003版）制定及应用	四川省兽药监察所	谢 青 程 江 胡大方 杨松沛 李 军	省政府科技进步三等奖

说明：1. 1986—2005年，获国家、农业部、省政府奖励的畜牧兽医科技成果共315项。其中，获国家科技进步、星火奖9项，农业部科技进步奖15项，农业部丰收奖36项，省政府科技进步奖233项，省星火奖22项

2. 表格中获奖单位，按获奖时间、奖项等级排列

1986—2005年四川省畜牧兽医科技人员编辑出版的科技书籍及专著一览表

表附-4

序号	书籍及专著名称	出版社	出版时间	作者			备注
				主编	副主编	第一作者	
1	《现代高产商品杂交鸡饲养技术》	四川科学技术出版社	1986年			罗才英	
2	《草原生态化学》	中国农业出版社	1986年			李绶章	
3	《饲料加工与利用》	重庆出版社	1986年			李绶章	
4	《四川牧草、饲料作物名录》	四川民族出版社	1986年	杜逸	周寿荣 赵阳辉 曾开权 周世永 黄昌祥		
5	《蜂花粉的生产与利用》	四川科学技术出版社	1986年			叶志安	
6	《配合饲料的加工与贮藏》	四川科学技术出版社	1986年	王立常			
7	《藏族民间常用兽医药物》	北京民族出版社	1986年	尼玛			
8	《凉山半细毛羊的培育》	四川民族出版社	1986年4月			敖学成	
9	《草原生态化学实验指导》	农业出版社	1987年			李绶章	
10	《农户生产商品瘦肉猪配套技术问答》	四川科学技术出版社	1987年	黄昌祥	柏凡		
11	《中兽医临证要》	四川科学技术出版社	1987年		杜云峰		
12	《养猪致富新技术》	四川科学技术出版社	1987年4月	段诚中			
13	《中兽医药学》	四川科学技术出版社	1987年4月	杨本登			
14	《四川家畜家禽品种志》	四川科学技术出版社	1987年5月	邱祥聘	龙天厚 李永桂 蔡立		
15	《科学配制畜禽饲料的原理和方法》	四川科学技术出版社	1987年7月			谢选武	
16	《中兽医病症诊疗经验》	四川科学技术出版社	1987年8月	王天益			
17	《常用饲料和牧草栽培技术》	四川科学技术出版社	1987年11月			陈修鸾	
18	《肉鸡的商品生产》	四川科学技术出版社	1987年12月	王立常			

续表附-4

序号	书籍及专著名称	出版社	出版时间	作者			备注
				主编	副主编	第一作者	
19	《中兽医古籍选读》	中国农业出版社	1987年12月	李克琛	张余森		
20	《瘦肉型猪养殖技术问答》	重庆出版社	1988年			李绥章	
21	《种草养畜技术指南》	四川省科学技术出版社	1988年	李昌平	蒲翔 范成强 蒋绍东		
22	《瘦肉型猪生产经营手册》	农业科技出版社	1988年		牟文贵		
23	《肉品加工与卫生》	四川科学技术出版社	1988年1月		丁国均 濮家駜		
24	《TDP的原理与应用》	四川科学技术出版社	1988年2月	陈长佑			
25	《中兽医牛病诊断治疗医案选》	湖南科技出版社	1988年3月	王天益			
26	《怎样养鸭》	四川科学技术出版社	1988年4月			张子元	
27	《中兽医临症要览》	四川科学技术出版社	1988年5月	李克琛			
28	《樱桃谷肉鸭养殖技术问答》	四川科学技术出版社	1988年9月			张子元	
29	《山羊的人工授精》	四川科学技术出版社	1988年12月	濮家駜	丁国均		
30	《乳用肉山羊的饲养》	四川科学技术出版社	1988年12月	濮家駜	丁国均		
31	《温带地区草场改良指南》	四川科学技术出版社	1989年	杜修贵 张富川	李昌平		
32	《四川畜牧兽医发展简史》	四川科学技术出版社	1989年	杨兴业	王成志 李永柱 朱堂 李克琛		
33	《古代四川藏兽医概况》	四川科学技术出版社	1989年	陆宏开			
34	《牦牛常见病普通病的防治》	四川科学技术出版社	1989年	陆宏开			
35	《藏兽医兽药在牦牛疾病防治中的应用》	四川科学技术出版社	1989年	陆宏开 江士辰			
36	《兽医临床诊断学实习指导》	四川科学技术出版社	1989年	陆宏开 丁衡君			
37	《胆汁及其综合利用胆红素的生产工艺》	北京农业大学出版社	1989年1月	王健	张荣 王琴 黎晓敏		
38	《农户养猪新技术及经营指南》	四川科学技术出版社	1989年2月	段诚中	张新琴 谷海源		

续表附-4

序号	书籍及专著名称	出版社	出版时间	作者			备注
				主编	副主编	第一作者	
39	《川西北草地鼠虫害调查》	农业出版社	1989年2月	李昌平	钱亮 杨盛强 吴正雄		
40	《中国牦牛学》	四川科学技术出版社	1989年6月	刘祖波 赉正坤			
41	《羊的饲养管理、繁育与疾病防治》	四川科学技术出版社	1989年10月	濮家駜	丁国均		
42	《四川草地资源》	四川民族出版社	1989年11月	周寿荣	杜逸 倪炳炽 张家盛		
43	《獭兔实用养殖技术》	成都科技大学出版社	1990年	张自强	袁汉卿		
44	《山羊生产技术》	四川科学技术出版社	1990年4月	濮家駜	丁国均 李永桂		
45	《中兽医基础》	四川教育出版社	1990年5月	董华富	李显林		
46	《牛快速育肥技术》	四川科学技术出版社	1990年6月	郭以信	黄昌祥		
47	《猪病防治与临床图解》	四川科学技术出版社	1990年11月	林保忠			
48	《当代养猪技术》	四川科学技术出版社	1990年12月	邓顺珍	丁国均 邓吉辉 谭明万		
49	《商品肉兔生产新技术》	四川科学技术出版社	1991年	唐良美	刘曼丽		
50	《俄汉生物化学词汇》	四川科学技术出版社	1991年	张富川	杜修贵 黄昌祥		
51	《动物营养学》(第一版)	农业出版社	1991年	杨凤			
52	《农户饲养商品猪配套技术》	四川科学技术出版社	1991年2月	段诚中	应三成		
53	《肉鸡养殖最新技术》	四川科学技术出版社	1991年5月	王立常			
54	《第四次国际山羊会议论文集》	四川科学技术出版社	1991年7月	濮家駜	丁国均 李永桂		
55	《凉山牧草栽培与利用》	四川民族出版社	1991年7月			何文俊	
56	《凉山畜禽疾病的防治》	四川民族出版社	1991年7月			何绍江	
57	《建昌鸭、钢鹅的饲养》	四川民族出版社	1991年7月			唐乾元	
58	《凉山鸡的饲养》	四川民族出版社	1991年7月			黄通俊	
59	《凉山黑猪的饲养》	四川民族出版社	1991年7月			唐云祥	

续表附-4

序号	书籍及专著名称	出版社	出版时间	作者			备注
				主编	副主编	第一作者	
60	《凉山黑山羊的饲养》	四川民族出版社	1991年7月			周绍铭	
61	《建昌马的饲养》	四川民族出版社	1991年7月			董学虎	
62	《德昌水牛的饲养》	四川民族出版社	1991年7月			周绍铭	
63	《凉山黄牛的饲养》	四川民族出版社	1991年7月			黄梅昌	
64	《凉山半细毛羊的饲养》	四川民族出版社	1991年7月			敖学成	
65	《养鹅实用新技术》	四川科学技术出版社	1991年8月			贺茂森	
66	《蜂王浆优质高产技术》	四川科学技术出版社	1991年10月			张全华	
67	《华西养蜂全书》	四川科学技术出版社	1991年10月	张全华 孙白云	巫锡成　汪尤金 刘集生　赵　韧		
68	《饲料的科学利用技术》	四川科学技术出版社	1991年11月	徐载春	洪方树		
69	《兽医药理学实验》	四川大学出版社	1992年	田淑琴			
70	《中国白鹅的养殖与加工》	重庆出版社	1992年1月			李绶章 黄明华	
71	《皮兔毛兔养殖新技术》	四川科学技术出版社	1992年3月	张自强			
72	《亚太地区实用养猪生产及肉品加工指南》	成都科技大学出版社	1992年6月	段诚中			
73	《中国培育猪种》	四川科学技术出版社	1992年6月		段诚中		
74	四川省畜牧兽医研究所志	成都科技大学出版社	1992年7月	王正杓	伍登琼		
75	《动物传染病学（理论部分）》	河北科技出版社	1992年8月	何明清			
76	《动物微生物学》	河北科学技术出版社	1992年8月	余广海			
77	《畜禽病中西兽医结合诊疗技术》	四川科学技术出版社	1992年8月	王天益			
78	《中兽医秘方大全》	山西科技出版社	1992年8月	于　船 张力群	郑动才　陈长佑		
79	《畜禽寄生虫病防治》	成都出版社	1992年9月	邬　捷			
80	《实用猫犬疾病防治手册》	成都出版社	1992年9月	彭祥科			
81	《中兽医学新编》	四川大学出版社	1992年9月	汤德元			

续表附-4

序号	书籍及专著名称	出版社	出版时间	作者			备注
				主编	副主编	第一作者	
82	《农区养羊实用技术》	成都出版社	1992年11月	王教勋	彭祥科		
83	《种草养畜》	四川科学技术出版社	1993年			王德华	
84	《家禽学（第三版）》	四川科学技术出版社	1993年	邱祥聘			
85	《草地养羊学》	四川教育出版社出版	1993年	王杰	王永		
86	《饲料的基础知识及配方设计》	四川科学技术出版社	1993年1月			邹成义 周梅卿	
87	《小动物药物手册》	成都出版社	1993年5月	邓修玲	李义先		
88	《中兽医临症基础》	成都科技大学出版社	1993年7月	王天益			
89	《畜禽生产新技术》	成都科技大学出版社	1993年10月	罗安治	李诗洪		
90	《兽医诊疗新技术》	成都科技大学出版社	1993年10月	王天益	文心田		
91	《畜禽食品与卫生新技术》	成都科技大学出版社	1993年10月	廖家棠	马力		
92	《水禽疾病防治手册》	成都科技大学出版社	1994年	王泽洲	林毅		
93	《荣昌猪品种特征与饲养技术》	四川科学技术出版社	1994年	杨良惠			
94	《中国畜禽阉割术》	四川科学技术出版社	1994年	丁国均	濮家駜		
95	《畜禽高效快速饲养技术》	四川科学技术出版社	1994年1月			邝声耀	
96	《水禽疾病防治手册》	成都科技大学出版社	1994年2月	王泽洲	严玉宝		
97	《兽医方剂配伍》	四川科学技术出版社	1994年7月	邓义桂			
98	《我国畜产品产加销一体化研究》	西南财经大学出版社	1994年8月	张新琴	胡小平		
99	《草业生态工程》	成都科技大学出版社	1994年9月	蒲朝龙	毛凯		
100	《中兽医方剂学》	成都科技大学出版社	1995年	林义明 白朝勇			
101	《养牛全书》	四川科学技术出版社	1995年		蔡立		

续表附-4

序号	书籍及专著名称	出版社	出版时间	作者			备注
				主编	副主编	第一作者	
102	《九龙牦牛选育研究》	四川民族出版社	1995年	钟光辉			
103	《藏兽医甘露池》	四川民族出版社	1995年	罗桑旦真			
104	《饲料基础知识及畜禽常用配合饲料配方》	四川科学技术出版社	1995年1月			邹成义	
105	《兽医中药药理学》	中国农业出版社	1995年5月	陈正能	王天益　郑动才		
106	《畜牧试验常用设计及统计分析》	四川科学技术出版社	1995年8月			刘明辉	
107	《中国牦牛肉制品工艺学》	四川科学技术出版社	1995年11月	黄友鹰	何一泉		
108	《牦牛寄生虫病》	成都科技大学出版社	1995年12月	王　健			
109	《绿地草坪》	中国林业出版社	1996年	白史且			
110	《草坪管理手册》	中国林业出版社	1996年		白史且		
111	《禽病防治手册》	四川科学技术出版社	1996年	郭万柱	王红宁		
112	《畜禽配合饲料手册》	四川科学技术出版社	1996年	王康宁	王立常		
113	《牦牛遗传与育种》	四川科学技术出版社	1996年	钟金城			
114	《常用藏兽医诊疗法》	四川民族出版社	1996年	威　色			
115	《中兽医学》	北京农业大学出版社	1996年2月		孙文厚		
116	《畜病防治手册》	四川科学技术出版社	1996年4月	王天益	文心田　王文仕 文传良		
117	《兽医中草药验方集锦》	重庆大学出版社	1996年5月	冯昌荣			
118	《实用畜禽中毒手册》	四川科学技术出版社	1997年	廖景亚	罗长荣		
119	《中国兽药知识大会》	四川科学技术出版社	1997年5月	于　船 王万饮	周国忠　杨松沛 王天益		
120	《肉品卫生与检疫检验》	四川科学技术出版社	1997年	陈一资			
121	《养禽与禽病防治新进展》	中国农业科技出版社	1997年	王红宁 朱　庆			
122	《动物微生物学》	四川科学技术出版社	1997年	郭万柱	刘亚刚		

续表附一4

序号	书籍及专著名称	出版社	出版时间	作者			备注
				主编	副主编	第一作者	
123	《现代禽病诊断和防治全书》	四川大学出版社	1997年	程安春	杨光友　刘亚刚		
124	《养鸡全书》	四川科学技术出版社	1997年	邱祥聘	朱　庆		
125	《家禽营养代谢疾病学》	四川科学技术出版社	1997年	崔恒敏			
126	《养鹅全书》	四川科学技术出版社	1997年	曾凡同	王继文　张子元		
127	《养鸭全书》	四川科学技术出版社	1997年	曾凡同	王继文　张子元		
128	《第三届猪消化生理国际学术会议》论文	四川科学技术出版社	1997年	王康宁			
129	《常用藏药志》	四川科学技术出版社	1997年	田淑琴			
130	《养羊全书》	四川科学技术出版社	1997年1月		夏先玖		
131	《养兔全书》	四川科学技术出版社	1997年3月		唐良美		
132	《养猪全书》	四川科学技术出版社	1997年3月		段诚中		
133	《养猪技术》	四川科学技术出版社	1997年4月	曾代勤	谭明万　邓吉辉		
134	《猪的繁殖技术》	四川科学技术出版社	1997年6月	田有庆			
135	《中国牦牛奶制品工艺学》	四川科学技术出版社	1997年8月	黄友鹰	陈　良		
136	《集约化养猪技术与疾病防治》	吉林科技出版社	1998年	郭万柱			
137	《集约化养猪技术》	吉林科技出版社	1998年		吴　德　周小秋		
138	《养牛窍门百问百答》	中国农业出版社	1998年2月	徐载春			
139	《养猪窍门百问百答》	中国农业出版社	1998年2月	段诚中			
140	《养兔窍门百问百答》	中国农业出版社	1998年2月	唐良美			
141	《养鸡窍门百问百答》	中国农业出版社	1998年2月	张子元	杜华锐　姜小雨		
142	《养羊窍门百问百答》	中国农业出版社	1998年2月	夏先玖			
143	《现代肉鸭饲养技术》	四川科学技术出版社	1998年3月	王立常			

续表附-4

序号	书籍及专著名称	出版社	出版时间	作者			备注
				主编	副主编	第一作者	
144	《试验设计和分析》	气象出版社	1998年4月			刘明辉	
145	《四川省畜牧志》	四川科学技术出版社	1998年5月	罗毅	李永桂 杨玉成		
146	《瘦肉型猪高效快速饲养技术》	四川科学技术出版社	1998年9月	周梅卿	刘君锡		
147	《英汉、汉英畜牧兽医词典》	成都科技大学出版社	1998年12月	廖景亚			
148	《动物营养学》(第二版)	中国农业出版社	1999年	杨凤			
149	《中国绒山羊研究》	四川科学技术出版社	1999年	王永			
150	《养鸡问答》	四川科学技术出版社	1999年1月	蒋小松	杜华锐		
151	《养鹅问答》	四川科学技术出版社	1999年1月	张子元	姜小雨		
152	《经济动物养殖技术》	中国农业出版社	1999年2月		段诚中		
153	《养猪问答》	四川科学技术出版社	1999年5月	吕学斌			
154	《养兔问答》	四川科学技术出版社	1999年5月	唐良美	谢晓红		
155	《肉山羊饲养实用新技术》	天地出版社	1999年7月	熊朝瑞			
156	《农户养鸡实用新技术》	天地出版社	1999年7月	杜华锐			
157	《农户配合饲料配制技术》	天地出版社	1999年7月	张大江			
158	《种猪饲养实用新技术》	天地出版社	1999年7月	付茂忠			
159	《乌骨鸡饲养实用新技术》	天地出版社	1999年7月	李晴云			
160	《肉鸭饲养实用新技术》	天地出版社	1999年7月	姜小雨			
161	《鸡病防治技术》	天地出版社	1999年7月	林毅			
162	《鸭鹅病防治技术》	天地出版社	1999年7月	林毅			
163	《猪病防治技术》	天地出版社	1999年7月	张道永			
164	《四川牦牛》	四川民族出版社	1999年8月	蔡立			
165	《肉鸡育种》	荷兰瓦赫宁根大学出版社	1999年12月			蒋小松	
166	《实验动物养殖与利用》	四川科学技术出版社	2000年	郭万柱			
167	《禽传染性支气管炎综合防治》	中国农业出版社	2000年	王红宁			

续表附-4

序号	书籍及专著名称	出版社	出版时间	作者			备注
				主编	副主编	第一作者	
168	《养兔全书》	四川科学技术出版社	2000年	宋育			
169	《配合饲料制造工艺与技术》	中国农业大学出版社	2000年		陈德		
170	《猪鸡饲料配制技术》	中国农业出版社	2000年	周安国	陈德		
171	《蛋鸡蛋鸭高效养殖新技术》	四川科学技术出版社	2000年5月	马敏	曾仰双　陈代平		
172	《良种肉羊饲养技术》	金盾出版社	2000年6月	熊朝瑞			
173	《规模化养猪新技术》	中国农业出版社	2000年8月	段诚中	吕学斌　张道永 王红宁		
174	《波尔山羊饲养管理和杂交技术》	中国农业出版社	2000年10月		王教勋		
175	《饲草生产学》	中国农业出版社	2001年		张新全		
176	《禾本科优质牧草—黑麦草、鸭茅》	四川科学技术出版社	2001年	张新全			
177	《分子遗传与动物育种》	四川科学技术出版社	2001年	钟金城	陈智华		
178	《肉牛饲养新技术》	天地出版社	2001年	王杰	陈智华		
179	《兽医手册》	四川科学技术出版社	2001年2月	张道永	林毅		
180	《动物疫病防治员、动物检疫检验员职业技能鉴定测试题及答案》	四川科学技术出版社	2001年4月	向丕元 田楠 谢智明	苏学文　叶成儒 明智勇		
181	《山羊饲养新技术》	四川科学技术出版社	2001年5月	邓泽高	熊朝瑞		
182	《犬的饲养调教与疾病防治》	四川科学技术出版社	2001年6月	杨光友			
183	《犬的饲养管理与疾病防治》	四川科学技术出版社	2001年6月		彭广能		
184	《动物微生物学》	四川科学技术出版社	2001年8月	郭万柱	熊焰		
185	《基层畜牧兽医站事业财务会计》	四川科学技术出版社	2001年12月	余勇	易佑华　吴仁宾 罗阳礼　向顺禄		
186	《珍禽养殖关键技术》	四川科学技术出版社	2002年	张克英	杨光友		
187	《禾本科优质牧草——黑麦草、鸭茅》	台海出版社	2002年	张新全			

续表附-4

序号	书籍及专著名称	出版社	出版时间	作者			备注
				主编	副主编	第一作者	
188	《养鹅关键技术》	四川科学技术出版社	2002年	王继文	杨光友　马敏		
189	《动物营养学》(第三版)	中国农业出版社	2002年	杨凤			
190	《麦洼牦牛生态系统特性及发展研究》	成都时代出版社	2002年	文勇立			
191	《现代畜牧兽医技术与管理》	四川民族出版社	2002年	刘亚刚			
192	《兽医传染病学》	中国农业大学出版社	2002年2月		程安春		
193	《中兽医学大辞典》	四川科学技术出版社	2002年5月	于船	陈长佑　罗长荣 王天怀　郭俊铨		
194	《宠物疾病诊治》	中国农业出版社	2002年6月		邓俊良		
195	《动物药品制剂》	农业出版社	2002年7月		李英伦		
196	《禽病临床诊断彩色图谱》	四川科学技术出版社	2002年8月	岳华 汤承	汤明　余勇 石谦　于学辉		
197	《现代中兽医应用实践》	四川科学技术出版社	2002年9月	梁崇杰	郑缨		
198	《养鸭关键技术》	四川科学技术出版社	2002年10月	马敏	王继文		
199	《禽呼吸系统疾病》	中国农业出版社	2002年10月	王红宁			
200	《养兔关键技术》	四川科学技术出版社	2002年11月	赖松家			
201	《规模化养羊新技术》	四川科学技术出版社	2003年	吴登俊	徐刚毅		
202	《养鸡关键技术》	四川科学技术出版社	2003年	杨志勤	蒋文灿		
203	《规模化养鸡新技术》	四川科学技术出版社	2003年	朱庆	杨志勤		
204	《兽医病毒学》	四川科学技术出版社	2003年	郭万柱	蒋文灿　徐志文		
205	《伴侣动物养殖》	四川科学技术出版社	2003年	王文仕			
206	《普通遗传学实验指导》	四川科学技术出版社	2003年	帅素容			
207	《养鸡关键技术》	四川科学技术出版社	2003年	杨志勤			

续表附-4

序号	书籍及专著名称	出版社	出版时间	作者			备注
				主编	副主编	第一作者	
208	《规模化养鸡新技术》	四川科学技术出版社	2003年	朱庆			
209	《鹅无公害养殖综合技术》	中国农业出版社	2003年	王继文	杨光友　刘安芳		
210	《规模化养鸭新技术》	四川科学技术出版社	2003年	王继文	姜小雨　杨光友		
211	《饲料分析及质量检测技术》	高教出版社	2003年		张克英		
212	《饲料添加剂学》	中国农业出版社	2003年	陈代文			
213	《饲料学》	中国农业出版社	2003年		张克英		
214	《家禽营养学》	中国农业大学出版社	2003年		张克英		
215	《配合饲料学》	中国农业出版社	2003年		陈代文　张克英		
216	《饲料添加剂手册》	四川科学技术出版社	2003年	陈代文			
217	《兽医药理学》	四川科学技术出版社	2003年	田淑琴			
218	《家畜解剖学及组织胚胎学》	四川科学技术出版社	2003年	卢建远	刘群		
219	《牧草种植与草地保护利用》	四川科学技术出版社	2003年	李世丹	徐亚欧　王永		
220	《饲料生产手册》	四川科学技术出版社	2003年	王晋峰			
221	《特种经济动物养殖技术》	四川科学技术出版社	2003年	王永	徐亚欧　刘鲁蜀		
222	《畜产品加工与贮藏》	四川科学技术出版社	2003年	陈炼红			
223	《畜牧兽医法规》	四川科学技术出版社	2003年	吴维成			
224	《畜牧业信息管理及应用》	四川科学技术出版社	2003年	文勇立	徐亚欧　陈智华		
225	《动物生产技术》	四川科学技术出版社	2003年	陈智华	字向东		
226	《动物保健技术》	四川科学技术出版社	2003年	杨晓农	罗薇		
227	《兽医病毒学》	四川科学技术出版社	2003年	刘亚刚			

续表附-4

序号	书籍及专著名称	出版社	出版时间	作者			备注
				主编	副主编	第一作者	
228	《农村实用技术》	四川科学技术出版社	2003 年	任永波	黄志秋		
229	《养猪关键技术》	四川科学技术出版社	2003 年 1 月	陈代文	刁运华		
230	《养牛关键技术》	四川科学技术出版社	2003 年 1 月	傅昌秀	王建文		
231	《养羊关键技术》	四川科学技术出版社	2003 年 1 月	周光明	熊朝瑞		
232	《规模化养猪新技术（新版）》	四川科学技术出版社	2003 年 5 月	段诚中	吕学斌		
233	《规模化养兔新技术》	四川科学技术出版社	2003 年 5 月	黄邓萍	洪方树		
234	《分子生物学》	中国农业出版社	2004 年		程安春		
235	《草坪草育种学》	中国农业出版社	2004 年	张新全			
236	《动物寄生虫病学》	四川科学技术出版社	2004 年	杨光友	张同富		
237	《怎样提高养鸭效益》	金盾出版社	2004 年	王继文			
238	《动物微生态学》	四川科学技术出版社	2004 年	程安春			
239	《养鹅与鹅病防治（2 版）》	中国农业大学出版社	2004 年	程安春	王继文　汪铭书		
240	《养鸭与鸭病防治（2 版）》	中国农业大学出版社	2004 年	程安春	王继文　汪铭书		
241	《奶牛疾病诊疗大全》	中国农业出版社	2004 年	刘长松	彭广能　邓俊良		
242	《羊良种引种指导》	金盾出版社	2004 年	王　永	徐亚欧		
243	《养羊·养牛》	四川科学技术出版社	2004 年	何学谦 刘利春			
244	《养猪》	四川科学技术出版社	2004 年	李翠蓉			
245	《特种经济动物养殖》	四川科学技术出版社	2004 年	肖文渊			
246	《养禽》	四川科学技术出版社	2004 年	罗俊春 刘利春			
247	《饲料生产手册》	四川科学技术出版社	2004 年 1 月	周寿荣			
248	《动物防疫检疫手册》	四川科学技术出版社	2004 年 1 月	文心田	余　勇　李　明 曹三杰		

续表附-4

序号	书籍及专著名称	出版社	出版时间	作者			备注
				主编	副主编	第一作者	
249	《生理学实验教程》	四川科学技术出版社	2004年2月	马恒东			
250	《四川草业科技十年进展》	四川科学技术出版社	2004年3月	张新跃 李元华			
251	《中国家畜家禽寄生虫名录》	中国农业科技出版社	2004年5月		廖党金		
252	《四川畜禽寄生虫志》	四川科学技术出版社	2004年6月	蒋学良	周婉丽		
253	《牛羊病看图防治》	四川科学技术出版社	2004年8月	廖党金			
254	《猪病看图防治》	四川科学技术出版社	2004年8月	廖党金			
255	《鸡鸭鹅病看图防治》	四川科学技术出版社	2004年8月	林　毅	岳　华　杨晓梅		
256	《草坪科学实习试验指导》	中国农业出版社	2004年8月		干友民		
257	《兽医外科学》	四川科学技术出版社	2004年8月	彭广能	杨晓农		
258	《果园林地生态养鸡技术》	金盾出版社	2004年9月	刘益平			
259	《家畜饲养工》	电子科技大学出版社	2004年10月	周光明	王泽洲　程兴洋		
260	《兽医防治员》	电子科技大学出版社	2004年10月	王泽洲	程兴洋　周光明		
261	《中草药治疗畜禽常见病》	重庆出版社	2004年10月	冯昌荣			
262	《高速公路绿化工程技术》	中国农业出版社	2005年	白史且			
263	《鹅高效生产技术手册》	上海科技出版社	2005年	何大乾	王继文		
264	《怎样提高养鹅经济效益》	金盾出版社	2005年	王继文			
265	《动物营养教程》	高教出版社	2005年		陈代文		
266	《动物营养与饲料学》	中国农业出版社	2005年	陈代文			
267	《肉山羊高效安全生产技术》	中国农业出版社	2005年7月	李　键			
268	《中国家禽研究》	四川科学技术出版社	2005年10月		蒋小松		

二、大事 记

1986 年

2 月 四川省养猪研究所在重庆北碚区推广农村养猪成套技术后，四川省畜牧兽医研究所、四川省养猪研究所、四川农业大学、四川省畜禽繁育改良总站等采取科研、院校、生产三结合方式，在33个县推广以猪经济杂交和仔猪补饲为重点的“双推五改”配套技术。

8 月 四川省人民政府办公厅下发《关于解决部分区、乡畜牧兽医和卫生院医务人员口粮问题的通知》，乡镇畜牧兽医人员口粮的供应得到解决；四川省率先在全国对动物防疫管理实施“三证”（预防注射证、检疫证、兽医卫生合格证）制度。

10 月 四川省农牧厅畜牧局组织全省对猪、牛、羊、鸡、鸭、鹅、兔、蜂等15种动物的140余种疫病的分布、发生、流行、死亡、危害和防制等进行普查，明确了主要疫病发生和流行规律；编辑印发《四川省畜禽疫病普查资料专集》《四川省畜禽疫病志》。

11 月 中国共产党四川省委员会、四川省人民政府（以下简称省委、省政府）任命汪懋騉为四川省农牧厅畜牧局分党组书记、局长、农牧厅党组成员。

12 月 四川省畜牧兽医研究所从联邦德国引进50只原种齐卡肉兔，作为培育新品种肉兔配套系的原始材料。

1987 年

2 月 四川省农牧厅畜牧局在宜宾地区召开全省首次商品瘦肉猪基地建设现场会。全省历时9年，分批共建113个商品瘦肉猪基地县。

同月 四川省科学技术委员会与四川省农牧厅畜牧局组团赴英国学习现代化养鸭技术，首批从英国引入樱桃谷父母代种鸭6520只。

3 月 四川省农牧厅畜牧局组织四川省草原工作总站、四川省畜牧兽医研究所等单位大面积推广实施青贮饲料。

4 月 四川省农村工作委员会与四川省农牧厅畜牧局联合开展畜牧食品体制改革的软科学项目调研，并在内江市简阳县、成都市郫县进行畜牧食品管理体制改革试点。两县率先在全省建立县级畜牧食品局。

5 月 四川省畜禽繁育改良总站、四川省畜牧兽医研究所、四川省养猪研究所等单位在省内

118 个县开展大规模科学养猪综合技术推广活动，被誉为“百团大战”。

10 月　四川省饲料工业协会成立。

1988 年

2 月　四川省畜禽繁育改良总站、四川农业大学等单位在全省 9 个地市 23 个肉鸭生产区，开展良种杂交鸭配套技术的推广，推动养鸭发展。

6 月　经四川省机构编制委员会（以下简称省编委）批准，四川省原种鸡场建立，隶属四川省农牧厅畜牧局管理。

9 月　四川省第七届人民代表大会常务委员会第五次会议审议通过《四川省预防控制狂犬病条例》。

1989 年

10 月　四川省兽药评审委员会成立。

12 月　四川省都江堰市农牧局使用四川农业大学生产的犬用“长效狂犬病疫苗”，在 9 个乡接种家犬 3098 只，数日内接种犬陆续发病 1422 只，死亡 1078 只，发病犬抓（咬）伤 300 余人。经诊断和调查，属实验室污染伪狂犬病毒事件。

1990 年

11 月　四川省第七届人民代表大会常务委员会第十九次会议审议通过《四川省〈中华人民共和国草原法〉实施细则》。

同月　四川省畜牧兽医学会在成立 30 周年之际，编印《四川省畜牧兽医学会三十年》，召开科技兴牧学术交流会，编辑并出版《四川畜牧兽医发展简史》。

1991 年

2 月　经省政府批准，四川省农牧厅畜牧局更名为四川省畜牧局。

5 月　四川省畜牧局成立“四川省家畜血吸虫病防治领导小组”和“技术指导小组”，副局长敬全林任组长。

6 月　农业部、四川省人民政府 1986 年共同投资的“四川草地——城市农业系统开发示范项目”建设完成。项目分别建成昭觉、会东、峨眉等 3 个合作牧场和普格大河坝示范奶牛场及四川绿野草业开发中心。

7 月 农业部首次召开全国畜牧贡献颁奖大会，分设“兴牧杯”“金指杯”“草原杯”“动物保健杯”四项。四川省分获“兴牧杯”和“金指杯”二等奖。

9 月 四川省家禽业协会成立。

12 月 四川省畜牧兽医研究所、四川农业大学等单位在全省大面积实施商品肉兔配套技术开发，该成果推动了四川养兔业发展，养兔的存栏出栏数为全国第一，获国家星火奖三等奖。

同月 四川省畜禽繁育改良总站、四川农业大学等单位在全省大面积实施杂交鸭养殖技术开发，该成果成功推动四川水禽业发展，获国家星火奖三等奖。

1992 年

2 月 凉山州 48—50 支纱半细毛羊新品种选育、巫溪红池坝南方草地牧业优化模式示范、阿坝州高寒牧区地区优化模式示范、饲料微生物添加剂的研究等列入国家科技攻关项目。南江黄羊肉用品种选育、四川白鹅新品系选育、肉兔配套系选育、荣昌猪瘦肉品系选育等列入农业部重大科技攻关项目。瘦肉猪配套品系选育及饲料、饲养技术研究，褐壳蛋鸡新品系选育饲料资源的开发研究，山羊蠕形螨病的防治研究等列入四川省重大科技攻关项目。

同月 四川省畜牧食品办公室制定《“八五”期间全省畜牧兽医干部培训规划要点》，开展干部岗位培训和专业技术人员继续教育培训，委托四川农业大学、西南农业大学、四川畜牧兽医学院、成都畜牧兽医学校等单位分别培训。

同月 根据省编委《关于调整省畜牧食品办公室内部机构等问题的通知》要求，“省食品饲料工业领导小组”的饲料工业办公室由四川省经济委员会划归四川省畜牧食品办公室，并在此基础上组建“饲料工业处”。

3 月 省政府批准发布《四川省种畜种禽管理试行办法》。

4 月 针对年初省内一些地方采用含有苯类物质的“促胆素”注射活猪“引胆”，严重威胁和危害人民群众身体健康的问题，省政府发出通知，要求认真从严查处。至 6 月 26 日，全省共清查销毁 66 个县（市、区）的“促胆素”引胆活猪 3.6 万头，含“促胆素”猪肉 48 吨，收缴销毁有毒有害“引胆药”2 吨，含“促胆素”猪肉加工产品 2000 公斤。

5 月 省政府批准成立四川省畜牧食品办公室，系省政府直属正厅级行政单位；张新琴任省畜牧食品办公室党组书记、主任，罗毅为省畜牧食品办公室副主任、省畜牧局局长。

6 月 四川省畜牧局根据各地反映，作出《对省原种猪场猪病调查诊断几个问题的决定》，专家组确诊该场猪群严重感染和流行猪喘气病，确认该场为喘气病疫点，决定对场内所有患病猪只全部扑杀处理。8 月 1—7 日，对该场有喘气病的太湖猪血缘的 1293 头病猪进行扑杀，其他猪只通过隔离、防治等得到逐步净化。

7 月 农业部、国家农业综合开发领导小组办公室批准四川省建设“国家级秸秆养牛示范县项目”，泸州市叙永县成为全国首批 10 个“农区秸秆养牛示范县”之一。

12 月 省政府批准撤销四川省畜牧局，原由四川省畜牧局担负的行政职能交由四川省畜牧食品办公室承担。

1993 年

3 月 四川省动物保健品协会成立。

4 月 成都动物检疫所划转国家动植物检疫总所统一领导管理。

5 月 四川省兽药饲料监察所通过四川省质量技术监督局组织专家组的计量认证。

9 月 四川省养猪业协会成立。

1994 年

2 月 四川省畜牧食品办公室提出“八龙兴牧”，即以猪、牛、羊、鸡、鸭、鹅、兔、蜂八大畜禽分类形成综合示范区，建立龙头企业试点，大抓综合示范区开发。

3 月 四川省畜牧食品办公室举办四川省首届畜牧食品博览会，全省共有 433 个单位参展，成交金额 1.3 亿元。编印出版《四川畜牧业画册》，宣传畜牧业发展成就。

4 月 全国生猪生产现场会在成都市召开。

同月 全省“生猪定点屠宰、到点检疫”现场会议在乐山市井研县召开，省政府副省长张中伟到会讲话。

4—12 月 中共中央总书记、国家主席江泽民，国务院总理李鹏，中央书记处书记温家宝等在四川考察期间，分别指示“各级对养猪业一定要进一步重视和发展”“养猪要注意发展规模经营，走生态农业发展的路子”“养猪上要支持四川”等。

5 月 四川牧区正式启动“人草畜”三配套建设。

6 月 “商品瘦肉猪无特定传染病综合技术示范区”（实为四川“无特定猪传染病区”）建设项目正式启动，绵竹等 20 个县（市、区）被列入项目建设区。

1995 年

1 月 凉山州畜牧局、四川农业大学等单位主持的国家重大攻关项目“48—50 支纱半细羊毛新品系品种培育”通过国家验收鉴定。羊毛新品被命名为“凉山半细毛羊”，填补了中国粗档半细羊毛品种空白。

10 月 四川省畜牧食品办公室对选育的“南江黄羊”“四川白猪Ⅰ系”“新荣昌猪Ⅰ系”正式命名。

12 月 经省政府批准，四川省畜牧食品办公室更名为“四川省畜牧食品局”。

同月 加拿大援助四川省，在内江市建立“中加瘦肉猪繁育总场”，前期引入长白、大约克夏种猪200头。

1996年

2月 省委、省政府任命屈坤宁为四川省畜牧食品局党组书记、局长。

同月 四川省民政厅发出《关于同意四川省饲料工业协会业务主管部门变更为四川省畜牧食品局的通知》，四川省饲料工业协会的业务主管部门变更为四川省畜牧食品局。

4月 全国畜禽防检疫工作现场经验交流会在乐山市召开，农业部副部长张延喜等部领导及全国代表200余人参会。与会代表参观了乐山市市中区、犍为县、井研县的防检疫工作现场。

9月 农业部下达四川省实施“引进波尔肉用山羊，加速中国山羊产业化进程”项目，先后从南非引进波尔山羊200余只，在乐山市洪雅县阳坪种牛场内建立四川省波尔山羊种羊场。

11月 四川省宜宾冻兔厂实现对英国兽医卫生注册，2001年实现对欧盟兽医卫生注册，成为中国西部唯一获准向欧盟出口冻兔肉的生产企业。

1997年

3月 省政府印发《关于加快畜牧业产业化把四川省建成畜牧业强省的通知》。

4月 四川省种猪性能测定中心成立。至2005年，中心共开展18期种猪性能测定，对全省15个种猪场进行了场内测定，累计检测种猪8636头；举办5期种猪拍声卖、展示会，共拍卖优秀种公猪92头，议价销售合格公猪608头。

5月 农业部副部长张延喜率“国务院血吸虫病防治检查组”对四川血吸虫病防治情况进行检查，四川省人民政府副省长敬正书等陪同检查。

同月 四川省合江县凤鸣镇动物检疫员刘彬在检疫执法中被杀害，省政府追认刘彬同志为革命烈士。

10月 四川省饲料工业协会第二届会员代表大会在成都市召开，这是四川省饲料工业协会业务主管部门变更为四川省畜牧食品局后召开的第一次会员代表大会。会议通过了新修订的协会章程，选举产生了第二届理事会，共137人。

11月 农业部饲料质量监督检验测试中心（成都）在四川省饲料工作总站成立。该中心为西南地区首家部级饲料检测中心。

12月 省委、省政府出台《关于加强牧区畜牧业工作的意见》。

同月 四川农业大学在国内率先培育出配套系天府大型肉鸭新品种，该成果获省政府科技进步特等奖。

同月 凉山州畜牧局、四川省畜牧兽医研究所、四川农业大学、凉山州畜科所承担的“山羊细毛羊新品种选育”获省政府科技进步一等奖；次年，获国家科技进步三等奖。

1998 年

5 月 农业部 101 号职业技能鉴定站在四川省动物防疫监督总站挂牌成立。到 2005 年，该鉴定站已对 18957 名畜牧兽医行业从业人员进行培训、考核和鉴定。

同月 四川省饲料工业协会在成都市举办中国首届国际饲料工业展览交易会。

6 月 省政府发布《关于本世纪末基本完成牧区人草畜三配套建设任务的通知》。

同月 经省编委批准，撤销“四川省兽医防疫检疫总站”“四川省兽医卫生监督检验所”“四川省动物血吸虫病防治站”“中华人民共和国成都动物检疫所”，建立“四川省动物防疫监督总站”，对全省动物防疫（含检疫）工作行使监督管理职能。

同月 农业部批准“南江黄羊”为肉用山羊新品种。7 月 1 日，中共四川省委、四川省人民政府举行新闻发布会，正式发布“南江黄羊”新品种。

11 月 农业部下达四川开展“无规定动物疫病区”建设，实施“动物保护工程”项目，连续 6 年，对四川投入资金近 2 亿元，对 3 个省级单位和 14 市（地）、96 个县开展“无规定动物疫病区”建设，重点针对动物防疫及其检疫监测等设施设备、工作条件等进行建设。到 2003 年，项目通过国家验收，四川综合评分名列全国第一。

12 月 国家“九五”科技攻关项目“瘦肉型猪规模化养殖及产业化技术研究与开发”项目在四川实施。该项目采取招标确定专题承担单位和主持人，并成立以中共四川省委副书记杨崇汇为组长的攻关项目领导小组。

1999 年

1 月 四川省畜牧兽医研究所更名为“四川省畜牧科学研究院”。

3 月 省政府办公厅发出《关于实施畜牧业增收计划的通知》。全省组织 5000 名畜牧科技人员进村入户，推广肉牛、肉羊、凉山半细毛羊、优质禽兔、奶牛、养蜂等 8 项畜牧业先进适用技术，实施科技助农增收计划。

6 月 四川省第九届人民代表大会常务委员会第九次会议审议通过《四川省〈中华人民共和国动物防疫法〉实施办法》。

8 月 全国饲料工作会议在成都市召开。这是农业部自 1991 年以来召开的第一次全国性饲料工作会议。来自国务院有关部委和各省（自治区、直辖市）代表以及中央电视台、《人民日报》等新闻媒体的 130 余人参会。四川省人民政府副省长敬正书致辞，农业部副部长齐景发讲话，四川省、辽宁省、安徽省先后作典型经验交流发言。

10 月 四川省人民政府、联合国粮农组织和农业部主办，四川省畜牧食品局、中国农科院自然区划研究所承办的第三次“利用地方资源发展畜牧业生产国际会议”在成都市召开。来自英国、意大利、法国、加拿大、埃及、越南、柬埔寨、马来西亚、菲律宾、芬兰、日本、欧盟、世界粮农组织以及中国部分省（直辖市）的专家学者120余人参会。世界粮农组织官员桑切斯、农业部畜牧兽医局副局长季之华、四川省人民政府副秘书长陈信远在研讨会上讲话。会议着重研讨了地方饲料资源在发展养猪及其他畜禽生产上的应用。其间，与会代表现场参观了简阳市利用酒糟等副产物发展养殖业情况。

11月 农业部下达给四川省草原研究所獭兔选育项目，从德国引进獭兔51只。

12月 四川省畜牧科学研究院培育出全国第一个齐卡兔专门化新品系。

2000年

9月 省政府发布《四川省饲料和饲料添加剂管理条例实施办法》（以下简称《办法》）。该《办法》修改后于2002年3月重新颁发。

10月 四川省畜牧食品局组织的“四川省首届检疫技术大比武”省级最终评比在成都市举行，决出先进集体6名，技术标兵10名。

11月 四川省井研肉联厂的兽医卫生设备、条件等得到新加坡兽医专家和官方兽医卫生机构认可，对新出口猪肉的兽医卫生注册获成功。四川省井研肉联6年共出口猪肉创汇4200多万美元。

同月 为进一步规范和强化种畜禽管理，四川省畜牧食品局制定《四川省种猪场内测定试行办法》和《四川省良种登记试行办法》。

2001年

3月 省政府办公厅颁布《四川省动物检疫员和动物防疫监督员管理办法》《四川省动物防疫合格证管理办法》《四川省动物诊疗许可证管理办法》《四川省动物和动物产品申报检疫管理办法》，并成立“四川省动物重大疫病防制指挥部”。

5月 全省启动“放心肉工程”，四川省饲料工作总站增挂“四川省畜产品安全检测中心”牌子。

6月 四川省首届畜牧专业技术协会经验交流大会在泸州市召开。

同月 四川省第十一届动物疫病联防暨四川省动物传染病学术讨论会在雅安市举行。

11月 省编委批准成立四川省草原监理站。

12月 农业部投资2548万元在四川省28个县（市、区）开展防疫冷链体系建设；2002年10月，投资1240万元在四川省18个县（市、区）开展动物防疫冷链建设；2003年12月，投资3690万元在四川省动物防疫监督总站和17个县（市、区）动物防疫监督站及29个省际间公路动物防疫监督检查站开展冷链体系建设。

同月 四川省畜牧食品局开展畜禽品种审定工作，共审定命名“天府肉鹅”“天府乌骨鸡”“天府黑兔”“丝羽乌骨鸡”等4个培育品系和地方山羊品种“金堂黑山羊”。

2002 年

7 月 四川省成立以四川省人民政府副省长为组长，四川省畜牧食品局等 11 个厅局领导为成员的四川省学生饮用奶领导小组。

8 月 省政府颁布《四川省无规定动物疫病区管理试行办法》。

10 月 四川省畜牧食品局成立“四川省无公害畜产品领导小组”，局长屈坤宁任组长。

11 月 四川省开展省重点种畜禽场评审工作，公布了第一批重点种畜禽场 15 个，重点畜禽品种资源场 6 个。全省取得“种畜禽生产经营许可证”的各类种畜禽场有 195 个。

同月 四川省饲料工业办公室、四川省饲料工业协会承办的全国饲料行业科技进步经验交流会在成都市召开。中国饲料工业协会会长白美清、副会长张延喜，全国饲料办主任季之华以及国家计划委员会领导，各省（自治区、直辖市）行业管理部门负责人和受表彰企业代表 230 余人参会。四川省人民政府副省长陈文光出席并讲话。

12 月 四川省畜牧食品局正式命名四川省草原研究所、四川省畜牧科学院培育的獭兔新品系为“四川白獭兔”。

同月 四川省人民政府第 86 次常务会审议通过《四川省草原承包办法》，自 2003 年 3 月 1 日起施行。

2003 年

3 月 “四川省畜牧高科技园区”在成都市大邑县韩场镇建立。

同月 省政府办公厅批转四川省畜牧食品局《关于贯彻落实促进饲料业持续健康发展的若干意见》。

7 月 四川省畜牧食品局印发《四川省实施国家“学生饮用奶计划”管理办法》。

10 月 农业部组织对四川马传贫消灭情况进行现场验收，并获通过。12 月，农业部正式发文通知四川“已达到了消灭马传贫标准”。

12 月 四川省养猪业协会、四川省家禽协会、四川省畜产品加工协会等合并成立四川省畜牧业协会，挂靠四川省畜禽繁育改良总站。

同月 四川省先后在甘孜藏族自治州、阿坝藏族羌族自治州、凉山彝族自治州的石渠县、红原县、木里藏族自治县等 24 个县实施国家天然草原退牧还草工程，历时 4 年，共投入资金 16 亿元。

2004 年

1 月 省政府成立“四川省防治高致病性禽流感指挥部”。省财政拨款 200 万元作为省级防治高致病性禽流感工作专项经费；2月2日，全省防治禽流感工作紧急会议召开。2月6日，四川省防治高致病性禽流感指挥部发布《高致病性禽流感扑杀检验标准》。

11月 四川省畜产品安全检测中心增挂“农业部畜禽产品质量安全监督检验测试中心（成都)”牌子，成为部级畜禽产品监测中心。

12月 2004年，四川省畜牧业产值1096.6亿元，首次突破千亿元大关。

同月 经中共四川省委农村工作领导小组批准，46家畜牧龙头企业被认定为农业产业化经营省级重点龙头企业。

2005年

7月 资阳市畜牧食品局报告雁江区发生猪Ⅱ型链球菌病，该病先后波及全省14个市。四川省组织大规模群防群治，并在50天内有效扑灭。

8月 四川省畜牧食品局获农业部、公安部联合表彰“全国瘦肉精等违禁药品专项整治工作先进集体”称号。

9月 四川省第十届人民代表大会常务委员会第十七次会议审议通过《四川省〈中华人民共和国草原法〉实施办法》。

10月 经省编委批准，四川省草原研究所更名为“四川省草原科学研究院”。

11月 全省63家畜牧龙头企业被认定为农业产业化经营省级重点龙头企业，其中11家被农业部命名为国家级龙头企业。

12月 省政府出台《关于转变畜牧业生产方式加快建设现代化畜牧业强省的意见》。

同月 2005年四川省畜牧业产值达1230.18亿元，占农业总产值的50.1%。四川饲料工业企业有944家，其中年产量万吨以上100家、5万吨以上28家、10万吨以上16家。全省配合饲料总产量500多万吨。全省有55家兽药生产企业通过国家GMP验收。有11个畜产品交易批发市场被确定为区域性畜产品交易批发市场，12个畜产品定点交易批发市场被农业部确定为全国畜产品批发市场。

三、文献辑存

四川省《中华人民共和国动物防疫法》实施办法

（1999年6月1日，四川省第九届人民代表大会常务委员会第九次会议审议通过。2014年3月20日，四川省第十二届人民代表大会第九次会议常务委员会第八次会议修订。）

第一条 为了加强动物防疫，预防、控制和扑灭疫病，促进养殖业发展，保护人体健康，维护公共卫生安全，根据《中华人民共和国动物防疫法》及有关法律、法规，结合四川省实际，制定本实施办法。

第二条 对动物疫病实行预防为主的方针，坚持综合防控原则。

第三条 县级以上地方人民政府统一领导本行政区域内的动物防疫工作，将其纳入国民经济和社会发展规划及年度计划，加强基层动物防疫队伍和基础设施建设，建立健全动物防疫体系，建立完善经费保障机制。

第四条 县级以上地方人民政府兽医主管部门主管动物防疫工作。

县级以上地方人民政府发展改革、林业、公安、财政、环境保护、交通运输、水利、商务、卫生、工商、食品药品监管、城市管理等部门和出入境检验检疫机构在各自的职责范围内做好动物防疫工作。

第五条 县级以上地方人民政府设立的动物卫生监督机构负责动物及动物产品的检疫工作、动物卫生风险评估和其他有关动物防疫的监督管理执法工作。

县级以上地方人民政府建立的动物疫病预防控制机构，承担动物疫病的监测、检测、诊断、流行病学调查、疫情预警分析、疫情报告以及其他动物疫病预防、控制等技术工作。

乡镇畜牧兽医站承担动物疫病强制免疫计划的实施、疫情调查监测与报告等动物防疫工作，协助开展动物卫生监督及动物产品质量安全监管执法工作。

第六条 乡（镇）人民政府、街道办事处按照规定职责组织做好本辖区内动物疫病的预防和疫情报告工作，协助做好疫情控制和扑灭工作。

村（居）民委员会、社区应当配合做好动物防疫工作，督促村（居）民依法履行动物防疫义务。可根据需要配备村动物防疫员协助实施强制免疫和疫情观察报告等动物防疫工作，按照国家有关规定给予经费补助。

第七条 省人民政府兽医主管部门负责编制全省动物疫病防治规划，报省人民政府批准后实施；按规定制定动物疫病强制免疫计划、监测计划和流行病学调查方案。

市（州）、县（市、区）人民政府应当按照省动物疫病防治规划制定相应规划并组织实施。

第八条 市（州）、县（市、区）人民政府兽医主管部门应当根据省动物疫病强制免疫计划、监测计划和流行病学调查方案制定实施方案，建立动物疫病风险评估机制，做好动物疫情预警；可根据动物疫病流行情况，制定动物疫病免疫计划，报本级人民政府批准后实施，并报上一级兽医主管部门备案。

第九条 县级以上地方人民政府应当加强无规定动物疫病区或者无规定动物疫病生物安全隔离区建设，实行动物疫病的区域化管理。

第十条 县级以上地方人民政府兽医主管部门和卫生主管部门应当建立人畜共患传染病防控合作机制，共同制定人畜共患传染病防治方案，组织对易感动物和相关职业人群进行人畜共患传染病的监测，及时通报信息，按照职能分工开展防控工作。

第十一条 县级以上地方人民政府兽医主管部门应当组织做好基层动物防疫人员的技术培训工作，加强动物防疫知识的宣传普及。

第十二条 从事动物饲养、诊疗、屠宰、经营、隔离、运输、演出、比赛、展览、研究实验以及动物产品生产、经营、加工、贮藏、运输等活动的单位和个人，应当依法履行免疫、消毒、无害化处理、疫情报告等动物疫病预防、控制、扑灭义务，接受动物卫生监督机构的监督和动物疫病预防控制机构对动物及动物产品的监测。

种畜禽场、奶牛场应当按照县级以上地方人民政府兽医主管部门制定的动物疫病监测、净化方案开展工作。

第十三条 从事动物收购贩运的单位和个人应当在所在地县级动物卫生监督执法机构进行备案，并遵守以下规定：

（一）收购贩运的动物附有检疫合格证明；

（二）运输动物前、后对运输工具进行消毒；

（三）建立收购贩运台账，真实记录动物品种、数量、来源、免疫、检疫合格证明编号、畜禽标识及运输、销售等信息。

第十四条 对从事动物生产经营和疫病预防、检疫检测、监督检查、现场处理疫情以及在工作中接触动物疫病病原体的人员，有关单位和个人应当按照国家规定采取有效的卫生防护措施和医疗保健措施，并定期体检。

第十五条 禁止屠宰、经营、运输、遗弃下列动物和生产、经营、加工、贮藏、运输、丢弃下列动物产品：

（一）封锁疫区内与所发生动物疫病有关的；

（二）疫区内易感染的；

（三）依法应当检疫而未经检疫或者检疫不合格的；

（四）染疫或者疑似染疫的；

（五）病死或者死因不明的。

第十六条 病害动物及病害动物产品应当按照规定进行无害化处理。

县级以上地方人民政府应当将病害动物及病害动物产品无害化集中处理纳入公共服务范围，统筹规划、合理布局，从资金、土地等方面支持病害动物及病害动物产品无害化处理公共设施建设和运行，鼓励推广使用环保、高效、低耗能的设备及新工艺。

病害动物及病害动物产品无害化处理运营单位应当向所在地县级动物卫生监督机构报告运营情况，并向社会公布收运、处理等信息。

县级以上地方人民政府兽医主管部门应当对病害动物及病害动物产品无害化处置情况进行监督管理。

第十七条 动物饲养场（养殖小区）、隔离场、屠宰加工场所、交易市场、中转场所、科研教学单位、动物诊疗机构等应当配备相应的动物及动物产品无害化处理设施设备，对其场所内病害动物及病害动物产品进行无害化处理。不具备无害化处理条件的，应当委托专业的无害化处理运营单位集中处理。

第十八条 农村散养户和城镇居民应当向无害化处理运营单位报告病害动物和病害动物产品信息。无害化处理运营单位接到报告后应当及时收运处理，并不得向农村散养户和城镇居民收取处理费用。

不具备无害化集中处理条件的，农村散养户应当在动物防疫人员指导下按照国家规定的方式进行无害化处理。

第十九条 弃置的病害动物及病害动物产品，按照《四川省城乡环境综合治理条例》划分的责任区，由相关责任单位负责收集、清理，无害化处理运营单位负责收运、处理。

第二十条 县级以上人民政府应当通过财政补贴等方式鼓励饲养动物的单位和个人参加政策性农业保险。

享受政府保费补贴的保险合同发生保险理赔的，在对死亡动物进行无害化处理后依据保险合同予以理赔。

第二十一条 对在疫病预防和控制、扑灭过程中强制扑杀的动物、销毁的动物产品和相关物品，或者因依法实施强制免疫造成动物应激死亡的，县级以上地方人民政府应当按照国家规定给予补偿。

第二十二条 屠宰、经营、加工、隔离、中转、运输的动物和加工、经营、中转、运输、贮藏的动物产品应当具有检疫合格证明和验讫标志。

第二十三条 动物卫生监督机构的官方兽医依法对动物、动物产品实施检疫。动物卫生监督机构可根据检疫工作需要，指定兽医专业人员协助官方兽医实施动物及动物产品检疫。检疫收费按照省发展改革、财政部门的规定执行。

动物卫生监督机构执法人员执行监督检查和官方兽医实施检疫时，应当规范着装，统一标识，持证上岗。

第二十四条 动物检疫实行申报制度。屠宰、出售、运输动物以及出售、运输动物产品前，货主应当向动物卫生监督机构或者其设立的检疫申报点申报检疫。

动物卫生监督机构受理检疫申报后，应当及时指派官方兽医对动物或者动物产品实施现场检疫。检疫合格的，出具检疫合格证明、加施检疫标志；检疫不合格的，由官方兽医出具处理通知单，并监督货主或者屠宰厂（场）按国家技术规范处理。

第二十五条 动物屠宰厂（场）应当遵守以下规定：

（一）对进入屠宰厂（场）的动物进行入场验收并建立台账，无畜禽标识和动物检疫合格证明的，不得入场；

（二）分割的动物产品的包装具备加施动物检疫标志的条件；

（三）为动物检疫提供必要的场所和条件；

（四）对检疫不合格的动物、动物产品，按照国家技术规范处理；

（五）法律、行政法规规定的其他事项。

第二十六条 有下列情形之一的动物、动物产品，动物卫生监督机构不得出具动物检疫合格证明：

（一）染疫或者疑似染疫的；

（二）病死或者死因不明的；

（三）未按规定实施强制免疫或者加施畜禽标识的；

（四）国务院兽医主管部门规定的其他情形。

第二十七条 输入到无规定动物疫病区的动物、动物产品，货主应当向无规定动物疫病区所在地动物卫生监督机构申报检疫，检疫合格的方可进入。检疫所需费用纳入无规定动物疫病区所在地地方人民政府财政预算。

第二十八条 跨省输入动物及动物产品，应当经指定通道进入，并向省人民政府批准设立的公路动物卫生监督检查站或者动物卫生监督机构按规定设立的检疫申报点申报检疫。

公路动物卫生监督检查站或者检疫申报点应当对输入动物、动物产品的动物检疫合格证明、检疫标志等进行查验；符合规定的，货主对运输工具消毒后，加盖监督印章方可进入。

指定通道由省兽医主管部门科学规划。所在地县级人民政府根据规划公布指定通道并设置标识。

第二十九条 跨省输入继续饲养的动物抵达目的地后，货主应当进行隔离饲养观察，并在24小时内报告当地乡镇畜牧兽医站。隔离饲养观察期满后，动物无异常的方可混群饲养。

第三十条 运输动物或者动物产品的车辆通过鲜活农产品运输绿色通道，承运人应当出示动物检疫合格证明。

第三十一条 从事动物诊疗或者诊疗辅助活动的人员，应当按照国家规定取得执业兽医师资格证书或者执业助理兽医师资格证书，凭与具备诊疗条件的单位签订的劳动合同，向当地县级以上兽医主管部门申请注册或者备案。

在乡村从事动物诊疗服务活动的人员，应当向当地县级兽医主管部门申请登记，取得乡村兽医登记证，并在规定的乡（镇）从事动物诊疗服务活动。

第三十二条 从事动物诊疗和诊疗辅助活动，应当遵守有关动物诊疗的操作技术规范，使用符合国家规定的兽药和兽医器械，禁止使用人用药品。

第三十三条 动物卫生监督机构根据动物疫病预防、控制需要，经当地县级以上地方人民政府批准，可以在车站、港口、机场、动物及动物产品交易市场等相关场所派驻官方兽医，相关单位应当为其提供必要的工作条件。

第三十四条 县级以上地方人民政府兽医主管部门、动物卫生监督机构、动物疫病预防控制机构及其工作人员滥用职权、玩忽职守、徇私舞弊的，由同级人民政府或者上一级行业主管部门责令改正，通报批评；对直接负责的主管人员和其他直接责任人员，根据其性质、情节、危害程度，依法给予处分；涉嫌犯罪的，依法追究刑事责任。

第三十五条 违反本实施办法第十三条第（三）项规定的，由动物卫生监督机构责令整改；拒不整改的，可处五百元以上二千元以下罚款。

第三十六条 遗（丢）弃本实施办法第十五条所列动物或者动物产品的，由动物卫生监督机构责令无害化处理，所需处理费用由违法行为人承担，可处三千元以下罚款。

第三十七条 违反本实施办法第二十五条第（二）、（三）项规定的，由动物卫生监督机构责令整改；拒不整改的，可处三千元以上五千元以下罚款。

第三十八条 违反本实施办法第二十八条第一款规定的，由动物卫生监督机构对货主给予警告，可处五百元以上二千元以下罚款。

第三十九条 违反本实施办法第二十九条规定的，由动物卫生监督机构对货主给予警告，责令改正，处二千元以上一万元以下罚款；情节严重的，处一万元以上三万元以下罚款。

第四十条 乡村兽医违反本实施办法第三十一条第二款、第三十二条规定，不按规定区域从业或者违反有关动物诊疗操作技术规范，造成或者可能造成动物疫病传播、流行的，由动物卫生监督机构给予警告，责令暂停六个月以上一年以下动物诊疗服务活动；情节严重的，由原登记机关收回、注销乡村兽医登记证。

第四十一条 违反本实施办法规定的行为，法律、法规已有处罚规定的，从其规定。

第四十二条 本实施办法所称病害动物及病害动物产品，是指病死、死因不明、染疫或者经检测有害物质不符合规定的动物及动物产品。

无规定动物疫病生物安全隔离区，是指处于同一生物安全管理体系中，包含一种或者多种规定动物疫病卫生状况清楚的特定动物群体，并对规定动物疫病采取了必要的监测、控制和生物安全措施的一个或者多个动物养殖、屠宰加工等生产单元。

动物饲养场包括动物中转、寄养、交易市场等临时饲养场所。

第四十三条 本实施办法自2014年6月1日起施行。

四川省《中华人民共和国草原法》实施办法

（2005年9月23日，四川省第十届人民代表大会常务委员会第十七次会议审议通过。）

第一条 根据《中华人民共和国草原法》，结合四川省实际，制定本实施办法。

第二条 在四川省行政区域内从事草原的规划、保护、建设、利用和管理活动，必须遵守《中华人民共和国草原法》和本实施办法。

第三条 省人民政府草原行政主管部门主管全省草原监督管理工作。

州（市）和县人民政府草原行政主管部门主管本行政区域内草原监督管理工作。

乡（镇）人民政府应当加强对草原保护、建设和利用情况的监督检查，根据需要设专职或者兼职人员负责具体监督检查工作。

第四条 县级以上人民政府应当加强对草原保护、建设和利用的管理，将草原的保护、建设和利用纳入国民经济和社会发展规划，安排资金用于草原改良、人工种草和草种生产等。

第五条 实行草原承包经营制度。

依法确定给集体经济组织使用的国家所有的草原或者集体所有的草原，可以由本集体经济组织内的家庭或者联户承包经营。国家所有的草原由乡（镇）人民政府作为发包方；集体所有的草原由本集体经济组织作为发包方。

第六条 草原承包应当有利于实行定居放牧和开展综合建设，方便农牧民的生产生活，各户承包的草原应相对集中成片，留出牧道、饮水点、配种点等公共用地。

第七条 在承包期限内，草原承包经营权可以按照自愿、有偿的原则依法流转。流转的方式包括转包、出租、互换、转让等。流转应当经发包方同意，双方当事人签订书面合同，草原承包经营的有关权利、义务随之转移。

第八条 乡（镇）人民政府应当将草原承包、调整、流转等情况及时报县级人民政府草原行政主管部门备案。

第九条 草原承包方或者使用方应当合理利用和保护草原，保护草原公共设施，并接受草原行政主管部门及其监督管理机构的监督检查。

第十条 实行基本草原保护制度。

各级人民政府应当按照国务院制定的基本草原保护管理办法严格保护和管理基本草原。

第十一条 实行草畜平衡制度。

省、州（市）人民政府及其草原行政主管部门应当加强草畜平衡的指导、监督检查；县级人民政府应当制定草畜平衡方案并负责组织实施。

县级人民政府草原行政主管部门应当根据国家制定的草原载畜量标准和草畜平衡管理办法定期核定载畜量。

第十二条 县级以上人民政府草原行政主管部门应当推广先进实用技术，指导草原承包方通过采取改良牲畜和牧草品种、优化畜群结构、提高出栏率、增加饲草饲料供应等措施，调整载畜量，实现草畜平衡。

第十三条 实行轮牧、休牧、禁牧制度。

县级人民政府应当制定草原轮牧方案，乡（镇）人民政府负责轮牧方案的组织实施。草原承包方或者使用方应当按轮牧方案的要求，在季节放牧场内建立轮牧区，加强围栏建设，实行划区轮牧。

对严重退化、沙化、石漠化、鼠虫危害严重的草原和生态脆弱的草原，应当有计划、有步骤地实施休牧、禁牧。具体办法由省人民政府制定。

第十四条 各级人民政府应当将草原综合治理列入国土整治规划和计划。

对严重退化、沙化、石漠化、鼠虫危害及水土流失严重的草原和生态脆弱的草原，县级以上人民政府应当加大投入，组织专项治理，恢复草原植被。

鼓励单位和个人对沙化草地、鼠虫害草地及其他严重退化的草地进行科学治理；成绩显著的，由县级以上人民政府给予表彰奖励。

第十五条 各级人民政府应当支持开展草原调查。县级以上人民政府草原行政主管部门会同同级有关部门定期进行草原调查。草原承包方或者使用方应当配合调查，并提供真实信息。

第十六条 县级以上人民政府草原行政主管部门应当建立健全草原生产、生态监测预警体系，对本行政区域内草原的面积、等级、类型、植被构成、生产能力、载畜量、灾害等实行动态监测，及时向社会提供动态监测和预警信息服务。

第十七条 省人民政府草原行政主管部门应当会同统计部门制定草原统计办法。县级人民政府草原行政主管部门和统计部门应当对草原的面积、生产能力、载畜量和草原保护、建设、利用、灾害情况等进行统计，并逐级上报到省人民政府草原行政主管部门和统计部门。

第十八条 县级以上人民政府草原行政主管部门应当加强草种基地建设。禁止侵占、破坏草种种质资源。

第十九条 遇到自然灾害等特殊情况需要临时调剂使用草原的，应当按照自愿、互利的原则，由双方协商解决。达成一致意见的，应当签订合同，约定临时使用期限、范围、费用等；协商不成的，由有关人民政府组织协商解决。

第二十条 因生产经营需要临时占用草原的，应当经县级人民政府草原行政主管部门审核同意。临时占用者应当按照所占草原前3年牧草平均产值的1至3倍向草原承包方进行补偿，并向草原行政主管部门交纳草原植被恢复保证金。

草原植被恢复保证金的收取和管理办法，由省财政部门会同省草原行政主管部门制定。

临时占用者按规定恢复了草原植被的，保证金应当及时退还；未按规定恢复的，由草原行政主管部门用草原植被恢复保证金进行恢复。县级人民政府负责监督。

第二十一条 禁止经营性采挖天然草皮。确需在草原上采挖天然草皮的，应当报县级人民政府草原行政主管部门批准，并交纳草原植被恢复保证金。

在草原上采挖虫草、贝母、大黄、黄芪、秦艽等中药材，采集野生草种等活动的，应当保护和恢复草原植被。在他人承包或者使用的草原上从事本条第一款、第二款所列活动的，还应当事先征得草原承包方或者使用方的同意。

第二十二条 各级人民政府应当加强草原防火工作，建立草原防火责任制，制定草原防火、灭火预案。

县级以上人民政府应当加强草原防火、灭火基础设施建设，所需经费由同级人民政府予以保障。

每年3月15日至6月15日为春季防火期，9月15日至11月15日为秋季防火期，各州（市）人民政府可以根据本地区的实际情况适当延长。

第二十三条 在草原上开矿、筑路和进行其他建设，应当按照环境保护的有关规定处理废水、废气、废渣和其他废弃物，保护植被和水源。

第二十四条 提倡对草原鼠虫害实行生物防治，采取有效措施保护猛禽、狐狸、蛇等草原鼠虫天敌类野生动物。禁止用剧毒、高残留以及可能导致二次中毒的药物治理草原。

第二十五条 省和甘孜、阿坝、凉山州及纯牧业县的人民政府草原行政主管部门应当设立草原监督管理机构；其他草原面积较大的市、县的人民政府草原行政主管部门根据需要可以设立草原监督管理机构。草原监督管理机构负责草原法律、法规、规章执行情况的监督检查，对违反草原法律、法规、规章的行为进行查处。

第二十六条 损坏草原围栏、牲畜棚圈等设施的，或者破坏人工草地、牧草种子基地和试验示范基地的，应予赔偿。

第二十七条 违反草畜平衡规定，牲畜饲养量超过县级人民政府草原行政主管部门核定的草原载畜量的，县级人民政府草原行政主管部门或者乡（镇）人民政府有权责令其1年内出栏超载的牲畜；逾期未出栏的，由县级以上人民政府草原行政主管部门按照下列规定进行处罚，并限期出栏：

（一）超载10%—30%的，每个超载羊单位罚款10元；

（二）超载31%—50%的，每个超载羊单位罚款15元；

（三）超载50%以上的，每个超载羊单位罚款30元。

第二十八条 违反本实施办法第二十一条第一款规定的，由县级人民政府草原行政主管部门责令停止违法行为，限期恢复植被，没收非法财物和违法所得，可并处违法所得1倍以上2倍以下的罚款；没有违法所得的，可处以2万元以下的罚款；给草原承包方或者使用方造成损失的，依法承担赔偿责任。

第二十九条 阻碍草原执法人员执行公务的，依法给予治安处罚；构成犯罪的，依法追究刑事责任。

第三十条 截留、挪用草原建设、保护资金或者草原植被恢复费、保证金的，对有关责任人依法给予行政处分；构成犯罪的，依法追究刑事责任。

第三十一条 违反本实施办法的其他行为，按照《中华人民共和国草原法》的规定追究法律责任。

第三十二条 本实施办法自2006年1月1日起施行，1990年11月7日由省第七届人大常委会公布的《四川省〈中华人民共和国草原法〉实施细则》同时废止。

四川省种畜种禽管理试行办法

（1992年3月1日，四川省人民政府批准；4月15日，四川省农牧厅颁布。）

第一条 为了加强种畜种禽生产、经营管理，提高种畜种禽质量，促进畜牧业发展，根据国家有关规定，结合四川实际，制定本办法。

第二条 本办法所称种畜种禽是指种用的猪、牛、羊、马、鸡、鸭、鹅、兔、蜂等以及它们的卵、精液、胚胎。

第三条 本办法适用四川省行政区域内从事种畜种禽生产、经营和使用的单位与个人。

第四条 畜禽品种资源受国家保护。鼓励有条件的单位和个人采用先进科学技术生产种畜种禽和培育畜禽新品种。

第五条 省农牧厅负责全省种畜种禽管理工作。市（地、州）、县农牧行政主管部门负责本行政区域内的种畜种禽管理工作。

第六条 省农牧厅根据畜禽种资源分布情况、自然条件和经济发展需要，制定全省畜禽品种区划，逐步建立良种繁育体系。

市（地、州）县农牧行政主管部门根据全省畜禽品种区划和当地实际，制定畜禽品种改良和培育规划，引进高产、优质、适应性强的优良品种，加强选育，逐步建立各类种畜种禽的保种区（场）或技术指导站。

第七条 由省农牧厅会同省科委、标准计量等有关部门和有关专家组成省畜禽品种评审委员会，负责全省育成畜禽新品种的评审工作。市（地、州）、县农牧行政主管部门负责组织开展本辖区内畜禽新品种的初审和推荐工作。

省畜禽品种评审委员会通过畜禽新品种，由省农牧厅按有关规定报经农业部批准、命名和颁证。

第八条 生产、经营种畜种禽的单位和个人，必须向县级以上农牧行政主管部门申请，取得《种畜种禽生产经营许可证》，经工商行政管理机关登记注册后，始可生产、经营种畜种禽。

冻精和胚胎生产、经营单位，由省农牧厅指定，经审查合格，发给《冻精（胚胎）生产经营合格证》。

未经农业部批准并正式公布的畜禽品种，任何单位和个人都不得生产、经营。

第九条 按良种繁育体系规划建立原种场和良种繁殖场。原种场由省负责建设和管理。一级良种繁殖场由省或市（地、州）负责建设和管理。

原种场和一、二级良种繁殖场，实行“繁殖优育种畜种禽为主，开展多种经营为辅”的方针。纳入财政预算管理的原种场和一、二级良种繁殖场，因培育和推广良种而造成的政策性亏损，同级财政部门按有关规定给予补贴。

第十条 生产、经营种畜种禽的单位或个人，必须按照批准的生产经营范围、品种、品系、代别和有效期从事生产、经营，并严格按《中华人民共和国家畜家禽防疫条例》等有关规定进行检疫。

第十一条 种畜种禽的生产，必须符合国家标准或地方标准，严格执行种畜种禽饲养标准和技术管理规程，定期更新种源，建立系谱档案。引种必须在上一级良种繁殖场或原种场进行。

第十二条 从事家畜专业配种（包括人工授精）的单位或个人，须从原种场或良种繁殖场引进良种公畜，并持有“种畜种禽合格证”和“检疫证明”。严禁从商品畜中选留种公畜进行配种。

第十三条 凡从事家畜人工受精、胚胎移植的技术人员，须经县级以上农牧行政主管部门培训、考核，取得合格证书，方可从事家畜人工授精工作。

第十四条 调运种畜种禽，必须持有“检疫证明”。运输部门应予优先安排运输。

第十五条 从国外引进或向国外输出种畜种禽，须经省农牧厅审核同意，报农业部批准，并按国家有关规定办理进出口贸易和检疫手续。进出口的种畜种禽必须符合品种标准。

第十六条 对执行本办法做出显著成绩的单位和个人，由农牧行政主管部门或人民政府给予奖励。

第十七条 违反本办法，在下列行为之一的，由县级以上农牧行政主管部门按下列规定处理：

（一）违反本办法第八条、第十条规定的，责令补办报批手续；逾期不补办的，限期停止生产，销毁不合格产品，吊销其“种畜种禽生产经营许可证”。

（二）违反本办法第十二条规定的，责令停止使用，强制阉割，赔偿对用户造成的直接经济损失。

（三）违反本办法第十三条规定的，予以批评教育，责令停止经营。

（四）出场、调运、经运种畜种禽未按规定进行检疫的，责令补检，并赔偿对用户造成的直接经济损失，违反前款规定的行为涉及工商行政管理法规的，由工商行政管理机关依法处理。

第十八条 当事人对行政处罚决定不服的，可在接到处罚通知之日起十五日内，向作出处罚决定机关的上一级机关申请复议；对复议决定不服的，可在接到复议决定书之日起十五日内，向当地人民法院起诉。当事人也可以在接到处罚通知之日起三个月内，直接向人民法院起诉。期满不申请复议、不起诉又不履行的，由作出处罚决定的行政机关申请人民法院强制执行。

第十九条 农牧行政机关工作人员应当廉洁奉公，忠于职守。徇私舞弊、玩忽职守的，由其所在单位给予行政处分；触犯刑律的，由司法机关依法追究刑事责任。

第二十条 本办法由省农牧厅负责解释。

第二十一条 本办法自公布之日起施行。

四川省草原承包办法

（1995年9月12日，四川省人民政府第43次常务会议审议通过，四川省人民政府令第70号发布。根据2002年12月26日四川省人民政府第86次常务会议《关于修改〈四川省草原承包办法〉的决定》［省政府令第70-1号］修正）

第一章 总 则

第一条 为稳定和完善草原承包经营责任制，维护草原生态平衡，促进畜牧业发展，根据《中华人民共和国草原法》和《四川省〈中华人民共和国草原法〉实施细则》等法律、法规，制定本办法。

第二条 四川省行政区域内全民所有的草原和集体长期固定使用的全民所有草原（以下简称草原），按照本办法规定实行承包经营责任制。

已划归部队、学校、寺院使用的草原和自然保护区、风景名胜区、国有林场、国有森工企业的草原不适用本办法。

第三条 草原承包经营责任制长期不变。

第四条 各级人民政府应当加强对草原承包工作的领导。县级以上牧业行政主管部门负责本行政区域内的草原承包管理工作，乡（镇）人民政府负责管理本辖区的草原承包合同。

第五条 依法属于国家所有的地表、地下资源和其他地下埋藏物，不因草原承包而改变其国家所有权。

第二章 草原承包的一般规定

第六条 草原承包应当兼顾经济效益、社会效益和生态效益，合理规划、以草定畜，促进草原的建设、保护和合理利用。

第七条 草原承包应当有利于实行定居放牧和开展畜牧业综合建设，方便农牧民的生产、生活。各户承包的草原应相对集中成片，并留出牧道、饮水点、配种点等公用场地。

第八条 草原承包实行以户承包为主，以联户或自然村承包为辅。草原的割草基地、冬春草场可以承包到户；夏秋草场可以承包到户或联户，也可以根据当地实际情况承包到自然村。

第九条 实行草原承包时，发包方可以为乡级事业单位和乡村寄宿制学校划出适当数量的草原供其经营管理，也可以留出1—3%的草原由发包方统一经营或者作为调剂使用。

第十条 划定承包户承包草原面积的原则，应当以人口为主，牲畜为辅；以牲畜折价归户时的人口和牲畜数量为主，现有人口和牲畜数量为辅。现役军人中的义务兵、各类在校学生、劳改劳教羁押人员、寺庙宗教人员等，均应计入承包草原的人口。

第十一条 实行草原承包时，应当确定县、乡（镇）、村、社（组）的草原使用范围，逐户划定草原使用界线，并勾绘上图，登记造册。

第十二条 对沙化、退化、碱化、鼠荒、滩涂草原，未开发的草原，盆周山区的远山草原，鼓励进行开发性承包或者以拍卖使用权等形式招标承包。牧民承包时，不扣减对其他草原的承包基数。

第三章　发包方和承包方的权利义务

第十三条 实行草原承包时，乡（镇）人民政府为发包方，单位或个人为承包方。

第十四条 发包方应当按照草原承包合同的规定，对承包方的生产经营活动进行指导，对承包方进行草原保护、建设和合理利用情况进行监督，为承包方提供必要的生产服务，维护其合法权益。

第十五条 承包方享有依法使用草原从事畜牧业生产经营的自主权和对生产成果、经济收益的自主支配权，享有接受国家和集体资助进行草原建设的权利，在承包经营权受到侵害时可以要求受到保护并向侵害方索赔。

第十六条 承包方必须按照草原承包合同的规定合理利用和保护草原，接受草原监理机构的监督检查，保护公共设施和其他国家建设设施、标志，依法缴纳税、费。

第十七条 承包方应当向发包方缴纳草原使用费，由发包方在每年年底收取。草原使用费纳入县、乡人民政府的育草基金，由财政专户储存，按照草原建设规划专项用于草原基本建设，重点用于冬春草场建设，任何单位、个人不得平调和挪用。

第十八条 承包沙化、退化、碱化、鼠荒、滩涂草原和未开发的草原以及盆周山区的远山草原的，在5年内免缴草原使用费。军烈属、伤残军人、特困户和其他缴纳草原使用费确有困难的，经发包方同意，可适当减免草原使用费。

第十九条 草原使用费根据草原质量每标准亩每年按0.05—0.20元计收，具体收取标准由市、州人民政府确定。草原使用费的使用管理办法，由省牧业行政主管部门会同省财政部门制定。

第二十条 草原使用费的收支情况必须定期向群众张榜公布，接受财政、审计部门的监督。

第四章　草原承包合同

第二十一条 承包经营草原，发包方与承包方必须依法签订草原承包合同，明确双方的权利和义务。

第二十二条　草原承包合同必须具备以下内容：

（一）发包方的名称，发包方代表人和承包方代表人姓名；

（二）承包草原的座落、面积、质量；

（三）发包方应当提供的生产经营条件和服务项目；

（四）草原的使用、保护建设和载畜量；

（五）承包方应当缴纳的草原使用费；

（六）承包合同的有效期限和终止草原承包合同的条件；

（七）违约责任；

（八）当事人双方协商约定的其他内容。

第二十三条　依照本办法签订的草原承包合同，具有法律效力，当事人双方必须严格履行，任何一方不得擅自变更或解除。

第二十四条　草原承包合同依法签订后，由县级人民政府发放草原使用证。草原使用证、草原使用权登记表、草原承包合同书由省牧业行政主管部门统一式样，各市、州人民政府印制。

第二十五条　有下列情形之一的，草原承包合同无效：

（一）违反国家法律、法规规定；

（二）损害国家、集体或他人利益；

（三）发包方越权发包；

（四）采取欺诈、胁迫手段订立。

依法被确认为无效的草原承包合同，从订立之日起就不具备法律约束力。

第五章　草原承包合同的变更、解除与终止

第二十六条　有下列情形之一的，允许变更、解除草原承包合同：

（一）经当事人双方协商一致，又不损害国家、集体和他人利益；

（二）由于自然灾害等不可抗力的原因，致使承包合同无法完全履行；

（三）一方违约，使草原承包合同无法继续履行；

（四）承包的草原依法被国家征用或者收回使用权；

（五）对草原实行掠夺性经营或因超载放牧造成草原沙化、退化、水土流失，超过规定期限仍不进行治理。

第二十七条　当事人双方同意变更或解除草原承包合同的，应当签订书面协议，经双方签字并加盖发包方公章，承包方系单位的还需加盖单位公章。协议未生效前，原草原承包合同仍然有效。

第二十八条　在草原承包合同约定期限内，经发包方同意，承包方可以将承包的草原部分或全部转包给第三者。承包方与第三者确定转包关系后，承包方与发包方依据草原承包合同确定的权利、义务不变。

第二十九条　有下列情形之一的，承包合同即行终止：

（一）人民法院裁决终止草原承包合同；

（二）双方当事人协商同意终止草原承包合同，且不损害国家、集体和他人利益；

（三）承包人死亡而无继承人继续承包。

第三十条 当事人一方发生合并、分立，由变更后的当事人承担原草原承包合同规定的义务，享有承包合同规定的权利，并及时通知另一方当事人。

第三十一条 草原承包合同订立后，不因发包方代表人的变更而变更或解除。

第六章 草原承包合同的违约责任和纠纷处理

第三十二条 因当事人一方的过错，造成草原承包合同不能履行或者不能完全履行的，由有过错的一方按照法律规定或者合同的约定承担违约责任；双方都有过错的，由双方各自承担相应的违约责任。

第三十三条 发包方有下列行为之一的，按照草原承包合同的约定支付违约金和赔偿损失：

（一）不按草原承包合同的规定提供必要的生产经营条件；

（二）非法干预承包方正常生产经营，造成经济损失；

（三）擅自变更或解除草原承包合同；

（四）其他违约行为。

第三十四条 承包方有下列行为之一的，按照草原承包合同的约定支付违约金和赔偿损失：

（一）不按草原承包合同约定缴纳草原使用费；

（二）擅自变更或者解除草原承包合同，擅自变卖、转让、出租草原使用权；

（三）实行掠夺性经营或者超载放牧，造成草原沙化、退化、水土流失；

（四）其他违约行为。

第三十五条 当事人一方由于不可抗力的原因造成草原承包合同不能履行或者不能完全履行时，不承担违约责任，但应及时向对方通报，经双方协商一致，可延期履行、部分履行或者不履行。

第三十六条 当事人双方发生合同纠纷，应当及时协商解决。协商不成的，可以向县牧业行政主管部门申请调解，也可以依法直接向人民法院提起诉讼。

第三十七条 合同双方当事人发生纠纷申请调解或者诉讼期间，不停止合同履行。一方当事人申请停止履行的，是否允许，由人民法院裁定。

第七章 附 则

第三十八条 本办法具体应用中的问题由省牧业行政主管部门解释。

第三十九条 市、州人民政府可根据实际需要，制定实施办法。

第四十条 本办法自2003年3月1日起施行。

四川省《饲料和饲料添加剂管理条例》实施办法

（2000年9月8日，四川省人民政府第47次常务会议审议通过，四川省人民政府第144号发布。根据2002年3月2日四川省人民政府第75次常务会议《关于修改〈四川省饲料和饲料添加剂管理条例实施办法〉的决定》［省政府令第144-1号］修正）

第一条 为加强饲料行业管理，提高饲料、饲料添加剂质量，促进全省饲料工业和养殖业发展，保障人体健康，根据国务院《饲料和饲料添加剂管理条例》（以下简称条例），结合四川实际，制定本办法。

第二条 本办法所称饲料，是指经工业化加工、制作的供动物食用的饲料，包括单一饲料、添加剂预混合饲料、浓缩饲料、配合饲料和精料补充料。

本办法所称饲料添加剂，是指在饲料加工、制作、使用过程中添加的少量或者微量物质，包括营养性饲料添加剂和一般饲料添加剂。

第三条 在本省行政区域内从事饲料、饲料添加剂生产、分装、经营或使用活动的单位和个人，必须遵守条例和本办法。

第四条 省、市（州）、县（市、区）畜牧管理部门是本级人民政府的饲料、饲料添加剂管理部门（以下简称饲料管理部门），负责本行政区域内的饲料、饲料添加剂的管理工作。

第五条 鼓励研制、生产、推广、使用安全有效和不污染环境的饲料、饲料添加剂。

第六条 设立饲料、饲料添加剂生产企业，必须符合条例第九条规定的条件。

设立饲料、饲料添加剂生产企业，应向当地县级以上饲料管理部门提出申请，由省饲料管理部门在20个工作日内对其是否具备生产条件进行审查或者审核。对饲料生产企业，经审查合格后发给审查合格证明；对饲料添加剂、添加剂预混合饲料生产企业，经审核合格后报国务院农业行政主管部门，申请办理生产许可证。

饲料生产企业取得审查合格证明，饲料添加剂、添加剂预混合饲料生产企业取得生产许可证后，方可向工商行政管理部门申请办理企业登记注册手续。

第七条 饲料、饲料添加剂生产企业应按照产品质量标准组织生产。企业生产的饲料、饲料添加剂没有国家标准、行业标准和地方标准的，应制定企业标准，作为组织生产和销售的依据；已有国家标准、行业标准或地方标准的，鼓励企业制定严于国家标准、行业标准或地方标准的企业标准。禁止企业生产无标准的饲料、饲料添加剂。

饲料、饲料添加剂生产企业制定企业标准，应报省饲料管理部门初审；省质量技术监督部门会同省饲料管理部门组织审查后，由省质量技术监督部门备案。

第八条 企业生产饲料、饲料添加剂，不得添加禁用药品，也不得直接添加兽药；间接添加的兽药须符合国务院农业行政主管部门发布的允许作药物饲料添加剂的兽药品种及其使用的规定，且必须制成药物饲料添加剂后，方可添加；生产药物饲料添加剂，不得添加激素类药品。企业生产配合饲料、浓缩饲料、精料补充料，不得直接添加饲料添加剂，必须将饲料添加剂制成添加剂预混合饲料后方可添加；但添加常量矿物质除外。

第九条　禁止无生产条件、无标准自行配制、销售含饲料添加剂的混合物。

第十条　禁止任何地方、部门非法设置条件阻挠或者变相阻挠外地质量合格的饲料、饲料添加剂产品到本地销售。

第十一条　经营饲料、饲料添加剂的企业和个体工商户，应符合条例第十六条规定的条件，其技术人员应经县级以上饲料管理部门考核合格。

第十二条　禁止经销有下列情形之一的饲料、饲料添加剂：

（一）未取得生产许可证和产品批准文号的饲料添加剂、添加剂预混合饲料；

（二）未经国家农业行政主管部门登记进口的；

（三）无产品质量标准或不符合产品质量标准要求的；

（四）未附有产品质量合格证明、产品标签的；

（五）产品成分的种类、名称与产品标签或者使用说明书不符的；

（六）失效、变质或者超过保质期的；

（七）国家明令禁用、停用或者淘汰的以及未经国家审定公布的；

（八）其他法律、法规和规章禁止经销的。

第十三条　根据国家饲料、饲料添加剂质量监督抽查工作规划，省饲料管理部门应于每年年初编制全省饲料、饲料添加剂年度质量监督抽查工作计划草案，送省质量技术监督部门审查后，于当年第一季度共同发布。对同一企业同一品种饲料、饲料添加剂的质量监督抽查每年不得超过两次。

第十四条　县级以上质量技术监督部门、饲料管理部门按照全省饲料、饲料添加剂年度质量监督抽查工作计划，组织对本行政区域内的饲料、饲料添加剂进行质量监督抽查。

质量技术监督部门、饲料管理部门对饲料、饲料添加剂进行质量监督抽查时，必须出示全省饲料、饲料添加剂年度质量监督抽查工作计划；未出示计划的或抽查的品种、数量、次数不符合计划要求的，饲料、饲料添加剂企业有权拒绝抽查，也可以向抽查机关的上级机关或监察机关举报。

第十五条　经省级以上质量技术监督部门或者省级以上饲料管理部门考核合格的饲料、饲料添加剂质量检验机构出具的监督检验数据和结论具有法律效力。

第十六条　抽查饲料、饲料添加剂索取样品不得超过国家规定的数量，也不得向被抽查者收取检验费。禁止任何部门、单位向饲料、饲料添加剂企业收取任何形式的质量保证金。

第十七条　饲料管理部门在执行监督检查任务时，可以进入饲料、饲料添加剂生产、经营、使用等有关场所，可以查阅、复制、拍摄、摘录、封存有关的证明、运单、合同、账簿、发票及其他有关资料；发现有违法行为的，可以对饲料、饲料添加剂抽样取证。饲料生产、经营和使用单位应当积极配合和支持。

执法人员对受检者合法的技术秘密、商业秘密应当保密。

第十八条　违反本办法第六条规定，未取得省饲料管理部门的审查合格证明，生产除添加剂预混合饲料以外的饲料的，由县级以上饲料管理部门责令其限期改正，补办有关手续；逾期未改正的，处5000元以上30000元以下的罚款。

第十九条　违反本办法第七条规定，不按照产品质量标准组织生产或未按规定将企业标准上报备案的，由质量技术监督部门依照有关标准化管理的法律、法规处罚。

第二十条　违反本办法第八条规定，在饲料中添加禁用药品的，按照条例第二十九条的规定处罚。

违反本办法第八条规定，在饲料中直接添加兽药，在配合饲料、浓缩饲料、精料补充料中直接添加饲料添加剂的，由县级以上饲料管理部门责令限期改正。逾期不改正的，处5000元以上30000元以下的罚款。

第二十一条 违反本办法第九条规定，自行配制、销售含饲料添加剂的混合物的，由县级以上饲料管理部门予以取缔，处5000元以下的罚款。

第二十二条 违反本办法第十二条第（一）项规定，经销未取得生产许可证或产品批准文号的饲料添加剂、添加剂预混合饲料的，由县级以上饲料管理部门责令限期改正，逾期拒不改正的，处30000元以下的罚款。

违反本办法第十二条第（二）项至第（八）项规定经销饲料、饲料添加剂的，依照条例的有关规定处罚。

第二十三条 当事人对饲料管理部门的具体行政行为不服的，可以依照《中华人民共和国行政复议法》和《中华人民共和国行政诉讼法》的有关规定申请行政复议或者提起行政诉讼。

第二十四条 有关地方、部门违反本办法第十条、第十三条、第十四条、第十六条规定，阻挠或变相阻挠外地质量合格的饲料、饲料添加剂到本地销售的，违反全省计划进行饲料、饲料添加剂抽查的，非法向企业收取任何形式的质量保证金的，由上级饲料管理部门报请同级人民政府责令改正或交由监察机关追究有关负责人和直接责任人的行政责任。

违反本办法，超过国家规定数量索取样品或者向被抽查者收取检验费的，依照《中华人民共和国产品质量法》的有关规定处理。

第二十五条 饲料管理部门及饲料、饲料添加剂质量检验机构有关工作人员，违反本办法滥用职权、徇私舞弊、玩忽职守构成犯罪的，依法追究刑事责任；未构成犯罪的，依法给予行政处分。

第二十六条 本办法自发布之日起施行。

中共四川省委　四川省人民政府
关于加强牧区畜牧业工作的意见

川委发〔1997〕51号

各市、地、州委，各市、州人民政府，各地区行政公署，甘孜、阿坝、凉山州所属各县委、县人民政府，省级各部门：

四川省牧区在各级党委、政府的正确领导下，通过广大干部、群众和科技人员的共同努力，经济持续增长，基础设施建设加强，改革更加深化，科技文化事业有所发展，扶贫越温成绩显著，民族团结，社会稳定。为进一步加快牧区的畜牧业发展，促进牧区社会经济全面进步，特提出如下意见：

一、指导思想与奋斗目标

指导思想：牧区要以党的十五大精神为指导，继续贯彻“牧区要坚持以畜牧业为主，草业先行，多种经营，全面发展；半农半牧区要把畜牧业摆在突出的地位，发挥农牧结合的优势，多种经营，全面发展”的方针。把以“人草畜”三配套为中心内容的综合配套建设作为重点，抓出成效。

奋斗目标：力争20世纪末基本实现人有定居住房、畜有越冬棚圈、草地有围栏、冬春有贮草的要求。同时，搞好草原承包，积极试办家庭牧场，办好畜产品加工企业，抓好流通服务，加快畜牧业产业化进程。到2000年，全省牧区国民生产总值达到200亿元，农牧民人均收入达到1200元，畜牧业产值占农业总产值的70%以上，牧区“人草畜”三配套建设户占总户数的90%左右。

二、抓好以“人草畜”三配套为中心内容的综合配套建设

牧区要走“人草畜”三配套的路子，从根本上改善牧区的生产生活条件，尽快打破牲畜“夏饱、秋肥、冬瘦、春死”的恶性循环，彻底摆脱靠天养畜的局面。各级党委、政府要把这项工作作为牧区当前和今后一段时期最大最紧迫的一项任务来抓，把“人草畜”三配套建设作为逐步向现代化牧业过渡的基础工作，党政主要领导和分管领导要认真抓，确定专人负责，有关部门密切配合，争取到2000年，使四川省牧区牧民基本实现“人草畜”三配套，并逐步完善水、电、路和文化、教育、卫生、通讯、商贸等综合配套设施建设。为推动“人草畜”三配套建设的进程，决定于1998年适当时候在甘孜州石渠、德格县召开“人草畜”三配套建设现场会；今年再拿出500万元扶持牧区面上扩大试点，分别安排给10个纯牧区县各30万元、20个半农半牧区县各10万元，作为启动资金。各州、县要在自有资金中，按1∶1比例配套。从1998年起，牧区各贫困县要在省扶贫资金、以工代赈资金中重点安排三配套建设，非贫困县要在省级育草基金和其他牧区发展资金中适当倾斜，大力支持三配套建设。

三、完善草原承包，加强草原建设

草原承包是开展“人草畜”三配套建设的前提和基础，各级党委、政府要按照省政府70号令《四川省草原承包办法》的要求，纳入议事日程，实行目标管理，广泛深入调查，认真听取群众意见，依靠和发动乡、村干部和牧民群众共同抓紧落实草原承包工作。甘孜州要在今年内完成草原承包扫尾任务，阿坝、凉山州要在试点的基础上加快进度，明年内全面完成草原承包工作。今后安排草原建设和三配套建设项目要把落实草原承包作为必要的条件。

草原承包落实后，要抓紧搞好畜牧业基础设施建设，特别是草原建设要像农区的农田水利基本建设一样抓好。除国家增加草原建设投入外，要支持和鼓励牧民自筹资金、自投劳力，开展草地改良、人工种草和综合治理，尽快遏制草原严重退化、沙化，逐步改善生态环境。今后，牧区以工代赈资金、“两项”资金和扶贫资金中无偿用于基础设施建设部分及其他专项资金，要重点用于三配套等畜牧业基础设施建设。

四、加快产业化进程，搞活畜产品加工与流通

为提高牲畜的总增率、出栏率、商品率，提高牧业经济效益，各地要因地制宜，面向市场，加大畜牧业结构调整力度，积极试办家庭牧场，扶持发展养殖专业大户和畜产品加工龙头企业，走贸工牧一体化、产加销一条龙的路子。为加快牧区畜牧产业化进程，甘孜、阿坝、凉山州可根据当地

资源优势作好规划，突出重点，抓好试点。省级有关部门对市场好、效益好、真正能给农牧民增加收入的产业化项目给予扶持。同时，省上安排甘孜州部分县兴办家庭牧场试点，鼓励专业人才和能人承包、领办，阿坝、凉山州也可选择一些条件较好的专业大户开展家庭牧场试点，总结经验，逐步推广。

牧区要积极开展横向经济联合，大胆引进资金、技术、人才和设备，加强现有畜产品加工企业技术改造和经营管理，提高企业素质和经济效益。对独资兴办牧工商企业要大力支持，积极提倡。积极梳理流通渠道，建立健全牲畜和畜产品交易市场，逐步形成多渠道、多形式、少环节、开放型的流通体制，解决好畜产品买难卖难问题，保护和调动广大农牧民发展畜牧业商品生产的积极性，促进牧业经济效益的提高。

五、努力提高畜牧业科技水平

各级党委、政府要坚定不移地实施科技兴牧战略，认真研究制定吸引和稳定科技人才到牧区工作的政策措施；各级牧业主管部门，要进一步抓好牧业科技发展规划和推广普及工作；各级科委、科协和有关科研单位、大专院校应进一步加强对牧区科技发展的支援，积极为牧区培养人才，提供技术服务。到2000年，三州的科技推广目标是：力争良种牲畜比例占牲畜总数的10%以上，配合饲料推广率达到30%以上，牲畜主要传染病防疫密度90%以上，牧区冬春补饲和分区轮牧比例占40%左右。

为搞好科技推广，各地必须加强和完善牧区畜牧兽医服务体系建设，建立健全基层牧业管理及畜牧兽医服务机构，做好定编、定员工作，尽快改善工作和生活条件，稳定基层服务队伍，提高技术服务能力。为此，从1998年起，省财政每年预算安排90万元，用于补助三州基层畜牧兽医站完善服务体系建设。同时，各地财政也要相应配套一定资金。

六、统一认识，加强领导

牧区畜牧业是四川省少数民族人民赖以生存和发展的基础，是牧区经济的主体产业。加快牧区畜牧业的发展，不仅是一个经济问题，也是一个关系到社会稳定、民族团结的政治问题。各级党委、政府必须更加重视牧区畜牧业发展工作，把发展牧区畜牧业提到政治的高度来认识，进一步解放思想，更新观念，切实加强领导，认真抓紧抓好。

各级党委、政府要加强畜牧部门自身建设，稳定健全机构，落实人员编制，机构、人员不能因机构改革而撤并和削减。甘孜、阿坝、凉山州和10个纯牧区县及牧业比重大的半农半牧区县更应该设有畜牧局。省级有关部门要在资金和技术上加大对牧区畜牧业的投入力度。

各地要根据本意见制定具体的贯彻实施意见。

一九九七年十二月十五日

四川省人民政府
关于加快畜牧产业化把四川省建成畜牧业强省的通知

川府发〔1997〕28号

各市、州、县人民政府，各地区行政公署，省政府各部门：

四川省畜牧业生产已连续20年增长，为全省财政收入增长、农民增收和保障市场供给，做出了重要贡献。但是，四川省畜牧业农户小生产与社会大市场的矛盾，产品市场竞争能力弱、畜产品深加工差和经济效益低的问题非常突出。为进一步发挥畜牧业在农村经济和整个国民经济中的重要作用，走产业化道路，把四川省建成畜牧业强省，加快《农村小康规划》的实施步伐，特作如下通知：

一、指导思想和奋斗目标

四川省畜牧业走产业化道路的指导思想是：坚持以市场为导向，科技为依托，产品加工为龙头，提高经济效益和增加农民收入为中心，实行区域化充局、专业化生产、社会化服务、企业化管理，采取多种形式与农户联合，走贸工牧一体化路子，促进畜牧业两个根本性转变，实现持续、快速、健康发展。

奋斗目标是：

（一）牧业产值年递增8%左右，到2000年，牧业产值达到550亿元，力争占全省农业总产值的50%左右。

（二）“九五”期间农牧民畜牧业年增加纯收入70元以上，占年增收总额的30%以上。

（三）优化畜牧业结构，到2000年，非猪产值要占到牧业产值40%以上，牛羊禽兔肉产量占肉类总产量30%以上。

（四）科技进步对畜牧业增长的贡献率达到60%以上。

（五）产品深加工要有较大突破，努力开发出一批能占领国内、国际市场的拳头产品；外销猪肉深加工制品和分割肉达到50%以上。

二、加快重点工程建设

（一）龙头企业工程

发展一批具有较强辐射力、带动性强和高起点、新机制、高效益的龙头企业，做到产加销一体化，建立起畜禽基地与农民利益、风险挂钩的共同体。省上要通过与外商合资合作重点抓好肉类加工龙头企业，带动一大批畜禽规模养殖场（户）；启动一批屠宰、冷冻厂，促进其滚动发展。各市、地、州应立足本地优势，重点抓好一批畜牧龙头加工企业。

（二）生猪良繁工程

生猪生产必须坚持“稳定数量，提高质量，扩大加工，增加效益”的发展思路，建好良繁工程，提高瘦肉率。大力推广三元杂交及配套系，有计划地重点推广杜洛克、长白、大约克为主的优质肉猪。集中力量尽快建好省猪育种中心，“九五”末优质外种猪母猪群体达到1200头，年供种9000头，为全省各级种猪场和大型商品猪场提供优良种猪，使瘦肉率提高到55%。

（三）节粮畜禽工程

重点抓好秸秆氨化养牛、养羊示范县和重点牧区、农区间的肉牛异地育肥工作，搞好南江黄羊原种扩繁、波尔山羊原种场及基地建设，增大投入，加快发展，确保20世纪末牛出栏284万头、年递增15%，羊出栏1000万只、年递增16%。牛羊肉产量力争达55万吨，占肉类总产量的10%以上。同时，推广“高床网上平养”技术，抓好天府肉鸭、樱桃谷鸭和法国番鸭的发展，把投资少、周期短、效益高的小家禽饲养作为农民致富奔小康的重点项目。

（四）牧区开发工程

以落实草场承包、加强草场建设、扩大品种改良和提高牲畜“三率”（总增率、出栏率、商品率）为重点，搞好牧区综合开发建设；在红原、理塘试点的基础上，逐步推广人、畜、草三配套的成功经验，帮助牧区提高牛羊的出栏率和商品率，使牧区畜牧业产值在农业总产值中达到70%以上，农牧民的畜牧业收入达到70%以上。

三、加快配套体系建设

加快建立健全良种繁育、疫病防治、饲料生产和市场流通体系，进行全方位多渠道的社会化服务；逐步建立起生产有销路、加工有原料、产品有市场的产业链，采取契约、合同方式规范生产者、经营者和消费者行为，保护其合法权益。

良种繁育体系：围绕建设育种中心，支持省原种猪场、内江中加瘦肉型种猪场、绵阳迪卡种猪场等重点场搞好技改、引种和转制工作，指导各地建好祖代、父母代场，逐步在全省形成生猪育种网络，建立起生猪良种繁育体系；重点支持省冻精中心站、省阳坪种牛场建设，合理布局优良品种原种场、扩繁场和改良网点，健全冷链，大力推广西门塔尔、利木赞和南江黄羊、波尔山羊等优良品种和本地牛羊的杂交改良，建立起牛羊良繁体系；要创造条件，逐步建立水禽、肉兔、獭兔等畜种的良繁体系。

疫病防治体系：按政策进一步落实、完善基层畜牧兽医站“三定”工作，加强各级兽医防疫、检疫、监督机构的基础设施建设，加强猪瘟等重大疫病防治，加强人员的教育培训，提高队伍素质。广大畜牧兽医工作者要认真贯彻《动物防疫法》及其配套法规，依法检疫，使兽医防检工作逐步由单纯的部门业务行为变成政府的行政行为，由单一技术服务走上依法制疫轨道，使生猪死亡率降到4%以下，小家禽死亡率降到10%以下。

饲料供应体系：进一步加强饲料工业的行业归口管理，合理规划和布局全省饲料工业体系，大力开发饲料资源，重点支持饲料原料工业，优先支持开发蛋白质原料，重视浓缩料、添加剂生产。同时，加强青绿饲料的利用、保护和管理好草山草坡，搞好秸秆氨化、微贮。

市场流通体系：实行多渠道流通政策，反对任何形式的地区封锁、部门分割和行业垄断；重视畜禽及其产品专业市场和饲料兽药市场的建设，重视市场管理和信息工作，尽快建成西南畜牧食品信息中心，为畜牧产业化搞好信息咨询服务。

四、加速科技应用与攻关

从品种改良、饲养方式、疫病防治、饲料供给等方面，推广一些行之有效的畜牧兽医实用技术，提高畜牧业生产水平；组织科研单位、大专院校对重点项目和对畜牧业产业化有重大影响的关键性技术进行集中攻关，不断提高畜禽产品的科技含量。到2000年，猪、牛、羊出栏率分别达到130%、

25%和80%；头平胴体重量分别达到75千克、120千克和18千克。

各级对畜牧产业化重点项目，必须有相应的畜牧兽医科技力量作保障，并将科技保障纳入项目设计、实施和验收的全过程。

五、加大投入力度

畜牧业产业化应建立以农户为主体，财政投入为导向，信贷、外资和社会投入为补充的多渠道、多层次的投入体系。

（一）省财政每年安排的5400万元生猪产业基金，专项用于发展畜牧业及其产业化。

（二）省上用于农业产业化的资金，要重点支持畜牧业产业化龙头企业和畜禽基地建设。

（三）各级财政应努力加大对畜牧业产业化的投入。各地从生猪屠宰税等税费新增部分中拿出一定比例，作为当地本级畜牧业发展资金，用于发展本地畜牧业及其产业化。

（四）各级政府要责成有关部门从注册登记、土地征用、原料供应、信贷税收等方面，对畜牧食品加工龙头企业予以大力支持，税务机关依法征收所得税后，在3年内由同级财政部门按一定比例返还。支持畜牧部门按国家规定收取有关规费并集中用于产业化服务体系建设。

（五）各地要制定优惠政策，采取股份制和股份合作等形式，广泛吸引社会、个人和外资对畜牧产业化的投入。金融部门要积极给予支持。

六、切实加强领导

各级政府要把发展畜牧业产业化作为发展农村经济、实现农村小康、保障市场供应、保证社会稳定的大事，切实加强领导；要通过规划、指导、协调、服务、示范，充分发挥各级政府在畜牧业产业化发展中的宏观调控作用。同时，各地要针对规模化养殖的特点，严格按《农业法》《农业技术推广法》和国务院颁布的有关条例依法行政，搞好畜禽疫病防治和畜禽产品检疫，保证畜牧业产业化和全省畜牧业健康发展。

一九九七年三月二十五日

四川省人民政府
关于本世纪末基本完成牧区人草畜三配套建设任务的通知

川府发〔1998〕38号

各市、州人民政府，各地区行政公署，阿坝、凉山州所属各县人民政府，省级各部门：

为了彻底摆脱四川省牧区靠天养畜，从根本上打破牲畜“夏饱、秋肥、冬瘦、春死”的恶性循环，加快牧民脱贫致富步伐，省委、省政府决定，把“人草畜”三配套建设作为为牧区人民办的一件实事来抓。为确保这项任务的完成，特作如下通知：

一、指导思想和实施原则

（一）指导思想：认真贯彻省委、省政府《关于加强牧区畜牧工作的意见》（川委发〔1997〕51号），以落实和完善草原有偿承包为基础，以人畜定居为核心，以促进牧区经济发展、社会进步为目标，用3年时间集中抓好“人草畜”三配套建设，从根本上改变牧区的生产和生活条件。

（二）实施原则：根据牧区的具体情况和牧民的意愿，对三配套建设的布局采取分散式、联户式或集镇式等不同形式，在抓好示范的基础上实行点面结合，先易后难地安排三配套建设计划。1998年主要以10个纯牧区县为重点，集中连片地安排基础较好、有一定经济承受能力的牧户；1999年继续在纯牧区县和半农半牧区县的纯牧业乡村安排基础较好，有一定经济承受能力的牧户；2000年集中资金解决贫困牧户。要把三配套建设同计划生育、扶贫攻坚、科技兴牧、发展家庭牧场和推进畜牧业产业化等方面的工作结合起来，推动牧区经济全面发展，加快牧民脱贫致富奔小康的步伐。

二、实施计划

（一）用两年时间，按《四川省草原承包办法》的要求，全面完成草原有偿承包工作，为“人草畜”三配套建设提供前提条件。甘孜州已完成草原承包80%，1998年要全部完成扫尾工作，并进一步完善，实行有偿使用；阿坝州在已完成草原承包20%的基础上加快进度，1998年5个纯牧区县要全面完成草原有偿承包；阿坝和凉山州的半农半牧区县要加大力度，1998年要基本完成草原有偿承包工作，1999年完成扫尾工作。

（二）用三年时间，按牧民户平建定居房80—100平方米，牲畜棚圈100—120平方米，围栏草地50—100亩，人工割草地5—10亩的标准，在全省牧区基本完成“人草畜”三配套建设任务。目前，四川省牧区牧民初步实现了“人草畜”三配套的户数，占应建总牧户7.0万户的34%。1998年要完成1.5万户，达到应建总户数的56%，其中甘孜州建1万户，阿坝州建0.4万户，凉山州建0.1万户；1999年完成1.5万户，达到应建总户数的81%，其中甘孜州0.6万户，阿坝州0.9万户；2000年完成1.5万户，达到应建总户数的98%，其中甘孜州0.4万户，阿坝州1.1万户。三配套建设必须达到统一标准，已建牧户尚未达到建设标准的，要采取措施补建。

（三）继续抓好红原、理塘两县社会经济综合建设的同时，各县也要围绕“人草畜”三配套建设开展能源、交通、通讯、文教、卫生、商贸、科技等社会经济事业综合建设试点，为全面开展牧区社会经济综合配套建设打下基础，以推动牧区的社会进步和两个文明建设，促进牧区经济繁荣和社会稳定。

三、保障措施

（一）切实加强领导。“人草畜”三配套建设，时间紧，任务重，牧区各级政府要以高度的政治责任感和历史使命感，加大工作力度，将其列入重要议事日程，作为为民办实事的重要工作来抓。要纳入政府目标考核，订出逐级实施计划，层层分解任务，责任落实到人，加强督促检查，及时解决问题；要做到主要领导亲自抓，分管领导具体抓，有关部门共同抓；为加强该项工作的领导和组织协调，省政府决定成立“人草畜”三配套建设临时办公室，由省民委、省畜牧食品局、省财政厅、省以工代赈办公室、省两项资金办公室组成。主要职责是制定规划、落实补助资金、督促实施、组织协调。日常工作由省畜牧食品局负责。

（二）加大投资力度。“人草畜”三配套建设必须坚持牧民自力更生为主，国家补助为辅的原则，牧民自筹资金应占总投资的80%以上。省政府决定，从1998到2000年，每年集中3000万元专项资金用于扶持三配套建设，其中以工代赈资金1000万元，三州发展资金1000万元（在切块下达到三州的资金中安排），生猪发展资金1000万元。各级的扶贫资金也要重点扶持三配套建设。各州、县要安排相应的配套资金。筹集的三配套建设专项资金，其投资管理的渠道不变，实行项目管理。资金投入要与建设任务挂钩，按每户2000元的补助标准投入到三配套建设户，州、县的配套资金要适当照顾贫困户和特困户。做到建成验收一户、补助一户，充分发挥资金的使用效益。要通过搞活流通，搞好畜产品加工销售等，组织动员农牧民加大牲畜出栏，多卖牲畜和畜产品，增加经济收入，增强牧民投资能力。

（三）搞好服务指导。各级政府要求采取鼓励措施，组织有关部门深入牧区帮助牧民搞好三配套建设规划、示范，加强技术服务指导；要统一协调，统一组织三配套建设所需原材料。当地有木材资源的，县上应统一安排指标配售，在国家下达的采伐限额内限量采伐；石渠等纯牧区县在当地无法解决木材的，州上应组织协调，由相邻县给予支持。

（四）严格检查验收。按建设的进度要求，每年初要把“人草畜”三配套建设任务逐级落实到县、乡、村、牧户，加强检查和督促。每年10月中旬开始，县级有关部门要组织力量逐户验收，达到建设标准的，兑现补助费；达不到标准的，复检合格后兑现补助费。县、乡、村的建设，由县政府组织初验，州级有关部门组织验收，省民工委组织有关部门最后抽查确认。对工作任务完成较好好的地方，要及时总结表彰。

一九九八年六月九日

四川省人民政府
关于转变畜牧业生产方式加快建设现代化畜牧业强省的意见

川府函〔2005〕239号

各市（州）、县（市、区）人民政府，省级有关部门：

四川省畜牧业已经连续28年持续稳步增长，多项经济技术指标名列全国前茅，生猪出栏和猪肉产量居全国首位，畜牧业已经成为农村经济的支柱产业和国民经济的重要产业。近年来，畜产品质量安全和动物疫病防控越来越受到人们关注，分散养殖和粗放经营越来越制约畜牧业健康发展，彻底转变畜牧业生产方式，加快推进畜禽的规模化养殖和标准化生产，确保提供优质、安全、高效的畜禽产品已成为新时期畜牧业发展的战略选择和构建现代化畜牧经济强省的必然途径。为此，特提出以下意见。

一、指导思想

坚持以人为本，用科学发展观指导畜牧业生产方式的转变；以确保产品安全，维护公众健康，保护生态环境，促进社会和谐为目的；以推进畜禽规模化饲养和标准化生产为突破口；以实现数量、质量和生态并重发展为重点，以提高畜牧业综合效益，增加农民收入为目标来建设现代化畜牧业强省。

二、基本原则

（一）把动物疫病防治控制与畜牧业投入品监控结合起来，建设无公害畜产品基地，提高畜产品质量，保证消费者安全。

（二）把畜牧业生产发展与畜禽养殖环境建设结合起来，促进生态环境与生产条件的同步改善，实现生态效益和经济效益的同步增长。

（三）把畜牧业科技创新与适用技术普及推广结合起来，着力构筑现代化畜牧业生产体系，建立种、养、加、销一体化的经济结构。

（四）把政府的政策导向和市场机制要求结合起来，引导广大养殖户遵循自然规律、经济规律和市场规律，坚持走畜牧业可持续发展之路。

三、目标任务

总体目标：实现畜牧业“四改五化”，即通过改良畜禽品种、改善养殖环境、改变饲养管理、改革经营流通，建立一套功能完善、运行良好的畜牧业健康养殖体系，努力达到养殖规模化、生产标准化、管理规范化、经营产业化、畜禽产品安全化，构建现代化畜牧经济强省。

具体任务：“十一五”期间，无疫区建设充分发挥作用，重大动物疫病有效控制，畜禽养殖环境明显改善，规模化养殖场畜禽粪污实现达标排放，畜产品全部实现安全化；推行畜禽的适度规模饲养和标准化生产，商品猪适度规模饲养出栏量占总出栏的比重达60%以上，建成一批畜禽标准化饲养基地；畜禽良种率每年提高5个百分点以上，将四川省建成全国最大的种畜禽生产基地；推进畜产品精深加工，规范畜禽定点屠宰，严格禁止私屠滥宰，严格对病死畜禽实行“四不一处理”，生猪的工厂化屠宰加工达60%以上；到2010年，畜牧业产值实现1930亿元，占农业总产值60%，农民人均畜产品现金收入每年增加50元以上。

四、保障措施

（一）加强技术培训，实现从业人员技能化

一是努力提高广大养殖户的科学文化素质。大力开展对养殖户的技术培训，力争在2010年前把养殖户普遍培训一次，改变农村的卫生习俗和养殖习惯，提高养殖技术水平。引导农民分工分业，走专业化饲养的路子，逐步实现从业人员专门化和技能化。

二是加快对畜牧兽医从业人员的技术培训。到2010年，使30%以上的养殖户获绿色证书，畜禽规模化养殖场配备具有大专学历水平的兽医和畜牧专业人员。乡镇兽医人员达到中专学历水平以上。

三是加强对畜禽屠宰加工人员的培训和管理。重点对定点屠宰加工人员进行职业技能培训、动物疫病知识培训和公共卫生知识培训。有条件的地方应逐步推行屠宰加工人员上岗许可制度。

（二）规范饲养技术，实现畜禽生产标准化

一是加快畜牧业技术规范和行业标准的制定和推广应用。严格按照优良畜禽品种标准和无公害畜产品生产技术规程，从环境与设施、品种与繁殖、畜禽饲养投入品管理使用等方面实行规范化饲

养和标准化生产。“十一五”期间，全省重点建设60个标准化商品猪生产基地（县）、60个标准化商品禽生产基地（县）、20个标准化肉羊生产基地（县）、10个标准化肉牛生产基地（县）、10个标准化奶源生产基地（县）。

二是加大畜牧业科技开发和技术推广力度。加快培育优质、高效、抗逆性强，具有知识产权和地方特色的畜禽新品种（系）与配套系。抓紧新饲料开发，研制安全饲料加工配制技术。推广畜禽疫病快速诊断和监测技术，完善兽药残留检测标准的制定。以适度规模养殖场和生态养殖小区为载体，将成熟技术集成配套，组织实施畜牧业“科技入户”工程，建立“科技人员直接到户，良种良法直接到圈，技术要领直接到人”的科技成果快速转化机制。

三是努力提高畜禽良种工程的建设和管理水平。坚持引种、培育、推广相结合，做好良种的扩繁和推广工作。各地应积极研究和制定畜禽良种补贴等优惠政策，发挥畜禽育种科研单位的作用，扶持民营科研机构，继续鼓励和支持民间资本投入畜禽良种工程建设。支持有条件的龙头企业牵头组建畜禽种业集团，加快畜禽良种生产的产业化，力争把四川省建成全国最大的种畜禽生产基地。

（三）加大监控力度，实现饲养管理科学化

一是强化对动物疫病监控。在充分发挥无规定动物疫病示范区建设作用的同时，重点抓好种畜禽场、大中型规模养殖场、畜产品加工企业的动物疫病监测和产品质量监控，建立产品安全的把关、溯源、设限和布控体系。强化适度规模场、生态养殖小区动物疫病的防控能力。建设动物防疫屏障体系，做好流通防疫监管。

二是加强畜产品及其投入品的监管。重点落实源头治理、市场监督等措施，继续加大畜牧投入品专项整治力度，对养殖、加工、流通实行全程监测。推行《兽药生产质量管理规范》和《兽药经营质量管理规范》，加强兽药质量监管和兽药残留监控。建立畜产品质量安全监控体系，除在养殖环节加大力度外，重点加强对畜产品加工企业的技术改造和质量监控。

三是加强对畜禽养殖和生产过程的管理。生态养殖小区和适度规模养殖场要建立科学规范、切实可行的生产经营和防疫管理体系。推行统一规划、统一防疫、统一治污、统一服务、统一销售的“五统一”管理模式。要依托当地资源积极构建“果园养猪”“山地养鸡”“稻鸭共育”等畜禽生态循环模式，促进畜禽养殖规模的扩大和生产水平的提高。

（四）拓展服务领域，实现体系建设配套化

一是建立多种领域、多种形式、多种功能的畜牧业服务体系。按乡镇或区域设立畜牧兽医站，人员、业务、经费等由县级兽医行政主管部门统一管理，承担动物防疫、检疫和公益性技术推广服务职能。依托科研单位、技术推广部门、专业合作组织、加工营销龙头企业等组建畜牧业成果转化中心、创新服务中心、专家大院、专业协会、信息网络等，将良种推广、疫病防控、投入品管理等传统的服务项目与环境治理；投资管理、信息服务和市场拓展等现代服务项目有效地结合起来。拓展服务领域、扩大服务内容、充实服务形式、提高服务效能。形成服务主体多元化、服务内容多样化的畜牧业社会化服务体系。

二是建立规范的养殖管理和质量保证体系。加强养殖业的规范化管理，提高畜产品质量，探索启动良好农业规范（GAP）、良好管理规范（GMP）、良好兽医规范（GVP）以及危害分析与关键点控制（HACCP）等行之有效的受理体系认证。为四川省的畜产品特别是猪肉制品的外销和出口打下良好的基础。

（五）创新组织形式，实现经营流通产业化

一是培育壮大骨干龙头企业。按照“扶优、扶强、扶大”的原则，引导具有比较优势的行业龙头企业整合资源、资金、技术、人才等要素，逐步形成生产、加工、流通一体化的产业集团和不同层次的龙头企业群体。支持有条件的龙头企业进行股份制改造，争取上市融资，增加龙头企业的辐射力和带动力。

二是大力发展畜产品精深加工业。围绕四川省农业主导产业和重点产品，大力发展精深加工业。根据市场需求发展保鲜肉和方便肉制品。扩大加工规模，提高产品档次，打造知名品牌，增加外销出口，提高畜产品附加值和畜牧业综合效益。

三是促进流通领域龙头企业发展壮大。坚持统筹安排，合理规划，搞好农产品市场建设。按照“谁投资、谁所有、谁收益”的原则，积极拓宽融资渠道，扶持现有综合市场和专业市场做强做大。

四是提高农民的组织化程度。以专业合作经济组织为主要的联结纽带，把农户、规模养殖场、生态养殖小区及畜产品加工企业有效地联结起来，处理好企业和农户之间、合作社成员之间的利益关系，提升生态养殖小区、适度规模养殖场以及散养农户的技术水平和养殖效益，增强其规避疫病灾害和抵御市场风险的能力。

（六）加大扶持力度，实现政策投入制度化

一是解决好养殖小区和适度规模养殖场建设用地。凡是生态养殖小区和适度规模养殖场用地，一律作为农业用地。不得占用基本农田，不占或少占耕地。各地要在贯彻落实国家土地政策，盘活存量土地资源的基础上，按照种养业协调发展的原则，把发展畜禽适度规模养殖以及建设畜禽养殖小区所需的土地列入乡镇土地利用总体规划，支持农民充分利用荒山、荒坡、荒地和滩涂发展畜禽的适度规模养殖。

二是调整省级财政畜牧专项资金结构。规范引种补助标准，重点支持对种畜禽场和生态养殖小区农户的引种补贴，加快良种推广进度。

三是支持养殖户、养殖小区和适度规模养殖场的沼气建设。畜禽粪便是很好的有机肥，也是沼气能源的最好原料，在当前耕地肥力下降、能源紧缺的情况下，开展畜禽粪便的综合利用尤其必要。财政资金和农村能源建设经费应重点支持养殖户的沼气建设，发展农村循环经济。

四是加大对畜牧业的扶持力度。各级财政要围绕转变畜牧业生产方式，增加对畜牧业的投入，重点支持畜禽良种工程建设、生态养殖小区建设、适度规模养殖场的圈舍改造和粪污处理以及标准化生产示范基地建设等。引导农民发展适度规模养殖，建立畜禽生态养殖小区。

五是加大金融机构对养殖户的信贷支持。坚持和推广小额信贷，农村信用联社要支持规模饲养的发展。逐步建立和完善担保体系，龙头企业可根据国家规定成立担保公司为所带动的农户提供担保贷款，扩大基地规模，做大做强企业。

六是在全省推广生猪养殖保险。建立畜禽养殖保险体系，对于防范和降低养殖业风险特别是推进病死畜禽“四不一处理”有很好的保障作用，应搞好试点，取得经验后在全省逐步推广。推行初期，可由各市、县政府制定鼓励、支持养殖户参加生猪养殖保险的办法，促进养殖保险顺利开展。

二〇〇五年十二月五日

四川省人民政府办公厅
关于实施畜牧业增收计划的通知

川办发〔1999〕25号

各市、州、县人民政府，各地区行政公署，省级有关部门：

根据省委、省政府部署，今年农村工作的重点是增加农民收入和保持农村稳定。增加农民收入，农民必须做好“多种经营、劳务输出、乡镇企业、小城镇建设、农业产业化经营”五篇文章。农业产业化经营要以畜牧产业化为突破口，实现四川省今年农民增收的目标，畜牧业必须在依靠科技、优化结构、提高质量、降低成本、增加效益上狠下功夫。为此，省政府决定从今年起，在全省范围内实施畜牧业增收计划。现将有关问题通知如下：

一、目标任务

组织5000名畜牧科技人员下乡，推广“6项综合配套技术”，到2000年力争实现畜牧业产值占农业总产值50%，畜牧业在农民年均增收中达到100元的目标，促进四川省畜牧业上水平、上台阶，加快畜牧业大省变为畜牧业强省的步伐。

在稳定生猪生产的基础上，扩大二杂母猪和三杂母猪比例，增加外调优质商品仔猪500万头，增加出栏600万头优质肉猪，其中DLY高瘦肉率肉猪100万头；加快发展牛羊和小家禽畜，新增杂交肉牛100万头、良种肉羊400万只；新增良种水禽6000万只、黄杂肉鸡1000万只、良种肉兔800万只、良种獭兔100万只；到2000年，全省牛羊和禽兔的肉产量比重提高到30%，非猪畜禽的产值比重提高到40%，每年新增收入30亿元以上。

二、主要技术

（一）优质商品猪生产综合配套技术。主要包括母猪良种化及繁殖技术、以DLY为主的肉猪三元杂交技术、仔猪补饲及早期断奶技术、青贮饲料加平衡饲养技术、适度规模饲养管理技术、无规定疫病净化技术等。

（二）优质肉羊生产综合配套技术。主要包括南江黄羊、波尔山羊良种扩繁及杂交改良技术、山羊人工授精技术、楼式圈养技术、早期补饲技术以及防病驱虫技术等。

（三）半细毛羊生产综合配套技术。主要包括绵羊人工授精技术、本地绵羊杂改技术、提高绵羊产毛量技术以及配套的草山草坡改良技术等。

（四）肉牛短期快速育肥综合配套技术。主要包括细管冻精配种技术、提高牛繁殖率技术、肉牛快速育肥技术以及秸秆氨化、青贮微贮技术等。

（五）优质禽兔生产综合配套技术。主要包括天府肉鸭、樱桃谷鸭、番鸭、黄杂肉鸡、獭兔、齐卡肉兔等良种及杂交技术、网上集约化饲养技术、全年均衡生产技术、主要传染病综合防治技术和人工授精技术等。

（六）农区种草养畜综合配套技术。主要包括粮草轮作技术、果草间作技术、经草套作技术以及优质牧草的贮存、加工、综合利用技术等。

三、对策措施

为保证畜牧增收计划的顺利实施，各级政府必须高度重视，加强领导；各级畜牧部门要作好规划，真抓实干，共同采取有力措施，实施农民增收、农村稳定的目标。

（一）加强组织管理。省畜牧食品局成立畜牧增收计划领导小组，全面负责该项计划的组织实施工作。各涉农部门要积极配合，主要领导亲自抓，分管领导协同抓，其他领导配合抓，使该项计划尽快付诸实施，落到实处，抓出成效。

（二）组织科技人员下乡，送技术到农户。采取科研单位、大专院校、技术推广部门以“三级结合”方式，由省、地、县三级组织5000名畜牧科技人员，在今年4月深入到农村基层蹲点服务。通过建示范户、示范村社及技术培训、现场指导等多种形式，把畜禽良种、配套技术送到场户，普及推广到广大农村。为了鼓励科技人员深入基层，对下乡科技人员实行“一保两挂三配套”（保证科技人员出差经费；将科技人员科技服务、科技承包的实绩与评定技术职称挂钩，与物质利益挂钩；做到政、技、物三配套）。

（三）实行目标管理。省、地、县三级畜牧部门，都要将承担的具体任务，层层分解，分级负责落实。省上从今年起把实施畜牧增收计划的任务指标，作为重要考核内容，纳入部门目标管理。

（四）增大科技投入，确保计划的实施。按照谁受益、推投资的原则，实行多层次、多渠道、多元化的投入机制，以养殖场（站）、养殖户投入为主。同时，各级政府都要相应增加对实施畜牧增收计划的投入，重点用于畜禽良种的扩繁、推广、配套技术的示范应用和畜禽良种场的技术改造，优化现有支出结构，增加对畜牧科技的投入，推动畜牧业向以质量和效益为中心的轨道转移，以保证计划的实施和工作的顺利开展。

（五）加快畜牧产业化经营和牧区“人草畜”三配套建设，促进产、供、销的有机结合和牧区经济社会的全面发展。

一九九九年三月三十日

编后记

《四川省志·畜牧志（1986—2005)》（以下简称《畜牧志》）是第二轮续修《四川省志》所设专志分卷，旨在客观、全面记录在中共四川省委、四川省人民政府的领导下，1986—2005年20年间四川省畜牧工作的历程和取得的成就。

四川省畜牧食品局（以下简称省畜牧食品局）2006年11月成立《畜牧志》编纂工作领导小组和编纂委员会。省畜牧食品局局长杨昌明任领导小组组长和编纂委员会主任，分管副局长但其明任编委会副主任，有关处、室、站、所领导为编委会成员，建立《四川省畜牧志》编委会办公室（以下简称畜牧志办公室)，邀请黄从文、黄昌祥、罗长荣、王教勋为编委会委员和办公室编纂人员，承担具体编纂工作。黄从文任办公室主任，协调和具体组织编纂工作，并负责机构、领导人员名录撰写；黄昌祥负责畜牧业经济、畜牧兽医科技和成果、教育和出版书刊、学会、协会撰写；罗长荣负责动物病防治、检疫、防疫、监督、中兽医、兽药、畜产品安全和大事记，重要文献辑存、畜牧兽医战线英模、烈士等撰写；王教勋负责牧区、草原、饲料、饲草、品种繁育改良、编后记的撰写和总纂工作。

在省畜牧食品局和省地方志办的领导和指导下，畜牧志办公室查找了1986—2006年的有关文件、资料、图片、书刊，相互协商，团结共事，多次对畜牧志的内容进行查证、核实和修改，先后赴重庆、荣昌、宜宾、凉山、布拖、乐山、洪雅、井研、峨眉、绵阳、德阳、甘孜、广元、达州、巴中、资阳、四川农业大学、西南大学荣昌校区、四川成都华神兽用生物制品有限公司、四川（乐山）蓝雁集团及云南省等地实地搜集资料、考证史实。经过几年艰苦努力，完成《畜牧志》编纂工作，为四川畜牧兽医事业的发展和后人留下了一份宝贵财富。

本志在编纂和印发过程中，得到省农业厅和省畜牧食品局领导、同事们的大力支持和帮助。杨朝波、舒军等领导积极组织编纂，保障畜牧志的办公室的工作运转；省畜牧食品局各处、室、站、所（院)，各市（州)、县（市、区）畜牧兽医部门支持和帮助收集资料。杨平、杨松沛、谢青、程江、张东、田楠、黄毅、刘德荣、陈锦、李素莲、周光明、关云秀、王云海、洪方树、李荣、魏敏、李元华、曾秀等提供相关资料。初步成稿后，在原四川省畜牧食品信息网上公布，广泛征求意见并作修改；邀请唐良美研究员、李才旺研究员、邢文渊高级兽医师、张安福、王友平等多次座谈、审改，提出宝贵意见，共商编纂工作事宜。志书目录的汉译英由付昌秀完成。在此一并致谢。

由于编写人员的水平和经验有限，时间紧促，资料收集、核实难度大，书中难免有疏漏和不当之处，恳请读者批评指正。

修志立言，鉴往古今，警示当代，服务未来。我们相信，《四川省志·畜牧志（1986—2005）》将为四川加快建设现代畜牧经济强省提供经验和参考。

《四川省志·畜牧志（1986—2005）》编纂委员会办公室

2019年5月